Hanns G. Zagler, 1938 inmitten jener Berge geboren, die von Deutschen wie Italienern als ihr Eigen beansprucht werden, hat 1969 mit Katja, seiner Lebenspartnerin, in Mailand eine der zeitlich ersten Marketing-Communications-Agenturen des 360°-Konzepts Italiens gegründet und dann bis 2005 geleitet. Seine Texte haben jahrzehntelang mit dazu beigetragen, einen besonderen Werbestil zu prägen. An seine Kindheit und frühe Jugend, seine mäandernde Zeit des Suchens und an spätere Splitter seiner Agenturzeit erinnert er sich in den drei Bänden: *...hängen geblieben*, *...aber wohin denn?* und *Sternschnuppen*. Heute lebt er als freier Berater und Gutachter in Freiburg/Bsg.

Hanns G. Zagler

... hängen geblieben

Erinnerungstropfen
von den ersten zwanzig Jahren

1938-1958

Copyright © 2011 – Hanns G. Zagler
Alle Rechte vorbehalten
Ungekürzte Paperback-Ausgabe, September 2014
Gesetzt aus der Palatino Linotype
Layout und Satz: Markname, Milano
Herstellung und Verlag:
BoD – Books on Demand, Norderstedt
ISBN 978-3-7357-9314-0

Aufschlussreich wäre zu wissen,
warum in unseren Erinnerungen
dies hängen geblieben ist,
von so viel anderem aber keine Spur.

Johannes Laskaris

Zum Einstimmen	9
Anna war da	11
Schönblick	26
Umstellungen sind angesagt	52
Zeug zum Anziehen	74
Trautes Familienleben	95
Bedrucktes Lesepapier	113
Kultur zwischen den Bergen	126
Die Sache mit der Akzeptanz	134
Nur Tropfen, erinnerte	168
Geld bei uns zuhause	186
Frühlingserwachen	222
Und dann die Mücke	238
Abiturtage	258
Vater, Erinnerungen	271
Familieneinsatz	317
Ferienlager Mottenburg	342
Flucht nach vorne	361
War sie eine Mutter?	368
Es ist weiter gegangen	410

Zum Einstimmen.

Um Jugenderinnerungen von vor langer Zeit, 1938-58, geht es auf den nächsten Seiten; um Erinnerungstropfen, die mir nie vergessen waren, und um ein paar andere, die mir beim Schreiben wieder eingefallen sind.

In sich abgeschlossene Kapitel sind da versammelt, was fürs Lesen gar nicht schlecht ist. Eine endlose Kette meiner hingeschriebenen Erinnerungen, eventuell gar in hartnäckig chronologischer Folge, würde wohl auch den Neugierigsten zu Tode ätzen. So aber lassen sich einzelne Thementeile herauspicken, gerade nach Tageslaune und ohne dabei das Gefühl beim Lesen, irgendwo den Faden verloren zu haben.

Die Kapitel sind eigentlich gar keine. *„Wie war denn das mit...?"* – ist mir manchmal durch den Kopf gegangen, und da haben sich Erinnerungsbilder dazu zusammengetan, die ich niedergeschrieben habe. Das war zu verschiedenen Zeiten im Laufe mehrerer Jahre und natürlich auch in unterschiedlicher Stimmung, was unvermeidlich seine Spuren hinterlassen hat; zumal ich die Teilstücke dann einfach zum Drucken gebündelt habe, ohne sie für eine glättende Schlussredaktion nochmals zu bearbeiten. Was ich da mal hingeschrieben hatte, konnte ruhig so stehen bleiben. Es ist doch einfach so: Was man mal abends vor einem Glas Wein erzählt, kann man nachher auch nicht mehr redigieren.

Damit hat es sich natürlich ergeben, dass sich im Ablauf der Seiten immer wieder mal Doppel-Erzählungen finden, die schon Gelesenes wiederkäuen, wenn auch in anderem Zusammenhang erzählt. Etliche sind es! Langweilig kann das gelegentlich schon werden und einladend, zu überspringen. Das hat sich nun mal so ergeben, weil das Ganze ja nicht als Erinnerungsgeschichte konzipiert war. Dem Verständnis beim Lesen nur einzelner Kapitel tut es gut. Und dazu: Doppelt gemoppelt ist ja auch nicht immer verquer.

Anna war da.

1938–1942. Psychiater lieben es, tief in unseren Erinnerungen zu graben und dem, was sich einem in frühesten Lebenszeiten so ergeben hat, größte Bedeutung für die individuelle Prägung und damit den weiteren Lebensweg beizumessen. Die anfänglichen Bezugspersonen gehören dazu. Sie sind es wohl, so die Expertenmeinung, die maßgeblicher als alles Spätere dazu beitragen, dass wir so werden, wie wir als Erwachsene dann durchs Leben gehen, laufen, stolpern, schleichen und von unserer Umwelt wahrgenommen werden.

Ob und wieweit das stimmt, kann ich nicht beurteilen. Es liegt mir auch nicht daran, da besonders forschend nachzubohren. Nur: Ich erinnere mich an Anna. Und was ich von ihr erinnere, das sollte nicht ganz verloren gehen.

*

Anna. Als ich zum ersten Mal bewusst die Augen aufschlug, war sie da. Sie ist vielleicht der erste Mensch, an den ich mich wach erinnern kann. Doch ob sie das wirklich war, darüber bin ich mir doch wieder nicht so ganz sicher. Frühe Bilder überlappen sich da. Vielleicht gehört das erste doch etwa meinem älteren Bruder, dem Heinzl, oder möglicherweise auch meinem Vater. Es lässt sich nicht entwirren. Anna ist jedenfalls von Anfang an dabei. Sie ist die erste Frau, an die ich mich erinnere. Und sie ist die ganze Zeit über da, bis den Frühjahr 1942, ab dem ich erstmals für etliche Monate nicht zuhause lebte, was dann aber wieder eine andere Geschichte ist.

Ich bin am 4. Juli 1938 in Schönblick geboren, einem Anwesen ab vom Stadtrand mit links der Wassermauer zum Fluss hin und nach Süden einer weiten, freien Sicht über Weinberge bis hin zum Schloss Maretsch. Dort erlebte ich meine ersten drei Jahre. Es hier zu erwähnen, hat schon seinen Sinn. Schönblick war das Umfeld meiner Kindheit. Und dass mir Schönblick in so mancher Beziehung prägend gewesen ist, ist mir später immer wieder mal bewusst geworden. Anna gehörte zu Schönblick, wenngleich sie auch nachher noch fast ein Jahr bei uns geblieben ist. Sie war unser Kindermädchen, das von Heinzl und meines.

    War sie schon lange bei uns, als ich geboren wurde? Ich bin mir nicht sicher. Aus eigener Erinnerung kann ich es nicht sagen. Und bei uns zuhause wurde in späterer Zeit nie mehr über Schönblick gesprochen; kaum jemals mehr über Anna. Immer bin ich aber davon ausgegangen, dass sie schon vor meiner Geburt die Nurse von Heinzl war und mich von Anfang an betreute. Sonst wäre mir manches des Nachfolgenden kaum erklärlich.

    Anna war keine schöne Frau. Herb. Hoch gewachsen, war sie wohl zu knochig für eine damals ideal weibliche Gestalt. Den lang gezogenen Kopf prägte ein mageres, fast kantiges Gesicht mit hoher Stirn, langer Nase und recht schmalen, wenn auch keineswegs verkniffenen Lippen. Große Augen, die ich etwa als grau in Erinnerung habe, was natürlich täuschen kann. Fast schulterlanges, kastanienbraunes Haar, das sie meist offen mit einer kleinen Dauerwelle trug, aber manchmal auch straff zurück gekämmt und in einem Knoten zusammengefasst. Das an ihr Markanteste aber war eine scharfe Narbe, die schräg über ihre linke Wange lief, vom Jochbein bis fast zum Mundwinkel, blutrot, ausgefranst und im Mittelteil fast einen Zentimeter breit.

    Ob sie Musik mochte und eventuell welche denn? Keine blasse Ahnung. Wir hatten in Schönblick alles, was gut und teuer war, selbst Höhensonne und Heimruderer standen im Bad. Aber es gab weder Radio noch Plattenspieler. Auch kein Musikinstrument. Meiner Mutter waren solche Geräte zu lärmend. Aber Anna hat gelesen. Wenn sie mit uns Kindern auf die Flusspromenade oder in den Park ging, hatte sie meist ein Buch dabei und darin auch gelesen. Das sehe ich heute noch ganz genau vor mir. Und abends hat sie uns nicht nur Einschlafgeschichten erzählt, sondern auch immer wieder vorgelesen. Das macht wohl niemand, der nicht auch für sich selber gern liest.

Anna war anscheinend nur für uns da. Von allen späteren Kinderfrauen und anderen Dienstgeistern, die wir im Laufe der Zeit so hatten, sind mir vor allem auch deren Männergeschichten früh aufgefallen und im Gedächtnis geblieben. Da gab es geduldig wartende unten an der Haustür, wenn eines der Mädchen Freigang hatte, und nahezu zufällig immer wieder im Park oder sonst wo Auftauchende, wenn wir unterwegs waren. Oft wechselten die jungen Männer. Besonders häufig waren es Soldaten.

Bei Anna war das aber ganz anders. Ich habe so viele Eindrücke verschiedenster Situationen noch präsent, in denen wir zusammen waren. Viele davon auch außer Haus. Aber ich kann mich *nicht einmal* an eine Gelegenheit von Anna mit einem Bekannten, einem Freund oder auch einer Freundin erinnern. Auch im Park sehe ich sie immer allein auf einer Bank sitzen, mit ihrem Buch und uns doch kaum aus den Augen lassend, aber nie zusammen mit anderen Nurses plaudernd, auch wenn wir mit deren Kindern spielten.

Oft habe ich mich auch gefragt, ob sie wohl regelmäßig den freien Tag genommen hat, der ihr wöchentlich einmal zustand. So richtig vorstellen kann ich mir das nicht. Das müssten ja für uns Tage gewesen sein, die anders als die üblichen waren. Etwa solche mit mehr erinnerter Präsenz meiner Mutter. Gab es denn solche Tage in Schönblick oder auch später, so lange der Heinzl noch lebte? Möglich. Ich kann mich an keinen davon erinnern. Und so bin ich fest davon überzeugt, dass Anna eigentlich nur für uns Kinder da war. Sich nur für uns einsetzte. In uns ihre Erfüllung hatte, wenn überhaupt eine.

Bruchstücke von Erinnerungen und auch längere Sequenzen gehen mir durch den Kopf. Sie betreffen Anna; sollen wie Puzzlestücke etwas von ihr zeigen. Sie in eine zeitlich korrekte Abfolge zu bringen, würde schwer fallen. Es ist auch nicht wichtig, da der ganze Reigen ja vor meinem vierten Geburtstag sein Ende hat.

Da ist Anna, die uns zum Ausgehen fertig macht. Es ist eine Bilderfolge, die mir in etlichen Varianten – sommerlichen, winterlichen – ganz plastisch wieder zurückkommen, sobald ich daran denke. Es war wie ein Ritus, den es zu zelebrieren galt. Wichtig dabei war, dass wir – Heinzl und ich – möglichst alles selber machten, also tunlichst ohne Hilfe. Das normale, morgendliche Anziehen muss ich wohl recht bald und mühelos gelernt haben, denn daran habe ich keinerlei Erinnerung. Aber dann das Anziehen, um außer Haus zu gehen. Schwierig war es mit den Schuhen. Ich sehe mich mit dem unterschiedlichsten Schuhwerk kämpfen. Herbstliche Halbschuhe und winterliche Stiefeletten mit wurmartigen Schnürsenkeln, die sich immer wieder dagegen sträubten, sich so zu schönen Schleifen binden zu lassen, dass die beiden Laschen links und rechts gleich groß und die Enden gleich lang beidseitig vom Knoten abstanden; oder sommerliche Sandalen, deren Riemen am linken und rechten Fuß jeweils auf gleicher Lochhöhe eingehakt werden mussten. Dann kamen die Jacken, wenn nicht gerade heißer Sommer war. Wir mussten sie anziehen, wenn wir die Schuhe schon anhatten. Nicht vorher, oder der eine vorher und der andere etwa danach. Das Abbürsten kam anschließend. Anna verzichtete niemals darauf, wenn auch bestimmt kein Härchen auf unseren Schultern zu sehen war. Im Winter kamen dann die Mäntel darüber, wieder von uns beiden gleichzeitig anzuziehen und möglichst ohne Hilfe. Dann Handschuhe und die Mütze, zumal wenn es sehr kalt war. Endlich fertig. Jetzt mussten wir uns vor dem großen Spiegel aufstellen, den wir in Schönblick in der Diele hatten. Anna zog uns noch sorgfältig die Scheitel nach. Dann erst konnten wir losziehen. Ewig dauerten die stets gleich ablaufenden Vorbereitungen. So scheint es mir jedenfalls im Rückblick der Erinnerung.

Schon bald uns beizubringen, möglichst vieles selbständig zu machen: darauf legte Anna wohl großen Wert. An die

Sache mit dem *Richtig-essen-lernen* erinnere ich mich intensiv. Zu meinem dritten Geburtstag bekam ich ein richtiges Erwachsenenbesteck in Dessertgröße, aus Silber mit meinem eingravierten Namen. Ich habe das Besteck immer noch. Das Messer ist schartig, dabei aber immer noch degenscharf, und die Gabel hat dünne lange Zinken, mit denen man sonst was aufspießen könnte. Den empfindsam ängstlichen heutigen Gemütern würde es nie in den Sinn kommen, solche Gerätschaften einem Kleinkind in die Hand zu geben.

Aber zurück zu Anna. Ihr habe ich ewig lange in die Ohren gequengelt, weil ich auch so wie die Erwachsen essen wollte und der Heinzl schon durfte, und nicht mit dem ums Eck gebogenen Löffelchen und dem dazu gehörenden Schieberchen, die ich zu verwenden hatte. An mein Quengeln erinnere ich mich gleich gut wie an die Freude, als ich neben dem Geburtstagskuchen das Etui mit *meinem* Besteck fand. Nur Anna konnte das gegen meine ängstliche Mutter durchgesetzt haben. Und Anna hat mir dann beigebracht, *wie die Erwachsenen* zu essen. Das mit dem Trinken aus richtigen Gläsern, nicht immer nur aus dem silbernen Babybecher, war inzwischen schon gelernt. Jetzt kam das Essenüben, stunden- und tagelang, wie mir rückblickend scheint, und ohne je einen ärgerlich drängenden Ton. Sie hat es geschafft, dass ich noch in Schönblick am Erwachsenentisch sitzen und mein Fleisch selber schneiden durfte. Als wir dort auszogen, war ich dreieinviertel Jahre alt.

Bergsommer.

Sommers waren wir in der Sommerfrische auf dem Ritten, dem Bergplateau über dem Stadtkessel. Unter der Woche war Anna mit uns Buben dort allein. Nur zum Sonntag kamen auch Vater und Mutter dazu, die meist auch unsere Köchin mitbrachten.

Wir hatten eine Parterrewohnung mit weitem Blumen- und Gemüsegarten in einem der Adelssitze, von denen es dort fast ein Dutzend gab. Eine breit gezogene Wiese mit Obstbäumen lag direkt vor der Haustür. Autos gab es auf dem Berg nicht, und auch keine nahen Schluchten oder Wildwasser, die gefährlich sein konnten. Wir konnten frei toben, Ball spielen oder auf der Schaukel sitzen, ohne dass Anna sich viel um uns kümmern musste. Sie aber hat diese Freiheit kaum für sich genutzt. Unvergesslich bleiben mir die vielen Stunden mit ihr im Garten. Sie schien mir jede Blume mit Namen zu kennen und von allen dort wachsenden Gemüsen um deren Vorlieben zu wissen. Sie konnte *alles* erklären und tat es so, dass auch ich fast zu einem kleinen Gärtner wurde.

Und sie ging mit uns in den Wald, um Pilze zu holen. Damals *holte* man dort oben noch die Pilze. Man musste sie nicht mühsam suchen. Anna wusste und erklärte uns, wo man die Pilze findet; und wie man die gutartigen von den giftigen unterscheidet; und welche als zarte Jungpilze noch genießbar, ausgewachsen aber unverträglich sind; und wie man sie aus dem Boden nimmt, ohne ihr zartes Wurzelwerk zu zerstören, um so neuen Nachwuchs zu ermöglichen; und sie nannte immer wieder die Namen der Pilze, bis sie nur noch auf einen zeigen musste und ich schon dessen Benennung krähte.

Ähnlich war es mit den Wiesenblumen und den Schmetterlingen, die dort flatterten. Von Anna lernten wir, wie sie alle heißen; und wo sie sich am liebsten aufhalten; und, bei den Blumen, wie sich ihre Farben in einem Wiesenstrauß so kombinieren, dass er heiter wirkt oder eher wehmütig. Natürlich sagte sie dazu wohl nicht *wehmütig* und nicht *heiter*. Sie sprach Dialekt. Aber das Verständnis hat sie vermittelt. Bleibend.

Zurück in Schönblick.

Annas Zimmer lag neben dem unseren. Eine Schiebetür verband in Schönblick die beiden Räume. Wenn sie uns,

Heinzl und mich, zu Bett gebracht und noch eine Geschichte erzählt oder vorgelesen hatte, ließ sie die Schiebetür immer einen Spalt weit offen und das Licht in ihrem Zimmer an. Es war so beruhigend, erinnere ich mich. Und sie zog bei uns auch nie für die Nacht die Vorhänge zu oder schloss die Rollläden. Oft wiederholte sie, dass es einen Tag für wach sein und eine Nacht für schlafen gebe; und dass der Mensch jederzeit sofort merken soll, wenn er die Augen aufmacht, ob es nun Tag oder Nacht ist. Es ist auch gut, sagte sie oft, beim Aufwachen schnell zu sehen, ob das Wetter hell oder düster ist, damit man sich sofort schon auf den Tag einstellen kann.

Anna liebte wohl lange Spaziergänge. Schönblick lag fast ganz oben an der Flusspromenade und zur Brücke, wo die alte Stadt begann, war mit Kleinkindern schon mal gut zwanzig Minuten zu laufen. Der kleine Stadtzoo war nochmal fast so weit entfernt. Dorthin gingen wir häufig und Anna erklärte uns die Tiere und wie sie in den Jahreszeiten bei sich zuhause im Freien lebten. Oder wir machten lange Bummeltouren durch die Altstadtgassen, wobei uns Anna immer wieder auf Kleinigkeiten – Menschen, die Auslagen der Obststände, gehämmerte Schilder, Zierrate an Fassaden, Brunnenfiguren etwa – aufmerksam machte, und dazu immer etwas Neues zu erzählen hatte. Oft fragte sie dabei unversehens, ob mir hier oder dort etwas auffalle und was. Ich erinnere mich an Gelegenheiten, wo sie mich so lange sozusagen mit der Nase darauf stupste, nachfragte, bis ich endlich dahinter kam.

Wie Anna zum Heinzl stand, ob und wie sehr sie eine Bindung zu ihm hatte, kann ich nicht beurteilen. Ich habe mich später gelegentlich danach gefragt, ohne mir Antwort geben zu können. Und meine Sicht kann, von nachträglich gehörten Erzählungen vielleicht beeinflusst, durchaus auch falsch sein.

Heinzl, im August 1936 geboren, war knapp zwei Jahre älter als ich. Das mag in früher Kindheit eine Menge sein, auch wenn ich zurück erinnernd nicht diesen Eindruck habe. In meinen Erinnerungsbildern ist er zwar größer und auch entschieden dicker als ich, aber nicht so geartet, wie mir scheint, dass ich etwa eine von ihm ausgehende Überlegenheit mir gegenüber bemerkt hätte. Trotzdem, ich mochte den Heinzl nicht. Und da schweife ich nun kurz ab, weil mir eine Erklärung wichtig scheint und auch, weil ich nicht glaube, dass das etwas mit Anna zu tun hat.

So manches kann dafür sprechen, dass mein erinnertes Gefühl für den Heinzl erst sozusagen nachträglich aufgepfropft ist; dass es also gar nicht den dreieinhalb Jahren entspricht, die wir zusammen verbracht haben, sondern eher nachträglich, nach Heinzls plötzlichem Tod, entstanden ist. Für stets gern in der Tiefe kindlicher Frühzeit schürfende Psychologen könnte das wohl nahe liegen. Ich sehe es anders, habe es immer schon anders gesehen, weil ich eine Menge lebendiger Bildsituationen erinnere.

Ich erinnere mich an Heinzl als einen eher phlegmatischen Buben, mit meist eng geschlossenen, an der Rändern nach unten gezogenen Lippen, was zu seinen irgendwie schräg nach unten stehenden Augen passte; häufig quengelig still flennend, sei es wegen einer Abschürfung beim Spielen oder weil etwas nicht genau so lief, wie er es wohl wollte – etwa beim Spazierengehen, Schaukeln oder Ballspielen, beim Essen... überhaupt.

An kein Lachen von ihm kann ich mich entsinnen. Aber auch nicht daran, ihn je wütend schreien und toben gesehen zu haben. Und niemals, wenn ich mich recht erinnere, musste er gerügt oder gestraft werden, weil er die Kleider verschmutzt oder einen Riss in der Hose hatte, was bei mir anscheinend an der Tagesordnung war. *Gesittet*. Wenn ich später dieses Wort irgendwo gehört oder gelesen habe, ist mir immer der Heinzl in den Sinn gekommen.

Der Heinzl war Mutters *Ein & Alles*. Die beiden scheinen mir fast unzertrennlich gewesen zu sein, wann immer sie zuhause war. Für mich war dann die Anna da. Und das ist keineswegs eine aus Heinzls Tod und meiner Mutter Reaktion darauf geprägte, etwa verfälschte Sicht. Mein Vater fotografierte begeistert und unentwegt. Eine Masse Fotos belegen unsere Zeit in Schönblick. Sehr, wirklich sehr viele von Heinzl und von Rica, meiner Mutter. Beinahe keines von ihr und mir. Aber zurück zu Anna.

Wenn von Anna später gesprochen wurde, was nicht oft vor-kam, wurde von allen stets ihre besondere Bindung an mich her-vorgehoben. Nie hörte ich von Anna und Heinzl, oder Anna und uns beiden reden, sondern eigentlich immer nur über Anna und mich. Wie viel davon Realität war, kann ich nicht beurteilen. Das mit der besonderen Bindung mag aber durchaus zutreffen. Ich war der kleinere. Mich hat sie als neugeborenes Baby in ihre Verantwortung bekommen und mit dem Fläschchen gefüttert, lange bevor sie mir richtiges Essen beibrachte. Mich hatte sie auch dann am Schürzenzipfel, wenn die Rica sich vielleicht um den Heinzl besorgte. Und ich war *ein sonniges Kind,* wie Tante Carla Kepp immer sagte, wenn sie an meine frühesten Jahre erinnern wollte, in denen auch sie eine kurze Zeit lang für mich eine große Rolle spielen sollte.

Anna hat sich sicher ganz stark um mich gekümmert und glaubwürdiger Weise auch mehr als um den Heinzl. Darüber aber, dass sie mir etwa doch viel mehr Beachtung, viel mehr Aufmerksamkeit und Geduld gegeben hat, lässt sich in heutigem Abstand nichts Konkretes sagen. Indiz dafür könnte allemal eine besondere Geschichte sein, eine weihnachtliche.

Zu damaligen Zeiten war es vielerorts Sitte, dass Kinder bei festlichen Anlässen ein Gedicht aufsagten. Anna war wohl voll in dieser Tradition verhaftet. Gut erinnere ich mich, dass sie dem Heinzl und mir kleine Verslein beibrachte, die dann bei Vaters oder Mutters Geburtstag mit einem Blumenstrauß in der Hand vorzutragen waren. Und Weihnachten war dafür dann natürlich eine besondere Festgelegenheit.

Aus gutem Grund erinnere ich dazu ganz klar die Vorweihnachtszeit von 1941. Im Sommer davor war ich gerade drei Jahre alt geworden. Ende August war meine Schwester Ortrud, das Trutschele, geboren. Dann im Oktober hatten wir Schönblick mit seiner weiten Terrasse verlassen und waren in eine viel kleinere, gerade mal 170 m² große Stadtwohnung in der Bahnhofstraße gezogen, weil unsere Geschäftsgewölbe dort gleich um die Ecke lagen und es so für die Rica bequemer war.

Vorweihnachtszeit also... Anna hatte beschlossen, mir für Heilig Abend ein Gedicht beizubringen. Eines nur für mich allein, mit dem ich glänzen sollte. Ein wahnsinnig langes Gedicht mit Strophen über Strophen, die von Wald und Rehen und Englein berichteten und von Silbersternen und fernem Leuchten. Es war noch lange nicht winterkalt, als Anna anfing, mir das Gedicht vorzusagen. Immer wieder dieselben Reime: beim Anziehen morgens, bei unsren Wanderungen durch die Stadt oder im Park, zu den Zeiten der Mittagsruhe, nachmittags während sie das Trutschele badete. Immer und immer wieder. Mit Engelsgeduld. Nach den ersten Strophen dann die nächsten. Und immer wieder die Aufforderung, es nun gemeinsam herzusagen. Anfangs. Später dann, es doch allein zu versuchen. *Der Sternenwald.*

Wochenlang muss das so gegangen sein. Mir schien es später wie eine Ewigkeit gleichfließend ruhig plätschernder Worte, deren Rhythmus ich heute noch beschwöre, wenn ich voll abschalten will.

Dann war Heilig Abend. Es muss gut gelaufen sein, das mit meinem vielstrophigen Gedicht. Mir scheint, ich wurde umarmt von allen, die da waren. An die Geschenke kann ich mich nicht erinnern, nur... der Rica schenkte mein Vater die Bilder von uns beiden, die Rudolf Parsch im Spätherbst gemalt hatte. Das von mir habe ich noch.

Schwarze Zeiten dann.

Knapp zwei Monate später starb der Heinzl. An 20. Februar 1942. Purpura fulminans, eine Kreislauferkrankung, bei der in wenigen Stunden am ganzen Körper die Adern platzen und sich auflösen. Woran es liegt, ist auch heute noch kaum erforscht. Zu selten ist das Phänomen.

Bei uns zuhause ist es schwarz und kalt geworden in die-sem Frühling. Ich hatte Anna. An sie konnte ich mich klammern. Und an sie habe ich mich geklammert, bis dass sie fast wahnsinnig darüber werden musste.

Ein Beispiel, das ich in seiner Wiederholung gut erinnere: Ich konte damals nur essen, wenn Anna im Zimmer war. Sie fütterte mich nicht. Es alleine hinzubekommen gehörte ja zu ihren Regeln. Annas Regeln, die wohl schon begonnen hatten, mir verinnerlicht zu sein. Jede Mahlzeit muss stundenlang gedauert haben. Anna saß daneben und redete aufmunternd auf mich ein. Ich hatte einen Thermosteller bekommen, in den man unten heißes Wasser einfüllen konnte, um ihn warm zu halten. Vor mir sehe ich noch das immer wieder leere Esszimmer, aus dem alle anderen längst weggegangen. Nur Anna und ich sind noch dort. Verzweiflung vor dem nie leer werdenden Teller. Der an seinem Boden aufgemalte Frosch wollte und wollte nicht, von Essensmengen befreit, erscheinen. Engelsgeduldiges Zureden von Anna bis zum letzten Löffel. Dann aber, wenn der Teller endlich leer war, durfte sie nicht sofort aus dem Zimmer gehen, etwa kurz nur zur Toilette oder so. Sonst… wenn sie zurückkam, fand sie mich immer noch vor meinem Froschteller - doch der war wieder voll. Jetzt mit gekautem Brei.

Und da war dann noch die Geschichte mit den Särgen. Da kam es das einzige Mal dazu, dass ich Anna entnervt erlebte. Also… Wir wohnten ganz nahe bei der Pfarrkirche, hinter der eine Kapelle lag, die zum alten Friedhof gehörte, und in der immer so drei bis sechs Särge mit zur Beerdigung bereiteten Toten standen. Sehr einfache und daneben wieder schönere, gelegentlich auch reich geschnitzte und mit Metall beschlagene Särge waren das, manchmal dazwischen auch ein ganz weißer kleiner Kindersarg. Alle mit mehr oder weniger reichem Blumenschmuck: Bouquets, Kränze mit Schleifen, einfarbige oder bunte Blumensträuße und so.

Irgendwoher muss ich wohl gewusst haben, dass auch der Heinzl dort aufgebahrt gewesen war. Jedenfalls habe ich es mir eingebildet und dabei wohl geglaubt, dass er dort für ich weiß nicht wie lange liegen blieb. Und so zwang ich Anna, jeden Tag – Tag für Tag – mit mir zur Kapelle und hinein zu gehen.

Da stand ich dann vor der mal längeren, mal kürzeren Sarg-reihe, schaute mir alle genau an, suchte nach den für mich schönsten mit dem reichsten Blumenschmuck, zeigte darauf mit dem Ruf *„Das ist der Heinzl"*. Ich war davon überzeugt, dass er immer noch dort lag und zwar immer in dem Sarg, der mir der schönste schien. Dass das Tag für Tag ein anderer war, habe ich gar nicht realisiert. Wie ich Anna dazu bekommen habe, mich immer wieder zur Kapelle zu bringen, kann ich mir aber gut vorstellen. Jetzt war *ich* der Quengelige geworden. Eines Tages war aber Schluss damit. Ganz plötzlich. Entnervt fuhr mich die Anna vor all den Särgen an, dass ich endlich aufwachen solle, weil der Heinzl definitiv weg und die Leute in den Särgen ganz andere seien und damit... fertig!

Anna war sicher kein Übermensch und von der nun gegebenen Lage überfordert. Sie hatte ja auch noch für das gerade halbjährige Trutschele die Verantwortung. Mit der Rica konnte sie nicht unterstützend rechnen. Die war zum Eisklotz erstarrt und mit ihren Gedanken nur noch beim Heinzl. An sie damals erinnere ich mich nur als an ein schwarz gewandetes, stets hektisches Schemen, das penetrant nach 4711 Tosca roch, einem Duftwassergeruch, der mir heute noch aggressiv in der Nase liegt. Und... von meinem *sonnigen* Wesen war zu der Zeit sicher nichts mehr zu bemerken. Selbst die Anna ist da wohl nicht mehr mit mir klar gekommen.

Irgendwann so im April kam dann Neues für mich. Ich habe später nie erfahren, was da genau geschehen und wie es abgelaufen ist. Es war einfach plötzlich so, dass Carla Kepp, eine der wenigen Freundinnen von Rica und allein erziehende Mutter von zwei kleinen Töchtern, mich an einem Frühlingstag zu sich nach Hause nahm.

Sie hatte eine helle Wohnung mit weitem Blick über die Grieser Weinberge, einen roten Setter, der Charlie hieß, und die beiden Mädchen, die dunkle Gerlinde und die blonde Nini. Dort, bei der *Tante Carla*, bin ich dann monatelang geblieben; habe Musik kennen gelernt; und dass man auf die Frühstücksbrötchen Butter *und* Marmelade oder Butter *und* Honig schmieren kann; und dass eine Mutter sich auch selbst um ihre Kinder kümmern kann, sogar einfühlsam und geduldig.

Von April bis zum Herbst bin ich dort geblieben. Sonne schien morgens auf die gemütliche Essecke in der Küche und nachmittags über die Weinberge und den Balkon ins Wohnzimmer. Anna sah ich fast nie in dieser Zeit und sehr selten auch meine Eltern: sie beide höchstens ein paarmal an Sonntagen in einem Gartencafé an der Pfarrkirche, wo Rica sich nach dem Kirchgang damals mit ihren Schwestern und gelegentlich auch mit einer ihrer wenigen Freundinnen, die manchmal auch ihre Männer dabei hatten, zum Aperitif traf.

Und dann… Als die Tage nach der Weinlese wieder kurz wurden, war ich zurück in der Bahnhofstraße und damit zuhause. Wie es sich ergeben hat, dass mich Tante Carla *zurückgegeben*, habe ich nie erfahren. Auch nicht nachgefragt. Wahrscheinlich war man zum Schluss gekommen, dass ich wieder *psychisch stabilisiert* war und alltagstauglich fürs Elternhaus. Wie auch immer, ich war wieder da, wo ich hingehörte. Aber Anna war nicht mehr da, und auch nicht die altvertraute Köchin. Statt ihrer gab es neue Gesichter, und bald dann wieder neue und wieder in meist schneller Folge.

Was mit Anna war, habe ich erst viel später erfahren, und auch da nur in wenigen Bruchstücken.

Vorerst hörte ich nur die elterliche Version, die knapp genug gehalten war: Die Anna habe nicht mehr bei uns bleiben wollen, – wobei völlig offen geblieben ist, was sich da etwa entwickelt und zum Bruch geführt hat. Tanten raunten, die Rica habe sich beklagt, dass Anna das Trutschele *vernachlässigt* habe und deswegen gefeuert werden musste.

Andere hielten dagegen, dass Anna es gewesen sei, die aus dem *hysterischen Haus* geflohen sei, weil die Rica auch ihr *das Leben zur Hölle* gemacht habe. Daran könnte etwas Wahres sein. Immer wieder konnte ich ja doch von irgendwem hören, dass Anna *eigentlich* nur für mich Augen und Ohren gehabt habe, ohne sich gleichermaßen auch für den Heinzl oder gar fürs Trutschele zu interessieren. Wenn die Rica das so empfunden hat, konnte es jetzt, nach Heinzls Tod, für Anna keine Bleibe bei uns mehr geben.

Ob sie dann spontan gekündet hat oder entlassen wurde, erscheint ziemlich belanglos. Wie dem auch gewesen sei: Anna war eben nicht mehr da und alle Fragen nach ihr prallten an stummen Starrmienen ab.

Später, nach Jahren und als ich schon auf dem Gymnasium war, begann ich nachzuforschen. Viel konnte ich nicht erfahren. Anna hat wohl doch geheiratet, einige Zeit später, und bei Neumarkt gelebt. Sie hat auch ein Kind bekommen, einen Jungen, den sie Hansl nannte. Mit dem ist sie dann bald allein geblieben. Mit Gelegenheitsarbeiten schlug sie sich durch und, geht die Nachricht, fing an zu trinken.

Schon in den späten 40er-Jahren ist sie gestorben. Über das *Wodurch & Wie* bekam ich nur schweigsame Varianten.

Schönblick.

4. Juli, 1938 – Oktober, 1941. Meine ersten drei Lebensjahre und ein paar Monate mehr. Die Erinnerungen sind nur Bruchstücke, so wie einzelne und aus dem Zusammenhang gerissene Szenen eines Films. Unmöglich, sie in chronologische Reihenfolge zu bringen. Aber es sind echt erlebte und als solche klar erinnerte Szenen; nicht Retro-Phantasien, die sich aus den Erzählungen anderer und später gesehenen Fotos zusammenreimen. Und der Zeitrahmen steht ohne Zweifel fest. Im frühen Herbst 1941 sind wir von Schönblick weggezogen.

*

Schönblick ist auch heute noch ein imposantes Palais, das ohne Nachbarhäuser an der Bozner Talferpromenade, der den Fluss Talfer eindämmenden Wassermauer, inmitten von Weinbergen liegt, mit freiem Blick auf die mittelalterliche Wasserburg Schloss Maretsch. Es ist ein breit gezogener, vierstöckiger Bau, dessen Erdgeschoss und erste Etage direkt, sozusagen fugenlos an die Wassermauer, die sich bis auf gleiche Ebene mit der zweiten Etage erhebt, angebaut sind. Der Haupteingang liegt tief unten, wo das enge Sankt-Anton-Gässlein an der Wehrmauer endet. Heute ist das Palais innen völlig umgebaut und in eine Vielzahl recht kleiner Wohnungen aufgeteilt. Damals, zu Ende der Dreißiger Jahre des letzten Jahrhunderts, war Schönblick ein weitläufiges Anwesen für wenige Bewohner.

Die hohen Gewölbe von Erdgeschoss und Keller waren an eine Weinkellerei verpachtet, die auch die umliegenden Weinberge bearbeitete. In der Etage darüber, angeschmiegt an die Wassermauer und mit freiem Blick auf das Rebenland, wohnten die Besitzerinnen von Schönblick, zwei ältlichen Schwestern namens Vonbon, mit ihren Bediensteten. Die dritte Etage und die als Mansarde ausgebaute vierte waren kaum bewohnt. Diese Räume hielten die beiden Fräulein frei als Reserve und stets bereit stehende Quartiere für die wohl vielzählige doch nicht allzu häufig anreisende Verwandtschaft. Die zweite Etage aber, das Glanzstück von Schönblick, hatten meine Eltern gemietet, was auch damals ein recht bedeutender Kostenfaktor gewesen sein muss.

Diese unsere Wohnung hatte einen eigenen Eingang von der Talferpromenade her, also der Wassermauer, und einen zweiten über das gemeinsame Treppenhaus, das hinunter zum Haupteingang im Gässlein, zur Garage und auch in die Kellereigewölbe führte. Von unserer Eingangshalle ging es in sechs große Zimmer mit hohen Decken, in eine geräumige Küche mit in der Mitte frei stehendem Herdblock und anschließender Speisekammer und in ein so raumgreifendes Bad, dass es zu Recht *Badezimmer* genannt wurde. L-förmig um die ganze Süd- und Ostseite zog sich eine gut zehn Meter tiefe Terrasse, die teils mit Flusskies belegt war. Pflanzenkübel bestückt mit Orangenbäumchen und vielerlei Kakteen standen an der südseitigen Hauswand zwischen den hohen Fenstertüren.

Und jenseits des östlichen Terrassenteils stand ein kleines, in sich unabhängiges Dachhäuschen mit zwei Zimmern, einer Puppenküche und Bad samt Wanne. Es war irgendwie zusätzlich auf die Terrasse drauf gebaut, einstöckig, in gleicher Ebene mit unserer Wohnung und sozusagen über den Weinbergen schwebend. Der Eingang dazu lag auf unserer Terrasse. Aber von einer Hintertür führte auch eine gusseiserne Wendeltreppe nach unten und durch den Hof der Weinkellerei nach außen, sodass das Häuschen auch seinen eigenen freien Zugang hatte. Meine Eltern hatten auch das Terrassen-Häuschen dazu gemietet und darin die *Dienstboten* untergebracht, also die Köchin und stets wenigstens ein Zimmermädchen oder zwischendurch auch zwei.

Im einem der Terrassenzimmer, nach Südosten hin und mit großen Fenstertüren zum Sonnenaufgang, wurde ich geboren: am 4. Juli 1938, einem Montag, nachts um 00.20 Uhr.

Erst jetzt, so vor mich hin schreibend, fällt mir auf, dass meine ersten Erinnerungsschnipsel an Schönblick doch wohl kaum verständlich sind, ohne ein paar voraus gegebene Details zum allgemeinen Bürgerleben und unserer Familiensituation von damals.

Meine Mutter, die Rica, war zu jener Zeit, dank kürzlich erhaltenen väterlichen Erbes, das, was man so allgemein als *sehr gut betucht* benannte. Mein Vater hingegen, zeitlebens ohne nennenswert eigene Finanzressourcen, war mit eklektischem Geschmack gesegnet und, damals, offenherzig und offenhändig aufgeschlossen für erlesen Angenehmes. Dem entsprechend wurde der beiden erste Wohnung, die *Belletage* von Schönblick, eingerichtet und ausgestattet. Kein Möbelstück kam aus dem Schaufenster eines Händlers, geschweige denn von einem Fabriklager. Schreiners und Polsterers Maßanfertigungen ergaben die Einrichtung. Bei der Auswahl der Teppiche hatte ein befreundeter Persien-Kenner geholfen: kaukasische mit von Pflanzenfarben gefärbter Wolle. Tafelsilber und Porzellan wurde für zwölf Personen angeschafft, samt Handwasch-Schalen für das Hummeressen und den Schneckenzangen. In der Küche mit dem freistehend umgehbaren Herd gab es auch einen der damals neuesten Kühlschränke von General Electric, der elektrisch kühlte und sogar Eiswürfel herstellen konnte.

Im Badezimmer, das wegen seiner später nie mehr wieder gesehenen Ausmaße eigentlich ein *Badesaal* war, gab es neben der Rudermaschine und dem in der Decke oben verankerten Punchingball auch eine beachtliche Höhensonne mit breiter Spiegelwölbung hinter den Leuchtröhren und schrill weckendem Timer, die über einer zum sich Bräunen bestimmten Liege angebracht war.

Es fehlte an nichts in unserer Terrassenwohnung, vom ersten Tag an... außer etwa an einem Rundfunkempfänger, einem Grammophon oder auch einem Klavier, also Dingen, die meiner Mutter als unangenehme Lärmerzeuger galten.

In dieses Umfeld mit fast 300 m^2 Wohnraum und 150 m^2 Terrasse und angegliedertem Terrassenhäuschen für Dienstboten zogen meine Eltern frisch verheiratet ein. Das war im Herbst 1935. Für die laufenden Bedürfnisse reichten vorerst eine Köchin, ein Zimmermädchen und zwischendurch ein paar zusätzliche Aushilfskräfte fürs Waschen, Bügeln oder Nähen und was so ein Single-Paar eben täglich braucht. Ausdrücklich geplant war aber von Anfang an das schnelle Besorgen von Nachwuchs – baldmöglichst und kurzfristig bestens in dreifacher Ausgabe. Dafür ward auch schon beim Einzug ein in Schleiflack gehaltenes *Kinderzimmer* eingerichtet und daneben auch das angedachte Wohn- und Schlafzimmer des einzustellenden Kinderfräuleins.

Als ich dann als neuer Schreihals dazu kam, war die Wohnung schon dichter belegt. Da waren meine Eltern, der Hans und die Rica. Dann gab es einen knapp 23 Monate älteren Bruder, den Heinzl, der am 14. August 1936 geboren war. Als Kinderfräulein – nach Gerüchten das dritte oder vierte schon – war die Anna da, die mir dann für meine ersten etwa vier Jahre die Bezugsperson war, die kleine Kinder wohl allgemein so brauchen. In der Küche dominierte seine Köchin; wechselnd weibliche Dienstgesichter machten sich vermutlich mit putzen, waschen oder bügeln nützlich und wohnten im Terrassenhäuschen. Zur Pflege der Pflanzen, den Nachschub an Brennholz für die hohen Kachelöfen und für was sonst so an handwerkelnder Arbeit anfiel, war damals schon, jederzeit auf Befehl kommend und gehend, unser Firmen-Faktotum da, der Plattner, dessen Vornamen ich nie erfahren habe und den ich auch in späteren Jahren immer mit *Herr Plattner* anredete; sehr zu meines Vaters und Mutter missbilligend blickendem Verdruss.

Damit steht also das Panorama, aus dem meine ersten Erinnerungen in Bruchstücken da sind, so wie zerschnipselte Szenen eines Films, willkürlich in ihrem Aufblitzen, ohne Chronologie.

Da ist das Krabbelgeviert meiner Gehschule.

Die hölzernen Gitterstäbe waren wohl an die 70 cm hoch oder vielleicht auch ein paar Zentimeter höher, oben abgeschlossen durch eine umlaufende Einfassung. Als ein geräumiges Geviert erinnere ich es, wohl mindestens zwei Meter im Quadrat, dessen Boden mit einer dünnen Matratze weich belegt war. Das war mein abgestecktes Revier.

Bald lernte ich, dass diese Holzstruktur tragbar oder sonst irgendwie beweglich war, denn wenn ich drinnen war, war die Umgebung nicht immer gleich. Überwiegend erinnere ich mich an ein großes, helles Zimmer, das oft auch bevölkert und manchmal wohl auch recht laut war. Häufig aber war über mir auch freier Himmel und ich sah Baumgrün und Steinboden rings um die eingrenzenden Holzstäbe. Im Laufe der Zeit lernte ich, dass das die Terrasse war. Bilder kommen mir da...

Ich erinnere mich an ein bemühtes, mühevolles und oft wiederholtes Mich-hinauf-ziehen an den Gitterstäben, bis ich die Umfassung klammern und, mich daran fest haltend, darüber hinaus schauen konnte. Jedes gelungene Mal fühle ich jetzt noch in irgendwie leichter Freude, denn es war fast immer mit etwas Positivem verbunden. Sicher gab es wohl jedesmal freundlichen Zuspruch, oder gelegentlich etwa auch eine Belohnung.

Es war mein Revier. Manchmal wurde wohl mein Bruder, der Heinzl, in meine *Gehschule* gesetzt; oder er kletterte einfach über das Gitter. Das wollte ich entschieden gar nicht. An einmal erinnere ich mich ganz besonders. Unser Vater hatte ihn zu mir ins Gehege gehoben, wohl um die *netten Buben* zusammen zu beobachten oder auch zu gemeinsamem Spiel anzuregen. Ich schrie wie am Spieß – und kann mich dabei fast heute noch hören. Ich schlug um mich und biss, was ich erreichen konnte. Und ich wurde dafür versohlt. Vielleicht war es das erste Mal, dass ich Prügel bezog und ich mich deshalb so genau daran erinnere.

Aber mein zu verteidigendes Gitterstab-Revier ist mir auch in anderen Bildern häufig wieder da. Etliche Erinnerungsfetzen zeigen mir ein fröhlich helles Alleinsein in meinem Geviert, wie ich da auf dem Bauch liege und mit meinen Klötzchen spiele; aber dann dagegen wieder Szenen ängstlich hektischer Wut gegen Eindringlinge, die ich in *meinem* Bereich nicht dulden wollte. Es ist ein reiches Spektrum, das ich da erinnernd wieder sehe. Aber es bringt nichts, jetzt hier noch mehr darauf einzugehen, denn allzu sehr würde das dazu einladen, die einzelnen dieser Bilderfolgen eher als *erzählt-gehört-rückprojeziert* einzuordnen.

Besonders gern denke ich noch an unser Bad in Schönblick. In meiner Erinnerung war das Bad eigentlich ein Badesaal – riesig wie mir schien und ein aufregendes Entdeckungsland, mit seinen hohen Wäscheschränken und den vielen Geräten. Es gab dort nur eine Farbe: schneeweiß. Die Wände waren so bis oben zur Decke hin gefliest; der Fußboden aus weißem Stein; weiß die umkachelte Wanne, die Becken und die Ruheliege; aus weißem Schleiflack die Fronten der zwei Schränke; schneeig leuchtend die Handtücher, die Bademäntel und die wolkigen Gardinen vor dem breiten Fenster zur Terrasse. Nur die so geheimnisvollen Geräte waren schwarz und zeigten teils blitzenden Chrom: die Höhensonne, der von der Decke baumelnde Punchingball, die festgeschraubte Ruderbank. Es war ein stets heller und mir erinnerungsmäßig von Anfangsdenken an vertrauter Raum, denn die Anna pflegte wohl, mich dort täglich ausgiebig zu baden.

Schön war es immer, wenn mein Vater, der Hans, uns Buben ins Badezimmer mitnahm; uns von Kopf bis Fuß eincremte; dann erst den einen von uns – während der andere inzwischen abseits zusah, um anschließend dran zu kommen – auf eine hohe weiße Liege hob, eine schwarze *Zauberbrille* über den Augen befestigte, beschwörend zu unbewegtem Liegen mahnte bis eine schrille Klingel tönte, dann zum Umdrehen auf den Bauch aufforderte und wieder ruhig zu bleiben bis zur zweiten Klingel. Er sprach dabei stets zu uns mit beruhigend dunkler Stimme. Jedesmal und immer wieder erklärte er, dass das eine Höhensonne zum Bräunen sei; und wie sehr die Strahlen gesund seien, wenn man nur nicht zu lange davon nähme und die Augen gut schütze; und dass es ganz normal sei, wenn die Haut zuerst

knallrot und brennen würde, weil dann die schöne Bräune komme.
    Weniger schön doch ebenso klar ist mir dagegen die Erinnerung an die vielen und, gefühlt, langen Stunden, die ich auf einen Topf gesetzt allein im Badezimmer zu verbringen hatte. Irgendwann hatte die Anna angefangen, mich dieser Tortur auszusetzen. Sie rückte mich zurecht, so dass ich gut saß, und flüsterte beschwörend: *Schön Pipi mach... schön A-A.* Nach mehrmaliger Wiederholung der Zauberformel fand ich mich allein gelassen. Mit meiner Erinnerung hierzu kommt auch, dass mir bewusst war, um was es ging. Aber es wollte nie so recht ablaufen, wie das wohl erwartet war.
    Da sind die Bilder, wie ich, unverrichteter Aufgabe und gelangweilt, mir das Töpfchen zum schlittenähnlichen Fahrzeug machte und damit, von den Füßchen geschoben und mit den Händen geführt, lange Rutschpartien kreuz und quer über den glatten weißen Steinboden unternahm. Die Anna kam zwischendurch immer wieder ins Bad herein, schaute nach, rückte mich wenn nötig wieder in Sitzposition und raunte beschwörend: *Schön Pipi mach... schön A-A.*

Vom fast ständig wachenden Schutzengel Anna getragen, geführt oder zumindest begleitet, lernte ich die Wohnung sicher frühzeitig und wohl in allen Ecken kennen. Aber es gab für uns Buben verbotene Orte, an die wir nicht allein durften. Das Schlafzimmer der Eltern gehörte dazu; und das Terrassenhäuschen, in dem unsere Dienstboten wohnten; und natürlich strikt alles, was außerhalb von Wohnung und Terrassengatter war. Auch allein auf der Terrasse durften wir uns eigentlich nicht aufhalten; doch das wurde tagsüber meist geduldet, vorausgesetzt sie, die Hausfrau und Mutter war nicht zuhause.
    Und da kommen mir Bilder meiner ersten, herzklopfenden Erkundungsgänge, die ich zögerlich neugierig allein unternommen habe. Allein... denn es ist mir keine einzige Erinnerung von einer Exploration oder auch sonst einem

verbotenen Unterfangen geblieben, die ich mit dem Heinzl oder gar unter seiner Anleitung unternommen hätte.

Die Küche der beiden Fräulein Vonbon, der Besitzerinnen von Schönblick, die auf der Etage unter uns wohnten, gehört zu den allerersten dieser Erinnerungsbilder.

Die dünnen, als schon recht ältlich erinnerten Schwestern waren Objekte häufigen Geraunes bei uns zuhause: mit ängstlich angemahnter Rücksichtsnahme, die vor allem ein lautes Rufen und Türenschlagen verbat; mit oftmaliger Erinnerung daran, das gemeinsame Treppenhaus möglichst zu vermeiden und der kleine Umweg über den zweiten Wohnungseingang an der Talferpromenade zu nehmen war. So hatten sich die beiden Damen bei mir in die Märchenwesen eingereiht, zusammen mit der Hexe von Hänsel und Gretel, Frau Holle, den Stiefmüttern von Aschenputtel und Schneewittchen… aber auch mit Rotkäppchens netter Großmutter. Neugierde staute sich mir. Angst hielt mich zurück. Ich fing an, auf ihr Kommen und Gehen zu lauern.

Einmal entdeckte mich eine der beiden und fragte wohl was ich da wollte. Jedenfalls nahm sie mich mit in ihre geheimnisvolle Wohnung und brachte mich in die Küche, die mir ebenso riesig erschien wie die unsere eine Treppe höher, aber doch ganz anders war und ein Raum der Wunderdinge. Noch nie hatte ich kupferne Pfannen oder Töpfe gesehen. Dort hingen viele rot glänzend an den Wänden und über dem Herd; daneben auch runde golden leuchtende Kessel aus Messing; in Steckborde nach Größen geordnete Deckel aus denselben, nie vorher gesehenen Metallen; und, an einer Stange in bequemer Griffhöhe baumelnd, eine Menge unterschiedlicher Maßlöffel, Schöpfkellen, Bratenzangen, Siebe und andere, eigentümlich unverständlicher Geräte. Sicher stand ich *ewig* da und kam aus meinem Staunen nicht heraus. Und ich fühlte es wohltuend freundlich – wie auch heute noch, in der Erinnerung.

Aber es war nicht nur die Küche, sondern dort auch gleich ein zweites Erlebnis. Von irgendwoher zauberte meine Führerin ein Schälchen mit dunkelrotem, Marmelade ähnlichem aber an Beeren erinnernden Inhalt; und einladend sagte sie, dass das gut sei, wobei sie mir auch schon ein gehäuftes Löffelchen zum Mund streckte. Es war süß und mir ganz neu: Preiselbeerkompott, das erste Mal.

Ein paarmal war ich noch dort, wenn ich der Aufsicht von Anna entwischen und die eine, mir freundliche, der beiden Schwestern im Treppenhaus verstohlen abpassen konnte. Aber dann ist mein Geheimnis wohl doch publik geworden und es kam das strenge Verbot, jemals wieder allein ins Treppenhaus zu gehen und die Fräuleins Vonbon zu *belästigen*.

Das auf der Ostseite der Terrasse frei stehende Häuschen, in dem unsere Köchin und die Dienstmädchen wohnten, war auch so ein geheimnisvoller weil verbotener Ort.

Einmal nahm mich eine der Mägde mit und zeigte es mir innen. Es war mir eine ganz fremde Welt. Die Zimmer so klein, wie ich nie eines gesehen hatte; Möbel, die nicht glänzten und nicht schön aussahen; ein mir neuer Geruch, befremdlich irgendwie aber doch anregend; Koffer oben auf den Schränken, die an geheimnisvollen Inhalt denken ließen und neugierig machten. Es war eine eigentümliche Erfahrung, die ich gern öfters wiederholte – bis dann auch das heraus kam und es dringlichst verboten wurde.

Ebenerdig in Schönblick und in den Gewölben darunter war die Weinkellerei, deren Gerüche und Geräusche den Herbst bestimmten. Vom Ostteil unserer Terrasse, gleich neben dem Terrassenhäuschen, lief eine eiserne Wendeltreppe frei über die zwei Etagen direkt in den Vorhof der Kellerei. Das Türgitter dazu war bei uns oben immer mit Schlüssel abgeschlossen. Der intensive Duft von unten gehörte zu einer anderen, verwunschenen Zauberwelt, die neugierig machte.

Irgendwann nahm die Anna uns, den Heinzl und mich, hinunter in den Weinkeller. Wagen voll mit Trauben, rote Pfützen auf dem Hofboden, riesige Bottiche und noch gewaltigere Fässer in dunklen Gewölben, intensiv benebelnder Duft, geheimnisvolles Gluckern hinter den Hölzern und geschäftige Gestalten mit nie gesehenen Lederschürzen... daraus setzten sich wohl meine ersten Eindrücke zusammen, die sich dann durch häufigere Besuche verfestigten. Denn von da an gab es immer wieder, von mir ganz sicher drängend angemahnte, Ausflüge mit der Anna in die rotbraune Unterwelt, die mir auch dann noch geheimnisvoll blieb, als sie schon recht vertraut sein konnte.

Das Geheimnisvollste war mir dabei immer ein aus oder vielleicht von hinter den gewaltigen Fässern her irgendwie klopfend tönender Kuckucksruf, der gelegentlich, nicht immer, zu hören war. Niemand konnte ihn mir erklären und bis heute weiß ich ihn nicht zu deuten. Er war da, genau so wie das Gluckern in den Fässern.

Nachts auf der Terrasse.

Unser Vater war ein Nachtmensch. Auch in späteren Zeiten und bis zuletzt schien er immer erst an fortgeschrittenem Abend und nach harter Tagesarbeit so richtig zu sich selber aufzuwachen. Das dann, immer bis weit nach Mitternacht, waren seine Stunden des Lesens, Beobachtens, Bedenkens und freien Tuns. Viele Jahre später sind es auch die Stunden seiner fast schon ritualisierten Autofahrten durch die nächtlichen Obst- und Weingegenden im Überetsch geworden.

Auf der Südseite der Terrasse von Schönblick, nahe der sonnenbestrahlten Hauswand und zwischen den Fenstertüren, hatte er eine lange Reihe von Terracottatöpfen mit vorwiegend fleischig stacheligen Kakteen der verschiedensten Sorten angelegt. Und am gegenüber liegenden Geländer, abseits der Bäume, die auf der Talferpromenade standen, und mit freier Himmelssicht, hatte er ein Stativ mit langem, bedeutsam schwarz glänzendem Fernrohr montiert, das tagsüber immer von einer ledernen Hülle mit Reißverschluss bedeckt war. Eine Reihe von Lampen war auf der Terrasse so angebracht, dass es reichlich Licht gab zum Lesen und dabei zwischendurch auch den Anblick der

Pflanzen zu genießen. In der Nachtstille dort war er oft und lange, der Hans. Zumeist allein.

Gelegentlich aber sprach er beim Abendessen oder nachher über etwas, das *gerade jetzt* ganz besonders mit den Sternen war, und erlaubte uns, dem Heinzl und mir, aufzubleiben, bis es ganz dunkel war und die Himmelslichter voll leuchteten. Auf der Terrasse zeigte er uns dann den und jenen Stern und auch etliche Sternbilder und Planeten. Abwechselnd durften wir durch das Fernrohr schauen, wobei es der Papi immer wieder neu einstellte und versuchte, uns die vorher erklärten Glitzerpunkte ganz groß und nahe zu rücken. Speziell eine dieser Nächte hat sich mir erinnernd eingebrannt, ohne dass ich dabei um etwas Besonderes wüsste, das da am Sternenhimmel Anlass zum Schauen gegeben hatte. Die Luft war warm und klar und es war ruhig, zärtlich, ungewohnt, weil eine solche Gelegenheit doch selten war, und aufregend. Papi zeigte uns den Polarstern und wie man ihn zu jeder Jahreszeit finden kann. So wie damals erklärt, finde ich ihn immer noch.

Wir durften noch so manches Mal nachts mit hinaus zum Fernrohr und den Sternen. Meistens war es, dass ich dann länger blieb als der Heinzl, der sich bei allem oft recht schnell langweilte. Papi wies mir mit Geduld die nächtlichen Bilder des lauen Sommers und auch solche klirrender Winternächte. Diese Nächte und die Nähe sind erinnert geblieben; wenig aber von dem damals Erklärten der Sterne.

Dann gab es einmal eine Nacht, die wirklich ganz besonders war und mir eine der intensivsten Erinnerungen an Schönblick brachte. Abends sagte der Hans, dass es später bei völliger Dunkelheit etwas zu sehen gäbe, das ganz selten sei und das die meisten Menschen nie im Leben sehen könnten; und wenn wir denn möchten, der Heinzl und ich, würde er uns rechtzeitig wecken und es uns zeigen.

Es war eine warme, helle Frühsommernacht. Der Hans hatte mich aus dem Bett auf die Terrasse geholt, die er unbeleuchtet ließ, sodass sie nur von den Promenadenlaternen auf der Wassermauer und vom Mond diffuses Licht bekam. Unser Ziel waren die Kakteentöpfe in ihrer langen Reihe und ganz speziell einer davon. Der Kaktus dort war mir vertraut in seiner recht hohen, braungrünen und hartstacheligen Zweigform, die sich deutlich von den mehr kugeligen oder fettblätterigen der anderen unterschied. Doch etwas war jetzt anders als sonst an der Pflanze. Überall auf allen ihren Verzweigungen standen weißgrünlich schimmernde Blütenknospen, von denen es nie vorher welche zu sehen gab.

Wir setzten uns hin vor den Kaktus, um ihn abwartend zu beobachten, weil das das angekündete Ereignis sein sollte. Die geschlossenen Knospen wuchsen merklich beim Zusehen, ohne dass uns darüber die Zeit lang werden konnte. Und mit einem Mal öffneten sie sich zu breitflächigen Kelchen schneeweißer Blütenblätter, die im diffusen Mond- und Laternenlicht verlockend schimmerten. Es war wie ein Zauber. Zauberhaft.

Mir war die *Königin der Nacht* gezeigt worden. Man sagt, sie blühe nur alle paar Jahre einmal auf ihrem Kakteenstamm; und sie habe nur die eine Nacht, um sich aus zarten Knospen zu voll prangenden Blütenkelchen zu öffnen, die dann, in den ersten Stunden des neuen hellen Tages, in sich einschrumpfen und vergehen. Und so war es auf der Terrasse in Schönblick. Im gleißenden Morgenlicht danach war von dem Nachtwunder nur noch ein traurig machender Rest geschrumpelter Blütenblätter geblieben. Ich aber hatte die *Königin der Nacht* blühen gesehen... und konnte nicht wissen, dass es nie wieder sein würde. Ob der Heinzl dabei war?

Unser Grün am Fluss.

Die Wassermauer linksseitig längs der zu Eisack und Etsch hin fließenden Talfer war *der* Promenadenweg in Bozen: durchwegs an die 30 m breit mit zwei breiteren Ausbuchtungen und mehr als 1,5 km lang, zwischendurch baumbestanden, mit im Frühling intensiv duftenden Glyzinien, die sich um die Seitengitter rankten, und immer wieder bunt prangenden Blumenrabatten.

Schönblick lag im oberen Teil der Talferpromenade, dem Hang von Schloss Klebenstein schon näher als der Stadt und somit an jenem Teil, der auch an Wochenenden und Feiertagen überwiegend ruhig war, weil er weniger von Spaziergängern, spielenden Kindern und ausgeführten Hunden bevölkert war.

Anna brachte uns, den Heinzl und mich, gern und oft auf die Wassermauer, also die Talferpromenade, auch wenn das der Rica, meiner Mutter, ganz und gar nicht passte, wie das durch häufig gehörtes Murren und gelegentlich auch ausdrückliche Verbote unüberhörbar war.

Kurz rechts die Promenade hinauf, gleich neben der Steintreppe, die von der Wassermauer zum Gässlein hinter den Weinbergen und von dort wieder zur Stadt führte, war das Häuschen mit dem Geräteschuppen der Gärtnerfamilie, welche die öffentlichen Grünanlagen und Bäume zu pflegen hatte. Die Wassermauer war dort breiter ausgebaut, so dass neben und hinter den kleinen Gebäuden noch Platz war für ein gedrängtes Gehege, in dem der Gärtner ein paar Tiere hielt: weißbraune Ziegen, ein Reh und ein paar Pfauen.

Man konnte die Tiere durch Maschendraht von der Promenade aus sehen und tagsüber waren fast immer Kinder mit ihren Aufpasserinnen da, die sich mit lauter Neugier und Geschubse an den Zaun drängten. Wir, von Anna oder einem der Mädchen dorthin gebracht, durften immer ins Gehege hinein, was uns vom Maschendraht her zugerufenen Neid der fremden Kinder einbrachte und mir immer wieder ungemein gefiel. Der Heinzl spielte mehr mit dem Reh und den Ziegen. Ich wartete lieber darauf, lauernd und löckend, dass endlich einer der Pfauen sein Rad schlüge, was mich dann immer wieder mit Stolz erfüllte, so als hätte ich es selber geschlagen.

Ein gutes Stück weiter oben, fast schon am Ende der Wassermauer und nahe dem Schloss Klebenstein, stand ein wie mir schien uralter und geheimnisvoller Baum, zu dem ich immer wieder hin wollte. Er war gedrungen knorrig und auf halber Höhe gespalten mit im Riss verkohlten Rändern. Anna sagte, dass es eine Eiche sei, und sie erklärte mir das auch an den ausgezackten Rändern der Blätter und der riffeligen Rinde; und dass diese Eiche wohl von einem Blitz getroffen, gespalten und angezündet war, aber in mutigem Überlebenskampf sich selber das Feuer gelöscht habe, um nicht ganz zu verbrennen... weil man *allein* sich doch immer am besten zu helfen habe, ehe man passiv auf *anderer* Hilfe warte.

In Sichtweite hoch oben im geborstenen, teils rußgeschwärzten Stamm waren zwei unterschiedlich große, rundliche Löcher, die mir die Anna zeigte. Darin, sagte sie, wohnen Vögel... im kleineren ganz sicher Spechte mit ihren Jungen; im größeren Eulen, ein Käuzchen wahrscheinlich oder auch zwei. Lange saßen wir oft auf der Bank, die der Eiche fast gegenüber war, und hofften auf die Tiere. Die einen waren wirklich bunte, langschnäbelige Spechte, die wir wieder und wieder sehen konnten. Aber Käuzchen oder Eule blieben immer unsichtbar und nur manchmal nachts im Bett kam es mir schaurig vor, ich würde ihr Flattern und den Ruf zu hören.

Und dann war da noch etwas.

Die Promenade hinunter zur Talferbrücke war die Wassermauer an einem Bauabschnitt breit erweitert und dort gab es ein Gartencafé mit Außentischen und einem Spielplatz für Kinder, auf dem auch eine Schaukel stand. Manchmal, wohl sonntags, wurden der Heinzl und ich besonders nett angezogen und durften mit den Eltern dort hin. Wenn wir *brav* wären, würden wir auch ein Eis bekommen... war die stets wiederholte Rede, die da besagte, dass ruhig mit den Erwachsenen am Tisch zu sitzen sei, ohne wildes Herumtoben und schon gar nicht etwa auf die *gefährliche* Schaukel.

Für mich war buntes Eis das Höchste. Ich mochte es so sehr, dass ich dafür gern auf die Schaukel verzichtete. Aber es machte mir zugleich auch immer Angst, weil auf jedes Eis unweigerlich seine Strafe folgte. Es war mir wohl ein besonderes Talent, einen schokobraunen, grünen oder roten Eisfleck auf mein sonntägliches Angeziehe zu kleckern und dort zu verschmieren. Die darauf folgende, mehrfach erinnerte, laute und für alle im Umfeld mitzuerlebende elterliche Randale war mir beschämend und brachte mich mit der Zeit dazu, nur noch darauf zu hoffen, nicht bald wieder sonntäglich zum Eisspaziergang angezogen zu werden.

Dem Heinzl ist nie Eis auf die Kleider getropft... auch an seinen Schuhen oder den Strümpfen hat es nie Schlammspritzer gegeben.

Heinzl.

Der Heinzl war knapp zwei Jahre älter als ich und auch in Schönblick geboren, im August 1936. Nach Wunsch der Eltern sollte er mir immer und in allem ein Vorbild sein, was allerdings wohl kaum je griffig wurde. Ich mochte ihn nicht. Mag sein, dass das einfach von der Natur her so gegeben war. Vielleicht war es aber auch davon gesteuert, dass wir von *Babybeinen an* darauf getrimmt wurden, uns von einander abzugrenzen.

Wir waren wohl schon äußerlich recht verschieden, wie das auch viele Fotos aus der Schönblicker Zeit ganz deutlich zeigen. Der Heinzl hatte kastanienbraunes, gewelltes Haar, während das meine fatzenglatt war und fast schon weißblond. Seine Augen waren zu den Backen hin deutlich schräg nach unten geschnitten, wie in der mütterlichen Familie recht häufig, also anders als die meinen, die größer und ziemlich gerade im Gesicht standen. Sein Mund hatte meist etwas mehr Schmollendes und manchmal auch leicht Verkniffenes, während ich anscheinend fast ständig lebhaft zu lachen schien, wie die alten Fotos durchwegs zeigen, denen ich hierzu mehr als meinen Erinnerungen trauen möchte.

Jetzt dazu aber das Erinnerte, das sich aus vielerlei Kleinen wie ein Mosaik zusammensetzt:

Der Heinzl sah immer aus, wie aus dem Ei gepellt. Nie gab es bei ihm Schmutzflecken an der Kleidung oder gar von Dornengestrüpp zerrissene Strümpfe, wie mir schon frühzeitig und ermahnend auch vielfach vorgesagt wurde. Er war immer sehr *brav* und *folgsam*, was man mir auch regelmäßig zum Beispiel gab, bei ihm aber doch etwa nur von schon länger erlebter Erziehung herrührte. Er war ja auch zwei Jahre älter. Und wenn es galt, irgendwohin zu gehen, wartete der Heinzl immer schon ruhig und geduldig, während die Anna sich noch intensiv damit beschäftigen musste, mich ausgehfertig zu machen.

Er hatte immer wenigstens einen Finger im Mund und kaute auf seinen Nägeln herum, als ich *längst schon* nur noch Spielzeug zerbiss, aber keinen Schnuller mehr.

Solange ich noch in meinem Krabbelkäfig war und dort lernte, mich zu bewegen, erlebte ich den Heinzl immer wieder als Eindringling in *mein* Revier, in das er herein geklettert kam oder auch von irgendwem hinein gesetzt wurde. Meine dann schreiend empörte Verteidigung des Terrains gehört zu den frühesten in mir gefestigten Erinnerungen, die keineswegs *Nachbilder* von späteren, verinnerlichter Erzählungen sind.

Manchmal spielten wir zusammen mit Bauklötzen, von denen ich und er viele bunte in großen Holzkästen hatten. Dabei sind aber meine Erinnerungen so, dass da immer auch irgendwer von den Erwachsenen mit im Raum war – die Anna wohl meistens. Und in meinen Erinnerungsbildern spielten wir immer nur im Wohnzimmer miteinander, nie aber auf der Terrasse, die so groß war, dass wir uns dort wohl leicht aus dem Weg gehen und in die eigenen Reviere zurückziehen konnten.

Auch Nicht-Erinnerungen können erinnernd sein. Ich finde keine einzige Bildszene in irgendeiner meiner Gedächtnisecken, in der wir, der Heinzl und ich, zusammen auf Entdeckungsreise in verbotene Bereiche gingen; oder etwa gemeinsam ans Gitter zur Promenade hin drängten, um die Kinder *draußen* zu beobachten und zu versuchen, mit ihnen zu reden; oder dass wir miteinander Schneemänner auf der Terrasse bauten, was ich immer wieder versuchte; oder dass wir nur einfach miteinander geredet hätten.

Gut erinnere ich mich aber, dass sich der Heinzl wohl dennoch oft um mich kümmerte. Er war nicht nur mein *Großer Bruder* sondern auch beflissener Berichterstatter. Was immer ich tagsüber so verbrochen hatte – verbotene Erkundungsgänge, aus der Speisekammer Stibitztes, zerrissene Strümpfe, Schreizurufe zu und mit Kindern auf der Promenade hinterm Terrassengitter – sobald die Rica nach Hause kam, wurde sie ausführlich darüber informiert, wobei dann mütterliche Belobigungen und schrill verweisende Strafen schnell anteilig verteilt wurden; gelegentlich auch mit väterlichem Nachspiel, wenn meine mitgeteilten Unarten allzu krass ausgefallen waren.

Ich mochte den Heinzl wahrscheinlich wirklich nicht. Er hat sich auch später in meiner Erinnerung kein bisschen verklärt, wie das ja mit früh Verstorbenen sein sollte oder könnte. Ja doch, er überlebte unsere Zeit in Schönblick nur knapp vier Monate, nur bis zum Februar 1942. Da war er 5½ Jahre alt.

Später habe ich mich oft gefragt, ob wir nicht doch schon in ganz frühen Tagen durch trennende Erziehung geprägt waren, was durchaus sein konnte, da der Heinzl doch Ricas erklärt bevorzugter Liebling war. Wenn ich mir dann aber wieder sein Gesicht in Erinnerung rufe, wozu ich als Gedächtnisstütze auch noch ein paar Fotos habe, und ihn wieder so ganz lebendig in seiner weichlich schmollend tugendbeflissenen Art wie eine Filmprojektion vor meiner Erinnerung habe, da bin ich mir doch sicher, dass ich ihn ganz einfach nicht mochte, weil ich ihn nicht mochte. Und von kindlicher Eifersucht kann da wohl auch kaum ernsthaft die Rede sein. *Ich* war ja Annas Liebling, was sie, die uns ganztags betreute, für jeden augenscheinlich und auch fühlbar zeigte.

Weihnachten.

Das muss 1940 gewesen sein, da war ich zweieinhalb, denn Weihnachten 1941 waren wir dann schon monatelang von Schönblick weggezogen und wohnten in der Bahnhofstraße, im dritten Stock, ohne Terrasse und mit einem klitzekleinen Bad, in dem Höhensonne oder Sportgeräte keinen Platz mehr hatten.

Ich erinnere mich an jene Vorweihnachtszeit in ganz besonderer Intensität. Es war eine Zeit, in der Anna neue und längere Geschichten erzählte, die stets mit Wald und Schnee und vielen Lichtern zu tun hatten und mit ganz armen Menschen, die mitten in der Nacht sehr glücklich wurden. Und die Anna kannte auch zwei Gedichte, von denen sie das eine mir und das andere Heinzl immer wieder vorsagte – geduldig, einschmeichelnd, in leichtem Singsang, tagelang. Wir sollten sie so lernen, dass auch wir sie frei aufsagen könnten, jeder das seine, wenn ein Baum aus dem Wald und viele Lichter ins Wohnzimmer kämen.

Zur Küche hin lockte unbekannter Duft, in jener Zeit. Süß und trocken und ganz eigentümlich duftend, nicht dämpfig warm wie gewohnt. *Gúatslen* würden gebacken, erklärte die Anna, und wir durften zuschauen, mithelfen... auch immer wieder mal naschen.

Dann gab es einen Morgen, an dem das Wohnzimmer versperrt war und wir in der Küche essen mussten, was sonst nur die Köchin und die Dienstmädchen durften. Es wurde geraunt darüber, dass da am Abend etwas ganz Besonderes komme... mit einem leuchtenden Baum und herrlich zu erwartenden Geschenken, die ein Kind uns bringe, und dann ein ganz schönes Essen und endlich auch die *Gúatslen*. Weihnachten sei jetzt endlich, sagte die Anna, die Zeit von den Lichtern und dem Schnee im Wald.

An einen kribbeligen Nachmittag erinnere ich mich, der sich fast ewig hinzog, an dem wir weder ins Wohnzimmer durften noch auch auf die Terrasse, um von dort aus hinein zu spicken. Ein Glöcklein klingelte und alle, die wir da vor dem Wohnzimmer warteten, durften endlich hinein. Ein riesiger Nadelbaum stand in der Ecke, über und über mit leuchtenden Kerzen bedeckt und mit Silberfäden, Schneeflocken, glitzernden Kugeln und bunten Zuckerkringeln geschmückt. Darunter breiteten sich auf dem Teppich lauter Pakete mit farbigen Schleifen aus, die von allen mit lautem *Ahh* und *Ohh* bestaunt wurden. Mehr zur Tür hin waren auf dem runden Diwantischchen noch weitere Päcklein aufgebaut. Lauter Geschenke. Das Bild der vielen Kerzenflammen zusammen mit dem Knistern angesengter Zweige und dem Duftgemisch von Wachs und Baumharz hat sich mir sogleich voll intensiv eingeprägt, wie auch die gefühlte nervöse Anspannung, die von allen ausging und fast greifbar in der Luft hing.

Alle sangen – auch die, die ich noch nie singen gehört hatte. Dann durfte der Heinzl sein Gedicht aufsagen, das ihm die Anna so oft vorgesagt hatte. Ich stand kribbelig da, bis ich dann endlich auch *mein* Gedicht vorsagen durfte. Ob ich dabei gestottert habe, ob die Anna mir helfen musste? Ich weiß es nicht mehr. Nur... jetzt endlich durfte jeder an seine Geschenke. Ich bekam Bauklötzchen aus bunten Steinen, die viel kleiner waren als meine hölzernen und bei denen es auch Säulen, Dreiecke und Bögen gab. Fasziniert war ich, weil sie so schön rau und schwer waren. Und für beide, den Heinzl und mich zusammen, stand da ein großes, weiß geschecktes und rot gesatteltes Schaukelpferd mit schwarzer Mähne, das mir direkt auf einer Ebene in die Augen schaute. Fast hat es mir ein bisschen Angst gemacht, aber nur ein kleines bisschen.

Verboten.

Dieses Wort lernte ich recht früh, auch wenn die *Anna* immer nur sagte: *Du darfst*, oder *Du darfst nicht*, oder auch *Brave Kinder tun das nicht*. Das eindeutige Verbieten war die Domäne unserer Mutter, die sich damit in meine ersten

Erinnerungen geschlichen hat. War sie zuhause, was eher selten war, war eigentlich alles *verboten*.

Ganz besonders verboten war, allein aus der Wohnung auf die Talferpromenade zu gehen, vielleicht, um mit ein paar Kindern dort zu spielen, oder schnell zum Gärtnerhaus nebenan zu gehen, um die Pfaue und das Reh zu sehen. Aber ebenso besonders verboten war es auch, an den Terrassenrand zu gehen, der uns mit einem niedrigen Mäuerchen und darauf gesetztem Gitterwerk von der Promenade nur so abtrennte, dass wir hindurchschauen und mit den Kindern dahinter reden konnten. Die Anna duldete das Klammerdasein am Gitter; doch wenn die Rica es zu sehen bekam, war schrilles Geschrei mit spitzem *Verboooten!* die eingelernt gut bekannte Folge.

Verboten waren aber auch sonst viele Dinge, die bald gelernt waren: das Elternschlafzimmer betreten; sich im Treppenhaus aufhalten; toben und laut sein beim Spielen; unbegleitet in die Küche gehen; das auf den Teller Gehäufte nicht aufessen; den Dienstmädchen in ihr Terrassenhäuschen folgen; mit nassen Schuhen von der Terrasse in die Zimmer kommen; bei Tisch ungefragt reden; nachts aus dem Bett steigen; anderer Leute Sachen anfassen; kaltes Wasser trinken ...

Und wie alles Verbotene, fand ich gerade diese Dinge besonders reizvoll und habe sie immer wieder erprobt.

Geburtstagsfahrt.

Meine Eltern hatten damals einen viertürigen, silbergrauen *Fiat Millecento*, der im Garagengewölbe neben der Weinkellerei aufbewahrt wurde. Er hatte eine lange und vorn ganz spitz zulaufende Motorhaube, vier Türen, ein auf dem Kofferraum befestigtes, metallummanteltes Reserverad und innen hinten eine flauschige Sitzbank aus hellgrauem Samt.

In meinen Erinnerungssplittern kommt dieses Auto und dass ich darin fahren durfte nur selten vor und immer ist es dann mit wie mit einem besonderen Tag oder Ereignis verbunden. Ganz intensiv erinnere ich mich an eines.

Es war an meinem Geburtstag – sicher nicht dem zweiten und also dem dritten, weil wir beim nächsten dann, im Juli 1942, schon lange nicht mehr in Schönblick wohnten und auch der Heinzl schon fast ein halbes Jahr tot war. Liebevoll und aufwendig von der Anna angezogen, wie immer, wenn wir mit den Eltern unterwegs sein durften, fuhren wir in einen sonnigen Tag hinein – vorne die Eltern, hinten die Anna mit dem Heinzl und mir.

Bald kamen wir in die Berge und die enge Straße stieg immer mehr in die Höhe. Wir sollten nach Welschnofen, was ich besonders genau erinnere, weil mir der Name wohl sehr abartig erschien und ich ihn mir deshalb so oft von der Anna vorsagen ließ, bis der Rica der Kragen platzte und sie ein Wiederholen schrill verbot, was bei mir wieder zu einen meiner nicht seltenen Wutanfälle mit Schreikrampf führte. Ich sehe die Szene vor mir, als ob sie gestern erst gewesen wäre. Wahrscheinlich war sie in ihrer Art recht alltäglich und ist mir nur eingebrannt, weil wir im Auto saßen, was so selten war.

Auf einer hellen Almwiese sehe ich uns dann kurz danach. Wir Kurz machten ein Picknick, zu dem Decken aus dem Auto geholt wurden und viele sonstige Dinge, die man dazu brauchte. Ein Kuchen mit Kerzen drauf war mit dabei, der für mich bestimmt war. Rittlings auf die Kühlerhaube wurde ich gesetzt und so hoch thronend habe ich ihn dann bekommen. Deshalb weiß ich, dass es wirklich mein Geburtstag war. Und auf der Rückfahrt nahm mich der Hans vor sich ans Lenkrad und ich durfte so tun, als ob ich chauffieren würde. Wohl ganz kurz nur war das, aber mir will scheinen, als wäre es wer weiß wie lange gewesen.

Welschnofen ist mir nie wieder aus dem Sinn gegangen, auch wenn es viele Jahre dauerte, bis ich noch einmal dorthin kam. Ein Picknick mit den Eltern hat sich nie wiederholt, soweit alle meine Erinnerungen reichen.

Beim Maler.

Beinahe alle von *Gut-Bozen* ließen ihre Kinder von Rudolf Parsch malen, sobald sie sozusagen *aus dem Gröbsten* heraus waren, also keine Windeln mehr brauchten und einigermaßen ruhig sitzen konnten, wenn auch nur für mehrmals recht kurze Zeitspannen. Er malte fast nur Kinder, naturgetreue und doch poetische Kinderköpfe in Bleistift und Tempera, die viel mehr von den Eigenarten der Dargestellten zeigten, als manchem Elternpaar im Grunde lieb war. Im Spätsommer 1941 wurde ich zu ihm gebracht, nachdem er gerade den Heinzl als Fünfjährigen gemalt hatte, was nach des Malers Prinzipien eigentlich schon zu spät war, denn *Kinderaugen sollte man früh einfangen* – war seine oft gehörte Meinung. Es war unser letzter Sommer in Schönblick, was ich damals natürlich noch nicht ahnen konnte.

Die *Anna* brachte mich hin und holte mich nach mir scheinend ewig langer Zeit wieder ab. So ging das viele Male. Durch den düsteren Bogengang eines Vorderhauses kamen wir zu einem bunten Garten, durch den ein Bach rauschte und wo ein kleineres Holzhaus mit großen Fenstern stand. Dort wohnte der Maler und dort hatte er auch sein Atelier. Es war ein weitläufiger, niedriger Raum, der nur aus Glas und hellem Holz zu bestehen schien. In der Mitte war ein lederner Bock hingestellt, an den mich viel später die Geräte in der Turnhalle erinnerten. In einer Ecke hinter dem Maler war ein buntes Kasperletheater aufgebaut. Staffeleien mit und ohne Bildern standen herum. Ganz hinten im Raum war ein wuchtiger, sattgrüner Kachelofen, der bis hoch an die Decke zu reichen schien.

Der Maler war ein ziemlich kleiner, etwas beleibter Mann mit einem wirr abstehenden grauen Haarkranz, der wie eine Gloriole der Altarheiligen wirkte. Er hatte immer einen hellen Kittel an und kam mir uralt vor, aber nett und freundlich. Häufig war auch seine Frau dabei im Atelier, eine recht dünne und nicht so gut erinnerte Person. Sie verschwand meist hinter dem Kasperletheater und dann ging der Vorhang auf und die lustigen Puppenstreiche fingen an. Oder sie brachte Schokolade und Plätzchen.

Kaum angekommen, wurde ich immer auf den ledernen Bock gesetzt und dabei war ich, wie ich mich erinnere, stets ängstlich, herunter zu fallen, weil der Bock weder Lehne noch Armstützen hatte und so hoch war, dass ich mit den Füßen nicht zum Boden reichte. Aber das war sicher nicht sehr dramatisch, denn ich kam immer wieder gern hin, freute mich über das Kasperletheater und die lustigen Gesichter, die der Maler zwischendurch immer wieder schnitt – bis es dann eines Tages hieß, dass das Bild fertig und das Abenteuer zu Ende war.

Trutscheles Taufe.

Auch das jetzt gehört zur allerletzten Zeit in Schönblick. Eines Sommertages sagte man uns, dem Heinzl und mir, dass der Klapperstorch ein Schwesterchen gebracht habe. Das war dann meine Schwester Ortrud, die später jedermann nur das *Trutschele* nannte. Man erzählte nachfolgend, dass der Heinzl begeistert gewesen sei von dem eigenartig riechenden, kaum je schreienden doch immerzu quengeligen Ding, und er anscheinend gar nicht genug kriegen konnte, es beim Baden und im Bettchen verzückt zu bewundern, während ich da mehr uninteressiert, wenn nicht gar in etwa ablehnend gewesen sei. Ich erinnere mich kaum an das Trutschele in Schönblick, aber ganz genau dagegen an die Taufe auf den Namen *Ortrud, Carla, Viktoria*.

Der buntblättrige Name war ein Kompromiss gewesen. *Ortrud*, weil: Die Rica hatte eine *beste Freundin*, die Trude Jug hieß, und irgendwie *Trude* sollte deshalb das Neuangekommene heißen. Hans war sehr dagegen, vielleicht weil er die echte Trude nicht so mochte, oder den Namen nur einfach dämlich fand; aber bei Wagner wurde er dann doch für sich zufriedenstellend fündig. Ortrud eben. *Nomen est omen*, sagten die alten Römer. Für haruspezische Scherze hatte der

Hans sonst eher selten Sinn. *Carla,* weil: Der Rica *auch-beste Freundin* war Carla Kepp, die Taufpatin sein sollte. *Viktoria,* weil: So hieß unsere Großmutter, Ricas Mami, die in Berlin geboren und nach der dortigen Siegessäule benannt war. Die Alternative von etwa *Anna,* der so früh verstorbenen Mutter vom Hans, hatte nie zur Debatte gestanden.

Das Trutschele war ein häufig greinendes Baby, das sich zu einem motschigen Kind entwickelte, dessen oftmals weinerlicher Mund schnell einen verkniffen bösen Zug annehmen konnte. Aber noch war es nicht so weit.

Also die Taufe. Sie fand in einer Privatkapelle der Pfarrpropstei statt und wurde vom Propst, der mit meinen Eltern sehr gut gekannt war, selbst zelebriert. Es war sehr feierlich, mit einer ganzen Menge von Leuten in dem kleinen Raum. Frau Kepp, die Tante Carla, war also Taufpatin und hielt das Trutschele in einem spitzenumrüschten Steckkissen bei der Feier. Der Heinzl und ich mussten links und rechts von ihr stehen und jeder von uns beiden hatte eine riesige Kerze in den Händen, die mit einem breiten Band und ausladender Schleife in der Mitte geschmückt war. *Meine* Kerze war unter dem Band durchgebrochen und nur der Docht hielt sie noch zusammen. Ich musste sie mit beiden Händen festhalten, auf dass sie nicht knickte und kippte, und trotzdem war sie die ganze Zeremonienzeit über schief und gefährdet, während die vom Heinzl kerzengerade und eindeutig unzerbrochen war, wie ich immer wieder zu ihn hinschielend bemerkte. Die gebrochene Kerze spüre ich auch heute immer noch in meinen Händen.

Keine zwei Monate nach der Geburt vom Trutschele sind wir von Schönblick weg gezogen, in eine Stadtwohnung an der Bahnhofstraße, mit Blick auf den Waltherplatz.

Da gab es keine Terrasse mehr, keinen Weitblick über die Weinberge, kein die Jahreszeiten anzeigendes Blühen und Welken, keinen Freilauf mehr.

Für alle von uns bedeutete das Einschränkungen und Verzicht, nur nicht für die Rica. Sie hatte Schönblick nie gemocht. Ob es zu heiter war? Doch etwa zu laut für ihr Nervenkostüm wegen der spielenden Kinder auf der nahen Promenade? Oder einfach nur zu sehr abgelegen, wie sie später nie müde wurde zu behaupten?

Wie auch immer... nun hatte sie, was ihr entsprach.

Umstellungen sind angesagt.

Oktober 1941 - Dezember 1942. Umgezogen von Schönblick, der weit-läufigen Terrassenwohnung an der Talferpromenade, und hinein in die völlig andersartige Stadtwohnung an der Bahnhofstraße. Neue Schwester, Familiendrama und dann eine Zeit, die mit der vorhergehenden fast nichts mehr gemeinsam hatte.

*

Ende Oktober 1941, mein neues Schwesterchen Ortrud war kaum zwei Monate alt, zogen wir also weg von Schönblick. Die neue Wohnung war nun mitten in der Stadt: in der Bahnhofstraße, mit Blick auf den zentralen Waltherplatz und gleich neben der Pfarrkirche und der Propstei.

Für die Rica hatte diese Wohnung den Vorteil der absoluten Nähe zu unseren Büro- und Lagerräumen, die sich in den Gewölben der Propstei befanden. Ihr war Schönblick immer zu weit entfernt gewesen, obwohl mit unserem Auto kaum fünf Minuten weit, und zudem mochte sie es auch nicht, weil ihr, wie sie immer wieder betonte, das von der Talferpromenade kommende Kindergeschrei voll auf die Nerven ging.

Neue Wohnung, neues Raumgefühl.

Die neue Wohnung hatte mit der in Schönblick nun wirklich gar nichts gemein. Schon das Haus war völlig anders: ein recht wuchtiges Miethaus längs der Bahnhofstraße, unten drin zwei größere Ladengeschäfte, Büros mit Rechtsanwälten und Ärzten in den ersten beiden Stockwerken, im dritten und vierten Stock dann jeweils zwei abgeschlossenen Wohnungen, und ganz oben in der Mansarde noch ein paar einzelne Zimmer, die zum Treppenhaus hin offen waren

Ich bekam sicher viele Sachen und auch eine Trommel. Sie war beidseitig bespannt, hatte zwei Schlagstöckchen dazu und begeisterte mich mehr als alles, was ich sonst noch für mich auspacken durfte. Bestimmt schlug ich die Trommel mit Ausdauer und laut und auch nach mehrmaliger Ermahnung noch. Doch dann plötzlich riss sie mir der Papi aus den Händen und zertrümmerte mit hartem Schlag die Trommelfelle, auf beiden Seiten.

Weihnachten 1941: Anspannung, Lichterglanz, mein so ganz langes Gedicht samt der hellen Freude, es geschafft zu haben... und für immer aber *die* Trommel.

20. Februar, der Umbruch.

Nachher war nichts mehr wie zuvor. Der 20. Februar 1942, ein Freitag, prägte mein Leben so abrupt und umwälzend, wie erst fünfzehn Jahre später ein ebenso unvorhersehbarer, ähnlich dramatischer Mittwoch.

Nachmittags am Donnerstag wurde der Heinzl plötzlich krank. Hohes Fieber, das dann immer noch beängstigend weiter stieg. Schmerzen auch, denn er stöhnte und weinte. Die Anna dachte vielleicht an eine Grippe oder eine der sonst üblichen Kinderkrankheiten; tat wohl das Entsprechende; ließ dann im nahen Büro nach der Rica rufen oder den Hans. Etliches von der sich dann hochschaukelnden Nervosität bis Hektik bekam wohl auch ich mit. Das Ganze der folgenden Stunden erfuhr ich nur viel später aus vielfach wiederholter Erzählung. Also ...

Wie nahezu immer bei plötzlich auf sie zukommenden Proble-men war die Rica unfähig zu anderem, als unkontrolliert um sich schreiend hin und her zu rennen. Der Hans war auch nicht Weltmeister im Beschlüsse fassen und er wusste wohl nicht, seiner Natur nach, was nun mit der nahezu hysterischen Frau und dem hochfiebrigen Kind und dem herum flatternden Gesinde zu tun sei. Erst spät am Abend, als der Heinzl begann, dunkelrote Flecken erst an den Armen und dann verstreuter auch über dem Oberkörper zu zeigen, entschloss man sich, unseren Kinderarzt zu holen. Die Botschaft blieb erfolglos. Er, der in Bozner Kaufleutekreisen sehr angesehene Dr. Mumelter, ließ ausrichten, dass er *nachts* prinzipiell keine Besuche mache, und dass man ihn am folgenden Morgen nochmals rufen möge, falls nötig. Keinem kam in den Sinn, einen anderen Arzt zu holen, oder etwa das Krankenhaus zu verständigen und zu befragen, obwohl dessen Notaufnahme keine fünf Fußminuten von unserer Wohnung entfernt war. Das Fieber sank nicht. Die tiefroten, kirschgroßen Flecken verteilten sich immer mehr über den ganzen Körper bis hin zu den Händen und Füßen.

Bei Sonnenaufgang ist der Heinzl gestorben. Gerade 5½ Jahre alt war er geworden. *Purpura fulminans* lautete die Diagnose, eine sehr seltene und meist durch Infektion hervorgerufene Erkrankung der Adern, bei der sich die hautnahen Venen in kurzer Zeit wie Zunder zersetzen und so das Blut nicht mehr halten können. Auch eine schnelle Abendvisite von Mumelter oder auch sonst einem Arzt hätte am fulminanten Ausgang kaum etwas ändern können, was aber der Rica nie jemand begreifbar machen konnte.

Erinnerungsbilder der Wochen danach.

Die Wochen danach und in den Frühling hinein vergingen mir 3½-Jährigem irgendwie, überwiegend fast wie in einem Nebel, ohne durchgehende Erinnerungsspur. Nur vereinzelte Szenenbilder bleiben mir fest verankert...

Etwa: Allein sitze ich im Esszimmer und es ist schon weit in den Nachmittag hinein. Vor mir steht mein vertrautes Warmhalte-Tellerchen, dessen Thermosbehälter seitlich mit heißem Wasser gefüllt wurde und dessen Boden mit einem grünen Frosch bemalt war. Das Tellerchen ist mit einer orangeroten Grütze gefüllt, in der ich lustlos herum stochere, wobei ich weiß, dass ich sie essen sollte. Die Anna kommt in Abständen zwischendurch ins Zimmer und redet mir gut zu, zum Frosch vorzudringen, weil ich doch nicht vom Tisch gehen dürfe, solange nicht aufgegessen. Es ist quälend und zieht sich hin. Jeder Löffel ist mir ein Löffel zuviel. Die Anna kommt wieder und redet mit Engelszunge. Ich zwinge mich, bis zum Frosch durch zu kommen. Endlich! Und ich schaue den Frosch an und... der ganze Teller ist plötzlich wieder voll mit jetzt bräunlichem und übel riechendem Brei. Die Anna tupft mir Reste vom Mund.

Und: Alle sind so ganz anders angezogen als gewohnt. Die Rica trägt nur noch schwarz, ohne auch nur den kleinsten hellen Tupfer, und außer Haus hat sie, die ihr Haar immer stolz als *Gretchenfrisur* zeigte, jetzt auch beständig einen Hut mit schwarzem Schleier auf. Der Hans trägt ein breites schwarzes Band am linken Ärmel von Anzügen und Mantel, und immer jetzt auch schwarze Krawatten und schwarz gebänderte Hüte. Die Anna hat ein schwarzes Kostüm mit weißer Bluse an oder ein ebenso schwarzes Kleid mit weißem Kragen. Die Schürzen von Köchin und Dienstmädchen sind jetzt auch alle schwarz, statt weiß oder bunt wie seit je gewohnt.

Oder: Nach langer Zeit darf ich wieder einmal im Auto mitfahren. Es wird keine lange Fahrt. Wir steigen am Neuen Friedhof aus, dem in Oberau, und wandern vorbei an Gräbern mit nie vormals gesehenen monumentalen Steinen und Kreuzen, bis wir vor einem davon Halt machen. Auf dem glänzenden grauen Stein ist ein in Metall getriebenes Bild vom Heinzl, auf dem er so aussieht, wie auf dem Bild von Rudolf Parsch, das seit Weihnachten im Esszimmer hängt. *Da unten drinnen liegt der Heinzl* – sagt der Hans, und... *in einem Metallsarg beschützt ist er, so dass er einmal unversehrt wieder heraus und zu den Engeln kommen wird.* Danach, immer wieder: Albträume vom eingeschweißten Heinzl, der metertief unter schwerer Erde im Dunkeln und ohne Luft auf die Engel wartet.

Oder auch: Ich stehe mitten auf der Talferpromenade, ziemlich weit oben nahe an Schönblick. Allein. Aber viele unbekannte Leute sind um mich herum, von denen etliche auf mich einreden, offensichtlich etwas wissen wollen. Ich verstehe ihre Fragen nicht. Ich will nur *heim* – ich will zu *meiner Terrasse*. Der Papi ist plötzlich da. Wütend reißt er mich mit sich und fort. Ich war ihm ausgerissen. Wann nach diesem Abenteuer durfte ich jemals wieder mit ihm spazieren gehen?

Und noch: Ich sitze allein im Kinderzimmer, auf dem Boden, mitten in meinen vielen Bauklötzchen aus buntem Holz und Stein. Die Fenstertür zum Balkon ist abgeschlossen, wie immer, so dass ich nicht hinaus kann und vielleicht über das Geländer falle. Ich spiele nicht. Die Klötzchen liegen einfach nur da. Ich horche zum Gang hin und hoffe, dass da jemand kommt. Ein Geräusch an der Wohnungstür. Bekannte Schritte von Stöckelschuhen auf dem Gang. *Sie* ist es: *Mutti!*... stürze ich aus dem Zimmer. Sie dreht sich mir zu, nimmt den Schleierhut vom Kopf, schaut zu mir hin... und: *Geh zurück in dein Zimmer.*

Es war Sonntag einmal oder sonst ein Feiertag und wir waren bei Ricas *Mami*, meiner Großmutter zum Essen. Sie wohnte in ihrem Geschäftshaus, gegenüber der Pfarrkirche und über der ihr gehörenden Konfiserie, in der es, den Berichten nach, Bozens raf-finierteste Pralinen gab. Ganz oben hausten ihre *dienstbaren Geister* und gelegentlich auch die eine oder andere der Verkäuferinnen vom Laden. Die Einladung zum Feiertagsessen hatte Tradition und traf reihum ihre fünf Töchter samt deren Ehemännern und Kinder. An Hedwig, eine von Großmutters Verkäuferinnen, koppelt sich dieses Erinnerungsbild.

Hedwig. Ein sehr junges, lebhaftes, immer lachendes Ding. Besonders nett zu mir, wenn ich mit der Anna mal in Großmutters Laden kam. Über die Hedwig wurde geredet, jetzt beim Essen. Immer in der Vergangenheit. Ich verstand nicht; fragte dazwischen, was eigentlich sowieso *verboten* war; wartete auf Antwort und wurde zappelig. Die Anna nahm mich hinaus und erklärte mir, dass die Hedwig jetzt *bei den Engeln* ist, so wie der Heinzl; und dass sie sich selber entschlossen hat, dorthin zu gehen, was man schon tun kann, auch wenn es der Liebe Gott nicht gern sieht; und dass also die Hedwig vor ein paar Tagen nachts in den Eisack, den Fluss am Bahndamm, gegangen ist, um für immer zu den Engeln zu schwimmen.

Wir kamen wieder ins Esszimmer zurück, die Anna und ich. Die Rica schaute auf, mehr hin zur Großmutter, ihrer Mami, als zu den andern und seufzte gerade so laut, dass es mir heute noch dröhnt: *Jaja der Heinzl... und jetzt die Hedwig... immer die Besten... allemal sie...*

Ich will zur Hedwig!

Entführung ins Licht.

Als eine der ganz wenigen der Bekannten oder Freunde kam sonntags manchmal Frau Kepp, die von uns so genannte *Tante Carla*, zu Besuch. Sie war Witwe, hatte ihren Mann durch einen Unfall verloren und lebte nur mit ihren zwei Töchtern: der blonden *Nini*, die knapp ein Jahr älter war als ich, und der schon fast 7-jährigen, dunkelhaarigen *Gerlinde*. Geld *von Familie* oder etwa eine Versicherungsrente erlaubten, dass sie nicht außer Haus arbeiten musste und viel Zeit für ihre Mädchen und auch für anderes hatte. Sie wohnten in der Fagenstraße in Gries, auf der anderen Seite der Talfer, im obersten Stock eines Mietshauses mit weit freiem Blick über Weinberge, wie er mir von Schönblick her vertraut war.

Alles war hell in der Wohnung von Tante Carla: die großen Fenster ohne Vorhänge, die geschrubbten Bohlenböden aus hellem Holz, die Möbel und die Kissen. Auf den Böden lagen lustig bunte *Fleckerlteppiche*, die sie selber knüpfte und im Bekanntenkreis auch verkaufte. Und da gab es auch einen Hund, den Charlie, einen hochgewachsen schmalen, rostbraun glänzenden Setter.

Dorthin, in die Fagenstraße, entführte mich eines Sonntags im Frühling die Tante Carla. Sie meinte wohl, und sagte das dann auch ihren kleinen Töchtern und mir ganz offen, dass es in der Bahnhofstraße so mit mir nicht weitergehen konnte. Vielleicht wollte sie mich nur eine Woche oder so behalten, mit dem Versuch, mich wieder zu normalem Essen und aktivem Spielen zu bringen. Es wurde länger. Als sie mich wieder zurück und sozusagen *nach Hause* brachte, waren die Trauben schon abgeerntet und das verbliebene Weinlaub leuchtend rot.

Es war eine sonnige Zeit, mit viel zu lernen...

Die Küche bei der Tante Carla war um etliches kleiner als unse-re alte in Schönblick oder die in der Bahnhofstraße, aber sie war *gemütlich*, wie mir das bis dahin nicht bekannt war. In den Küchen, die ich kannte, schafften stets Köchinnen. Jetzt sah ich zum ersten Mal eine Hausfrau selber am Herd stehen. Und gleich neu war mir, dass in der Küche gegessen und, ja, zum Teil auch gewohnt wurde. Es **gab** da einen Tisch, auf dem zum Essen immer bunte Sets lagen, und eine hölzerne Eckbank, Stühle mit aufgelegten Kissen, eine Hängelampe, die man bis ganz nahe an die Tischplatte herunter ziehen konnte. Dort wurde nicht nur gegessen. Auch zu anderen Zeiten waren wir, die beiden Mädchen und ich, oft lange in der Küche und schauten der Tante Carla beim Kochen zu oder wenn sie bügelte. Sie erzählte dann oder sie forderte auf, was auch ganz neu für mich war, dass doch wir etwas erzählen sollten. An Nachmittagen lernte ich dort, zu viert um den Küchentisch, *Mensch ärgere dich nicht* und *Halma* spielen.

Das Frühstück, so wie ich es jetzt erlebte, war mir auch neu und brachte eine Menge Entdeckungen. Ungewohnt war schon, dass wir alle uns – gewaschen, gekämmt und angezogen – um Punkt acht Uhr an den Tisch zu setzen hatten. Die Tante Carla hatte dazu einen *Gong* auf der Kredenz in der Küche, den sie in kurzem Abstand erst einmal und dann zweimal schlug. Beim zweiten Anschlag mussten wir alle brav an unseren Plätzen sitzen. Kaffe konnte ich bekommen, was *bei uns* für die Kinder streng verboten war. Manchmal gab es auch duftende Schokolade. Und ich lernte goldbraunen Tee kennen, den die Tante Carla besonders gern trank. Wir zuhause bekamen nur hellen Kamillentee oder warme Milch.

Aber das anfangs Aufregendste und auch später noch Verwundernde war: zu jedem Frühstück gab es Semmeln, echte weiße *Kaisersemmeln*, die eigentlich nur für Festtage da sein sollten; und durchgeschnitten durften diese Semmeln mit Butter **und** mit Marmelade oder Honig bestrichen werden... *und*, nicht *oder*. Ich kannte das nicht und hatte nur gehört, von wem und wo auch immer, dass das der Gipfel von verschwenderischem Luxus wäre. *Butter und Marmelade zusammen aufs Brot?!* Ich brauchte einige Lernzeit, bevor ich mich so richtig und unbefangen dazu traute. Es schmeckte herrlich.

Im Wohnzimmer lernte ich auch zwei Geräte kennen, die es *bei uns* nicht gab: ein Radio und ein Grammophon mit groß geschwungenem, goldglänzendem Schalltrichter. Dazu gab es viele schwarze Musikplatten, die in braunen oder bunten Hüllen breiten Raum im Bücherregal brauchten und die man immer sehr behutsam behandeln musste. Am Plattenspieler war seitlich eine Kurbel zum Aufziehen und neben dem Teller auch eine kleine Wanne, in der kurze Stahlnadeln aufbewahrt wurden, die man vorsichtig am Tonarm befestigte, um ihn dann auf die rotierende Platte zu setzen. Die Nadeln mussten oft weggeworfen und mit neuen ersetzt werden, was mir immer sehr aufregend war.

Die Tante Carla hörte oft und lange Musik. Sie hatte es gern, dass wir Kinder dabei waren, und wies uns immer wieder auf das und jenes hin, erklärte es geduldig. So fing ich an zu lernen, was eine Symphonie ist und was eine Oper oder ein Kammerlied. Und ich lernte in etwa, Bach von Mozart zu unterscheiden und den wiederum von Beethoven oder Strauss. Besonders viele Platten hatte Tante Carla mit männlichen Singstimmen und die legte sie häufig auf. So waren mir bald die Namen von Caruso, Slezak, Gigli, Tauber, Schaljapin oder Schlusnus geläufig und ich konnte deren Stimmen gut auseinander halten.

Tagsüber gingen wir oft zum Einkaufen auf den Grieser Hauptplatz, der nicht weit entfernt war, oder spazierten sonst wohin. Mir scheint, der Charlie war immer dabei. Trotzdem gehörte es zum Tageslauf, dass er zweimal *Gassi* geführt wurde: immer morgens, gleich nach dem Frühstück, und dann spät nachmittags, kurz vor dem Abendessen. Wir durften auch mitkommen, wenn wir wollten. Die Tante Carla hatte immer ein Schäufelchen und ein Eimerchen dabei, so wie Kinder es auf der Talferpromenade zum Spielen hatten, und damit nahm sie das *Buh-Buh* vom Charlie mit, um, wie sie sagte, den Gehweg für die anderen sauber zu halten. Und so lernte ich auch etwas von Pünktlichkeit, Verpflichtung und Rücksichtsnahme.

Bei schönem Wetter durften wir oft in die Weinberge, die, durch eine hohe Mauer von der Fagenstraße abgetrennt, am Haus und unter der Wohnung lagen. Die Bauern dort waren nett und auch der Charlie durfte mitkommen. Die Gerlinde hielt uns manchmal an, Feldblumen unter den Reben zu sammeln. Damit und mit Weinlaub machte sie dann Kränze, die wir uns aufsetzten, um *Königin, Prinz und Prinzessin* zu spielen.

Manchmal nach Regen kam auch die Tante Carla mit hinunter und zeigte uns, wie man Weinbergschnecken erkennt und sammelt. Wir durften alle mitnehmen, die wir fanden. Die Tante Carla bereitete sie zu herrlich duftenden, in ihren Häusern mit Butter und Kräutern geschmorten Leckerbissen, die auf besonderen Schneckentellern und mit ganz dünnen Gäbelchen auf den Tisch kamen. Damals fing ich wohl an, beim Essen *Spezielles* von *Normalem* unterscheiden zu lernen – und Weinbergschnecken wurden für immer zu einem meiner Leibgerichte, was von so manchen Zeitgenossen oft unverstanden blieb.

Zu den Küchenentdeckungen bei Tante Carla gehörte auch Spargel. Mit der Anna hatte ich am Obstmarkt die weißen Stangen schon gesehen und wusste deshalb, dass es Gemüse war, weil sie beim Gemüse verkauft wurden. Aber zuhause waren sie nie auf den Tisch gekommen. Jetzt lernte ich, wie viel köstlicher als alle anderen Gemüse sie mir schmeckten – noch ganz heiß gegessen, mit zerlaufener Butter übergossen und mit heller Mayonnaise oder sonst einer Soße dazu. Und von der Tante Carla lernte ich auch, dass Spargel das einzige Warmgericht ist, das zum Essen auch ohne Besteck, nur mit der Hand, vom Teller genommen werden darf.

Sonntags gingen wir manchmal den langen Weg zum Waltherplatz, um dort in einem der Cafés nach der 12-Uhr-Messe Leute zu treffen: meine Eltern zum Beispiel, ein paar von den Schwestern der Rica, vielleicht mit deren Kindern und dem einen oder anderen Ehemann, weitere Bekannte auch, wie sie eben fallweise dazu kamen.

Oft war da auch *ich* ein Thema, das ich mit gespitzten Ohren zu verfolgen versuchte. Und, gut erinnere ich mich, wie es dabei immer wieder auf dasselbe hinauskam: auf das von der schwarz verhüllten Rica repetierte Wehklagen, dass *einem die Falschen weggenommen* wären, aber dass man eben *mit seinem Geschick nicht hadern* dürfe.

An die zögerliche und nur halb energische väterliche Aufforderung an mich, jetzt *endlich wieder heim* zu kommen erinnere ich mich auch gut. Kolportiert ist dazu mein angeblich darauf gefolgtes Losplärren der Abwehr und die angespannte Verärgerung ringsum in der dann fühlbar irritiert abgeflauten Sonntagslaune. Frühling, Sommer, bis in den Herbst hinein...

Nach den sonntäglichen Gruppentreffen im Café ging dann die Tante Carla nur allein mit uns, ihren beiden Mädchen und mir, ins nahe Restaurant des noblen *Hotel Greif*, das am Waltherplatz die Zierde der Stadt war und in das *man* eigentlich nur zu besonderen Anlässen gehen konnte oder sollte: zu Hochzeiten, Jubiläen, für wichtig gefühlten Bewirtungen auswärtiger Gäste und so. Dort wurde als ganz selbstverständlich auch von Kindern erwartet, dass sie mit Messer und Gabel aßen und auch sonst sich *zu benehmen* wussten, was für Tante Carla vielleicht auch ein Grund war, mit uns dorthin zu gehen – zum Training sozusagen. Wir bekamen immer einen netten Tisch und nette Bedienung. Tante Carla gehörte eng zur Familie der Greif-Besitzer.

In einer Ecke des Wohnzimmers hatte die Tante Carla eine Art Webstuhl aus hellem Holz aufgebaut, mit exakt verspannten Fäden und dazwischen hin und her flitzenden *Schiffchen*. In einem Korb daneben lagen immer ein paar dicke Knäuel von schmalen Streifen bunter Stoffabfälle, die sie aus alten Sommerkleidern, Blusen und Tüchern geschnitten hatte. Gelegentlich, aber keineswegs täglich, saß sie da stundenlang am Webstuhl und zusehends wuchs da ein *Fleckerlteppich* ähnlich denen, die überall in der Wohnung lagen. Dabei erzählte sie uns Geschichten oder wir hörten Radio und sie erklärte uns die Musik. Offen sprach sie darüber, dass die Teppiche zu vernünftigen Preisen verkauft wurden, und oft sagte sie auch, wer den jetzt neuen bekäme. Dabei erklärte sie ganz einfach die Zusammenhänge von täglichen Bedürfnissen, wertschaffender Arbeit, deren Entlohnung und die damit sich ergebende Möglichkeit, Sachen oder die Leistungen anderer, die man haben möchte, mit dem Lohngeld kaufen zu können.

Auch das war mir ganz neu. Mit *Arbeit* hatte ich, wenn überhaupt, die Idee verbunden, dass der Hans und die Rica morgens außer Haus und ins *Magazin* gingen, um dort zwischen engen Stellwänden voll duftender Waren prüfend herum zu laufen oder an wuchtigen Schreibpulten sich Sachen zu notieren, wie ich das gesehen hatte, wenn die Anna mit uns, dem Heinzl und mir, manchmal dorthin ging. Was sie da genau taten und warum, ist mir dabei nie ganz klar geworden. Immer wieder hörte ich aber, ich möge ruhig sein und nicht stören. Und so hatte ich eben gedacht, dass Arbeit nichts Lustiges sei und vielleicht daran Schuld, dass die Eltern abends gereizt nach Hause kamen und *ihre Ruhe* brauchten. Aber sonst hatte ich nichts verstanden. Es wäre mir nie in den Sinn gekommen, dass auch das, was die Anna und die Köchin und die Dienstmädchen taten, Arbeit war, für die sie zu Recht einen Geld-lohn bekamen, mit dem sie dann kaufen konnten, was sie brauchten oder haben wollten, weil eben auch sie Bedürfnisse hatten – wie mir das die Tante Carla geduldig erklärte.

Und dazu hat sie mir noch mitgegeben, dass Arbeit zwar müde mache, aber doch auch etwas Heiteres sein müsse, an das man am Abend gern und zufrieden denken soll; oder auch, dass jede Arbeit anderen nützen soll, weil die sich dann daran freuen und das Geld, das sie dafür zu zahlen haben, nicht missgünstig zur Begleichung geben.

Fast immer gab es ein paar Blumen im Wohnzimmer und in der Küche, bei der Tante Carla. Meistens holten wir sie uns selber. Unter den Pergeln des Weinbergs am Haus wuchsen Löwenzahn und Klatschmohn und blaue Blütenstängel, die wir pflücken durften, weil es der Bauer erlaubt hatte. Aber auch anderswo gab es frei wachsende und zum Mitnehmen erlaubte Blumen: auf den Wasserwiesen im Flussbett der Talfer etwa, wohin wir oft gingen, weil der Charlie dort so frei tollen konnte; auf dem Hügel oberhalb von Guntschna, der gelegentlich Ziel eines Spaziergangs am Nachmittag war; oder am kleinen Bergbach neben dem alten Römerturm, recht unweit in der Nähe. So kam viel Farbe ins Haus.

Aber dabei achtete die Tante Carla immer scharf und auch er-mahnend darauf, dass keine *Gartenblumen* dabei waren. Ich brauchte nicht lange dazu, zu lernen, dass die Blumen in anderer Leute Gärten deren Eigentum waren; und dass man sie deshalb *niemals* einfach *nur so* pflücken und mitnehmen durfte, auch dann nicht, wenn sie durch einen Zaun schauten oder darüber hinaus auf den Gehweg ragten. Die Blumen im Park und auf den Promenaden gehörten dagegen *der Stadt* und damit *uns allen*; und, gerade weil sie also *uns allen* gehörten, mussten sie dort bleiben, bis sie verblühten, ohne mitgenommen zu werden.

Aber da gab es noch etwas anderes. Neues und Ungewohntes. Ich konnte mit der Nini von Anfang an gut spielen. Und auch mit der Gerlinde, die mir mit ihren schon an die sieben Jahren fast wie eine Erwachsene vorkam, fühlte ich mich ganz schnell vertraut. Wir machten *alles* zusammen, ganz gleich, ob das Brett- und Kartenspiele in der Küche waren, oder *Himmel und Hölle* unten auf der Straße, oder *die Geister suchen* rund um den uralten Römerturm in der Nähe, oder auch miteinander *rangeln* und eine Bettenschlacht bis Federn flogen, oder... was immer auch.

Ich hatte das so noch nicht erlebt. Da hatte niemand *sein* Revier. Allein auf Entdeckungsreise zu gehen, kam uns niemals je in den Sinn. Blumen oder Weinbergschnecken holten wir gemeinsam aus den Reben. Zusammen hörten wir das Grammophon und balgten uns darum, wer es für die nächste Platte aufziehen durfte. Und verschworen behielten wir alle unsere Geheimnisse eng für uns. Es war das mir so ganz Unbekannte: Wir gehörten zusammen.

Zurück.

Im September, begann für Gerlinde das erste Schuljahr. Das änderte den Lebensrhythmus in der Fagenstraße. Nun wurde früher gefrühstückt, aber trotzdem stets alle gemeinsam. Tante Carla musste mit der Gerlinde dann sofort zur Schule. Mittags und nachmittags lief es auch anders als gewohnt. Und sicher war es so, dass nun auch Tante Carla und die Mädchen fühlbar mit Umstellungen klar kommen mussten. Vielleicht war das mit ein Grund dafür...

Eines Sonntags im Frühherbst trafen wir uns alle wieder einmal im Café Reinstaller am Waltherplatz; und diesmal sollte ich danach dann mit den Eltern *nach Hause* gehen, also wieder zurück in die Bahnhofstraße. Die Tante Carla hatte es mir vorweg schon ein paarmal geduldig erklärt. Das kleine Köfferchen mit meinen Sachen, das sie diesmal dabei hatte, ließ keinen Zweifel. Quengelig versuchte ich nochmals mein Glück, was vor allem bei der Rica gar nicht gut ankam.

Die Eltern haben mich mitgenommen. Die Anna kam mir in der Wohnung nicht entgegen. Sie war *nicht mehr da*, erfuhr ich in knappen Worten, sondern statt ihrer *gibt es jetzt die Berta*. Die konnte ich dann auch gleich sehen: ein sehr junges Ding in meiner Erinnerung, drall und pausbäckig mit apfelroten Wangen und krausem Braunhaar, das mir viel fröhlicher schien, als eben jetzt notwendig. *Die war jetzt da!* Ich wollte meine Anna!

Der Tisch im Esszimmer war schon gedeckt, als wir mit meinem Köfferchen aus dem Café kamen. Die mir so überrumpelnd erschienene Berta, die Ersatz-Anna, brachte das Trutschele und setzte es auf ein hohes Kinderstühlchen mit Gurten, das ich vorher nie gesehen hatte. Das weinerliche Baby war inzwischen schon über ein Jahr alt geworden und durfte zuschauend am Esstisch dabei sein, immer wieder leidvoll stolz angelächelt von der Rica.

Wie selbstverständlich setzte ich mich oben an seiner Schmalseite an den Tisch, mit freiem Blick auf die Tür und hinter mir nur noch die Vitrine und das Fenster. Das war immer Ricas Platz gewesen. Von nun an war und blieb er der meine. Warum hat *dagegen* niemand protestiert?

Am Bild, das Rudolf Parsch im letzten Sommer vom Heinzl gemalt hatte und das jetzt im Esszimmer an der Längswand über der Kredenz hing, war schräg über eine Ecke eine breite schwarze Schleife angebracht, was dem Bild von mir, das daneben hing und an sich schon viel heiterer war, etwas besonders Helles gab. Aber ich schaute weitaus mehr auf das andere, das vom Heinzl, und da vor allem auf die schwarze Schleife daran, die zum breitschwarzen Band an Vaters Jackenärmel und zu Ricas nur noch schwarzen Kleidern passte.

Herbstnebel.

Die dann folgenden Wochen und Monate sind fast ohne damit verbundene Erinnerungen geblieben, nahezu wie in Herbstnebeln verschwunden. Ich muss wohl annehmen, dass ich wieder in die stumpfsinnige Lethargie zurückgefallen bin, aus der mich Licht und Wärme bei der Tante Carla herausgerissen hatten. Nur wenige Bilder sind mir da, die sich zeitlich sicher jenen Tagen zuordnen lassen und die darauf hindeuten, dass etwas an Aufmerksamkeit mir doch noch verblieben war...

In der Wohnung sind jetzt andere Menschen. Eine neue Köchin. Ein nie vorher gesehenes Dienstmädchen. Und für uns Kinder die Berta. Die Köchin ist nett. Aber schon bald ist es wiederum eine andere.

An lange Spaziergänge mit der Berta, schön eingepackt in warmen Mantel und mit wollenen Fäustlingen, erinnere ich mich aus der Zeit. Berta schiebt immer den Korbwagen mit dem Trutschele und ich muss mich daneben brav am Schiebegriff festhalten, damit ich nicht abhanden komme. Oft machen wir im Bahnhofspark an einer Bank halt und die Berta findet dort jemanden, mit dem sie lustig plänkeln kann. Meist sind es ein-zwei Soldaten, die mit ihr Italienisch sprechen, wovon ich kein Wort verstehe.

Oft singt die Berta traurige Schmachtlieder, von denen ich nicht genug kriegen kann: *Mariechen saß weinend im Garten...*, *Warum weinst du, holde Gärtnersfrau...*, *Leise tönt die Abendglocke...* und all die anderen. Ich liebe das und bitte sie immer wieder darum.

Oder: Wir besuchen Tante Viktl, Ricas ältere Schwester, in ihrem Süßwarengeschäft Unter den Lauben, gleich am Obstmarkt. Glitzern von Kristall und Spiegeln und Lüstern blendet. Ich habe Angst vor dieser Tante, wie immer, wenn ich sie selten einmal sehe. Sie fragt mich, was ich denn gern haben möchte... und sie zählt eine ganze Menge Dinge auf, die ich gar nicht so schnell behalten kann. Ich entscheide mich für *Apfelsine* und weiß gar nicht, was das ist. Eine Orange bekomme ich und bin verwundert, dass die Tante dazu Apfelsine sagt. Lieber hätte ich doch Schokolade oder Marzipan gehabt.

Oder auch noch: Bei den Spielsachen, die dem Heinzl gehört hatten, ist eine Schwebebahn mit Talstation und zwei bunten Gondeln, die mit einer Kurbel so bewegt werden können, dass die eine nach oben und die andere zugleich nach unten fährt. Jemand hat sie im Kinderzimmer aufgebaut, mit der Talstation am Boden und auf dem Tisch dem Zielpunkt Berg. In die Gondeln passen kleine Holzmännchen, die befördert werden sollen. Ich soll Seilbahn spielen. Mit der Bahn vom Heinzl. *Neiiin!*

Frühstück gibt es irgendwann morgens, ohne feste Zeit, sobald ich gerade aufgestanden bin und mich gewaschen habe. Der Berta ist es gleichgültig, wann ich komme, aber die Zähne muss ich schon geputzt haben. Sie gibt mir eine Schale Milch oder Kakao und geschnittenes Weißbrot, das sie schon bestrichen hat – mit Butter *oder* mit Marmelade. Die Berta selber hat schon vorher gefrühstückt und auch das Trutschele versorgt.

Mittagessen ist immer gemeinsam im Esszimmer. Die Berta kümmert sich ums Trutschele und darum, dass ich auch aufesse, was sie mir auf den Teller gelegt hat. Die Köchin trägt auf. Pünktlichkeit ist angesagt und genau muss es nach der Uhr gehen, die auf der Kommode steht: Punkt eins wird die Suppe aufgetragen, unter der Woche, sonntags um halb zwei. Es dauert nie lange, bis alle wieder aufstehen und ihrer Wege gehen. Wurde da auch gesprochen?

Das buckelige Fräulein Dassala, unsere Störschneiderin, die wir wie damals üblich mehrmals im Jahr ein paar Tage im Haus hatten, ist wieder einmal da. Sie hat ihren Radioapparat mitgebracht. Ich darf bei ihr sitzen, ihr zuschauen und zuhören. Sie hört Musik, ähnlich der wie bei der Tante Carla. Ohne von der Nähmaschine auf- oder gar mich anzusehen, erklärt sie dazu, wer es komponiert hat und was der Komponist damit wohl sagen wollte. Es ist wie eine Fortsetzung von dem, was die Tante Carla erzählt hatte. Nur doch irgendwie anders. Verinnerlichter? Ich sitze still, mitten auf dem Teppich.

Nachts bin ich jetzt allein im Zimmer mit den zwei lindgrünen Betten. Durch die Doppeltür zum Gang kommt kein Geräusch herein. Aber der Mond oder sonst ein Schimmer leuchtet mir durchs Fenster. Ganz genau kann ich sehen, dass ich allein bin und sonst niemand im Raum ist. Aber mir scheint, im anderen Bett liegt doch auch der Heinzl. Ich will nachschauen gehen. Aber ich traue mich nicht. Mit gespitzten Ohren liege ich da, flach atmend, und warte. Es regt sich nichts.

Und schon wieder ging es auf Weihnachten zu.

Die beiden erinnerten Weihnachten mit der Anna hatten sich mir eingeprägt. Sicher hat die Berta mir die jetzt besonders schön geschmückten Schaufenster Unter den Lauben gezeigt, wie das auch die Anna schon getan hatte. Es muss so gewesen sein. Wahrscheinlich lockte auch wieder süßer Plätzchenduft aus der Küche. Ganz sicher war das Wohnzimmer wiederum versperrt und es galt, auf das Glöcklein zu warten, um dann gemeinsam hinein zu dürfen und den reich geschmückten Lichterbaum zu bestaunen. Es kann nicht anders gewesen sein, in *dem* Jahr, so wie dann auch wieder in all den Jahren danach.

Doch dieses Weihnachten ist mir aus der Erinnerung völlig gestrichen... die Tage davor, der Duft, die Kerzenlichter und die Geschenke... alles.

Irgendwann ist es dann doch wieder Frühling geworden. Und irgendwann bin auch ich wieder zurückgekommen zu bewusstem Leben.

Zeug zum Anziehen.

1944–1953. In ihrer Kindheit und der frühen Jugend müssen wohl alle das anziehen, was ihnen im Elternhaus oder wo sonst sie aufwachsen, zugeteilt wird. Das mit der Zuteilung hat sich ja in den letzten Jahrzehnten zunehmend zugunsten der Kids dahin geändert, dass heute deren fordernden Klamottenwünschen häufig fast schon strebsam entsprochen wird. Dazu mussten die Kids aber das harte Fordern lernen. Wir, zu meinen Anfangszeiten, waren noch nicht so weit. Wir mussten uns mit unseren schmeichelnden Bitten bescheiden, die wir höchstens mit nervendem Quengeln noch stützen konnten.

Beides zählte kaum zu meinen Stärken, obzwar ich mich gut erinnere, es wiederholt versucht zu haben. So musste ich eben anziehen, was mir zugeteilt war. Erst sehr viel später kam ich mal ins Grübeln, ob und wie denn etwa die zugeteilten Klamotten der frühen Jahre meine Entwicklung und damit gar mein ganzes Leben nennenswert mitbestimmt haben könnten. Mal sehen...

*

Im öffentlichen Auftreten und dabei vor allem auch in den *Kleiderregeln* hat sich eine ganze Menge geändert. Vieles ist heute so völlig anders, dass meine Klamottengeschichten von den meisten wohl kaum noch so richtig verstanden werden können. Sie liegen ja auch irre weit zurück. Sie sind von damals, als in Europa die Nachkriegswelt noch sehr jung war.

Schnell dazu ein paar Gegebenheiten vorausgeschickt, die bei uns zuhause ganz einfach selbstverständlich waren: Leibwäsche wurde nicht in Fachgeschäften oder gar im Kaufhaus gekauft, sondern bei unserer Näherin Fräulein Luise, die Luise Dassala hieß, bestellt und von ihr nach Maß gefertigt. Alles, was gestrickt war, fertigte dagegen meine Großtante Anna, die sich mit Maschinenstricken ihr immer jungfräulich gebliebenes Leben verdiente. Für die Kostüme und Kleider meiner Mutter, der Rica, für die Anzüge von Hans, meinem Vater, und auch für alle Oberbekleidung von uns Kindern waren stets Schneider zuständig, die in den höchsten Himmel gelobt wurden, solange sie in Ansehen standen, doch dann meist ziemlich schnell anderen, wohl aktuelleren Platz machen mussten. Davon ausgenommen waren nur Ricas Blusen, die mit konstanter Treue bei Mode Kahl gekauft wurden, und Vaters Krawatten, die er sich mit verblüffend stilsicheren Spontankäufen besorgte, weil er die obligat an Weihnachten und den Geburtstagen geschenkt bekommenen sowieso nie trug.

Aber ob nun aus dem Regal und von der Stange gekauft oder, wie bei uns eben, in Handarbeit zugeschnitten, dürfte rückblickend wohl nicht so besonders wichtig sein. Der Gedanke daran gehört nur ganz einfach zum Gesamtbild und damit dazu, ein paar Einzelheiten vielleicht besser zu verstehen.

Hemden mit Bubikragen.

Jetzt hier mit dem *Bubikragen* anzufangen, passt an sich gar nicht in den chronologischen Ablauf. Doch diese Geschichte war so intensiv und hat sich so lange hingezogen, dass sie wohl die war, die sich mir in Sachen *Angeziehe und wie die Umwelt darauf reagiert* am stärksten eingeprägt, die meisten Spuren gesetzt hat. Dazu braucht es jetzt erst einmal eine Erklärung, weil ja heute kaum noch jemand weiß, was ein Bubikragen ist und was es damit auf sich hatte.

Beschreibung. Beim klassischen Oberhemd – T-Shirts und so kannten wir noch kaum – gab es zu meiner Kid-Zeit klare Unterscheidungen zwischen Kinder- und Herrenhemden. Der Unterschied lag nur am Kragen, nicht an der Art der Ärmel oder am gesamten Schnitt. Die Herrenhemden hatten am Hals einen ein paar Zentimeter hoch geschnittenen und vorn mit zwei Spitzen endenden Kragen, so wie sie fast unverändert auch heute noch die für Schlipse geeigneten Hemden von Männern haben. Dagegen hatten die Kinderhemden vorwiegend und für sie typisch einen in unserer Gegend so genannten *Bubikragen*. Das ist ein ganz flach um den Hals herum aufliegender, rund geschnittener Kragen, der nach vorne keine Spitzen sondern nett abgerundete, etwa blütenblatt-ähnliche Enden hatte. Bei Hemden von Kleinkindern war diese Art Kragen oft auch noch gerüscht. Der klassische Bubikragen aber war rund und glatt.

In meinen Jahren der Grundschule war es normal, dass alle Jungen Hemden mit Bubikragen trugen; im Winter unter Pullis, die meist einen runden Ausschnitt hatten, über den der Hemdkragen flach gelegt wurde. Nur einer der Schulgefährten, der dünn aufgeschossene Paul Gostner, hatte schon in der vierten Grundschulklasse Hemden mit Herrenkragen. Er trug dazu meist auch ein Erwachsenen-Jackett und für beides wurde er weidlich gehänselt.

Ab der fünften Grundschulklasse, in unserer Vorbereitungszeit also jetzt bald aufs Gymnasium zu kommen, hat sich das radikal geändert. Wir alle, die auf das *Humanistische* ausgerichtet worden waren, hatten gehört, dass wir bald schon vom dortigen Lehrkörper *gesiezt* und wir damit *keine Kinder* mehr sein würden. Das war das Schuljahr 1948-49.

In diesem letzten Jahr der Grundschule gab es bei meinen Klassenkameraden einen schnellen und fast radikalen Umschwung der Klamotten. An den Hemden zeigte sich das am deutlichsten. Herrenhemden trug jetzt fast jeder, bald schon jeder in der Klasse, so mancher auch schon mit Krawatte. Bubikragen-Hemden waren *out* und wer noch welche auftragen musste, wurde von den anderen erst leicht belächelt, dann bald bemitleidet und es hat nicht lange gedauert, bis das in echtes Mobbing umschlug. Man kann sich als Erwachsener kaum noch die ätzende, ausgrenzende Häme vorstellen oder sie erinnern, die Kinder an sich haben können, wenn andere anders sind. Selber noch schwach, brauchen sie wohl noch Schwächere als Ventil, um selbst zu überleben. Ich hatte nur Hemden mit Bubikragen.

Bald habe ich angefangen, zuhause nach Herrenhemden zu bohren. Dass ich damit nicht *von heute auf morgen* Erfolg haben konnte, das wusste ich. Das begann schon einmal damit, dass es bei uns gar nicht in Frage kam, einfach in einen Laden zum Hemdenkauf zu gehen. Fräulein Luise aber wurde meist nur einmal im Jahr beauftragt, neue Wäsche zu nähen. Darauf war schon einmal zu warten. Und so kam es, dass ich mich mit Bubikragen im Gymnasium einzufinden hatte, was die Patres, unsere Lehrer, nicht abhielt, auch mich ausschließlich mit *Sie* anzusprechen. Wir waren unglaubliche zweiundfünfzig in der ersten Klasse des Bozner Franziskaner Gymnasiums, im Schuljahr 1949-50, und kaum einer von uns allen trug noch die jetzt allgemein verpönten Hemden mit Bubikragen.

Um es kurz zu machen: Auch im folgenden Jahr konnte ich Rica, meine Mutter, nicht überzeugen, mir jetzt endlich Hemden mit normalem Herrenkragen zuzugestehen, und dabei nützte es nichts, dass das Fräulein Luise versuchte, sich stark für mich einzusetzen. Sie kam schließlich in den Bozner Familien herum, wusste, was sie für andere mit heranwachsenden Buben nähte, und hatte Verständnis für mein Verlangen. Gegen die Rica hatte auch sie keine Chance. Nochmals und für noch ein Jahr hatte sie ein halbes Dutzend Hemden mit Bubikragen zu nähen. Und ich hatte damit zu leben.

Nur noch ein anderer Junge kam immer noch mit Bubikragen in die Klasse. Es war Mario Grossa, ein von allen, zumal auch vom Lehrkörper, bewunderter Außenseiter, der in der Hauptsache am Konservatorium Klavier studierte, dort hoch gelobt war als sicher künftiger Konzertpianist, und nur sozusagen *zusätzlich* zu uns ins Gymnasium kam. Er war in unserer aller Augen besonders geartet – und dass er fast immer weiße Seidenhemden mit besonders großem Bubikragen zu dunkelblauem Samtjackett trug, unterstrich uns seine Besonderheit. Bei ihm war eben auch der Bubikragen etwas exotisch Raffiniertes, ganz anders als bei mir Normalo.

So war das also auch die ganze zweite Gymnasialklasse über, ohne dass sich das Ätzen der Mitschüler legen wollte, obwohl das Thema nun wirklich zu ausgelutscht war. Erst im Jahr danach, da war ich schon in der dritten Klasse und in den Sommerferien dreizehn geworden, konnte sich Fräulein Luise gegen die Rica durchsetzen. Zu Weihnachten bekam ich endlich Herrenhemden, mit der mütterlichen Auflage allerdings, sie nur an Sonn- und Feiertagen tragen zu dürfen, was natürlich eine völlig nutzlose Maßgabe war. Gerade unter der Woche und täglich in der Schule hatte ich mich doch die ganze Zeit über mit der Hemdengeschichte herumgeschlagen.

Rica hat nie leicht aufgegeben, wenn sie sich irgendwas in den Kopf gesetzt hatte. Und ihr lächerliches Hemden-Sonntags-Gebot hatte sie ernst gemeint. Sie wollte es wirklich durchsetzen und so kam ihr die Idee, die von mir an Werktagen unbotmäßig getragenen Spitzkragen-Hemden einfach auszusortieren und im Korb der Schmutzwäsche zurück zu lassen. Sie sollten ungewaschen bleiben. Es lagen im Schrank ja noch etliche durchaus heile Hemden mit dem Bubikragen. Ihr Erfolg war dabei nur, dass ich für einen Jungen recht frühzeitig gelernt habe, Hemden selber zu waschen und auch am Kragen faltenfrei zu bügeln.

Fast drei Jahre lang hat der nervige K(r)ampf gedauert. Der Hans hatte sich aus der ganzen Sache tunlichst heraus gehalten, wie er das immer so hielt, wenn es um Themen und Spannungen ging, die seiner Meinung nach zwar lästig aber *unwichtig und nutzlos* waren.

Weit schlabbernde Unterhosen.

Auch die Unterhosen der männlichen Mitglieder unserer Familie wurden von der vertrauten Näherin aus haltbarem Baumwollstoff erstellt. Nur die Schlüpfer von Rica und dem Schwesterchen Ortrud waren industrielle, gut anliegende Wirkware vom Fachgeschäft.

Das Fräulein Dassala war ganz sicher der Meinung, männliche Unterhosen müssten besonders weit geschnitten sein, um so allen umfassten Teilen die nötige Bequemlichkeit zu bieten. Für die noch wachsenden Jungs gab sie Extragröße dazu, weil die guten Stücke doch ein paar Jahre halten sollten. Um dem auch für den wachsenden Hüftumfang Rechnung zu tragen, verwendete sie für den Bund dehnfähige und relativ weiche Elastikbänder, die allerdings den Nachteil hatten, bei warmem Waschen schnell auszuleiern. Aber da sie nur in Laschen eingezogen und eingeknöpft waren, konnte man sie jederzeit leicht durch neue ersetzen. Das jedenfalls war das erklärte Konzept.

Ich bekam also seit früher Kindheit Unterhosen aus robuster Baumwolle, die im Schnitt etwa *Boxershorts* entsprachen, dabei jedoch ihre Eigenarten hatten. Sie waren auf *Wachstum* und vor allem auch auf andauernde *Bequemlichkeit* ausgerichtet und, wenn neu, an sich immer viel zu groß. Dazu kam der spezielle Zuschnitt. Die beiden Beinöffnungen waren so weit gehalten, dass fast schon anderthalb Oberschenkel gut durchgepasst hätten. Dafür waren die Shorts am Schenkel sehr kurz angeschnitten, weil sie nur den Hintern gut bedecken, aber nicht viel weiter nach unten reichen sollten. Um den Unterleib herum ließen sie viel Raum, der keinerlei Bewegung einengen sollte. Vorne hatten sie einen von zwei Stoffbahnen kaum überlappten Eingriffschlitz, der vom Schritt zum Gummizug am Bund reichte.

So wuchs ich denn mit Unterhosen auf, deren Zuschnitt wohl vom Fräulein Luise selbst in keusch-praktischer Vorstellung dessen entwickelt war, was männlich wohl *bequem* war. In der richtigen Kindheit, also bis ich etwa neun oder wenig älter wurde, kannte ich nichts anderes und hatte keinen Anlass, mich daran zu stören. Aber dann fingen Hodensack und Penis an zu wachsen. Die Teile begannen, in die rechte oder die linke Schenkelöffnung der Shorts zu hängen und auch nach unten heraus zu überborden, was bei kratzendem Hosenstoff unangenehm und beim Umziehen am Sportplatz auch peinlich war.

Ob die Unterhosen denn nicht anders und *tragfähiger* gemacht werden könnten, mit längerem und engerem Bein oder so, war dann wiederkehrend meine bittende Frage, jedesmal wenn es mal wieder soweit war, neue zu bekommen. Das Fräulein Luise und die Rica waren sich einig, dass der erprobte Schnitt schon recht und gut war, wobei es dann auch zu bleiben hatte.

Ich habe den Hans nie gefragt, wie er, der seine Unterhosen ja auch von Fräulein Luise bekam, damit zurechtkam. So etwas gehörte nicht zu den bei uns gebräuchlichen Gesprächsthemen. Aber sobald ich es mir als so 13/14-Jähriger dank meiner kleinen Handelsgeschäfte mit den Schulkameraden leisten konnte, kaufte ich mir ein paar von den in Schaufenstern längst bewunderten Basic-Slips aus dehnbarem Feinripp von Jockey. Als sie zum ersten Mal in der Familienwäsche landeten, gab es keinen Kommentar dazu; und auch später nicht. Sie wurden einfach mit gewaschen und Fräulein Luise bekam keinen Auftrag mehr, für mich Unterhosen zu nähen. Niemals mehr habe ich seither noch irgendwelche Boxershorts getragen.

Als Mütze ein halber Fußball.

Die Winter konnten recht kalt sein, in unserer von den Dolomiten umstellten Gegend. Die Erwachsenen trugen meist Hüte und fast alle Jugendlichen hatten Mützen, die meist gestrickt und so geformt waren, dass sie sich bei Bedarf ganz über die Ohren ziehen ließen. Einige hatten auch militärartige Schirmmützen aus Stoff, deren Seitenteile, wenn es besonders kalt war, zum Schutz von Nacken und Ohren heruntergeklappt werden konnten. Wer eine solche Mütze hatte, wurde besonders beneidet.

In dem Winter, als ich in der dritten Grundschulklasse war, hatte ich keine Mütze. Ich kann mich nicht erinnern, warum das so war. Mag sein, dass ich die gehabte verloren hatte. Wahrscheinlich habe ich dann auch gequengelt, dass ich eine bräuchte. Wie auch immer... eines Tages bekam ich vom Hans eine Mütze, die er irgendwo entdeckt und besorgt hatte und die ihm über alle Maßen zu gefallen schien. *Originell* sei sie und etwas *ganz Besonderes*. Gut kann ich kann mich erinnern, wie sehr erschrocken ich war, als ich sie das erste Mal aufsetzen sollte, und auch daran, dass ich mich nur durch gutes Zureden zögerlich davon überzeugen ließ, etwas *herausragend Schickes* bekommen zu haben, um das mich alle beneiden würden. Die Mütze war aber auch völlig anders als alle anderen Mützen, die es landauf-landab zu sehen gab.

Sie war aus sandfarbener, recht griffiger Baumwolle gestrickt und hatte exakt die Form eines in der Mitte durchgeschnittenen Fußballes. Es war also keine richtige Mütze, sondern eine runde Kappe, die auch im Strickmuster mit sich voneinander absetzenden Quadraten einem Fußball, so wie sie damals waren, nachempfunden war. Die Kappe passte exakt rundum auf meinen Kopf, den sie bis zum oberen Ansatz der Ohrmuscheln bedeckte. Der Hans aber belehrte mich sofort, dass es völlig falsch war, sie so zentriert aufzusetzen. Das *pfiffig* Einzigartige sei doch, dass sie *schneidig* schräg gesetzt werden müsse, auf dass das eine Ohr völlig bedeckt und das andere eindeutig frei war. Ob ich das rechte oder das linke Ohr frei halten wollte, sei meine Geschmacksache; und ich könne ja auch abwechseln.

Da hatte ich also als Mütze einen gestrickten halben Fußball, der stets ein Ohr für den oft schneidenden Wind und die beißende Kälte frei hielt. Diese Unbequemlichkeit hätte ich ja gern ertragen, wäre das *pfiffige* Teil bei meinen Schulkameraden so mit Furore und neidbesetzt aufgenommen worden, wie der Hans das vorausgesagt hatte. Dem war aber gar nicht so. Als ich erstmals damit bedeckt ankam, gab es nach kurz verblüfftem Schweigen ein ausgiebiges Gejohle. Gut erinnere ich mich, wie sauer ich darauf reagierte. Ich versuchte wohl, allen zu erklären, dass sie Banausen wären, die nichts von schneidigem Schick verstünden, und die noch eine Menge zu lernen hätten. Mir scheint, es hat nicht viel genützt. Meine Mütze hatte schnell ihre Spitznamen weg, die zum Teil recht derb waren und sich dann auf mich übertrugen. Auch die leuchtende Rot-Intensität des einen Ohrs gegen die Weiß-Blässe des anderen, jedes Mal wenn ich von draußen kommend die Mütze absetzte, war ein oft gern geschnappter Anlass für ein fröhliches Grölen und auch für Wetten, ob nun diesmal das rechte oder das linke Ohr signalrot an der Reihe war.

Natürlich habe ich das zuhause zur Sprache gebracht, denn ich wollte nicht anders sein als die anderen, die alle Mützen hatten, wie man sie damals eben trug, und weil ich es weder lustig fand, verlacht zu werden, noch, ständig einohrig zu frieren. Doch bei meiner Halber-Fußball-Kappe blieb der Hans unbeweglich, als wäre sie ein katholisches Dogma. Sie war ihm *pfiffig* und damit gut, als hätte er sie selbst erfunden oder entwickelt. Und ich wurde verdonnert, sie täglich zu tragen. Er war sich auch nicht zu blöd, meinen Klassenlehrer Heinz Deluggi, mit dem er im selben Männerchor sang, um eine exakte und dauerhafte Kontrolle meines Kappentragens zu bitten und ihm etwaige Missachtungen seines Gebotes bei jeder Chorprobe tunlichst zu vermelden. Zudem wurden auch die Rica und Schwesterchen Ortrud in die Kontrolle eingebunden, was die beiden mit viel Freude und pflichtbewusstem Fleiß erfüllte.

Der Winter ging vorbei. Ich hoffte auf eine andere Mütze im Herbst und nächsten Schuljahr. Umsonst. Kaum wurde der Herbstwind wieder kalt, kam die Kappe wieder zur Ehre der Aktualität – mit unverändert allen väterlichen Maßgaben und den nicht sehr phantasievoll wiederholten Reaktionen der Mitschüler. Das dauerte aber nicht mehr sehr lange. Irgendwann und irgendwo habe ich die Halber-Fußball-Kappe dann bald verloren. Viel hat es nicht genützt, dass ich unbeugsam darauf beharrte, sie wirklich *verloren* zu haben. Der Hans hielt eine Bestrafung für absolut nötig. Und die Strafe war, dass ich nun eben ohne eine Kopfbedeckung durch den Winter zu kommen hatte. Das war's dann. Eine Mütze habe ich nie mehr bekommen. Aber das war weiter nicht so schlimm. Bald wurde es mir zur Gewohnheit, nie Kopfbedeckungen zu tragen, und erst Jahrzehnte später habe ich mir einen Hut gekauft, den ich dann prompt in einem Taxi vergessen habe.

Ein besonders kalter Bergwinter.

Die Rückbesinnung auf die Mützen-Geschichte weckt mir die Erinnerung an den Winter 1944-45, den letzten Kriegswinter. Für meine Eltern war das absolut gar keine gute Zeit, in der so manches negativ zusammenkam. Der Bombenkrieg hatte nun auch Bozen so erreicht, dass unsere Wohnung wegen ihrer Bahnhofsnähe als zu gefährlich galt, sodass wir Kinder am Ritten geblieben und Hans und Rica ein Notquartier im Wohnungskeller bezogen hatten. Die Rica war mit 43 noch einmal schwanger und Klaus, mein Bruder wurde am 29. Dezember geboren.

Wenige Tage vorher, am Stephanstag, wurden unsere Büros und Magazine mit einem Großteil ihrer Lagerbeständen durch Phosphorbomben zerstört und sind ausgebrannt. Und dazu kam dann noch, dass die hochschwangere Rica bei ihrem ersten Rundgang durch die Ruinen strauchelte und sich den rechten Ellenbogen brach. Das keineswegs glorreiche Kriegsende lag in der Luft, was auf den Hans aus gutem Grund auch unerfreulich zukam.

Wir Kinder, die Ortrud und ich, überwinterten also mit Köchin und Kinderfräulein in der Ferienwohnung am Rittner Berg, um so der Bombengefahr entzogen zu sein. Wir hatten dort wie jedes Jahr den Sommer verbracht und waren einfach nicht zurück gezogen in die gefährdete Stadt. Mit unseren Klamotten waren wir auf den Bergwinter kaum und, wenn überhaupt, nur sehr schlecht vorbereitet, doch die ganzen Umstände waren wohl nicht danach, dass sich darüber besondere Gedanken gemacht wurden. Wie unsere dienstbaren Geister und die 3-jährige Ortrud damit zurechtkamen, daran kann ich mich nicht erinnern. Mir in den Knochen fühle ich nur – nach so vielen Jahrzehnten – die eisignasse Kälte jenes Winters, für den ich ganz einfach nicht richtig angezogen war.

Schuhe. Ich hatte nur niedrige Sommerschuhe, die man damals Halbschuhe nannte, und die den im November schon hohen Schnee geradezu einluden, es sich bei meinen Fersen und an den Zehen gemütlich zu machen. Immerzu patschnasse Eisfüße haben sich so ergeben. Ein mir ewig erinnertes Freudenfest waren die hoch geschnürten, festen Schuhe, die ich dann zu Weihnachten bekam, und die mir der Hans von einem befreundeten Schuster aus seiner alten Ledertasche hatte machen lassen. Aber der Rest war immer noch unzureichend und blieb es den ganzen Winter über, wenn ich mich recht erinnere.

Ich hatte nur kurze Hosen, die unten hin gerade bis zur Mitte der Oberschenkel reichten. Von der Tante Anna gestrickte Wollstrümpfe gingen nicht viel weiter als bis kurz über die Knie und wurden von an der Hüfte befestigten Gummistrapsen einseitig so hoch gehalten, dass sie doch fast bis ans Ende der kurzen Hosenbeine reichten, wobei aber eine innen breitere und außen schmalere Schenkelpartie doch immer unbedeckt blieb. Für den Oberkörper hatte ich ein paar Pullover und auch eine für harte Sommergewitter gedachte Wind-Regen-Jacke, was sich vom Bauch bis zu den Schultern als durchaus auch wintertauglich zeigte. Aber ich hatte keine nutzbaren Handschuhe mehr. Die Fäustlinge vom Vorjahr waren viel zu klein ge-worden und hatten auch Löcher an den Daumenspitzen. Neue gab es nicht. Vielleicht hatte Tante Anna keine Wolle, oder man hatte auch nur vergessen, ihr einen Strickauftrag zu geben. Eine wollene Mütze hatte ich hingegen, und zwar eine von den damals ganz klassischen, die man tief über die Ohren und in den Nacken ziehen konnte.

So war ich denn oben herum recht gut verpackt, hatte aber nackte Hände und stand ab kurz unter dem Hintern teils unbedeckt im schneereichen Bergwinter. Ob das so zu sein hatte, weil die Kriegsumstände danach waren, oder ob da einfach nur Gedankenlosigkeit mit im Spiel war und wie viel, das sind Details, denen nachzuforschen mir nie sinnvoll schien.

Es war eben ein harter Bergwinter, an den mich meine brennend juckenden und jeden Herbst wieder blaudick aufbrechenden Frostbeulen an Fersen, Zehen, beiden Knien, den Fingern und Handrücken noch gut zehn Jahre lang intensiv erinnerten. Viel Zeit ist seitdem vergangen. Ich brauche immer noch Handschuhe, sobald sich erste Herbstwinde kälter regen.

Geschwisterliche Gleichmacherei.

Eigentlich war es dem Hans, meinem Vater, meist ziemlich gleichgültig, was wir Kinder so anhatten; es sei denn, wenn er sonntags mal mit uns allen ausgehen wollte, was nicht so oft vorkam, oder auch wenn eines der noch selteneren Feste der Großfamilie anstand, wie es gelegentlich etwa Firmungen oder Erstkommunionen sein konnten. Wenn sich aber solche Gelegenheiten ergaben, muss es ihm wohl wichtig gewesen sein, eine sichtlich *harmonisch geschlossene* Nachwuchsgruppe zu präsentieren. Das zeigen schon die frühen Kindheitsphotos mit meinem ersten Bruder Heinzl, die uns beide fast immer nahezu zwillingsgleich angezogen zeigen.

Wohl zur anstehenden Feier seines 50. Geburtstages im März 1951 kam es also dem Hans in den Sinn, uns drei Nachwuchsblagen mit dem Leitmotiv *Augenscheinliche Harmonie* neu einzukleiden. Der Klaus, das Bombenkind, war damals sechs, die Ortrud neun und ich fast dreizehn, was in Kindes- und Pubertätszeiten als erkleckliche Altersabstände gefühlt ist. *Du Baby, ich erwachsen...* oder so.

Gut erinnere ich mich, dass ich zu der Zeit dringend etwas zum Anziehen brauchte, und wie ich immer wieder darauf hinwies, dass es ein Anzug *wie die für Erwachsene* mit langen Hosen sein sollte, wie jetzt *fast alle* im Gymnasium einen hatten. Der Hans brachte uns zum damals gerade in

Gnade stehenden Schneider und erklärte sein Begehr, so wie er es offenbar schon längst klar im Kopf hatte: kurze, glockig fallende Lodenjacken in grauem Trachtenlook mit schwarzen Samtbündchen an den Ärmelenden und einer silbernen Schließe mit Kettchen oben am Halsbund anstatt normalem Kragen und Knöpfen an der Vorderseite, im Rücken eine fast schulterhohe Quetschfalte, die oben von einem schwarz samtenen Dreieck aufgefangen wurde; dazu für die Ortrud ein Faltenrock aus mittelgrauem Wollstoff und, aus demselben Stoff, für den Klaus und mich kurze Hosen, die aber, entgegen den damaligen Gepflogenheiten für Knabenkleidung, bis fast über die Knie reichten und an den Außennähten auf jeder Seite unten drei silberne Zierknöpfe hatten.

Schon die Beschreibung, die sich der Schneider akkurat notierte, brachte mich zu ebenso lauten wie nutzlosen Protest. Ich wollte so ein *Theatergwandl* auf keinen Fall. Es war mir ein Horrorgedanke, mich in so einem Aufzug vor den Mitschülern, den Patres oder gar den angehimmelten Zauberwesen der gegenüber liegenden Mädchenschule sehen zu lassen. Und absolut unmöglich fand ich es, wenn mir da überhaupt noch eine Steigerung denkbar war, dass ich das Gleiche anhaben sollte, wie meine kindlichen Geschwister... so wie etwa die singende Trapp-Familie aus dem Kino, die solchartige Klamotten als austro-nostalgische Bühnenkostüme hatten.

Der Schneider tat seine Arbeit, mit teuer dauerhaftem Stoff und auf langes Größenwachstum zugeschnitten. Die Folklore-Anzüglein wurden geliefert und mussten mit dazu passenden Kniestrümpfen in grau-grün oder allenfalls weiß getragen werden. Im Kleiderschrank bei uns zuhause hatte ich nie so viel hängen, dass ich etwa morgens auswählen und das eine oder andere Stück ein-fach übergehen konnte. Für mich und auch für den Klaus gab nur etwas Neues zum Anziehen, wenn es sichtlich dringend nötig war; und so war es auch jetzt gewesen.

So wurde ich also dreizehn und dann auch vierzehn mit Klamotten, die die Schulkameraden oft zu grinsend lautem

Gejohle ermunterten, oder auch zur wohl witzig gemeinten Frage, ob ich denn Bluter sei, wie angeblich viele Adelige, die ja auch solche *Joppen* und *Silberbuchsen* anzogen. Gut zwei Jahre hat es gedauert, bis ich den Dingern dann endlich entwachsen war.

Stichtag: 4. Juli 1952.

Der US-Independence-Day ist auch mein Geburtstag und am 4. Juli 1952 wurde ich vierzehn. Das sei ein ganz besonderer Moment, wurde mir vorab vielfach vom Hans in recht düsterem Brustton bedeutet; und auch die Rica ließ es nicht an sybillinischen Andeutungen fehlen. Aber so besonders konkret kamen beide nicht zur Sache. Irgendwann schon früher mal gelegentlich angestammelte Erklärungen über die Blütchen und die Bienlein hatten sich auch stets schnell in allgemein gehaltenes *Ja also...* aufgelöst.

Doch kurz vor dem Stichtag kam der Hans in mein Zimmer, sagte, dass er mit mir jetzt einmal ernsthaft reden müsse, und setzte sich mir gegenüber an den Tisch, was er sonst eigentlich nie getan hatte. Nach längerem Räuspern und unterbrochen von viel *aah* und *ääh* ergab seine Rede, dass ich nun wohl langsam erwachsen werde, was da sage, dass jetzt so manches anfange, anders zu werden, und... na ja, mir ab jetzt ganz richtig erlaubt sei, die Hemden mit den Bubikragen nicht mehr auftragen zu müssen. *Schon einmal ein guter Anfang!*

Dazu entschlüsselte sich die Botschaft, dass wir zusammen, er und ich, bald zum Schneider gehen würden, der einen von Hansens *noch guten* Anzügen wenden und mir maßfertigen würde, nach allerletztem Modeschnitt und auch mit Aufschlägen an den langen Hosen, wenn ich das wollte. *Ist denn meine Meinung plötzlich gefragt?* – fuhr es mir durch den Kopf.

Aber dann war da noch eine sich ankündende Kleinigkeit, die... *räusper, hüstel, ächz...* sich nur mühsam zu einer verständlichen Aussage formen wollte und dann doch ganz einfach war. Es ging um meine Schlüssel von Haustor und Wohnungstür. Die sollte ich nun beim Geburtstagsessen abgeben. *Wie bitte?* Ja, weil doch... und das sei ja... also die Pubertät... deshalb sei Vorsicht geboten... und na ja und so überhaupt...

Die Schlüsselgeschichte ist jetzt hier in die Erinnerungen um das Angeziehe nur deshalb mit herein gerutscht, weil sie Teil eines Gesprächs mit dem Hans war, in dem es *mir* vor allem um Klamotten ging: das unerwartete Vater-Sohn-Gespräch, das mich endlich definitiv von den Hemden mit den Bubikragen befreite und mir den ersten *anständigen* Anzug in Aussicht stellte. Aber weil die Story nun schon mal angesprochen ist, soll sie nicht halbfertig im Raum hängen bleiben.

Also die Schlüssel. Seit ich daran denken konnte, hatte ich meine eigenen Schlüssel für das Haustor unten an der Straße und für die beiden Sicherheitsschlösser an der Wohnungstür im dritten Stock. Die hatte ich vor vielen Jahren ganz offiziell bekommen, wobei ich mich beim besten Willen nicht erinnere, warum, und alle natürlich wussten, dass ich die Schlüssel hatte. Sie gaben mir die Freiheit, zu kommen und zu gehen, wann immer ich wollte. Ich nutzte diese Freiheit, was auch wieder alle wussten. Jetzt aber sollte ich die Schlüssel also abgeben, weil ich vierzehn wurde und damit ins *gefährliche Alter* kam. Im Brustton gerechter Überzeugung hörten sich die väterlichen Töne an. Mir sich verständlich machen konnten sie dennoch nicht.

Natürlich habe ich das Schlüsselbund beim Geburtstagsessen abgegeben. Vorher hatte ich ja noch ausreichend Zeit gehabt, mir Duplikate machen zu lassen, wovon ich mir für alle Fälle gleich einmal zwei Paar besorgte. Mein Kommen und Gehen ist dann das mir katzenfrei übliche geblieben. Dass der Hans und die Rica oder auch etwa die stets erzählbeflissene Ortrud und der Klaus nichts davon gemerkt haben sollten, halte ich für mehr als nur äußerst unwahrscheinlich. Das Thema ist aber nie wider aufgegriffen worden. Ich hatte die Schlüssel ja abgegeben.

Aber zurück zu den Klamotten.

Im Straßenanzug auf der Eisbahn.

In den frühen 50er-Jahren wurde die Bozner Messehalle so umgebaut, dass sie im Winter als Eispalast genutzt werden konnte. Das war nun Bozens große Attraktion. Schlittschuhlaufen war unversehens absolut *in*. Auch in meiner Klasse waren wir fast alle plötzlich vom Eis begeistert.

Bei einem Trödler, den ich gut kannte, weil wir alle bei ihm für Tauschgeschäfte und Schnäppchenjagd ein- und ausgingen, kaufte ich Schlittschuhe. Eigentlich wollte ich die billigsten, die er in der Größe passend haben konnte, denn was ich mit Nachhilfestunden für *Unterklässler* damals verdiente, war nicht viel. Er überredete mich aber, ein Paar Hockey-Schuhe zu kaufen, das er angeblich von einem der Junioren-Mannschaft bekommen hatte, und das nach seiner Meinung nun wirklich *top* für mich geeignet war. Ich durfte in Raten zahlen und sie auch zwischendurch immer wieder mal bei ihm vorbeibringen, um die Kufen nachschleifen zu lassen.

Aber ich hatte nichts fürs Eislaufen Geeignetes anzuziehen. Also: Ich hatte keinen Pullover. Jetzt war ja gerade die Zeit angebrochen, in der ich fast urplötzlich an Wintertauglichem nur *Erwachsenenkleidung* hatte. Also, ich hatte nur den Anzug, der aus Hansens Bestand für mich umgeschneidert war, und dann noch eine graue Flanellhose mit dazu einem ebenfalls aus altem Stück gewendeten und klassischen Sakko in sportlich gemustertem Tweed. Aber ich hatte keinen Pullover. wie an taube Klostermauern zu reden war es wenn ich zuhause immer wieder davon anfing, dass ich einen brauchte. Ich bekam keinen. Basta.

Anfangs ging ich im Straßenanzug auf die Eisbahn. Das war nicht nur lächerlich und von vielfach auch ganz offen belächelt, sondern auch höchst unbequem. So ein Jackett, das in der Schule oder bei der Schreibtischarbeit leicht zu tragen ist, wird beim Eislaufen zum Korsett, das voll behindert und dazu noch ständig droht, an irgendeiner Naht aufzuplatzen und zu reißen. Aber Eislaufen machte mir Spaß. Und jetzt hatte ich ja auch noch die Schlittschuhraten des Trödlers dafür am Hals.

So kam ich auf die nicht so gute Idee, mir aus Ortruds Kleiderschrank einen Pullover auszuleihen. Sie hatte etliche, in verschiedenen Farben. Aber alle waren natürlich viel zu klein für mich. Nur einer, ein hellblauer mit Zöpfchenmuster, schien gerade noch so, als ob er irgendwie tragbar passen könne, obzwar er mir um die Brust schon sehr spannte und auch zu kurze Ärmel hatte.

Den Pullover nahm ich mir also und zog ihn zum Eislaufen immer wieder an. Dann eines Tages war unversehens die Ortrud mit ihrer Schulklasse auch auf dem Eis. Sie sah mich, in ihren Pullover eingezwängt wie eine Wurst, und tuschelnd bewirkte sie ein laut aufflackerndes, mit spitzen Kreischtönen angereichertes Kichern der sie umscharenden Mädchengruppe. Das Nachspiel zuhause war dann gar nicht so gekichert. Geendet hat es aber nicht etwa damit, dass ich nun endlich doch einen Pullover bekommen hätte. Womit ich also wieder im Anzugsjackett auf dem Eis war. Aber dann bald...

Als Schwimmer war ich damals im Sportverein *Bolzano Nuoto*. Da hatten wir freundschaftliche Verbindungen zum *HCB*, dem Bozner Eishockey-Club, und ich wurde *vorerst mal zur Probe* in die Trainingsgruppe der Junioren aufgenommen. Für die Rolle des Torwarts wurde ich eingeteilt und trainiert, was absolut meinen Neigungen entsprach. Und: Aus der Klamottenkammer bekam ich einen rotweißen Pullover mit Vereinswappen, den ich tragen durfte, wann und wo ich dazu Lust hatte. Da war es plötzlich für mich in der Eishalle doch ganz anders. Mit dem Straßenanzug und zumal auch dem zu engen hellblauen Mädchenpullover hatte es, wie mir schien, immer grinsend sich gegenseitiges Anschubsen und Fingerzeigen gegeben, was ich wohl überempfindlich viel stärker vermerkte, als real gegeben. Jetzt hatte ich den Eindruck, dass mir gern und fast respektvoll Platz gemacht wurde, wenn ich zu normalen, stark besuchten Publikumszeiten schnelle Runden laufen und scharfes Abbremsen üben wollte.

So häufig hört man *„Kinder können grausam sein"* und meint damit vor allem das Hänseln, Mobben, Ausgrenzen einzelner gegenüber anderen, die nicht voll im *mainstream* liegen. Natürlich sind Kinder und Jugendliche darin nicht zimperlich. Das war zu Mitte des letzten Jahrhunderts so und es ist heute nicht anders, wobei nur die meist äußerlichen Anlässe der *Grausamkeit* mehr oder weniger geringfügigen Variationen unterworfen sind.

Um Außenseiter geht es. Außenseiter mag man nicht, weil sie das sichernde Selbstverständnis der Gruppe durchbrechen und somit als latente Gefahr erlebt sind. Für Kinder und Jugendliche sind Außenseiter alle, die *anders* sind, ohne dass sie ihr Anderssein durch irgendwelche imposante oder zumindest imponierende Eigenarten so kompensieren können, dass ihnen davon ein fast neutraler Sonderstatus oder eventuell gar eine besondere Machtposition in der Gruppe zuwachsen können. In etwas abgeschliffenerem Maße bleibt die abgrenzende Einstellung zu Außenseitern dann ja auch im Erwachsenenalter nahezu unverändert, wenn auch im augenscheinlichen Verhalten oft vielleicht nicht so ganz offenkundig aggressiv. Es wäre also grundfalsch gewesen, wenn ich später irgendwelche *Schuldzuweisungen* an meine Schulkameraden wegen ihres Mobbens in Betracht gezogen hätte. Sie haben sich ihrer Gruppennatur entsprechend verhalten. Ich war es doch, der sie mit meinem Anders-Angezogen-Sein mehrfach zum Mobben geradezu herausgefordert hatte.

Trotzdem, die Spuren davon sind mir wahrscheinlich doch geblieben. Mir fehlt echt vieles, das sich wohl nur in frühen Jahren und durch da gefühlte, akzeptierte und aktiv gelebte Zugehörigkeit zu einer Gruppe aufbauen lässt. Meine Teamfähigkeit zum Beispiel ist ziemlich unterentwickelt, was noch recht euphemistisch gesagt ist. Dass das schon früh so war, hat sich beim Sport gezeigt. Ich war engagierter Schwimmer. Gerade das Schwimmen ist aber doch ein sehr einsamer Trainings- und Wettkampfsport, in dem es überwiegend darum geht, für sich allein seine Bahnen zu ziehen.

Oder auch: Die wenigen Male, an denen ich aus Spielermangel aufgefordert wurde, beim Fußball mitzumachen, wollte ich stets im Tor sein, was den anderen meist auch recht war. Und im Eishockey dann fand ich mich auch, vom Trainer schnell beschlossen, in der mir lieben Rolle des für sich agierenden Torwarts wieder.

Aber es ist nicht nur mein Mangel an sportbezogener Teamfähigkeit mit Blick auf gemeinsame Erfolgserlebnisse aus koordiniertem Zusammenspiel kollektiver Leistung, den ich nun einmal habe. Ich kann mich auch an anderen gruppenorientierten, verbundbewussten Initiativen nur schwer begeistern: Clubs, Vereine, Parteien, Kommissionen, Expertengruppen und so. Dabei bleibt es natürlich völlig offen, ob und wie sehr das anders geworden wäre, wenn ich in meinen frühen Jahren immer in gruppenkonformen Klamotten herumgelaufen wäre.

Doch jetzt bloß kein pseudo-freudianisches Herumspinnen an einem bisschen vorpubertärem Angeziehe, das da etwa verhaltens- oder gar karrierebestimmend geworden sein könnte. Nicht minder könnten das ja auch die doch Zeit fressende Liebe zu den Büchern Lesen gewesen sein, oder die mangelnde Begabung zur Körper-Koordinierung, was mir den Weg zum Wasserspringen verbaut hat, oder, warum denn nicht, die Doppeltüren unserer Wohnung in der Bahnhofstraße.

Ganz unverständlich ist mir aber trotzdem immer, bei einem Rückblick auf etliche meiner Anzieh-Situationen, der ungezügelt verständnislose elterliche Egoismus, der sich darin ausdrückte. Was ihnen gefiel und sie wollten – mal die Rica, mal der Hans – das hatte zu geschehen und anzudauern; ganz unabhängig davon, ob mir das nun passte, und völlig unberührt davon, was es mir einbrockte. Ich habe es damals nicht verstanden. Und auch später ist es mir nie gelungen, auch nur den Ansatz von Verständnis dafür aufzubringen. Dabei liegen für jeden einzelnen der Vorfälle die elterlichen Psycho-Gründe doch ziemlich eindeutig auf der Hand. So durchaus leicht lassen sie sich vielschichtiger definieren, als einfach nur von krassem Mentalegoismus getragen.

Trautes Familienleben.

*Recht spät in meinem Leben habe ich begonnen, vermehrt auch etliche Autobiographien von Menschen zu lesen, die in den Traditionen des Bürgertums vor 1945 ihre erste Prägung erhalten haben – Joachim Fest etwa, Golo Mann oder Fritz Stern. Deren Erinnerungen an ihre frühen Zeiten, denen der Kindheit und bis etwa zum Abitur, haben mich zum Teil verwundert, gelegentlich auch irritiert, und mich mehr und mehr dazu angeregt, Vergleiche mit meiner Familie, mit meinem Leben darin zu stellen. Nun fing ich an zu bemerken, dass ich so manches ins Unterbewusste verdrängt hatte. Etliches, das bei uns zuhause einfach **so war**, hatte ich unüberlegt und ungewichtet als ganz normal archiviert. Und vieles des nun über andere Familien Gelesenen kannte ich gar nicht; hatte es nie kennen gelernt.*

Erst als mir klar wurde, nun doch definitiv erwachsen zu sein, begann ich gelegentlich – vage und sprunghaft – mir Gedanken zu machen, ob ich mich mit gleichen Genen aber anderem Familienleben wohl etwa anders entwickelt hätte, und wie denn.

*

Mir besonders auffallend bei den Erzählungen anderer – seien das nun veröffentlichte Biographien oder nur die gelegentlich erwähnten Details von Bekannten – ist, dass es in nahezu allen Familien anscheinend eine bedeutende Zahl an Freunden gibt. Freundschaften der Eltern werden da angesprochen, oft auch Generationen übergreifende; nicht selten auch mit Geschwistern gemeinsame Freunde; und ureigene dazu, die aber ebenfalls häufig in der Familie bekannt und akzeptiert sind...

Wie war das denn bei uns zuhause?

Meine Eltern hatten keinen gemeinsamen Freundeskreis. Rica, meine Mutter, hatte alles in allem drei *gute Freundinnen*, die sie von ihrer Jungmädchenzeit her kannte:

Carla Kepp, Trude Jug und Tonia Frick. Diese Freundschaften hielten sich über lange Jahrzehnte, waren aber kaum gepflegt und gelebt. Carla war die einzige der drei, die der ganzen Familie nahe stand. Sie konnte auch mit dem Hans, meinem Vater, ins Gespräch kommen. So wurde sie die Taufpatin meiner Schwester und für mich war sie wie eine Tante und auch viel mehr, als sie mir in einer besonderen Zeitspanne meiner Kindheit zu prägender und wohl rettender Bezugsperson wurde. Ricas weitere zwei Freundinnen, Trude und Tonia, kannte ich kaum. Selten kam es vor, dass der Rica die eine oder andere zufällig in der Stadt begegnete und ich dabei war. Tonia und Rica trafen sich auch in meiner Schulzeit noch recht regelmäßig in irgendeinem Café. Mit der Trude scheint die Verbindung damals schon recht locker gewesen zu sein. Ich kann mich an kein einziges Zusammensein erinnern, an dem auch ich mit dabei war.

Dann war da noch Helmuth Jug, Trudes Mann. Er hatte vor dem Krieg in Ricas Großhandlung gearbeitet und blieb später noch jahrzehntelang ihr Ratgeber in beinahe allem, was sie *Geschäftliches* nannte. Das ging auch über meines Vaters Tod hinaus, wobei die Rica aber immer großen Wert darauf legte, zu betonen, dass sie zu *Herrn* Jug nur gutes Vertrauen habe, ihre Freundschaft aber ausschließlich für Trude gelte.

Hans hatte gar keine Freunde.

Dass meine Eltern keinen Freundeskreis hatten, war für mich lange Zeit nichts besonders Vermerkenswertes. Ich kannte es nicht anders und so war es mir natürlich, dass wir niemals Besuch zu freizeitlicher Stunde bei uns zuhause hatten; nie Gäste zu gemeinsamem Essen; nie Menschen, mit denen ein Elternteil oder auch beide abends geklönt, disputiert oder auch Karten gespielt hätten. Es kam niemand zu uns, obwohl doch unsere erste Wohnung in Schönblick ganz auf großbürgerliche Salon-Sicht hin eingerichtet war, mit reichlich Polstermöbeln im geräumigen Wohnzimmer und zusätzlichem Esszimmer, in dessen Anrichte Silberbesteck und Tischporzellan für mehr als ein Dutzend Esser verstaut waren. Und auch als wir dann – ich war etwas mehr als drei Jahre alt – in die Bahnhofstraße umgezogen waren, waren unsere zwei besten Räume dort das Wohn- und das Esszimmer, in dem die imposanten Mahagonimöbel und der ovale, für bis auf zwölf Plätze ausziehbare Tisch keineswegs beengt standen.

Es kam praktisch nie jemand zu uns. Und ich kann mich auch nicht erinnern, dass meine Eltern – gar etwa mit uns Kindern – je irgendwo tagsüber oder abends zu Besuch waren. An Geburtstagsfeiern, Hochzeiten oder Taufen, an denen wir teilgenommen hätten, habe ich auch nicht die kleinste Erinnerung. Lediglich mit dreien der vier Schwestern Ricas und deren Familien haben wir uns gelegentlich getroffen – meist in den Hinterzimmern ihrer Geschäfte, seltener in ihren durchwegs ansehnlichen und gemütlichen Woh-nungen, und, für einige Zeit recht regelmäßig, an den Sonntagen nach dem Kirchgang in einem Café am Waltherplatz.

Dabei war Hans durchaus kein ungeselliger Mensch. Wer ihn kannte – und das war, wie mir schien, halb Bozen und ein guter Teil Südtirols – fand ihn angenehm und auch interessant. Er sang regelmäßig in einem Männergesangsverein und dazu auch noch in einem gemischten Chor, der wohl auch sakrale Musik im Programm hatte, wobei mir einfällt, dass ich ihn nur ein einziges Mal bei einem öffentlichen Auftritt gehört habe.

Abends, zur Zeit nach dem Abendessen, war er gern im *Vögele*, das eigentlich *Zum Roten Adler* hieß, einer der gemütlichen Bozner Kneipen, wo er bei einem Schoppen Wein oft mit einer größeren Gruppe lokaler Maler, Bildhauer, Musiker und Schriftsteller zusammen saß. Nicht selten hat ihn dabei auch die Rica begleitet; und in meiner Gymnasialzeit durfte auch ich gelegentlich mitkommen, was vom Kreis der Künstler langmütig toleriert wurde, solange ich ruhig dabei saß, den manchmal laut geführten Disputen zuhörte und mich mit lästigen Zwischenfragen nicht allzu sehr bemerkbar machte.

Das war aber kein Freundeskreis meines Vaters oder gar der Familie. Es war auch kein richtiger Stammtisch mit irgendwie erkennbarem Gefühl des Zusammengehörens, außer dem, dass sie sich alle als Künstler verstanden, die sich da zwanglos trafen, um, mehrheitlich egoistisch, über ihre Belange in feindlich empfundenem Umfeld zu reden. Der Hans konnte sich dazu setzen, weil er, obwohl kein Künstler, als intelligent, kultiviert und welterfahren galt, der in seiner Jugend gelegentlich gemalt und zwischendurch Klavier gespielt hatte. Bemerkenswert ist dabei, dass wir uns mit keinem von dieser Gruppe irgendwann mal anderswo als eben spät abends im Vögele getroffen haben.

Familienleben

Der Hans hatte nur einen Vollbruder, den Friedl, der knapp zwei Jahre jünger als er war und nicht in Bozen lebte, sondern im nahen, noch ziemlich dörflichen Brixen, der alten Bischofsstadt. Dort war er unter den Fittichen eines Onkels in die Lehre gegangen und als Huf- und Kunstschmied ein geachteter Mann geworden, der mit Frau und zwei Kindern ein beachtliches eigenes Haus in der zentral gelegenen Trattengasse bewohnte.

In Bozen lebte hingegen Anna, die älteste der Halbgeschwister vom Hans. Sie war viele Jahre Vorarbeiterin in der Bozner Baumwollspinnerei und wohnte als alleinerziehende Mutter mit ihrer Tochter Christine, die mit mir fast auf den Monat genau gleichaltrig war, in einer klitzekleinen Mietwohnung am südlichen Stadtrand.

Dass es die beiden gab, war mir in etwa wie ein vages Gerücht bekannt gewesen. Kennengelernt habe die Anna erst so Mitte der 50er-Jahre und eher zufällig, weil Christine ins zweite Bozner Gymnasium, das staatliche, ging und zur dortigen Mädchen-Clique gehörte, mit der wir Lyzealen vom Patergymnasium befreundet waren. Sie war eine richtig patente Frau, die mit ihrem rabenschwarzen Haar und den markanten Zügen dem Hans sehr ähnlich sah, wenn auch mit einem bitter verhärmten Zug um den Mund, der sie stets müde aussehen ließ. Gelegentlich habe ich sie dann getroffen, auch manchmal bei ihr zuhause. Auf Familienebene aber hatten wir nie Kontakt miteinander, weder mit der Anna noch mit Christine. Für den Hans existierten die beiden einfach nicht.

Zudem hatte Hans noch drei weitere Halbgeschwister, von denen zwei, die Mauz und der Alfons, in Vorarlberg und der Jüngste, der Luis, in Bad Mergentheim lebten. Sie waren mir immer eher Sagengestalten als Realitäten und schon gar nicht als Familienmitglieder bewusst.

Nur den Luis habe ich mal kennengelernt und das war etwa so, wie man unerwartet verblüfft auf einen Kometen treffen kann. Einmal hat er uns besucht. Im Sommer 1951 oder 1952 war das. Er kam auf einem Motorrad mit Beiwagen, in den er seine zwei Kinder, einen Jungen und ein Mädchen im Vorschulalter gepackt hatte. Seine Frau war auch dabei. Den Besuch hatte er nicht angekündet. Er und die Seinen standen plötzlich bei uns vor der Tür. Hans war gerade zufällig zuhause. Es muss also Samstagnachmittag oder Sonntag gewesen sein. Recht zögerlich wurden sie aufgenommen. Der Luis hat sich trotzdem glücklich gezeigt. Es war vielleicht das erste Mal, dass er seinen Bruder bewusst gesehen hat.

Am Vortag war der Luis in Brixen gewesen. Den Friedl hat er nicht getroffen. Der ließ durch die Hilde, seine Frau, an der Wohnungstür ausrichten, er habe nur einen Bruder und das sei der Hans in Bozen. Dann schnappte der Einlass vor dem verdatterten Besucher und seinem Anhang mit endgültigem Klick ins Schloss.

In Bozen bezogen Luis und Familie irgendwo in einer Pension Quartier. Nur wenige Tage sind sie geblieben. Einoder zweimal hatten wir sie zum Essen bei uns. So erfuhren wir, dass der Luis LKW-Fahrer auf Langstrecke war, mit Touren, die ihn auch nach Lissabon und fast ans Nordkap geführt hatten. Das war's dann wohl auch. Ich kann mir wirklich nicht vorstellen, dass es später je noch einmal einen Kontakt zwischen den beiden Halbbrüdern gegeben hat.

Der Hintergrund dieses gelinde gesagt *eigentümlichen* Verhaltens ist schnell erzählt, wenngleich mir kaum je verständlich gewesen.

Von der Familie, in die er hineingeboren, und über die Umstände seines Aufwachsens hat Hans nie gesprochen. Niemals, soweit mir das bewusst ist. Fragen dazu – selten genug habe ich wohl welche gestellt – brandeten gegen Barrieren abweisenden Schweigens. Nur wenige Andeutungssplitter, die mich hier und dort erreichten, haben mir ein vages Mosaik ergeben, in denen die weißen Felder viel größer als die Bilder sind.

Mein Großvater war zuerst mit Anna Gasser, einer bildschönen Bauerntochter, verheiratet. Ein Foto von ihr, das wohl einzige, habe ich noch. Anna starb bei der Geburt vom Friedl, ihrem zweiten Kind. Mein Großvater, Johann hieß er, gab seine kleinen Buben, den Hans und den Friedl, seiner Mutter in Obhut und zur Aufzucht, weil er als Mann und Single es doch nie geschafft hätte, sich um die beiden zu kümmern. Schon bald aber heiratete er wieder – Maria, die Schwester seiner Anna. Warum er die Kinder da nicht zu sich in die neue Familie geholt hat, war nie ein Thema bei uns. Es ist so im Nebel geblieben wie so viel anderes den Hans Betreffendes auch. Jedenfalls: Johann hatte mit Maria im Laufe der Jahre dann noch vier Kinder, zwei Mädchen und zwei Jungens, die aber gleich wenig Kontakt zu ihren älteren Halbgeschwister hatten, wie diese zu ihrem Vater, der doch in der gleichen Stadt und nur ein paar Straßen weiter wohnte.

Hans und Friedl, Annas Söhne, hatten immer ein recht brüderliches Verhältnis zueinander, in das, wenngleich lockerer, auch ihre beiden Familien eingebunden waren. Einiges dazu beigetragen hat wohl, dass der Friedl zwei

Kinder hatte, den Herbert und die Erika, die fast gleich alt waren wie ich und Ortrud. So kam es, dass wir öfters mal bei ihnen in Brixen waren, praktisch nie aber, wenn ich mich recht erinnere, waren die Brixner bei uns in Bozen.

Der Friedl war mein Taufpate, weshalb ich mit drittem Taufnamen auch Gottfried heiße. Woher ich den zweiten habe, Georg, weiß ich nicht. Es hat mich eigentlich nie bekümmert. Vielleicht kam ich zu diesem Zweitnamen nur, weil sich damit dann leicht ein *Hansjörg* bilden ließ, den Kurznamen mit dem ich zur Unterscheidung zum Hans gerufen werden sollte – und doch nie wurde.

Jedenfalls, der Friedl war mein Taufpate; und später dann zusätzlich auch noch mein Firmpate. In unserer katholischen Religion gelten Tauf- und Firmpaten als auf Dauer sehr wichtige Bezugspersonen für das Patenkind. Sie sollen nicht nur Garanten für seine *seelische Ausrichtung* sein, sondern, wenn Not am Mann, auch die Zuständigen dafür, dass es ihm nicht an Hilfe, Unterstützung und vor allem nicht an Zuspruch mangle. Deshalb werden die Patenschaften in der Regel ja auch getrennt: ein Taufpate, Firmpate ein anderer. Zwei Rücken können eben mehr schultern als nur einer. Bei mir war das nun aber anders.

Ich hatte nur den Friedl. Zur Firmung schenkte er mir eine gute Uhr, eine Avia aus der Schweiz. Er gab sich auch äußerst zutulich an dem mir so wichtigen Festtag. Gleich nachher dann aber war er nur noch einfach der normale Onkel, den ich sah, wenn wir alle ihn und die Familie besuchten. Nicht öfter. Nie allein für mich. Und als der Hans dann viel zu früh und urplötzlich starb, habe ich ihn bei der Beerdigung getroffen, kaum jedoch gesprochen. Danach nie wieder. Familienbande...

Gemeinsame Mahlzeiten.

Bis ich etwa 10-jährig war, hatten wir immer Nursen, die sich um uns Kinder kümmerten und mit uns frühstückten.

Dabei wurde kein besonderes Ritual befolgt, und was auf den Tisch kam, war frugal: Malzkaffee mit warmer Milch oder selten eine Schale Kakao; die Brötchen aus dem grauweißen Normalteig, die viel billiger waren als die zarten, schneeweißen Semmeln; Butter oder Marmelade als Aufstrich, wobei es als verpönter Luxus galt, Brot etwa mit Butter *und* Marmelade zu bestreichen.

Später dann, als wir keine Kinderfräulein und auch keine Köchinnen mehr hatten, stellte uns die Rica morgens rechtzeitig vor Schulbeginn eine Zeit lang süß gezuckerten Tee in bereits abgefüllten Tassen auf den Küchentisch und Brot dazu, sodass, aus dem Bad kommend, keiner von uns Geschwistern noch Zeit zu verlieren brauchte. Es war nicht üblich, aufeinander zu warten. Der Tee war meist nur noch lauwarm. Jeder beeilte sich, ihn schnell hinunterzustürzen rannte dann gleich los zur Schule. Die Rica hatte sich da stets schon wieder ins Schlafzimmer zurückgezogen. Der Hans stand fast immer erst auf, wenn wir Kinder das Bad freigegeben hatten.

Die Sonntage waren dem langen Ausschlafen vorbehalten. Der erste, der aufstand, machte Filterkaffee oder Tee in großen Kannen. Jeder ging dann für sich in die Küche und machte sich sein Brot. Auch sonntags war es bei uns nicht üblich, sich zum Frühstück zusammenzusetzen.

Das Mittagessen wurde allerdings gemeinsam eingenommen, im Esszimmer. Solange wir Kinderfräulein hatten, durften diese mit an den Familientisch. Aufgetragen wurde stets Punkt ein Uhr und sonntags um halb zwei. Mein Vater war mit dabei, wenn er nicht auf Kundentour außerhalb unterwegs war, was ab 1946 immerhin drei- bis viermal in der Woche der Fall war. Und er, sonst bei jeglicher Gelegenheit ein Paradebeispiel von Unpünktlichkeit, war es, der auf minutengenauen Essensbeginn bestand.

Es waren überwiegend schweigsame Essen, wie sie sich mir in der Erinnerung verankert haben. Uns Kindern war frühzeitig eingetrichtert worden, dass wir bei Tisch still zu sein hatten, es sei denn, wir wurden von den Erwachsenen direkt angesprochen und etwas gefragt. Der Hans und die Rica unterhielten sich aber auch nur wenig, wenn ich mich so erinnere, und wenn, dann ging es meist nur um so banale Themen wie etwa Geschäftsklatsch, die wieder einmal lästigen Unarten von uns Kindern, die unverschämt hohen Heizkosten oder das mal zu heiße, mal zu kalte Wetter.

Das änderte sich allerdings fast abrupt, als ich ins Gymnasium kam. Der Hans entdeckte wohl in sich die Erinnerung daran, dass er in der Frühzeit seiner Jugend einmal für kurze Zeit Lehrer gewesen war, und machte nun den Mittagstisch zum Prüfpult. Zwischen Suppe und Beinfleisch wurden mir jetzt lateinische Vokabeln abgefragt, und beim Obstschälen dann Daten aus der Geschichte oder etwa die chemischen Kürzel der Elemente. Ob das den anderen am Tisch gefiel oder sie sich langweilten, gar etwa ärgerten, wurde weder nachgefragt, noch vermerkt. Mich hat es öfter mal gereizt, einfach nicht zu antworten, was man damals *Aufmüpfigkeit* nannte und worauf der Hans mit rotgesichtig donnernder Wut reagieren konnte. Nach längstens 45 Minuten hatte die Mahlzeit beendet zu sein; auch am Sonntag.

Abends kam Hans nie zu gemeinsamem Essen. Solange wir noch eine Köchin hatten, gab es zu festgesetzter Abendzeit meist einfache aber gut zubereitete Mahlzeiten, die, seit wir in der Bahnhofstraße wohnten, in der Küche eingenommen wurden. Die Rica war meist mit dabei. Es waren nur kurze, nur der Nahrungsaufnahme gewidmete Zusammenkünfte, die nie dazu geladen haben, danach länger als nötig noch beisammen zu sitzen, zu klönen, Gesellschaftsspiele hervor zu holen, etwa gar Musik zu hören oder mitsamm zu lesen. Aber auch die kurzen, schnellen gemeinsamen Abendessen wurden seltener und ganz selten, als die Rica in den frühen 50er-Jahren die Küche übernahm, weil wir uns keine Köchin mehr leisten konnten oder wollten, und es ihr bald zur Gewohnheit wurde, abends meist nur noch Kaltes auf den Tisch zu stellen, worauf es sich recht schnell ergab, dass jeder von uns kam und sich nahm, wann und wie es ihm gerade passte.

Nachmittage am Sonntag.

Beginnend gleich nach dem Krieg, etwa Mitte 1945, haben sich ein paar Fixpunkte für unsere Sonntage festgesetzt. Um 12.15 Uhr war in den Dom zur letzten Messe zu gehen. Der Hans kam nicht mit. Danach traf man sich mit ein paar von Ricas Schwestern, deren Kindern und manchmal auch dem einen oder anderen deren Ehemänner in einem Café am nahen Waltherplatz. Manchmal kam sonst noch wer dazu. Der Hans stieß dort zu uns. Der Gruppenplausch dauerte etwa bis 13.20 Uhr. Dann gingen wir pünktlich zum Mittagessen, auch wenn von den anderen einige noch blieben.

Gegessen wurde sonntags jetzt also um 13.30 Uhr, nicht mehr um Punkt eins wie unter der Woche. Traditionell und ohne die kleinste, etwa saisonbedingte Abweichung gab es Nudelsuppe, gekochte Rinderbrust mit Salzkartoffeln und grünem Salat, zum Nachtisch ein vom Café mitgebrachtes Biskuitröllchen für jeden. Schnell hatte das Ganze über die Bühne zu gehen.

Anschließend zog sich der Hans zu einer längeren Siesta zurück, aus der er, wie wir wussten, so etwa um halb fünf wieder auftauchen würde. Dann kam, wenn das Wetter einigermaßen schön war, von ihm der Vorschlag, nun doch einen kleinen Ausflug zu unternehmen. Wir haben das nicht als Anregung sondern als Aufforderung verstanden, was es ja im Prinzip auch war. Und weil das regelmäßig so kam, standen wir bei einigermaßen schönem Wetter schon ab kurz nach vier zum Weggehen angezogen und erwartungsvoll in Lauerstellung, kribbelig, wie lange es denn nun noch dauern würde. Und gut erinnere ich mich, wie oft ich beim so Warten echt stinksauer war. Wie ein Perpetuum Mobile rotierte es mir im Kopf, dass *wir* zum sonntäglichen Spaziergang immer dann erst aufbrachen, wenn *die anderen* schon dabei waren, wieder nach Hause zu gehen. An schönen Herbst- und Frühlingstagen hat es mich meist besonders geärgert, weil wir doch während der ganzen schönen Nachmittagssonne blöde zuhause herumgewartet hatten und dann fröhlich losziehen sollten, wenn die Sonne schon ganz untergangstief über dem westlichen Bergkamm der Mendel stand. Aber die Tradition war nun einmal so.

Unsere kleinen Ausflüge hatten fast immer die gleichen Ziele: die Burg Haslach über dem neuen Industrieviertel im Süden der Stadt, die einen wunderbaren Weitblick über das Etschtal hatte, oder Schloss Runkelstein auf seiner Felsennase über dem Bett der Talfer, oder der Biergarten am Scharfen Eck im Talfergrund, der wenige Jahre später vom Hochwasser völlig weggerissen wurde. Das Scharfe Eck war mir das liebste von den Zielen. Es gab dort eine Kegelbahn, an der sonntags immer Betrieb war. Wenn wir dorthin kamen, waren die anderen Kinder meist alle schon heimgegangen. Die Kegler brauchten aber einen Balljungen, und oft ist es mir Spätankömmling gelungen, recht schnell den Job zu bekommen. Es hat Spaß gemacht, hin und her zu flitzen und die Kegel wieder aufzustellen, die Kugeln zum Zurückrollen in die Rinne zu werfen. Und zusätzlich zum Spaß hat es jedes Mal ein gutes Trinkgeld gegeben, das ich für mich behalten durfte.

Wo immer wir einkehrten, trank Hans einen Schoppen Rot-wein, die Rica eher ein Bier und wir Kinder bekamen Limonade. Damals hat es sich sprichwörtlich geprägt, dass der Hans, wenn er gut gelaunt war, in den schon hereinbrechenden Abend hinein zu sagen pflegte: *Kinder, wenn ihr brav seid, trinkt der Vater noch ein Viertele!* – und wir wussten, dass wir noch nicht zurück nach Hause mussten.

Irgendwann aber wurden die Sonntagsausflüge seltener und hörten ganz auf. An Schlechtwetter-Tagen hatte Hans es sich angewöhnt, am späteren Nachmittag ins Kino zu gehen. In der kalten Jahreszeit hatte sich das wohl noch mehr verfestigt, und so ist es dann auch im Frühling, im Sommer immer öfter dazu gekommen, dass Hans, wenn er nach der sonntäglichen Siesta aus dem Schlafzimmer kam, eher seine Kino-Absicht bekannt gab, als die Aufforderung, zusammen irgendwo hin zu gehen. Anfangs forderte er die Rica immer einladend auf, mit in den Film zu kommen. Aber sie hatte jedesmal *zu tun* und konnte-wollte deshalb nicht. Das war die Zeit, in der sie es sich angewöhnt hatte, bestens an den Sonntagnachmittagen die Wäsche waschen zu müssen, obwohl sie doch die ganze Woche über zuhause saß.

Ferienzeit, Urlaubszeit.

Auch nach dem Krieg behielten wir für die warme Jahreszeit die Wohnung im Sommersitz deren von Walther bei, die wir für die beiden Bombenwinter auch als Refugium auf dem über Bozen gelegenen Ritten-Plateau gemietet hatten. Es war eine große, überwiegend helle Wohnung im Parterre eines geräumigen Landhauses, die mit ihren drei Zimmern, einer riesigen Küche mit rußgeschwärzter Gewölbe über dem mit Holz befeuerten Herd und einer gemütlichen, von einem gewaltigen grünen Kachelofen dominierten Stube reichlich Platz bot. Vor der offenen Veranda an der Südseite streckten sich leicht hügelab satte, von Obstbäumen locker bestandene Wiesen, auf denen meist ein paar blonde Haflinger Pferde des benachbarten Bauern und fast immer ein kleiner Esel grasten.

Vier-fünf herrlich erinnerte Sommer der letzten 40er-Jahre waren es, die wir Kinder mit dem Kindermädchen und der Köchin dort verbrachten. Die Zeit war mir angefüllt mit tausend Dingen: Tannen- und Fichtenzapfen, die *Tschurtschen*, fürs Anzünden des Küchenfeuers sammeln; Pilze holen und dabei immer besser zu lernen, die guten von den giftigen zu unterscheiden und sie auch bei ihren Namen zu benennen; Beeren sammeln, die Preiselbeeren, Blaubeeren, Himbeeren und Brombeeren, von denen es die ganzen Sommer über schier unerschöpfliche Mengen gab; Schmetterlinge beobachten; Blüten und vierblättrigen Klee finden, die sich zwischen Glasplatten pressen und trocknen ließen...

Wir liefen immer barfuss durch den Sommer, auch wenn es auf längere Wanderung ging, wie etwa hinauf zum Rittnerhorn, das schon gute drei Gehstunden entfernt war.

Und genau so naturverbunden habe ich damals gelegentlich eines der Haflinger Pferde geritten: auf bloßem Rücken, mit nicht einmal einer Decke anstatt eines Sattels, das Tier nur mit einfachen Zügeln gezäumt. Anfangs hatte ich dann jedesmal einen grausam schmerzenden Hintern.

Die Eltern kamen immer am Samstag aus Bozen und blieben bis zur ersten Fahrt der Zahnradbahn am Montagmorgen. Hans und Rica haben in diesen frühen Jahren nach dem Krieg nie Urlaub gemacht. Erst später einmal, 1952 muss das gewesen sein, haben die beiden im August eine fast zweiwöchige Autotour durch Bayern gemacht. Den Klaus und das Trutschele haben sie dazu mitgenommen. Für mich war da im kleinen Auto kein Platz mehr, und so durfte ich, der *Große*, bei der Köchin zuhause bleiben. An eine Ansichtskarte, die ich aus der Gegend von München bekommen habe, erinnere ich mich gut. Der Hans hatte sie mit einem begeistertem Kurzbericht geschrieben. Von der Rica unterschrieben war sie nicht.

Später, in seinen letzten drei Jahren, wurde es Hans zur lieben Gewohnheit, in Sand in Taufers eine Woche August-Urlaub zu machen. Immer im gleichen alten Gasthof an der alten Burg. Dorthin nahm er die letzten beiden Male auch das Trutschele mit. Die Rica und wir anderen Kinder blieben in Bozen. Eine Familien-Sommerfahrt hat es nicht mehr gegeben. Auch keine kurze.

Ein Zimmer für mich allein.

1949, ich war damals elf, ist unser letztes Kindermädchen gegangen; ich weiß nicht mehr, ob nun entlassen oder freiwillig, was ich mir eher denken kann. Ihr Zimmer, eines der schönsten in unserer Wohnung, war nun frei. Und ich sollte in diesem Herbst ins Gymnasium kommen.

Mit Nachdruck, der nicht zu knapp gewesen sein dürfte, verlangte ich das nun freie Zimmer für mich – weil ich doch jetzt und als Gymnasiast mehr Platz zum Arbeiten brauchte und auch meine Ruhe für konzentriertes Lernen. Wir drei Kinder hatten bis dahin zusammen im Kinderzimmer gelebt und geschlafen, das ein bisschen kleiner war als das nun frei gewordene, und in dem neben den zwei großen Betten, dem Gitter-Kinderbettchen vom Klaus, dem Kleiderschrank und der Spielzeugtruhe nur noch wirklich wenig Platz war.

Irgendwie habe ich es geschafft, das Zimmer für mich zu bekommen. Die gegebene Auflage war allerdings, dass ich es auch selber sauber zu halten hatte, weil, wer schon sein eigenes Zimmer haben will, es auch selbst im Stand zu halten, oder eben in einem Saustall zu wohnen hatte, wenn er es nicht anders haben wollte. Gern war ich damit einverstanden. Im Gegenzug habe ich verlangt, dass in meiner Abwesenheit niemand je *mein* Zimmer betreten dürfe.

Eine Ausnahme davon machte ich nur für unsere Störschneiderin, das Fräulein Luise, die noch immer ein- oder zweimal im Jahr für etwa zwei Wochen tagsüber zu uns kam, um das anfallende Programm an Wäsche und Hemden zu nähen. Sie brachte immer ihre Nähmaschine mit und auch ihr eigenes Radio. Mir war sie in *meinem* Zimmer gern willkommen, weil sie bei der Arbeit ruhig war, wann immer möglich klassische Musik hörte und mir dazu, was mich interessierte, gelegentliche Erklärungen zurief zum gerade gehörten Stück und was die Musik, der Operntext aussagen oder bedeuten wollten. Es waren keine musikalischen oder etwa musikhistorischen Unterweisungen, sondern einfach verständliche Hinweise, die mir zwar kaum etwas an Kompositionsverständnis vermittelt haben, viel jedoch viel über die Schönheit von Musik und deren Wert in unserem täglichen Leben.

An eines erinnere ich mich jetzt dabei. Es ist mir wie eingebrannt und gehört hier dazu. Ein heller Tag ist es. Aus dem Radio kommt eine Oper. Das ist die Traviata, sagt Fräulein Dassala, und beginnt, mir die Geschichte zu erklären. Dann aber hält sie inne. *Hör' jetzt, hör auf die Worte.* Eindringlich sagt sie das. Und nachher spricht sie sie noch einmal ganz langsam nach: *...in questo popoloso deserto che* *appellano Parigi...* Der Rhythmus in diesem Halbsatz, die Melodie der Sprache! Und sie weist mich auf die Schönheit des Wortbildes hin: ...*popoloso deserto* – die dichtbevölkerte, fast sichtbar wabernde Stadt, die dabei doch nur eine leere Wüste ist – ...*che appellano Parigi* – die sie Paris benennen. Ein ganzes Gefühlsprogramm ist da verdichtet in den gerade sieben Worten. Die ganze Einsamkeit der Violetta inmitten ihrer trubeligen Umwelt. Eine gehobene Umwelt eindeutig, in der sie sich vereinsamt bewegt. ...*che appellano Parigi* – nicht einfach ...*che chiamano Parigi*, was einfache Leute sagen würden...

Der kurze Halbsatz, nachgesprochen und so einfühlend erklärt, er hat mich nicht losgelassen. Und rückblickend ist mir viel später klar geworden, dass er, in seinem Augenblick der kurz mal nicht surrenden Nähmaschine unserer Störschneiderin, meine Liebe zum Rhythmus, zur Melodie der Sprache gezündet hat und zu den Bildern, die sie malen kann.

Geschwister, nicht zu vergessen.

Mit meinen Geschwistern, Ortrud und Klaus, konnte ich nie viel anfangen.

Die Ortrud – alle nannten sie nur das Trutschele – war als Kleinkind ein überwiegend greinendes Ding, das, als es zu sprechen gelernt hatte, dies fast immer in einem weinerlich knätschendem Ton tat, was sich auch bis in die Pubertät hinein nie ganz verloren hat. Mit der Rica hatte sie eines gemeinsam: beide waren fanatische Nägelbeißerinnen, wobei die Kinderfinger der Ortrud oft bis aufs Blut abgekaut waren und sie trotzdem noch daran nagte. Und noch etwas hatten Mutter und Tochter gemeinsam: sie lachten nie. Es lag wohl an den Genen.

Der Klaus war zwar nicht wirklich ein Nachzügler, aber doch sechseinhalb Jahre jünger als ich. In früher Kindheit kann das gewaltig viel und später dann auch noch ganz erklecklich sein. Er war anders als wir älteren. Seine bei der Geburt veilchenblaue Augenfarbe wechselte bald ins hell bernsteinbraune vom Hans, sein recht dicker Haarschopf war von Anfang an kastanienbraun wie schon beim Heinzl, während wir anderen lange strohblond blieben, und seine Augen waren zumal als Baby leicht schräg gestellt, aber apart nach oben, nicht melancholisch nach unten, wie es die vom Heinzl gewesen waren. Lächelnd sagte der Hans dazu, dass eben jedes vierte Kind auf der Welt ein schlitzäugiger Chinese sei. So wie der Bruder vom Hans, der Friedl, scheint wohl auch Klaus äußerlich ein wenig nach unserem väterlichen Großvater, dem Bahnbeamten, geschlagen zu sein.

Klaus war ein fröhliches Kind, in seiner frühen Zeit. Er war lebhaft, streckenweise wahrscheinlich das, was man heute *hyperaktiv* nennt. Zuhause zeigte sich das andauernd und entsprechend wurde es bemerkt, vermerkt, gescholten auch. Zumal von der Rica, der lärmempfindlichen.

Wenn wir sonntags mit den Eltern unterwegs waren, den anfangs häufigen Spaziergängen am Spätnachmittag, tendierte der Klaus dazu, sich wie ein junger Hund zu verhalten: immer auf dem Sprung nach vorne, dann wieder hinter uns, sich an einer blühenden Hecke oder vor einem Schaufenster vertrödelnd, oder auch mal ganz verschwunden, um kurz darauf aus einer Ecke wieder aufzutauchen. Und im Biergarten etwa konnte er keine fünf Minuten bei uns am Tisch sitzen bleiben, obwohl es ihm immer und immer wieder mehr oder weniger scharf eingebläut wurde. Wie sich dabei die Laune der Rica entwickelte, war jedes Mal schnell zu bemerken.

Irgendwie musste er sich ja austoben, wenn ich heute so daran denke. Mit dem meist tranigen Trutschele als Spielgefährtin hatte der lebhafte Klaus kein Glück. Ich aber fühlte mich *schon zu groß*, um mich mit ihm abgeben zu wollen, vielleicht auch zu können. Und echt, ich kann mich nicht an einziges Mal erinnern, an dem wir mitsammen gespielt oder überhaupt etwas gemeinsam gemacht hätten. Einen darauf abzielenden elterlichen Druck hatte es ja nie gegeben.

Ich weiß nicht, wie meine Geschwister lesen gelernt haben. Auch nicht, ob und eventuell wie eines der beiden oder beide angefangen haben, Musik zu mögen, oder Literatur, oder etwa gar die Berge – ich habe keine Ahnung. Und ich weiß auch nicht, wie die beiden in ihre Kindheit zueinander standen. Mir war die Ortrud unangenehm und der Klaus manchmal, wenn es gar zu hektisch wurde, auch recht lästig. So richtig gestritten haben wir uns selten, fast nie. Gebalgt aber auch nicht.

Das als frischgebackener Gymnasiast von mir eroberte Zimmer hatte ich sofort zu *off limits* für alle erklärt. Die Ortrud und der Klaus haben sich echt daran gehalten – wenigstens soweit ich das mitbekommen habe. Sie beide teilten sich nun das Kinderzimmer, in dem es richtig eng wurde, als der Klaus in die Schule kam und anfing, auch Platz für seine Hausaufgaben zu brauchen. Die Ortrud wich für die ihren dann ins Wohnzimmer aus, das jetzt *das Büro* hieß und sowieso die meiste Tageszeit über leer stand.

Irgendwann, als die Ortrud schon zehn-elf Jahre alt war, kam der Hans auf mich zu und meinte, es sei jetzt richtig, dass künftig ich mit dem Klaus in einem Zimmer sei und das Trutschele das andere für sich habe... weil sie doch ein Mädchen... und überhaupt. Da mag er ja auch recht gehabt haben. Alles sprach dafür, dass die beiden *Buben* beisammen schliefen, wenn es nun schon mal kein eigens Zimmer für jeden gab. Aber wir waren kein Team, weder als Geschwister noch als Familie. Und die Idee zur neuen, gar nicht so abwegigen Zimmerordnung kam auch nicht als vernünftiger, vielleicht sogar zu besprechender Vorschlag sondern als eine Verordnung. So hat es sich angehört; so war es auch gemeint. Ich aber sagte dazu ganz einfach: *Nein!*

Natürlich ist es nicht bei der einmaligen Aufforderung geblieben. Unverändert geblieben ist es aber bei meinem klaren *Nein!* Die Ortrud und der Klaus haben weiter zusammen im Kinderzimmer gehaust, bis ich aus der Bahnhofstraße ausgezogen bin. Familienleben...

Bedrucktes Lesepapier.

1944–1954. Schon im Vorschulalter habe ich lesen gelernt und alles Gedruckte hat mich immer angezogen; seit damals schon. Irgendwann ist dazu auch die Lust am Selber-Schreiben gekommen, während das Malen und Zeichnen nie mein Ding wurden. Aber wie war denn das mit dem Lesen? Wie hat es angefangen und wie sich denn entwickelt? Wer hat mich da beeinflusst? Dem jetzt nachzugehen...

*

Meine Mutter, Rica, hat nie gelesen, außer gelegentlich die Lokalseiten in der Tageszeitung und die Todesanzeigen. Mit einem Buch oder auch nur einer Zeitschrift habe ich sie nie gesehen. Die einzigen zwei Bücher, von denen sie sagte, sie habe sie gern gelesen, und die bei uns auch im Bücherschrank standen, waren *Comtesse Käthe* von einer mir vergessenen Autorin und von Hedwig Courths-Mahler *Ich lasse Dich nie!*

Hans, mein Vater, war da ganz anders. Wann immer er es in seiner Freizeit einrichten konnte, hatte er Gedrucktes in der Hand. Bei den Büchern mochte er vor allem informierende Sachen und der breite Bücherschrank in unserem Wohnzimmer war überbordend voll davon. Das ging von der dickleibigen Geschichte der Päpste zu den Chroniken der Polarfahrten, vom Lexikon des Films über die Skulpturen der griechischen Antike zur Entwicklung der Flugkörper, oder vom frühen Kaisertum in Konstantinopel zum Sklavenhandel und der Sklavenbefreiung in Nordamerika. Auch Bücher über Musikpädagogik, Sexualkunde, Jugend standen zerlesen auf ihren Plätzen, nicht weit von dem, was Marx, Engels und der Führer Adolf geschrieben hatten. Mir schien damals, dass es kein Thema der Weltentwicklung gäbe, das da fehlen könne. Aber daneben stranden auch eine Menge russischer Autoren: Tolstoj, Dostojewski, Puschkin, Maxim Gorki, Turgejew, Saltykow und wie sie alle hießen. Und wieder daneben Theodor Storm in drei Bänden, Schillers und Kleists Dramen, von Goethe nur Faust und der Werther. Aus den Reihen besonders heraus gestochen haben die acht Bände der Werke von Wilhelm Busch, die mit den Jahren im-mer zerlesener wurden.

Damals waren Taschenbücher noch nicht erfunden, und so waren es lauter gebundene Bände, die gedrängt und oft auch zweireihig in der Tiefe die Regale füllten. Aber die Bücher waren auch teuer, damals, und so kam manches, das der Hans sich kaufte, eindeutig aus dem Antiquariat. Er sagte dazu, dass es viel besser sei, zwei oder drei schon gelesene Bücher zu haben, als nur eines zu gleichem Preis. An Weihnachten und zu Geburtstagen gab es nur eines, was man ihm schenken sollte: Bücher. Zwei seiner Schwäger, mit denen er sehr gut auskam, haben sich immer daran gehalten. Von der Rica bekam er Seidenkrawatten.

Aber auch Tageszeitungen und Zeitschriften gehörten ihm zum täglichen Leben, wobei er auf Kundentour zusah, für die obligaten Mittagspausen Wirtschaften zu finden, in denen kostenlose Blätter ausgelegt waren. Wenigstens die lokale Tageszeitung konnte man damals in jeder Dorfkneipe finden; oft aber auch eine größere Auswahl an Zeitschriften. *Kristall*, die Kulturillustrierte mit den fast legendären Essays von Ivar Lissner zu antikem und auch aktuellem Zeitgeschehen, kaufte er regelmäßig und brachte sie auch mit nach Hause. Mit ihren ausgefeilten Ethnologie- und Evolutions-Beiträgen, zumal aber auch den politischen wie etwa denen über die politischen Zusammenhänge zwischen den Weimarer Gegebenheiten und dem daraus Folgenden und hin zur noch jungen Bundesrepublik, wurde *Kristall* auch mir zur wöchentlich dringend erwarteten Lektüre.

Auch viel Banaleres war aber unter dem, was Hans an Gedrucktem hungrig konsumierte. Da gab es die damals so genannten Groschenromane. Das waren meist 72-seitige, mit zwei Metallklammern geheftete Hefte in sich abgeschlossener Geschichten die, je nach Verlagsreihe, von Almenglück und Liebesleid erzählten, und natürlich auch von Kriminellem. Die Detektivgeschichten hat sich Hans oft gekauft. Sie kosteten ganz wenig und waren in ihrer Art spannend geschrieben. Die Erlebnisse von Alan Wilton und Jerry Cotton waren ihm die liebsten. Ich habe sie aus zweiter Hand verschlungen und dann zu einem Tauschhändler gebracht, wo ich für je zwei gelesene eines bekam, das ich noch nicht kannte. Davon profitierte dann auch der Hans, als Zweitleser nach mir.

Natürlich habe ich von der väterlichen Bibliothek nicht einen einzigen Band ungelesen gelassen. Die Filmenzyklopädie habe ich sogar von A bis Z linear durchgelesen, bevor ich sie später dann immer wieder als faszinierendes Nachschlagewerk benutzte. Und natürlich habe ich eine Menge der Bücher viel zu früh gelesen, als ich sie oft teils noch nicht verstehen, geschweige denn würdigen konnte. Aber was ich nicht verstanden hatte, habe ich mir später dann immer und immer wieder mal vorgenommen. Nur ein paar Russen, Maxim Gorki vor allem, haben mich auch bei späteren Ansätzen noch unverdaubar, grauenhaft gelangweilt.

Die Liebe zum düsteren Theodor Storm ist mir damals zugewachsen und das subtil Hintergründige von Wilhelm Busch, das sich zumal auch in seinen Wiedensahler Briefen zeigt; und durch die ganzen *Wissensbücher* wurde ich nicht etwa lesesatt, sondern durstig nach immer mehr von dem, was die Geschichte berichtet, die Erdteile uns zurufen und die Welt von sich zu erzählen hat.

Der Sinn für Banales ist mir damit nicht abhanden gekommen. Flüssig geschriebene Trivialliteratur, was ja die vielen heutigen Thriller meist sind, kann ich durchaus eine Menge abgewinnen, wenn ich einfach nur entspannen will; und zumal auch die historischen Romane über edelmütige Hebammen, verkannte Heilweibchen, die Welt durchstreifende Medici und das Machtgerangel zwischen treulistigen Städtern und heimtückischen Fürstbischöfen hole ich mir gern aus den Regalen, wobei es durchaus nichts Anspruchsvolles sein muss wie etwa, viel später geschrieben, Umberto Ecos Rose oder Pendel. Wenn es aber historisch schlecht recherchiert ist, kommt es schon vor, dass ich das Machwerk wütend entsorge. Nur halb gelesen.

Selbst und spontan hat mir der Hans allerdings kaum jemals ein Buch zum Lesen gegeben. Er wusste, dass ich mich frühest schon aus seinem Bücherfundus bediente, so wie es mir gerade in den Sinn kam, hat das aber stets nur konstatiert, nie kommentiert. Aber seit ich lesen konnte, habe ich zu Weihnachten immer Bücher von ihm bekommen, die alle altersgerecht und spannend informierend waren. Ganz früh war das einmal Coopers Lederstrumpf und eines der letzten wohl Theodor Mommsens Anmerkungen zum Niedergang des römischen Reiches.

Und gleich, wie mir der Hans mich nie auf ein spezielles Buch aufmunternd hingewiesen hat, so hat es auch nie die Gelegenheit gegeben, uns über irgendein Buch zu unterhalten, das wir beide und vielleicht kurz hintereinander gelesen haben. Trotzdem: Was wir da zuhause im Bücherschrank hatten, hat mir sehr früh schon wahnsinnig viel gegeben. Meinen auch heute noch grünen Wissensdurst hat sicher auch der Fundus dieser Regale aufgeweckt.

Frau Sulmanns Schelte.

Wir hatten in Bozen, bei der Verlagsbuchhandlung Athesia, eine gut bestückte Leihbücherei, deren mir liebenswerte Bibliothekarin Frau Sulmann war. Manche Kunden mochten sie nicht besonders, und das wohl sicher nicht, weil sie in strenger Kleidung und Haartracht immer ein bisschen etwas Altjüngferliches ausstrahlte, sondern wohl eher wegen ihrer oft sehr schulmeisterlichen Art, mit der sie auf die Ausleih-Kunden gern und mit spitzen Sätzchen reagieren konnte. Die Bücherei war trotzdem gut und treu besucht, weil die Verleihgebühren im Abonnement wirklich billig waren und der Bestand regelmäßig und recht schnell auch mit den Neuerscheinungen aufgefüllt wurde. Aber von jedem Buch gab es stets nur ein Exemplar. Da musste man sich oft in auch wochenlange Wartelisten eintragen, oder sich aber mit Frau Sulmann gut gestellt haben, was mit Liebedienerei bei ihr nicht hinkam, sondern fast nur von der gewohnten Buchauswahl abhing.

Ab spätestens 12-Jähriger war ich Stammkunde bei Frau Sulmann, in fast wöchentlich regelmäßigem Rhythmus. Ihr überließ ich es meist, die Bücher für mich heraus zu suchen, was mir viel Interessantes brachte, auf das ich selber nie gekommen wäre. Sie ging dabei Schritt für Schritt vor, und hat mir oft auch schwere Kost anhand gegeben, die ich aber durchaus goutieren konnte. Einmal dann aber war ich echt geschockt. Sie hatte mir ein Buch mitgegeben, einen ziemlich dicken Wälzer, der mir absolut unlesbar erschien. Es war etwas so Süßliches, hehr Edelmütiges, klebrig Seufzerisches, dass mir schon die ersten Seiten an voll wider den Strich gingen und mir nach kurzer Strecke fast zum Kotzen wurde.

Empört brachte ich das Konvolut nach kaum mehr als zwanzig gelesenen Seiten zurück. Ohne Umschweif gab ich meinem Miss-mut Ausdruck, mit der sicher recht aggressiv gestellten Frage, was ihr denn bei *der Auswahl* wohl durch den Sinn gegangen sei. Ihre Antwort hat mich nachhaltig geprägt: *Du musst endlich auch mal anfangen, Kitsch positiv aufzunehmen und lernen, dass auch er in seiner Art begeisternd sein kann.*

Schritt für Schritt habe ich daraufhin behutsam gelernt, dass Kitsch und Kunst, jedes auf seine Art, vielfach gleichwertig sein können, wenn sie an sich echt sind. Frau Sulmann hat mir den Weg gezeigt, gerade auch Kitsch sehr mögen zu können.

Sprache kann so reich sein!

Pater Franz Pobitzer hat mir den Reichtum der Sprachen nahe gebracht und weitgehend auch das Gefühl für ihren

Rhythmus. In den ersten Gymnasialklassen war er unser Lehrer für Latein und Italienisch. Das waren zwei Materien, die sich durchaus fürs *Einpauken* geeignet hätten, zumal die eine, Latein, uns Anfängern eine mysteriengeprägte Beklemmung einflößte und die andere, Italienisch, uns, die wir in reichlich ethnischem Widerwillen zu den *Walschen* erzogen waren, als die Sprache der uns feindlich Anderen galt und folglich mit ihrer Akzeptanz entgegenstehenden Vorurteilen angegangen wurde. Wir waren – ich wenigstens war, durch meines Vaters vorauseilende Mahnungen vorprogrammiert, – auf rigides Regelnbüffeln und Vokabelmemorieren eingestellt. Doch dann wurde das ganz anders... na ja, fast ganz anders.

Unvergesslich wird mir bleiben, wie Pater Franz unsere erste Lateinstunde anfing. Er stand vor uns zweiundfünfzig Nervöslingen, streckte beide Arme in die Höhe, mit leichten Flatterbewegungen seiner offenen Hände, und: *Alauda cantat* – hörten wir ihn fast singen: *Aláuda cántat – hören Sie wie das klingt? ...die Wärme des Tons! ...das Weiche, das da schwebt!* Ganz langsam: *Alauda cantat*. Er sagte uns vorerst nicht, dass das ganz banal *Die Lerche singt* bedeutete. Auf den Ton einer Sprache stimmte er uns ein, bevor wir überhaupt ihr erstes Wort verstanden.

Bevor er dann erstmalig daran ging, uns auch nur ein Wort der fremden Sprache zu übersetzen, es uns als zu erlernende Vokabel vorzulegen, las er uns in langsam wogendem Rhythmus lange Passagen vor, die wie satte Wellen mit Schaumkronen an unsere Ohren drängten. Für völlig Neues öffnete er damit unser an das harte, rachenkranke Knarzen des Tiroler Dialektes gewöhntes Hören. Wenn eine einzige Stunde auf etwas süchtig machen kann, dann war es diese. Ich war hingerissen, ohne auch nur eine Silbe verstanden zu haben.

Natürlich mussten wir uns im Laufe der Zeit auch und intensiv mit den Regeln von Grammatik und Syntax beschäftigen; etliche davon auch auswendig lernen, um sie, aufgerufen, in Kernsätzen vorsagen zu können. Aber das lief nicht mit sturem *Das ist zu lernen!* ab. Pater Franz hat immer darauf geachtet, jede Regel und Norm in ihr Bett gelebter Sprache einzubringen, und, wo gegeben, die Unterschiede, die Gegensätze zum Deutschen in griffige Beispiele zu packen. So hat er es hinbekommen, dass Latein mir lebte. Vom ersten Tag an.

Pater Franz war zudem aber auch für Italienisch zuständig. Die Sprache *unserer Besatzer* hatten wir schon in der Grundschule als Pflichtprogramm gehabt, und nicht zu Unrecht glaubte er, darin bei seinen neuen Gymnasiasten eine gewisse Kenntnisbasis voraussetzen zu können. Viel war da allerdings nicht vorhanden, jedenfalls bei mir nicht. Mir fehlte jeder Sinn für die Melodie dieser Sprache; vielleicht, weil ich sie vom Grundschullehrer stets nur in knarren-dem Befehlston gehört hatte, der sehr an die früheren Reden des Duce anklang, die ich aus dem Radio von Fräulein Luise, unserer Störschneiderin, vor langer Zeit und ohne ein Wort zu verstehen gehört hatte. Gesprochen, in einer Unterhaltung verwendet, hatte ich die Sprache ohnehin nie. Sie war verpönt *in unseren Kreisen*.

Wohl darauf vertrauend, dass die Basis der grammatikalischen und syntaktischen Regeln in der Grundschule von uns gepaukt waren, setzte Pater Franz von Anfang an vorwiegend auf das Gelebte der Sprache. Lesen, laut für die ganze Klasse vorlesen, war da vor allem angesagt. Und das ging so: Er las eine nicht ganz kurze Passage aus einem der Schulbücher, wobei er wohl besonders weich modulierte; dann musste reihum einer von uns Schülern das Stück wiederholen. Ganz abgesehen vom Gestotterte, das dabei meist zustande kam, war das, was da aus unseren rauhberglerischen Kehlen kam, wohl so richtig weit davon entfernt von dem, was wir gerade vorher vorgelesen gehört hatten. Pater Franz verlor trotzdem nur selten die Geduld, wie mir erinnernd scheint. Langmütig wiederholte er eine der gerade gehörten Wortfolgen, deklamierte sie dabei zielsicher so gesprochen wie eben vom Schüler gehört und dann sofort noch einmal in weicher, warmer Modulierung, wie sie dem

Italienischen angemessen war, oder eben so, wie er es hören wollte.

Doch wer war denn dieser Mann mit dem ausgeprägten Faible für das Weiche, das Melodiöse der romanischen Sprachen? Sein bürgerlicher Vorname *Oswald* und *Pobitzer,* der Nachname, reihten ihn eindeutig zur Gens der knödelnd krächzenden Älpler. Und das war er ja auch, wenngleich aus *besserer* Meraner Familie kommend. Irgendwann erzählte er seine Geschichte.

Er war im Seminar der Innsbrucker Franziskaner ausgebildet worden. Kaum 20-jährig hatte er Tbc bekommen. Zum Auskurieren sollte er in gute Höhenluft und da bot es sich einladend an, dass die missionierenden Ordensbrüder eines Klosters in den peruanische Anden ihn aufnehmen wollten, auch weil sie gerade vakant gewordene Positionen dringend besetzen mussten. Dort in den Anden hörte er Quechua, die Sprache der Indios, war fasziniert von ihrem singenden Duktus und lernte sie. Die Indios der Mission haben ihm sehr geholfen, erzählte er, ihr Idiom auch richtig auszusprechen. Von ihnen habe er gelernt, dass das nur geht, wenn viel Geduld da ist, die darauf dringt, dass ganze Textpassagen vorgesagt, vorgelesen werden, um dann vom dazu Aufgeforderten so wiederholt zu werden, wie das *richtig* tönen sollte. Immer wieder... immer wieder...

In guter Andenluft ausgeheilt, sollte er zurück in die Heimat, und da lag es nahe, ins Bozner Franziskanerkloster zu kommen, dem am nächsten zu seinem Meraner Zuhause gelegenen. Aber, nun auf das Abenteuer Sprache gestoßen, wollte er sein krächzendes Älpler-Italienisch korrigieren und auch sein Latein, das er im Seminar mit dem so typisch teutonischen Akzent gelernt hatte. Zu seinem Glück – so nannte er es häufig – war gerade ein Platz im Bruderkloster von Fiesole, gleich oberhalb Florenz, frei und dort im gab es auch das Angebot zu gezieltem Sprachstudium. Aus aller Welt kamen Patres des Heiligen Franziskus dorthin, an die Wiege der italienischen Sprache, *per sciacquare i panni in Arno* – um ihre Wäsche im Arno zu spülen.

Fünf Jahre blieb er dort und wurde *Fra Francesco da Fiesole*. Dann, inzwischen geweihter Priester mit zwei Doktortiteln, holte man ihn ins Bozner Kloster zurück, um an dessen Gymnasium uns ungehobelt krächzenden Gören die Sprachen von Cicero und Seneca, von Dante und Manzoni beizubringen. Und da ging es ihm um das genuin Lebendige der Idiome, wozu er natürlich auch deren Struktur-Regeln als wichtig zählte, aber eben nur *auch!*

Und die Vokabeln? Natürlich waren Vokabeln zu lernen, auch und gerade bei Pater Franz. Für Latein hatte er da eine wohl recht eigentümliche, vielleicht gar von ihm selbst erarbeitete Methode. Vielblättrige Listen von Wörtern hatte er zusammengestellt. Nicht alphabetisch geordnet war das, sondern in Wortgruppen gefügt – immer Gruppen von zehn Wörtern, die sich in den Texten fanden, mit denen er uns konfrontierte: Verben, Substantive, Adjektive... Diese Wörter hatten wir als Hausaufgaben zu lernen: immer an die Texte gebundene 10er-Gruppen. Wir mussten dazu die Texte nicht übersetzen. Vom Reclam-Verlag gab es kleine Büchlein, die, zweisprachig mit Übungstexten gedruckt, für vergleichendes Lesen angelegt waren. Und so wurde es uns kein verbiestertes, nervtötendes Vokabeln-Pauken, sondern ein eher lockeres *durchs Lesen und Verstehen* Lernen. Da war es leicht und oft auch spannend, sich Eselsbrücken mit Sätzen zu bauen, die schnell zu merken waren und deshalb gut zu Gedankenstützen für die Vokabeln taugten.

Dem Pater Franz kam es auf die Sprache an, die gesprochene Sprache, nicht auf auswendig gelernte, tot bleibende Gehirnfüller. Was dabei herauskommen konnte, habe ich an mir selber mit nachträglichem Erstaunen festgestellt: auf Lateinisch konnte ich mich nicht viel später recht locker unterhalten. Griechisch dagegen, das uns Pater Adalbert auf dessen Art und recht ungeduldig fünf Jahre lang beizubringen versuchte, ist mir auch zuletzt eine Sprache geblieben, die ich nur mühsam und mit Hilfe von Wörterbüchern in kurzen Stücken zu übersetzen lernte. Dabei klingt diese Sprache nicht weniger faszinierend als Latein und die einzusetzenden Zeiten, Deklinationen und Kombinationsmöglichkeiten sind vielleicht sogar noch anregender.

Für den italienischen Vokabelschatz ist der Pater Franz ähnlich vorgegangen, wenn auch schon raffinierter, eben weil er bei uns einen wenn auch kleinen Grundstock schon als gegeben voraussetzte. Das ging dann so: In der Klasse lasen wir gemeinsam einen meist literarischen Text. Pater Franz erklärte ihn, nahm ihn auseinander, ließ ihn durch uns besprechen. Nach ein paar Tagen kam er auf den Text zurück und hieß uns als Hausaufgabe, in jeder Druckseite zehn Wörter finden, deren genaue Bedeutung wir noch nicht verstanden hatten, sie herauszuschreiben und daneben die Übersetzungen zu stellen, möglichst mit dazu auch zwei-drei Synonymen. Wenn einer von uns dann sagte – ich gehörte mehrmals dazu –, auf einer der vorgegebenen Seiten keine ihm noch unbekannten Wörter finden zu können, und schon gar nicht zehn davon, reagierte er nur mit müdem Lächeln. Und echt: Ich wenigstens habe dann wirklich immer noch zehn gefunden, die ich nun so richtig lernte.

Aber damit nicht genug.

Jedesmal, wenn ich vorerst behauptet hatte, ganz sicher keine zehn mir noch Unbekannten zu finden, bekam ich beim Abgeben der dann doch vervollständigten Hausaufgaben freundlichst und unerbittlich zu hören: *So, und aus denselben Seiten schreiben und übersetzen Sie mir jetzt noch zusätzlich jeweils fünf weitere Wörter, deren echte Bedeutung Sie auch noch nicht erfasst haben!* Und, oh Wunder, so herausgefordert habe ich jedesmal die fünf geforderten gefunden, manchmal auch mehr.

Begonnen hat es damit schon bald am Anfang. Die Texte sind Schritt für Schritt schwieriger geworden. Und in der dritten Klasse haben wir dann gut hundert Seiten von *I Promessi Sposi* [Die Verlobten], dem sprachgewaltigen Historienroman von Alessandro Manzoni, so durchgearbeitet. Neben vielem vom Sprachschatz des großen Meisters ist mir dabei auch so manches von der Art und dem Aufbau seiner Sprache belehrend hängen geblieben.

So hat uns Pater Franz in fünf Jahren richtiges, weitgehend auch akzentfreies Italienisch samt ziemlich breitem Sprachschatz beigebracht. Uns allen? Vielleicht nicht allen von uns. Mir schon.

Lesepapier, anders herum.

Zu Anfang des vierten Schuljahres am Gymnasium kam ein neuer Schüler zu uns in die Klasse, Joseph Zoderer, der erst kurz vorher aus *seinem Exil* in einem Schweizer Internat zurück nach Bozen gekommen war. Er war ein Büchernarr wie ich. Schnell freundeten wir uns an, obwohl er in vielem ganz anders war als ich. Zum Beispiel: Er, der nur als Kind kurz in unserer Stadt gelebt hatte, schien mit seinen auch gerade nur 15 Jahren *jeden* zu kennen. Mit ihm unterwegs zu sein, war ein ewiges Stehenbleiben, Schulterklopfen, Händeschütteln – nicht nur mit Jungs wie uns, sondern mit Leuten jeden Alters und anscheinend jeder Gruppenzugehörigkeit. Dabei war er an sich weder besonders charmant noch gar, mit seinen immer fettigen und zu langen Schwarzhaaren, eine anziehende Erscheinung.

Wir, Joseph und ich, diskutierten nicht nur über alles, was uns gedruckt in die Hände fiel, wir schrieben auch und schaukelten uns da im Wettstreit gegenseitig hoch. Das heißt, wir taten so, als könnten wir schreiben, und fühlten uns dabei wie morgige Stars der Feder. Natürlich waren es fast nur Gedichte, was wir da schrieben. Und natürlich waren es die Minnesänger, die Blaue Blume und Heine, die uns epigonisierten.

Uns ging es darum, gedruckt zu werden. Der Wettstreit war, wer das als erster schaffte. Zoderer hat gewonnen. In einem kulturellen Wochenblättchen stand eines Tages eines seiner Gedichte. In voller Länge und ohne redaktionellen Eingriff. Triumphierend breit grinsend kam er mit einem ganzen Packen der Zeitschrift, hinten auf der letzten Seite sein Gedicht mit dickem Filzstift rot angestrichen, und verteilte die Kopien an alle, die Lehrer nicht ausgenommen. Ich fraß mir die Fingerknöchel ab.

Dann hat es aber nicht lange gedauert und ich konnte strahlen. Die *Dolomiten*, die bei weitem größte Tageszeitung in Südtirol, hatte ein Gedicht von mir gedruckt, auf der dritten Seite, der Kulturseite. Jetzt war *ich* der Sieger, behauptete ich, weil *größer* an Leserkreis allemal mehr zählte als *früher gedruckt*.

Es war schon ein gewaltiges Gefühl, zum ersten Mal gedruckt da zu stehen. Nicht mehr nur Leser, jetzt auch Gelesener! Ich kam mir vor wie die Reinkarnation von Heine und Uhland zusammen. Nur, jetzt auch Druckbelege an die Mitschüler oder gar die Lehrer zu verteilen, dazu konnte ich mich nicht durchringen. Ich war eben nicht Joseph Zoderer.

Zoderer und ich, wir sind beide beim Schreiben geblieben, ich als Texter und Konzepter, während er beim Phantasieschreiben verblieben, dabei aber auch zu Prosa übergegangen ist. Seine Romane haben anständige Auflagen gemacht. Gelegentlich hat er dann den Marburger Literaturpreis, auch den Hermann-Lenz-Preis und sonst noch so etliches an dotierten oder auch nur ehrenhaft gedachten Pergamenten bekommen.

Kultur zwischen den Bergen.

1948-1954. Besonders gut war es mit meinen Möglichkeiten zu früher Begegnung mit der abendländischen Kultur nicht bestellt, vom guten Zugang zu Büchern abgesehen. Wir hatten ja keinen Plattenspieler zuhause und auch ein Radio nur dann, wenn unsere Störschneiderin da war und das ihre mitgebracht hatte. Es hat also schon seine Zeit gedauert, bis ich Musik und Theater zu erleben lernte. Angefangen hat das eigentlich erst mit meinen ersten Live-Show-Erlebnissen, als ich schon zehn-elf Jahre alt war. Um die geht es hier vor allem.

*

In seinem dreiseitig von Bergwällen eng umstandenem Kessel war Bozen um die Mitte des vorigen Jahrhunderts noch das, wofür sich die borniert kleine Stadt zwischen Eisack, Talfer und Etsch schon immer viel zu Gute gehalten hatte: ein Handelsort mit knauserig sparsamen Grundsätzen und einer kastenbewussten Einwohnerschaft, die genau wusste, wo jeder – Geschäftsbürger, Adelige und *der Kruscht* – seinen Platz hatte und aufmerksam darauf achtete, dass auch keiner davon ausscherte. Es war eine Stadt, die ihre Bauern aus dem Umland durchaus als unverzichtbare Nahrungslieferanten und, vor allem, als Käufer schätzte, die das soeben Eingenommene gleich wieder in den Läden ließen, wobei es als natürlich und gottgegeben galt, dass die bäuerlichen Schritte sich nicht allzu weit über ein enges, um die Bindergasse und den Rathausplatz begrenztes Areal hinaus verirrten. Mit den nach Südtirols Annektierung seit 1918 zugewanderten Italienern, den *Walschen*, vermieden die Bozner alle Kontakte, mit Ausnahme derer natürlich, die die Kassen klingeln ließen. Bis weit in die 50er-Jahre war das noch so.

In diesem Umfeld gab es kein Theater. Nur eine Laienspielgruppe hatte sich im Kolpinghaus etabliert, wo sie an winterlichem Wochenende rustikal-dialektale Heimatstücke aufführte. Ein Stadtorchester oder wenigstens ein angesiedeltes Quartett oder Quintett für Kammermusik hat es nicht gegeben. Erst in den späten 50er-Jahren nahm das Philharmonie-Orchester von Trient auch ein paar Bozner Musiker auf, nannte sich von da an *Orchestra Filarmonica di Trento e Bolzano* und dann regelmäßig auch im Saal des städtischen Alpi-Kinos oder in der nicht mehr geweihten Kirche der Dominikaner. Im Übrigen waren unsere Kulturzentren die vier Kinos in der Altstadt, von denen eines, das Eden, ausschließlich und die anderen gelegentlich Filme in deutscher Sprache zeigten.

Ein paar Ausnahmen des Kulturgeschehens gab es aber doch, die von den eingeschworenen Boznern allerdings stets mit Abstand haltendem Misstrauen beäugt wurden.

Da war das 1939 als staatliche Musikhochschule gegründete *Conservatorio Claudio Monteverdi*, das, als eine *italienische Einrichtung*, zwar im Herbst 1943 von der nun Südtirol beherrschenden Deutschen Wehrmacht aufgelöst wurde, doch schon im 1946 den Lehrbetrieb wieder aufnehmen konnte. Leiter war damals Mario Mascagni, der Bruder des Komponisten der *Cavalleria Rusticana*, und dann, ab 1949 und an die dreißig Jahre lang, der charismatische Musikpädagoge und Komponist Cesare Nordio.

Er und Arturo Benedetti Michelangeli begründeten dort am Konservatorium zum 25. Todestag von Ferruccio Busoni einen ihm gewidmeten und nach ihm benannten Klavierwettbewerb, der bald zu einem der gewichtigsten im internationalen Kontest wurde. Edwin Fischer, Arrau, Backhaus, Pollini, Rubinstein, Gieseking und viele andere der ganz Großen saßen in der Jury. Martha Argerich, hat 1957 dort den ersten Preis gewonnen und sie ist heute die Vorsitzende der Stiftung. Mir ist der sommerliche Busoni-Wettbewerb damals zum immer wieder freudig erwarteten Ereignis geworden. Nicht nur die Konzerte der Preisträger zählten dabei, sondern zumal die Pflicht- und Kürvorträge der Kandidaten, bei denen der Eintritt kostenlos und die mitzuerlebende Spannung riesig waren. Meinem Musikohr hat es da gut getan, dasselbe Stück von den einzelnen Konkurrenten mehrmals knapp hintereinander zu hören.

Und es hat da noch ein paar weitere Initiativen gegeben, ebenso von Nicht-Boznern liebevoll angestoßene und dafür gedachte, wohl lange entbehrte Kulturimpulse von nördlich der Alpen ins früher habsburgische Bergländchen zu tragen.

Nach dem Krieg und zumal ab so etwa 1949-50 war es in Südtirol zu einer wieder anwachsend intensiven Bewegung für eine Abtrennung des Etschlandes von Italien gekommen. Die Idee, dass das Gebiet zurück an Österreich solle, hatte viele und gewichtige Befürworter zumal auch in der Wiener Regierung und Münchens Bayernpartei. Die diplomatischen Bemühungen sollten durch ein Kulturprogramm gestützt werden, das nicht nur das Ziel hatte, den Berglern Freude zu machen, sondern das als durchaus politisches Instrument von tapfer bezeugtem, lebendig gebliebenem Deutschtum der Dolomiten verstanden werden und als solches Druck auf Rom machen sollte. Nur das Beste war da gut genug.

So kam ich an meine erste Oper: Figaros Hochzeit, 1949. Die Wiener Staatsoper war zu Gast in unserer engen Stadt. Als Spielort stand nur das weite Rund des Drusus-Kinos zur Verfügung, weil es dort, für die großen Kader-Auftritte der Duce-Zeit gebaut, über ausreichenden Platz für eine Bühne, einen dazu improvisierten Orchestergraben und an die tausend Zuschauer gab. Meine ganze Schulklasse war dazu eingeladen. Mit zitternder Erwartung bin ich hingegangen.

Musik hatte ich bis dahin ja nie *live* erlebt und Bühnenschauspiel auch selten, wobei eigentlich nur im Circus. Eine recht gute Ahnung hatte ich aber doch davon, warum über die Sängerinnen, den Dirigenten, das Orchester im Vorfeld so ehrfürchtig getuschelt wurde. Und dann war mir die Aufführung überwältigend. Hinreißend. Noch nachts davon zu träumen! *Was* da geboten war, das ist mir aber doch erst später so richtig klar geworden: Irmgard Seefried sang die

Susanna, Elisabeth Schwarzhaupt war die Gräfin und am Pult stand Ferenc Fricsay. Viel hochrangiger hätte mein Einstand in miterlebtes Musiktheater wohl nicht sein können.

Und ganz ähnlich lief das zu etwa der gleichen Zeit mit dem großen Sprechtheater. Der Grüne Wagen kam nach Bozen. Im Hof der mittelalterlichen Burgruine Runkelstein wurde der Faust aufgeführt und ich durfte hin. Gründgens spielte den Mefisto, Elisabeth Flickenschildt war die mir unvergessliche Schwertlein. Mit weniger ging es wohl nicht. Alles oder nichts, war etwa damals in Bozen die Parole, wobei das Nichts allerdings doch viel häufiger war. Ob es für mich jedoch besonders gut gewesen ist, gleich mit dem Besten anzufangen, das habe ich mich erst lange später gefragt. Das Beste ist ja des Guten Feind, und da macht es recht wenig aus, wenn man dieses *Beste* als solches auch voll bewerten und goutieren kann. Was hängen bleibt, sind die Namen der Großen und an diesen bedeutenden Namen werden alle die gemessen, die man später etwa sehen und hören kann. Auch dann, wenn man sich an die wirklichen Leistungen der Ersten kaum noch real erinnern kann.

Die Italiener sind in die kulturelle Gegenoffensive gegangen. Ab Sommer 1951 veranstalteten sie Opern-Freilichtfestspiele auf dem Freiheitsplatz hinter der Talferbrücke. Das war ein fast quadratischer, von neuen Hochbauten umsäumter Platz, der, wie sich zeigte, eine gute Akustik hatte und sich eindrucksvoll für den Zweck eignete. Vier Opern wurden in jeder Saison mehrmals aufgeführt, und ich war fast jedesmal mit dabei; vor allem auch, weil es so leicht war, die Sperren zu umgehen und ohne Karte auf die vor der Bühne aufgebauten Ränge zu kommen. Eine Vielzahl der Fast-Großen und auch nicht wenige der Großen konnte ich da sehen und hören. Gino Bechi und Ferruccio Tagliavini, Cesare Siepi Tito Gobbi, Ettore Bastianini, Fedora Barbieri, Marcella Pobbe, die nicht mehr junge Toti dal Monte und wie sie alle hießen, und am Pult standen Antonino Votti, Victor De Sabata...

Vom enormen italienischen Opernrepertoire kamen da alle die Publikumsmagneten zur Aufführung und bald, weil ich sie mir ja mehrmals anhören konnte, kannte ich ihren Ablauf und ihre Musik auswendig. Das dauerte bis 1956 an. Im darauf folgenden Sommer hatte ich für Opern keinen Nerv. Das aber ist wieder eine andere Geschichte.

Nicht nur dem Angebot an Musik und Theater kam der austro-italienische Kulturwettkampf zugute. Schon ab 1948 gab es regelmäßig Filmwochen mit abwechselnd großen UFA-Titeln und den brav alpenländischen Heimatschnulzen der Wiener Produktion. Und schon als knapp 12-Jähriger wusste ich mich damals ohne Karten in die Säle zu schleichen. Die Nibelungen von Fritz Lang konnte ich da sehen, Metropolis, M mit Gründgens und Peter Lorre, den Jedermann im Salzburger Film mit Will Quadflieg, die Filme von Ernst Lubitsch und Joe May und Josef von Sternberg, Otto Gebühr in seinen Fridericus-Rex-Streifen... aber mit fast gleicher Lust eben auch alle die süßen Schnulzen mit Hans Moser, Paul Hörbiger, Otto Siema, Annie Rosar, Hannerl Matz, Rudolf Prack oder dem jungen Josef Meinrad.

Vom politischen Wettstreit konnten auch die heimischen Maler und Bildhauer profitieren. Ab den frühen 50er-Jahren finanzierte das Wiener Bildungsministerium jährliche Sammelausstellungen, an denen sich alle Südtiroler Künstler kostenlos beteiligen und sich so jeweils vier Wochen lang präsentieren konnten. Auch internationale Kritiker wurden dazu geladen und spesenfrei versorgt. Manch einer der Südtiroler kam so zu grenzüberschreitendem Ruf: Paul Flora etwa, Hans Ebensperger, Hans Plangger und nicht zuletzt Karl Plattner und Willy Valier.

In der Ausstellung von 1955 hing ein mittelgroßes Portraitbild der Frau von Valier, das Karl Plattner gemalt hatte. Es war ein irgendwie düsteres Bild und dabei doch leuchtend wie sonnenbestrahlt. Ich wollte es unbedingt haben, so sehr wie ich nachher kaum noch ein Bild erlangen wollte. Es sollte die auch für damalige Kaufkraft lächerliche

Summe von nur 15.000 Lire kosten. Knapp 5.000 hätte ich aufbringen können. Wochenlang bin ich wieder und wieder in die Ausstellung gegangen, obwohl es doch sinnlos war. Gern möchte ich heute noch wissen, wer das Bild gekauft hat und wo es jetzt hängt. Und absolut verblüfft war ich, als ich Katja, die ich damals noch nicht kannte, später davon erzählte. Sie hatte das Portrait auch angehimmelt, es gierig sich gewünscht, sich absolut verkneifen müssen. 15.000 Lire – soviel haben damals 130 Liter Benzin gekostet.

Im Frühjahr 1954 organisierte der alpenländische Verlegerverband die erste Österreichische Buchmesse Bozen. Zur Mitarbeit an der Ausstellung wurden Jugendliche gesucht, die sich dafür ehrenamtlich einsetzen wollten. Ich gehörte dazu, wurde auch angenommen und war dann ein paar Wochen in engem Kontakt mit den *kulturellen Honoratioren* der Stadt und denen, die aus Innsbruck, Salzburg, Wien dazu kamen. Die Messe war an sich nichts so Besonderes. Bücher eben, ausgestellte, auch immer wieder ein paar daraus lesende und sie signierende Schriftsteller, die üblichen Fragen, gängige Antworten...

Aber dann bekamen wir alle, die am Event gearbeitet hatten, vom österreichischen Kultusministerium eine Einladung: Eine Woche Wien mit ganzem Drum und Dran. Völlig kostenlos sollte es sein. Das war wohl ausschlaggebend dafür, dass ich fahren durfte. Sogar ein kleines Taschengeld bekam ich mit, weil meine Eltern sich *nichts nachsagen lassen* wollten.

Wien war ein herrliches Erlebnis für mich 16-Jährigen, der noch nirgends, gar nirgends hingekommen war. Das lag auch daran, dass wir überall hingebracht wurden, alles sehen, dicht gedrängt vieles erleben durften: Hofburg mit Empfang des Bundespräsidenten, Schönbrunn, Kapuzinergruft, im Prater das Riesenrad, die Pestsäule am Graben, Natur- und Kunsthistorisches Museum, das Donaustrandbad Gänsehäufl, Stephansdom samt Glockenturm und Karlskirche, Sachers Kaffeehaus und die soeben nach dem

Bombenkrieg wieder neu und innen mit viel Gold erbaute Oper. Abends durften wir reihum mal in ein Konzert der Symphoniker im Karyatidensaal des Musikvereins, zu Johann Straussens Wiener Blut ins Theater an der Josefstadt und natürlich auch zu den Schrammeln nach Grinzing.

Es war meine erste Begegnung mit einer großen Stadt, mit einer Kultur-Stadt, in der ein besonderer Geist zu leben schien, den ich dort an und in allen Ecken immer wieder zu verspüren meinte. Das absolute Gegenteil vom duckmäuserisch bornierten Bozen.

Die Sache mit der Akzeptanz.

1944–1956. Oft habe ich mich im Laufe der Zeit gefragt, was in meiner Persönlichkeitsentwicklung prägend war; und ob ich ein sozusagen „anderer Mensch" geworden wäre, wenn sich dies oder das anders ergeben hätte. Darüber nachdenkend, bin ich auf die Sache mit der Akzeptanz gestoßen – auf das Maß meines Wunsches, im Umfeld akzeptiert zu werden und dazuzugehören.

Heute ist mir völlig klar, dass die Sache mit der Akzeptanz zu gutem Teil mit dazu beigetragen hat, mich zu prägen. Sicher schon seit früher Zeit. Streckenweise wohl auch intensiv. Und jetzt lädt sie dazu ein, in der Erinnerung zurück zu gehen und auch diesen Faden abzuspulen.

*

Rückblickend kann ich nahezu sicher von mir sagen, dass ich von früh an ein recht eifersüchtiges Kind war. Aus Erwachsenensicht und mit einem Blick auf Siegmund Freuds *Schürfen in der Babyseele* könnten sich dazu sicher leicht Vorgegebenheiten finden, die gut in des Altmeisters Analysenkonzept zu passen scheinen:

- ➢ Ich hatte einen zwei Jahre älteren Bruder, den Heinzl, der eindeutig Mutters Liebling war, wie sie selbst oft betonte, und es in ihrem Denken bis an ihren letzten Tag auch geblieben ist.

- ➢ Kurz bevor mein Bruder 5½-jährig starb, hatte ich neu eine mir drei Jahre jüngere Schwester bekommen, die Ortrud, die als knuddeliges Baby sofort einen großen Teil des dann vom Heinzl vakant gelassenen Raumes ausfüllte, wobei ein nicht unbeachtlicher Rest immer noch fürs Gedenken an ihn reserviert blieb.

Für paido-psychologische Deuter und zur freudigen Bestätigung ihrer Theorien hätte ich also praktisch vom ersten

Wiegentag an ein klares Eifersuchtsziel gehabt, das, mir urplötzlich abhanden gekommen, nahtlos durch ein anderes und vielleicht noch stärkeres ersetzt war. Da mag ja etwas dran sein, könnte man ganz spontan so meinen.

Doch da kommt nun wiederum ein Detail dazu, das für die Psychodeuter eher nicht ins Analysemuster passen würde: vom ersten Tag meines Babydaseins an hatte ich ein mir eigenes Kinderfräulein, Anna, die über meine ganze erste Kindheit hin parteiisch überwiegend mir zugewendet war, wie mir spätere Erzählungen vielfach bestätigt haben. Mir war sie dabei eine selbstbewusste, ausfüllende Bezugsperson, die ganz einfach und wie selbstverständlich das ersetzte, was in freudianischem Sinn allgemein dem Mutter-Einsatz und der Vater-Präsenz als beinahe schon unabdingbaren Grundbedürfnissen des Kindes zugeschrieben ist.

Trotzdem: Ich war ein eifersüchtiges Kind, wobei ich natürlich nicht wissen kann, wie weit sich das der Umwelt mitgeteilt hat. Und zudem, oder etwa davon bedingt, hat es sich zweifellos auch ergeben, dass ich mich von frühem Beginn an und für lange Zeit ausdauernd stark, gelegentlich zu stark, um eine gute Akzeptanz durch meine Umwelt bemüht habe. Etliches ist dabei nicht ganz so gelaufen, wie ich mir das so vorgestellt hatte. Etwa...

Kerzen für den Adventskranz.

Vorweihnachtszeit 1944. Als sechsjähriger Erstklässler war ich unter den Jüngsten in der Volksschule in Mariae Himmelfahrt am Ritten, dem Bergplateau über Bozen, wohin wir zum Schutz vor dem Bombenkrieg evakuiert waren. In einem einzigen Klassenraum wurden zeitgleich und gemeinsam Schüler und Schülerinnen von der ersten bis zur fünften Klasse unterrichtet, was für unsere junge Lehrerin sicher nicht leicht war. Mir hat das Jahr in diesem Gemenge viel gebracht, konnte ich doch schon beim Einüben des Alphabets zugleich auch so etliches an Rechnen, Balladendichtung, Erdkunde, Geschichte und mehr sozusagen als *Beipack* aus dem Lehrstoff der höheren Klassen mitbekommen. Aber darum geht es jetzt nicht.

Im Klassenraum hatten wir in der Vorweihnachtszeit einen Adventkranz, dessen erste Kerze täglich für die Dauer eines kurzen Liedes angezündet wurde. In der darauf folgenden Woche brannte dann auch noch die zweite, wie sich das bei einem Adventskranz eben gehört. Die Kerzen aber qualmten dick-schwarzen, übel riechenden Rauch, in dem die schwach blakenden Flämmchen kaum zu sehen waren. Es war ein Leiden; wo doch ein Adventskranz frohen Sinn und freudige Erwartung bringen sollte. Aber es war Kriegszeit und, sagte die Lehrerin, duftende Bienenwachskerzen wie sie früher mal zu Friedenszeiten alle hatten, gab es einfach nicht mehr.

Wir, also meine Eltern, hatten damals noch den Großhandel für Schokolade und Kolonialwaren. Sozusagen vom Hörensagen hatte ich so etliches mitbekommen über den aktuell drückenden Mangel an vielen Gütern, die ehemals zum *anständigen Leben* ganz selbstverständlich dazu gehört hatten. Aber ich hatte keine direkte Erfahrung damit. Bei uns zuhause wurde über dies und jenes geklagt, was *wegen dem Krieg* nun so schwer zu beschaffen sei... Lederschuhe zum Beispiel, oder Salz, Muskatnüsse, Kandiszucker, Filme für den Fotoapparat und dergleichen. Aber ich konnte nie bemerken, dass bei uns etwas fehlte, was auf der täglichen Wunschliste stand.

Und so hat es sich ergeben, dass ich in den vorweihnachtlichen Tagen irgendwo in der Wohnung eine größere Schachtel mit bernsteinbraunen Christbaumkerzen aus Bienenwachs fand. Sie schienen mir dort ebenso nutzlos herum zu liegen wie etwa die niemals benutzten Stapel bunt bestickter Tischdecken. Ich dachte an den Qualm der Adventskerzen in unserem Klassenzimmer, den nicht nur ich so negativ vermerkt hatte. Ich wollte Gutes tun mit dem, wie mir schien, offensichtlich zuhause *herumliegenden* Überfluss. Da nahm ich also vier der Kerzen aus der Schachtel und brachte sie in die Schule, zum Austausch auf dem Adventskranz.

Natürlich wollte ich mich damit *beliebt* machen. Natürlich wollte ich die Lehrerin auf mich aufmerksam machen und wenigstens einmal auch die bewundernde Akzeptanz der größeren Schüler erringen. Das, sozusagen als Zusatzmotiv, war mir schon damals im Augenblick durchaus bewusst. Aber darüber stand für mich doch in erster Linie der Wunsch, mit etwas, das *sowieso da war,* aus betrüblich rußender Mangelatmosphäre weihnachtliche Freude zu zaubern.

Die Folge kam dann wie eine eiskalte Dusche. Lieb sich bedankend, sprach die Lehrerin zu meinen Eltern über die unerwartete Kerzengabe. Wohl mit säuerlich verknifffenem Lächeln wird meine Mutter, die Rica, dazu genickt haben, wie das so ihre Art war. Vom Hans, meinem Vater, wurde ich in spontaner Reaktion erst einmal mit zwei saftigen Ohrfeigen bedacht und danach, nach eingehender Belehrung, dass das mit den Kerzen ein *entehrender* Diebstahl war, mit Bedacht übers Knie gelegt. Warum ich die Kerzen genommen und zur Schule gebracht und was ich mir dabei gedacht oder vielleicht erhofft hatte, danach hat keiner gefragt. Auch wurde ich nicht darüber aufgeklärt, warum gerade das ein *entehrender* Diebstahl war, und welche Art von Diebstahl etwa *neutral* oder gar *ehrend* wäre. Ich habe mir das so zusammengereimt, dass Kerzen etwas mit der Kirche zu tun haben und folglich fast *heilig* sind. Es hing ja auch mit Weihnachten zusammen.

Jedenfalls, bis zum großen Liedersingen am letzten Schultag vor Weihnachten hat der nun nicht mehr qualmrauchig rußende Adventskranz schultäglich kurz geleuchtet. Mag sein, dass keiner besonders gemerkt hat, dass die Kerzen hell und sauber brannten. Die Episode von den neuen Kerzen war in der Schule jedenfalls schnell vergessen und ich war immer noch einer der Erstklässler, die dazu da waren, von den größeren Mitschülern herumgeschubst und für die Lehrerin nervtötend zu sein.

HJ – angestrebt und heiß erwartet.

Im Herbst 1944 war das und es ging hin bis in den Frühling 1945. Obwohl ich gerade sechs Jahre geworden war, damals im letzten Kriegsjahr, war ich doch so in etwa das, was man *ziemlich indoktriniert* nennen kann, und ein glühend begeisterter Anhänger von Führer, Reich und großdeutschem Lebens(t)raum. Das hatte so seine Vorgeschichte.

Seit Jahren schon kam regelmäßig, zweimal im Jahreslauf und jeweils für drei-vier Wochen die *Störschneiderin* Luise Dassala zu uns. Damals war es bei *besseren Leuten* so üblich, dass Näherinnen mitsamt ihren Geräten für Tage oder Wochen *auf Stör* ins Haus kamen, was gar nichts mit *stören* zu tun hatte, aber eben so hieß. Das Fräulein Luise hatte einen Rundfunkempfänger, den sie immer mitbrachte, weil wir keinen hatten. Sie war eine begeisterte Radiohörerin, zumal für klassische Musik und für jede Art politischer Sendungen aus dem Reich. Ich durfte mäuschenstill zuhören, bis sie mir anschließend dann immer alles genau erklärte. Geduldig hat sie mir so das kindliche Ohr geöffnet für Beethoven, Brahms und Wagner, aber auch für Verdi und Puccini... und den Führer.

Mit der Fanfare aus den Preludes von Liszt, die im Radio immer zum Auftakt der Siegesmeldungen von der Front kam, hat sie mir die Brücke geschlagen zwischen hehrer Kultur und dem tapferen Einsatz *unserer Besten* für das Reich. Und jede bedeutende Ansprache oder gar Rede durfte ich, still dabei sitzend, anhören, um dann Fräulein Luises begeistert belehrenden Kommentar dazu zu bekommen. Recht schnell habe ich gelernt, einzelne Stimmen sofort zu erkennen – Goebbels, Himmler, auch Göring... den Führer hörte man nie. Auch am 20. Juli 1944 war Fräulein Luise bei uns, natürlich mit eingeschaltetem Radio, und so wurde er mir fast zum Trauma-Tag, der *gerade noch um ein Haar* glimpflich und Glück verheißend ausgegangen war.

Also aber: Unsere Dorfschule am Ritten, in der ich Erstklässler war, nur einen Klassenraum, in dem gleichzeitig alle

Schüler der fünf Grundschulklassen unterrichtet wurden. So wie sich die älteren Schüler langweilten, wenn uns ABC-Schützen die Buchstaben beigebracht wurden, so war es für mich dagegen spannend, wenn Themen für die Großen dran kamen. Am meisten hat mich Erdkunde interessiert und davon hauptsächlich die Seiten im Schulatlas, die dem Leitmotiv *Großdeutschland dein Lebensraum* gewidmet waren – mit den gelb eingezeichneten Weizenfeldern bis tief in die Ukraine, den blauen Erdölfeldern am Kaspischen Meer und in Nordafrika, den braun schraffierten Gold- und Erzreserven am Ural und bis in Sibirien. Unsere junge Lehrerin, ganz frisch gebacken von einer *Napola-Schule* auf uns losgelassen, gab zündende Programmthesen dazu. Und über dem Lehrerpult, seitlich neben der Tafel, hing dominant das Foto des Führers, mit ernst aufmunterndem Blick. Am Morgen bei Schulanfang wurde es stets mit *Heil!* und dazu gestrecktem Arm begrüßt und dann mit fröhlich geschmettertem Horst-Wessel-Lied geehrt.

Dazu sind noch die Uniformen gekommen, vor allem die von meinem Vater. Er war in den letzten Kriegsjahren ein leitender Mitarbeiter des Musterungsamtes in Bozen, in dem etwa auch die Südtirol-Legion für Stalingrad rekrutiert worden war. Wie und warum der Hans in diese Rolle gekommen ist, wusste ich damals ebenso wenig, wie ich es heute weiß. Seine Uniform aber war blendend, von bestem Tuch und hervorragender Schneiderfasson. Und: Auf dem Rittner Bergplateau, unweit von unserem Kriegs-Zuhause und der Schule, war da eine Flakstation eingerichtet, deren Besatzung zwischendurch auch die Fantasie anregenden Tarnanzüge und Stahlhelme trug. Und dann noch dazu: Wenig abseits davon war ein Feldlazarett, dessen Stabsärzte auch, so wie der Hans, maßgeschneiderte Uniformen trugen, in vertrauensvollem Feldgrau und mancher sogar mit dem Eisernen Kreuz.

Das war ein Umfeld und ein Zeitmoment, die mir viel aufregender und prickelnder waren, als später jemals Karl May oder der Letzte Mohikaner.

Aber was hat denn das alles mit dem Thema zu tun?

Das Thema hier ist doch *Akzeptanz* – also, zu Anfang wenigstens, meine Suche danach von den anderen akzeptiert zu werden. Wir sind noch im Thema.

Die älteren Jungs in der fünfstufigen Einheitsklasse unserer Schule waren von uns Kleinen beneidete Mitglieder der Hitler Jugend – mit HJ-Uniform und Gürtelschnalle und Fahrtenmesser und Ritualen und abendlichen Liedern am Lagerfeuer und den Geländespielen und der richtigen Ausbildung vom Pimpf zum Jungvolk. *Neid!* Intensiv neidisch war ich auf die anderen, die schon älter waren und so das *richtige Alter* hatten. Ich konnte es kaum erwarten, auch endlich *groß genug* zu werden, um als wenigstens kleinster Pimpf aufgenommen zu werden und auch Uniformhemd, Gürtel und Fahrtenmesser tragen zu dürfen. Ich habe *alles* getan, um vor der normalen Reifezeit in der angehimmelten Gruppe angenommen zu werden.

Ich wollte dazu gehören. Ziemlich sicher hat dabei auch das *ideologische* Stimulans sein Gewicht gehabt, weshalb ich die darauf einwirkenden drei Komponenten hier auch erwähnt habe. Im Rückblick bedacht, war aber der Wunsch akzeptiert zu werden und dazuzugehören sicher der bedeutendere Antrieb. Auch eine HJ-Uniform mit Gürtelschnalle und Fahrtenmesser haben zu dürfen; auch ans Lagerfeuer dürfen und mitsingen; vielleicht dann später mal auch den Wimpel tragen dürfen, ohne dass mir das einer neidet...

Und dann war alles vorbei – plötzlich und vorzeitig für meinen Traum in die Gruppe zu dürfen.

Endspiel.

2. Mai 1945. Gestern war der Mai-Feiertag gewesen, der mir ein Frühlingstag wie viele andere war, die längst vergessen sind. Das Fräulein Luise war sicher nicht bei uns *auf Stör* und es sonst war da wohl niemand, der mich auf etwas Ungewöhnliches aufmerksam gemacht hätte. Ich wusste nicht,

was am Montag vor dem schulfreien 1. Mai in der großen Welt geschehen war. Und so gehe ich also wie gewohnt zur Schule; hebe den Arm zum *Heil-Ruf...* und erstarre...

Dort wo neben der Tafel immer des Führers Foto hing, war ein ausladender heller Fleck auf der angegrauten Wand und zentral da hinein gehängt: ein dunkles Kruzifix. Statt der uns vertrauten Lehrerin stand am Pult eine schwarz gewandete Nonne mit alten Augen und eng verkniffenem Mund, die jedem von uns Hereinkommenden mit einem spitzen *Lass das!* den uns vertrauten Hitler-Gruß erstickte.

Wir kannten die Nonne aus dem Kloster, das nicht weit hinter der Schule lag und wo wir sie und andere, über den Zaun weg, schon bei der Gartenarbeit gesehen hatten. Sie hat uns nichts erklärt, als wir alle auf unseren Schulbänken saßen. Nur ganz kurz gesagt, dass *jetzt ein neuer Wind wehe*; und auch, dass sie jetzt unsere Lehrerin sei, die *mit dem Ganzen nie nichts zu tun gehabt*, aber *in Christo es immer schon gewusst* habe; und wir sollten jetzt ein *Vaterunser* und ein *Ave Maria* gemeinsam beten und dann als Allererstes lernen, dass man *Grüßgott* zu sagen hat, wenn man irgendwo eintritt oder sonst wo zu grüßen hat, und nicht den *unsäglichen Heiden-Schrei* auszustoßen habe und dabei *mit dem Arm wedeln*. Dann bekam jeder eine Aufgabe, getrennt nach Alter und zugeordneter Schulklasse, und damit wurden wir unseren Gedanken überlassen – jeder von uns allein für sich.

Irgendwann vormittags musste ich pinkeln. Ich erinnere mich genau, dass das nicht während der Pause war, sondern dass ich dazu um Erlaubnis fragte, als alle in der Klasse saßen. Ich gehe mein Geschäft machen. Während ich in die Kloschale pinkle, fällt mein Blick auf ein zur Wand hin gedrehtes Bild vertrauter Ausmaße. Ich drehe es um. Es ist der Führer ... *hinter dem Pissbecken!*

Später wurde erzählt: Wie ein Berserker sei ich in den Klassenraum zurück gestürzt, laut schreiend und unflätige Wörter brüllend. Nicht zu beruhigen sei ich gewesen. Immer wieder hätte ich lauthals Erklärungen gefordert und dabei gar nicht dem zugehört, was man mir begütigend erläutern wollte. Ein angemessen scharfes Strafwort der lieben Nonne habe nur wie ins Feuer gegossenes Öl gewirkt und ich sei so ausgeflippt, dass ich der armen Christusbraut den jungfräulichen Schleier vom Kopf gerissen habe... An dieses letzte Detail kann ich mich noch gut erinnern, während mein vorherig letztes Gedächtnisbild der Führer auf dem Boden im Klo geblieben ist.

Für ein paar Tage bin ich der Schule verwiesen worden. Zudem bekam ich Hausarrest und durfte niemanden sehen. Von Agnes, unserer damaligen Köchin, habe ich nach und nach und so in etwa erfahren, was *im Reich* geschehen war; und dass wir jetzt nur *einen* Herrn hätten, aber endlich wieder den richtigen nämlich *unseren Herrn Jesus Christus*; und dass wir den Krieg nun doch noch gewonnen, weil wir doch Südtiroler waren und damit Italiener. Das mit dem gewonnenen Krieg habe ich damals nicht so recht verstanden, weil wir die Italiener ja schon immer gehasst hatten und jedem, der es hören wollte oder auch nicht, in endlosem Mantra vorleierten: *Mir sein koane Walschen net; mir sein Teitsche!*

Wie denn auch immer... Zurück in der Schule war das Kruzifix allemal noch da. Aber statt der Nonne stand ein älterer Herr mit Fliege und Ärmelschonern am Pult. Ich bin nicht als Held empfangen worden, sondern als einer, den zu hänseln sich so richtig lohnte – und Jungs können bei solchen Vorgaben echt gemein sein; Mädchen noch mehr. Ich habe das Ganze nicht verstanden, oder vielleicht wollte ich nicht verstehen. Anfangs habe ich noch versucht, mich zu rechtfertigen, wobei es öfter mal auch zu Prügeleien kam.

Meinem Drang nach Akzeptanz – also einfach meinem Wunsch *akzeptiert* zu sein und einer *verschworenen Gruppe* anzugehören – hat die Sache nicht gut getan. Aber die HJ gab es nun sowieso nicht mehr.

Und auch die Uniformen waren verschwunden, vor allem und mir besonders auffallend, die meines Vaters. Das Fräulein Luise kam lange Zeit nicht mehr *auf Stör*. Und nach den Sommerferien zogen wir vom Schutzberg Ritten zurück ins nun wieder sichere Bozen, wo ich in die zweite Klasse einer Schule kam, an der ich keinen der Banknachbarn von Mariae Himmelfahrt wieder gefunden habe.

Neuer Anlauf in eine Gruppe.

Herbst 1947, Frühling 1948. Jetzt war ich schon 9-jährig und in der vierten Grundschulklasse. Seit den Frühlingstagen des *Umbruchs*, wie das bei uns so genannt wurde, waren mehr als zwei Jahre vergangen und ich hatte nochmals die Schule gewechselt. Inzwischen hatte ich zur Erstkommunion dürfen und auch zur Firmung, die als ein Schritt zu meinem Erwachsenwerden in größerem Familienkreis gefeiert wurde. Der darauf vorbereitende Unterricht hatte mich dazu gebracht, dass ich auch gern einer der Ministranten am Altar werden wollte, und daraus hat sich ergeben, dass ich ersten Kontakt bekam zur Katholischen Aktion, dem kirchlichen Jugendverband, der versuchte, die nun aufgelöste HJ zu ersetzen und dabei zu vermeiden, dass die Heranwachsenden etwa zu den Pfadfindern abdrifteten, die damals in Südtirol völlig italienisch geprägt und deshalb streng zu meiden waren.

Mein früh zerplatzter Wunschtraum in die HJ aufgenommen zu werden – mit Uniformhemd, Gürtelschnalle und Fahrtenmesser – war inzwischen fast schon vernarbt. Der Wunsch jedoch, einer irgendwie bestehenden, gemeinsam aktiven Gruppe anzugehören, akzeptiert und beteiligt, war mir zumindest latent weiterhin stark geblieben. Unser Religionslehrer war es, durch den ich damals Zugang zur Katholischen Aktion, der KA, gefunden habe. Er hat mich und etliche Klassenkameraden zu einem erstem Kennenlernen eingebracht.

Geleitet wurde die Bozner KA zu der Zeit von Kaplan Walter, einem jungen, drahtig sportlichen und eindeutig für die Jugendarbeit motivierten Nachwuchspriester. Die Basis für die Gruppenbildung und des Gemeinschaftsgefühls waren die *Heimabende* – für die Jüngeren immer donnerstags am späten Nachmittag. An den Wochenenden gab es, gemeinsam für alle, fußnahe *Fahrten* in die nähere Umgebung, auch gelegentlich mit Lagerfeuern. Jeder, der als sozusagen Vollmitglied in die Gruppe aufgenommen wurde, was nach einer Probezeit und in feierlicher Zeremonie erfolgte, bekam eine Anstecknadel in Form des Christuszeichens PX. Für Mädchen gab es keinen Zugang. Eine weibliche Gruppe war in Südtirols KA nicht vorgesehen.

Im Frühherbst 1947 durfte ich erstmals zu einem Heimabend. Aus meiner Schulklasse waren noch drei Freunde dabei und dazu gab es noch etwa ein halbes Dutzend Neulinge aus anderen Klassen oder Schulen. Es wurde eine begeisternde Zeit, in der wir natürlich recht intensiv indoktriniert wurden, was wir aber wieder einmal gar nicht als absonderlich bemerkten. Wichtig war uns, in einer Gruppe zu sein; zusammen Dia-Vorträge und Dokumentarfilme zu sehen; Geländespiele oder Völkerball zu spielen; singend mit Wimpeln unterwegs zu sein; an Lagerfeuern aus Feldflaschen zu trinken; in verwegenen Zukunftsträumen uns gegenseitig wetteifernd zu übertrumpfen...

Für uns Neulinge – die *Adepten* im erprobenden Wartestand – zählte aber vorrangig nur ein Ziel: die feierliche Aufnahme in die Gruppe. Ein bestimmter Zeitpunkt war dafür nicht vorgegeben. Wir hatten zu lernen; wussten, dass wir geheime Verhaltens- und Leistungspunkte in ein Heft geschrieben bekamen; versuchten bemüht, *wertvoll* zu sein, wie uns das erklärt und von uns erwartet wurde. Akribisch, sicher auch eifersüchtig auf einander, haben wir versucht, alle möglichen Zeichen zu deuten. Es war so wie bei den immer wieder anstehenden Schulprüfungen, aber gesteigert, um vieles intensiver und so, als ob *Lebenswichtiges* angestanden hätte. Es wurde Weihnachten und Januar...

Für den letzten Samstag im Januar war ein Faschingsfest angesagt und dabei, so ging das Gerücht, sollte vom Kaplan Walter auch bekannt geben werden, wann und wo die große Jahresfeier mit auch der Aufnahmezeremonie sein würde, auf die wir *Adepten* so angespannt warteten. Es ist an dem

Tag kein fröhliches Fest geworden. Von einer hereinplatzenden Nachricht wurden wir geschockt und waren voll verstört: *Mahatma Gandhi* war gestern ermordet worden – am Freitag, dem 30. Januar 1948.

Aus war das Fest. Jetzt haben wir Botschaften diskutiert, die aus dem Radio kamen; disputiert über Aufrufe, die in die Zeitung kommen sollten; Texte für Flugblätter auf Wachsmatrizen geschrieben, auf dem Trommeldrucker vervielfältigt und sie an Passanten, in Briefkästen und auf die Windschutzscheiben der Autos verteilt. Das so stark ersehnte Datum der Aufnahmefeier war im Augenblick uns allen nur noch zweitrangig. Trotzdem haben wir es erfahren, um uns darauf vorzubereiten. Zum Josephi-Tag war die Jahresfeier angesetzt, im Burgfried von Schloss Rafenstein.

Der gewählte Tag hatte seine vorbedachte Bedeutung: 19. März, Sankt Josephi, der Patronatstag von Jesu Ziehvater Josef, dem Schirmheiligen der demütig Arbeitsamen. Es ist ein der katholischen Kirche besonders wichtiger Gedenktag im Jahreszyklus und war in Italien damals noch ein offizieller Staatsfeiertag – ein Märzentag im neuen Frühling mit, wie wir wohl hofften, schon bunt sprießendem Krokus und beginnender Baumblüte. So richtig ein Tag *für die Jugend* ...

Die Burgruine Rafenstein versprach, eine eindrucksvolle Schaubühne zu sein. Von ihrem Hügel über den Weinbergen hat man einen weiten Blick über ganz Bozen und hin bis zum Zusammenfluss von Eisack, Talfer und der Etsch. Rittersagen von ehernem Trutz und alter Treue nisten in den Mauerresten. Scharten und Nischen laden dazu ein, Fackeln zu entzünden und Schattenspiele zu zaubern. Und auch die kleinste Rufstimme hallt dort im Burgfried mit lautstarkem Echo.

Ich weiß nicht, ob alle von uns auf *den* Tag so sehr hingeeifert haben wie ich. Für mich war es ein täglich näher rückendes Ziel, das jetzt greifbar wurde. Feierstunde, die Anstecknadel, aufgenommen zu sein in die Gruppe, dazu gehören!

In Hundertschaften kamen Jugendliche nach Rafenstein, aus Bozen und dem ganzen Überetsch. Flaggen und Wimpel leuchteten in der Menge. Blumengeschmückter Altar für die Feldmesse; Rednerpult; Tribüne für eine Musikkapelle und den Jugendchor; klerikale Prominenz – und umtriebig dazwischen die *geistlichen Führer*, mit unserem Kaplan Walter in stetiger Aktion. Nach Gottesdienst und Fahnenweihe und Lobesreden mit Ehrennadeln für viele, die sich im Jahreslauf verdient gemacht hatten, ist es dann endlich zur ersehnten Zeremonie der Neuaufnahmen gekommen.

Zu wenigstens drei Dutzend standen wir Adepten aufgereiht, wir vier aus *meiner* Schulklasse eng beisammen. Wir wussten, dass nicht jeder der Angetretenen sicher auch aufgerufen würde; aber eigentlich rechnete keiner damit, dass der eine oder andere etwa nicht aufgenommen würde, und schon gar nicht einer von *unserer* Gruppe.

Wie wir da aufgestellt waren, musste ich mich nun besonders in Geduld üben, weil nach Alphabet aufgerufen wurde und ich mit meinem Z hatte viele vor mir. Dann nun endlich: *Wenter* wurde aufgerufen... und *jetzt!*... *Zelger* als nächster. Ich – *Zagler* – war übersprungen. Ich durfte nicht vortreten und *meine* Nadel bekommen. Ich musste beschämt in der Reihe das Grinsen der anderen ertragen, zusammen mit nur ganz wenigen, die auch übergangen waren – so wie der *Luis Vonmetz* aus meiner Schulklasse.

Empört, sicher mit Tränen kämpfend oder vielleicht auch gar heulend, suchte ich dann zum Kaplan Walter vorzudringen; zu fragen, ob da nicht doch ein Missverständnis; zu erfragen und erfahren wenigstens, *warum denn nicht?* Zu unreif sei ich noch, bekam ich zu hören; dass ich mich jetzt *so aufrege*, sei doch gerade ein typischer Beweis dafür; und ermahnend wurde mir nahe gelegt, doch noch an mir zu arbeiten, wozu ein weiteres Adepten-Jahr in der Gruppe sicher gut tue.

Aus, vorbei. Nie mehr bin ich zu einem der Heimabende gegangen oder zu sonst einer Veranstaltung der KA. Ich hätte es nicht ertragen, dort ein Abgelehnter im Wartestand zu sein – so wie etwa ein *Sitzengebliebener* in der Schule, dem die Klassenkameraden davon gezogen und der selber bei den jünger Nachkommenden zu verbleiben hat.

Den Kaplan Walter habe ich später immer mal wieder gesehen, weil Bozen ein kleines Nest ist. Doch erst vier Jahre später, 1952, habe ich erstmals wieder mit ihm gesprochen. Nun auf Augenhöhe. Aber das ist ein anderes Kapitel – das übernächste, vielleicht.

Sommersport und... erstmals dazu gehören.

Sommerzeiten, 1950-54.

Bozen hatte *immer schon* ein weitläufiges und technisch bestens ausgestattetes Freibad mit 50m-Olympia-Becken, einem der ganz wenigen dieser Art, die es damals in Italien gab, und mit einem für Wettkämpfe geeichten Sprungturm. Die Anlage, der Lido, war nach der Berliner Olympiade von 1936 gebaut worden, bei der der Bozner Karl Dibiasi im Wasserspringen von der 10-Meter-Plattform reüssiert hatte, was für die Stadt ein geradezu geschichtsträchtiges Ereignis gewesen war.

Für viele, die den schwülheißen Sommer in Bozen verbringen mussten, war der Lido ein erlechzter Zufluchtsort; zumal für die Schuljugend, die, wie in Italien immer noch üblich, von Mitte Juni bis Mitte September Ferien hatte. Attraktiv daran war natürlich auch, dass im aus der Idee der Olympiade entstandenen Schwimmbad immer noch Sport, auch echter Leistungssport im Konzept dazu gehörte.

Zwei Sportvereine gab es am Lido, die überwiegend nach *Sprachzugehörigkeit* gruppiert waren und damit in einem schon fast scharfem ethnisch-ideologischem Kontrast zueinander standen, wie das damals und für noch lange in allen Bozner Bereichen der Fall war. Einer der beiden war der Südtiroler Sportverein, SSV, der nur deutschsprachige Mitglieder zuließ und dem etliche meiner Schulkameraden angehörten. Der andere war der Bolzano Nuoto, der, wie schon vom Namen angedeutet, überwiegend Mitglieder der italienischen Ethnie hatte, wobei jedoch Ausnahmen dort durchaus möglich und akzeptiert waren.

Dass und wie ich ausgerechnet zum mehrheitlich italienisch orientierten Bolzano Nuoto gekommen bin, ist eine Geschichte für sich. Mit Geld hängt sie zusammen und dazu wird es wohl noch ein eigenes Kapitel in dieser Sammlung von Erinnerungstropfen geben. Jetzt jedenfalls war ich im Bolzano Nuoto. Man hatte mich angenommen. Mitglied war ich. Dazu gehörend.

Bolzano Nuoto war weitaus nicht so begütert wie der SSV. Wir hatten keine reich ausgestatteten Umkleide- und Relaxkabinen mit nur uns vorbehaltenen Duschen und so. Zusehen mussten wir, wie wir mit geringen Mitteln auskommen und dabei Gleiches und mehr erzielen konnten als *die anderen*. Unser Sport war dabei an sich privilegiert, weil doch Schwimmen auch ein *armer Sport* sein kann, der keine teuren Geräte und keine Hallen braucht. Und wir waren selbstbewusst bis zum Geht-nicht-mehr. Wir hatten die besseren Trainer, davon waren wir überzeugt, und unser Pokalschrank war dichter gefüllt, unser Medaillenspiegel der bessere. Und dazu noch: Der legendäre Karl Dibiasi, der Held von Berlin 1936, war im Vorstand *unseres* Vereins und Trainer *unserer* Turmspringer. Natürlich wurden wir angefeindet. Wir haben auch zurück gegeben – und nicht zu knapp.

Wir waren eine verschworene Gemeinschaft, die vom Bolzano Nuoto. Zumal wir jüngeren, die 11- bis 14-Jährigen, schlossen uns eng zusammen und etliche von uns verbrachten auch die ganzen Tage gemeinsam im Freibad, nicht nur die offiziellen Trainingszeiten früh morgens und am Abend vor Sonnenuntergang. Gut ein Dutzend, zahlenmäßig recht ausgewogen zwischen Jungs und Mädchen, waren wir in dieser Gruppe, die für uns zu einem Kernverbund im Verein wurde. Obwohl einzelkämpfende Gegner im Wettbewerb, standen wir unverbrüchlich zueinander. Wir haben uns gegenseitig mehr aufgebaut als die Trainer das konnten. Gegenseitig haben wir unsere Ausdauer gesteigert, wenn es um den *öden* Teil des Trainings ging: das oft endlose Abspulen der Beckenbahnen – mit dem Schwimmbrett vor den Armen, um nur die Beinarbeit zu fördern, oder im freien Durchziehen Bahn um Bahn. Schwimmen ist an sich ein *langweiliger* Sport, wenn in so einer Trainingseinheit 20, 50, 60 Bahnen mit nur gelegentlichem Zuruf und ohne Unterbrechung abzuleisten sind.

Zum Turmspringen wurde ich getestet, wie auch alle anderen Neulinge im Verein, weil diese Disziplin mit Karl Dibiasi ja den Anstoß zum Bau des Lido gegeben hatte. Es war ein Debakel. Nichts war bei mir vom nötigen Talent zur Körperbeherrschung in koordinierten Bewegungsabläufen zu entdecken. Brustschwimmen wurde mir nach etlichen Tests als Spezialdisziplin nahe gelegt und darauf habe ich mich dann konzentriert.

Es hat praktisch keinerlei Spannungen, Eifersüchteleien, Machtkämpfe in unserer Gruppe gegeben. Einige von uns mussten mit *beengten Verhältnissen* zurechtkommen, wobei es keinen Unterschied machte, ob nun ihre Familien sparsamst sein *mussten* oder es nur einfach *wollten*, wie das eindeutig bei mir der Fall war. Wir, die betroffen waren, haben gelernt, damit umzugehen; zumal auch dank dem normal spontanen Solidarpakt in unserer ganzen Gruppe.

Auch um eine ausreichende, dem Leistungsbedarf angemessene Ernährung ist es dabei gegangen. Das war für uns nicht etwa ein Thema am Rande, sondern echt wichtig. Etliche von uns waren immer hungrig und hatten nie genug dabei; schon gar nicht Geld etwa, für die gierig bestaunten Riesenportionen Pasta am Kiosk. Wir wussten damals noch nichts von Sponsoren und vom Verein waren keine alimentierenden Zuschüsse zu bekommen. In einem Selbsthilfeprogramm hat ein Teil von unserer Gruppe das Problem dann gelöst – auf eine Art, die keineswegs allgemeine Zustimmung oder gar Lob der Schwimmbadbesucher fand, die aber für uns durchaus effizient war, nämlich: wir haben uns Essenszeug reihum besorgt, wo wir davon finden konnten.

Es gab auch kaum geschlechtsbedingte Spannungen in der Gruppe, obzwar wir alle in der Zeit unseres Frühlingserwachens waren. Dabei hat es zwischen einzelnen Jungs und Mädchen durchaus Zweier-Präferenzen gegeben, die sich im monatelangen Zusammensein entwickelt haben und von allen respektiert wurden. Eine der besonders intensiven war 1952-53 meine Verbundenheit mit Christa, der Tochter *unseres* Karl Dibiasi und Schwester des damaligen Kleinkindes Klaus, der später der große Olympiasieger und vielfache Weltmeister der Wasserspringer werden sollte.

Aber die Gruppenfreude hat jeweils nur den Sommer über angedauert. Dazwischen lagen dann die Schuljahre. Es gab kein Hallenbad damals in Bozen. Zu Ende der Ferien, wenn Mitte September im Lido die Becken geleert wurden, hat es uns vom *Bolzano Nuoto* wieder verstreut in unsere jeweils deutschen oder italienischen Schulen und in die damals noch überwiegend nach Geschlechtern getrennten Klassen. In *meinem* Gymnasium, dem der Franziskaner, konnte kein *italienischer* Junge Aufnahme finden und ein Mädchen gar... ganz undenkbar wäre das gewesen.

Meine Schulkameraden am Gymnasium waren alle im SSV, wenn überhaupt in einem Sportverein. Den Sommer über waren wir somit in konkurrierenden Gruppierungen mit spannungsgeladener Antagonie, zumal wenn es auf die Wettkämpfe zuging. Jetzt saßen wir wieder Bank an Bank, aber uns dabei doch immer voll der sommerlichen Trennung bewusst. Abstand von einander und Ausgrenzung konnten nicht auf sich warten lassen, mussten sich auch hochschaukeln in der damals ethnisch so aufgeheizten Südtiroler Stimmung.

Und damit ist das Thema wieder da: das mit der Akzeptanz. Den Sommer über war ich von einer Gruppe akzeptiert und in sie integriert, die mir viel bedeutete, obzwar ich nicht darum gebuhlt hatte, aufgenommen zu werden, sondern sie anfangs geradezu missbraucht hatte, als Mittel zum Zweck, um kostenlosen Zugang zum Lido zu bekom-men.

Die sommerliche Zugehörigkeit zu *falschen* Verein hat ihren Tribut gefordert. Das Schuljahr über war ich nun ausgegrenzt von den SSV Sportlern unserer Lehranstalt, in der sie, neben den *Intellektuellen* und oft auch mehr noch als diese, den Ton angaben. Der latente Verdacht, den *Walschen* hin zu neigen, war ein Funkenherd von Misstrauen, der mir stetig vor sich hin schwelte. Den Beweggrund, weshalb ich nicht doch zum SSV gekommen war, konnte und wollte ich nicht lauthals bekannt geben. Und so war ich wiederum auf der Suche danach, irgendwo akzeptiert zu werden und dazu zu gehören... wenigstens bis Ende Mai, wenn dann wieder zum Schwimmtraining gerufen wurde.

Die Frage an sich, warum mir in meinen frühen Zeiten so sehr daran gelegen hat, in einer geordneten Gruppe *mit dabei* zu sein, habe ich damals nie besonders verfolgt. Es war einfach so, ohne großes Grübeln. Reichlich später dann hat die nicht gedachte Frage sich einigermaßen beantwortet. Bis dahin aber hat sich anderes begeben.

Gruppe, Verein ... oder?

Am Franziskaner-Gymnasium, der *Anstalt,* der ich von der Aufnahmeprüfung 1949 bis zum Abitur acht Jahre später als durchschnittlich erfolgreicher Schüler angehörte, gab es eine ziemlich starke Fraktion von Mitgliedern der Katholischen Aktion, also des Vereins meines keineswegs vergessenen Aufnahmedebakels von der Burg Rafenstein. Mich da doch wieder anzuschließen, kam mir keinesfalls in Frage.

Aber es gab da auch den Ableger eines weiteren Vereins mit viel Tradition, der sich durchaus als eine Konkurrenz zur KA verstand, und das gleichermaßen in der *ideologischen* Ausrichtung wie auch im *praktischen* Aktionsprogramm: die Marianische Jugend-Kongregation, kurz MJK. Es hat da also sozusagen den Wettstreit gegeben zwischen Christus und Maria oder anders herum, je nach Sichtweise. Die beiden Seiten kämpften im Grunde mit denselben Waffen.

Die MJK am Gymnasium wurde von Pater Robert Fingerle geführt, der durchaus kein spirituell abgehobener Typ war. Groß gewachsen, drahtig, mit grau meliertem Bürstenhaar und ohne die mönchische Tonsur schien er viel weniger ein Klostermensch als der Naturbursche, der er im Grunde auch war. Er war bekannt für seine gewagten Klettertouren in den Dolomiten. Die Dia-Vorträge mit seinen Pflanzen- und Blumenfotos in Nahaufnahme waren Offenbarungen erstrangiger Intensität. Er konnte spannende Geschichten aus den Bergen erzählen, die denen des Luis Trenker in nichts nachstanden.

Bei allen Neulingen im Gymnasium, die ihm für seine Jugendgruppe geeignet schienen, hat Pater Robert zum Beitritt in die MJK geworben. Über einen guten Teil des ersten Gymnasialjahres hin, 1949-50, habe ich mich den Einladungen verweigert. Ich hatte noch ausreichend an der *Zurückstellung* von Rafenstein zu kauen und keinen Bock auf noch ein *Noviziat*. Zudem war ich alles andere denn ein Marien-Fan. Schon damals hatte ich angefangen, genervt auf den katholischen *Vielgötterhimmel* zu schauen, der in so eindeutigem Gegensatz zum biblisch verkündeten *Monotheismus* stand. Das zudem gerade zu *der* Zeit in der Luft schwebende und so vieldiskutierte Dogma der Himmelfahrt Marias, in ihrer Ganzheit von Seele und Körper, samt der für ewiglich unbestreitbar zu geltenden unversehrten Jungfräulichkeit, war mir da noch zusätzlich ein echter Grund, mich einem Beitritt zur MJK sehr zu verweigern... auch wenn ich damit meinen immer noch dringlichen Wunsch, doch irgendwo *dazu zu gehören*, zurückdrängen und abwürgen musste.

Aber irgendwann im Frühling habe ich den mir selbst gebauten Zaun übersprungen. Anlass dazu war eine Reihe abendlicher Veranstaltungen im Mai, dem Marienmonat, die versprachen, gesellig zu werden. So bin ich ein paarmal zu den Vereinsabenden hingegangen. Kameradschaftlich war es dort, locker und fröhlich. Aber: Gelegentlich mal *hinein zu schnuppern*, das war eines; noch einmal jedoch eine Warteschleife zur Bewährung abzudienen, kam mir dagegen nicht in Frage. Das habe ich dann auch klar gesagt und Pater Robert hat es akzeptiert. Ein ausführliches Gespräch hat er vorgeschlagen, das wir dann auch bald hatten. Es wurde das erste von vielen im Laufe der folgenden Jahre.

So bin ich also Mitglied in der MJK geworden. Es war damals und ist heute noch eine sehr klerikal katholisch ausgerichtete Vereinigung, deren Credo und Verhaltensregeln schon recht nahe an mystizistischer Überspanntheit liegen. Aber Pater Robert hat das nicht so eng gesehen und die von ihm geleitete Gruppe hat auch nicht mehr gebetet oder etwa kultgerecht meditiert, als bei allen kirchlich gesponserten Jugendgruppen unbedingt nötig.

Während des Schuljahres haben wir uns zu wöchentlichen Heimabenden getroffen, auch immer donnerstags, wie ehemals in der KA. Es waren Diskussionsabende, vor allem. Für jede Woche wurde einer von uns bestimmt, ein Thema seiner Wahl darzulegen, über das dann debattiert wurde. Auch *abseitige* Meinungen wurden dabei durchaus zugelassen, respektiert und, wenn nicht hinreichend argumentiert, hemmungslos zerfetzt. Selbst Pater Robert, der ein ausgebuffter Moderator war, hat gelegentlich und auch bei verfänglichen Themen Thesen oder auch sehr persönliche Meinungen dazu in den Raum gestellt, die mit rein *franziskanischer* oder gar *marianischer* Orthodoxie so gut wie gar nichts zu tun hatten.

Wir hatten dabei nicht die Möglichkeit, unseren Standpunkt lange vorab zu bedenken und uns darauf akribisch vorzubereiten. Wer jeweils an der Reihe war, das Thema der Woche zu setzen, durfte es nicht vorab bekannt geben, sondern erst am Abend selbst. Die Gruppe musste improvisieren. Das war ein gutes Training, schnell zu denken, rasch Passendes aus den Erinnerungsschubladen zu holen, Rede und Gegenrede sachlich zu führen und vor allem auch, gegensätzliche Meinungen zu bedenken und zu versuchen, sie als solche wenigstens zu respektieren.

Jeweils im Frühling und im Herbst, also vor und kurz nach den Sommerferien, organisierte Pater Robert Wanderungen in den Bergen, auch ein- oder zweimal im Jahr mehrtägige mit Übernachtungen in Berghütten. Für jede dieser Wanderungen gab er ein Thema vor: *Baumblüte und Obstzucht*, zum Beispiel; oder *Blüten und Gräser auf den Hochalmen* oder *Geltscher kennen lernen* oder auch gaumenfreudiges *Brot und Speck der Bergbauern* und so. Das war schon an sich attraktiv. Als der begeisterte Fotograf mit einem ganz besonderen Blick für die Details von Pflanzen, Blüten und auch Insekten, der er war, hat er mir zudem das Auge geschult und mich zum Fotografieren geführt, das mir dann später im Ansatz mehr als nur ein Hobby wurde. Damals habe ich den ersten Fotoapparat gekauft, eine einfache Comet-Kleinbildcamera mit der ich bald lernte, ziemlich gute S/w-Bilder zu machen. Farbfilm war vom Geld her nicht drin.

Da war ich nun also auch während des Schuljahres Mitglied in einer Gruppe, der MJK, so wie ich es sommers im *Bolzano Nuoto* war. Akzeptiert.

Nach gar nicht langer Zeit, ganz am Anfang des dritten Jahres bei der MJK, wurde ich zum Kassenwart berufen. Ich hatte nicht kandidiert und war im Moment so verblüfft, dass ich auf Irrtum plädierte. Aber es war ernst gemeint und wurde bestätigt. Das brachte mir gern übernommene Verantwortungen: Die Kosten von Vorhaben berechnen; Beiträge einsammeln und die Gelder verwalten, die für die Wanderungen benötigt wurden, weil dabei nicht jeder für sich aufkommen sollte, sondern alles aus *einem* Topf bezahlt wurde; dazu auch die zwar geringen aber doch konstanten Bedürfnisse unserer Heimabende aus der Vereinskasse betreuen und was an Finanziellem sonst noch anfiel.

Schnell hat es sich dabei auch ergeben, dass ich mit dem Konzept des *Sponsorings* vertraut wurde – wobei es damals natürlich nicht Sponsoren hieß, sondern Mäzene. Das fing so an: Wir von der MJK des Franziskaner-Gymnasiums hatten keine Vereinsflagge, mit der wir uns bei festlichen Anlässen wie zum Beispiel der Fronleichnamsprozession zeigen konnten. *Alle* anderen hatten eine; die von der KA sogar drei oder vier. Es wurde also beschlossen, uns auch eine Flagge zu besorgen: in unseren hellblau-weißen Farben, reich bestickt wie die anderen oder eher noch mehr, mit messingbeschlagener Tragestange und ledernem Trägergurt. Ein echt teueres Projekt für leere Jugendkasse. Vollmundig und ahnungslos habe ich Kassenwart schnell von mir gegeben, dass sich das schon machen lasse. Wir hatten nicht die geringste Ahnung, was so ein Ding kosten würde, und bald stellte sich heraus, dass es viel mehr war, als wir Jungs und auch Pater Robert gedacht hatten. Ich begann die Jagd auf Sponsoren und etliche der Gruppe haben mir dabei sehr geholfen. Trotzdem: Es brauchte fast zwei Jahre, bis die Flagge finanziert, genäht und bestickt war. Dann aber war es eine richtige Fahne geworden, von der Art, wie sie sich bei den Südtiroler Brauchtumsfesten gegenseitig Konkurrenz machen und zumal von den Touristen gern bewundert werden.

Die Südtiroler MJK war in relativ autonomen Gruppen organisiert, von denen jede eine selbstverantwortliche Leitungsgruppe hatte, die aus dem *Präfekten* bestand, der von *Ganz Oben* hierarchisch eingesetzt war, und einer Dreiergruppe als gewähltem Beirat, also dem *Praeses,* der so etwas wie ein Fraktionsvorsitzender war, und dem zwei Vize zur Seite gestellt waren, die *Praesides Vicarii*. Pater Robert war der Präfekt, vom Zentralkomitee der MJK bestallt und überhaupt außer Diskussion. Der Beirat wurde für je ein Biennium gewählt.

Im Herbst 1953 stand wieder eine Wahl an. Da war ich gerade 15 geworden und seit drei Jahren in der Gruppe. Marian Cescutti wurde zum neuen *Praeses* gewählt, was durchaus vorhersehbar gewesen und für alle überzeugend war. Keineswegs von mir erwartet und auch nur kaum erhofft war aber: ich, jünger als viele andere und in meiner allbekannten Denkart gar nicht *marianisiert*, wurde mit eindeutiger Mehrheit zu einem der Vize in die Führung gewählt, *Praeses Vicarius.* Der andere wurde Oswald Hager, mein Freund seit der Grundschule und am 5. Juli 1938 geboren, gerade einen Tag nach mir.

Akzeptiert! Ich war akzeptiert... ich gehörte dazu... und jeder konnte es sehen. Bei festlichen Anlässen am Gymnasium und außerhalb durften Marian Cescutti, Oswald und ich das MJK-Zeichen am roten Band zu tragen anstatt am hellblauen aller anderen.

Mit Marian und Oswald, unter aufmerksamer Regie von Pater Robert, haben wir in den dann folgenden zwei Jahren gute Teamarbeit gemacht. Und es ist uns vielleicht auch gelungen, etwas vom Geist des Widerstands gegen an sich Vorgegebenes zu fördern, der nicht im Geist von Marias Unterwürfigkeit zu finden war, sondern in dem der *Freiheit*, der wir versuchten nachzuspüren. Obwohl wir *nach außen hin* einem anscheinenden Traditionsverein angehörten, der gerade auch wegen des neuen Mariendogmas hier und dort als besonders schwarz galt, waren wir doch überwiegend eine Gruppe von Rebellen mit ausgeprägtem Ausbruchswillen aus dem Festgekleisterten unserer Jugendzeit. Was viel später die 1968er sich ausgewalzt und ausgelebt haben, war von uns zu guten Stücken schon vorweggenommen. Gut ein Dutzend Jahre vorher. Expressionismus war unser Leitmotiv, Sartre und Camus unsere Geisteshelden.

1955 hat es dann aber relativ unversehens und unvorhergesehen einen eigenartigen, gar nicht zeitgemäßen und dabei doch dem damaligen Zeitgeist der ersten, satt gegessenen Nachkriegskonsolidierung entsprechenden Umschwung in unser Gymnasium gegeben. Nach Putsch und Führungswechsel in der Hierarchie der Klosterschule ist es zu reaktionärer Rückwärtswende gekommen.

Der beachtliche und auch wohl beachtete Freigeist, der dieser traditionsreichen Institution zu Eigen war, wurde fast ohne Vorwarnung unversehens und radikal zerstört. Pater Albert Lageder wurde neuer Rektor des Gymnasiums und von da an hatte sein borniert selbstgefälliges Frömmeltum dort *das Sagen*, wo vordem humanistisch geformte, libertär orientierte und der *humanitas* mit allen ihren Facetten zugeordnete Denker und Ausbilder tonangebend gewesen waren und bis dahin Grundhaltung und Atmosphäre der Anstalt bestimmt hatten: Pater Justus Kalkschmidt allen voran, der langjährige und schon zu Lebenszeiten nahezu legen-däre Rektor, aber mit ihm auch Pater Franz Pobitzer, Pater Adalbert Staffler, Pater Konrad, der Chorleiter, Pater Robert, Pater Hubert, der uns beizubringen suchte, dass Kunst Leben ist und als solches eine interessante Geschichte hat... sie und so viele andere mehr. Von den Mitgliedern in der MJK wurde von nun an *geistige Korrektheit* gefordert, was auf das duckmäuserische Kopieren von Marias unterwürfiger Magdausrichtung hinzielte.

Neuwahlen zum Präsidium waren knapp später fällig. Da stand ich schon im Fadenkreuz einer *ethischen* Beurteilung. Natürlich habe ich nicht mehr kandidiert, sondern demonstrativ meinen MJK-Austritt angesagt – mit einer kleinen Ansprache, die in ihrem etwa halbstündigen Inhalt ein paar nette Wellen schlug.

Ich war in der ganzen Zeit nie *marianisch* gewesen und auch nur sehr bedingt *katholisch*. Was mir zählte war, akzeptiert zu sein. Das war ich auch. Aber akzeptiert wollte ich in einem Umfeld sein, das positiv zu freiem Denken, Argumentieren und Entscheiden stand. Und gerade das hatte ich hier gefunden, wenn auch wider alle Erwartung und entgegen dem, als das es auf den ersten Blick so scheinen mochte. Der Lageder-Putsch hat es zerstört, wie so manch anderes zugleich auch.

Wie der Ochs vorm Berg.

Auf zwei Jahre vor dem Umsturz fällt die Geschichte, die mir jetzt einfällt – zum Thema Akzeptanz auch sie.

Die erste Klasse Lyzeum hatte für uns begonnen, das Äquivalent zur deutschen Untertertia, und mit dem nun erweiterten Lehrplan standen etliche neue Lehrer uns jetzt gegenüber. Einer davon war Pater Bonosius Sutor, der sich als für Mathematik Zuständiger präsentierte.

Eine imposante Erscheinung stand da vor uns durchschnittlich 14-Jährigen: Fast zwei Meter groß, wohlbeleibt ohne dabei dick zu wirken, ein schneeweißer, dichter Haarschopf über einer hohen Stirn und eisblauen Augen. Das mit den Haaren hat uns als erstes verwundert, weil er darin keine Tonsur geschoren hatte, die bei fast allen anderen Patres des Klosters obligatorisch war. Das zweite und uns viel nachhaltiger Verblüffende war aber seine Sprache. Er sprach *Hochdeutsch*, also ein Idiom, das für uns genau so fremd war wie Kokosnüsse oder ägyptische Pyramiden. Wir hatten echt Probleme, ihn manchmal zu verstehen; zumal wenn er Wörter und Wendungen gebrauchte, die wir noch nie gehört hatten. Dass er es mit unserer dialektalen Sprache noch viel schwerer hatte, kam uns damals überhaupt nicht in den Sinn.

Pater Bonosius war nicht freiwillig zu uns gekommen und ursprünglich auch nicht besonders gern, wie sich bald herumsprach.

Er war in Hamburg geboren, hatte am Seminar in Paderborn studiert und dort auch promoviert, war später dann ein Jahrzehnt lang im Busch von Australien, wo er auch Aborigines betreute und wohl auch katechisierte. Dabei – das erfuhr ich erst später – kam es wohl irgendwie zu einen *Zusammenstoß*, bei dem ihm die Schädeldecke zertrümmert wurde und er dann längere Zeit im Koma lag, nach etlichen Operationen eine silberne Platte unter dem Haarskalp eingesetzt bekam und von seinem Abt *der guten Luft wegen* zur völligen Rekonvaleszenz nach Südtirol geschickt wurde, wo er im Bozner Schwesterkloster leben und an dessen Gymnasium unterrichten sollte. Mathematik, für uns.

Da stand Pater Bonosius also vor uns rustikaler Horde an der Tafel, füllte sie mit zeilenlangen algebraische Zeichen, die für uns wie Bücher mit sieben Siegeln waren, bellte dazu konzise Erklärungen in, wenn so schnell gesprochen, uns kaum verständlichem Goethe-Deutsch mit hanseatischem

Einschlag... und wir saßen glotzäugig da wie der sprichwörtliche Ochs vorm Berg.

Pater Bonosius muss gemerkt haben, dass er nicht an uns heran kam. Vielleicht hat er sich deshalb einfach ins *Pauken* geflüchtet. Jedenfalls, schnell fing es an, dass er von uns nur noch eines verlangte: Auswendig lernen. Dabei konzentrierte er sich wohl besonders auf die mathematischen Lehrsätze. Die Sätze von Thales und Pythagoras, der Höhen- und Kathetensatz, der Goldene Schnitt und was es noch so alles davon gibt, wurden zu unserem Albtraum der Mathematik, den Pater Bonosius regelmäßig noch zu steigern wusste. Das lief unbeirrbar nach stets gleichem Muster ab.

Das archimedische Axiom war zum Beispiel dran gewesen. Die darauf folgende Mathematikstunde. Bonosius zeigt mit seiner Kreide unversehens auf einen von uns, die wir da so vor uns hindösen, und: *Sie dort, wie lautet der Satz?* Der so Überrumpelte springt pflichtgemäß auf, und stottert irgendwie: *Der äh... der Satz ääh... also ja...* und weiß nicht weiter.

Welchen Satz Bonosius denn jetzt wohl gemeint hat, fragt sich verzweifelt der Verdatterte, wo er der Klasse doch so viele schon vorgekaut hat, und dann ganz schlotternd: *We... welch... welcher Satz denn?* Worauf Bonosius, in stereotyper Replik: *Der vom letzten Mal natürlich. Gehen Sie bis zu Ende meiner Stunde auf den Gang hinaus und versuchen Sie, nachzudenken.*

Wahrscheinlich hatte Pater Bonosius mich nicht mehr auf dem Kieker als andere auch. Mir kam das aber nicht so vor. Da hatte ich eher den Eindruck, dass sein Kreidestück besonders oft auf mich zeigte. Und nie, wirklich *nie* konnte *ich* erraten, welchen der verdammten Lehrsätze ich nun vorsagen sollte. Anfangs habe ich noch versucht, alle gut auswendig zu lernen. Es hat nichts genützt. Mir wollte einfach nie in den Sinn kommen, *welchen* Satz er gerade jetzt hören wollte. Da hat es gar nichts genützt, ob ich nun das zehnte oder das zwölfte Mal meine Mathestunde auf dem

Gang vertrödelte, mit ständigem Bibbern, dort vielleicht auch noch vom Rektor gesehen zu werden, was wohl zu einem *Blauen Brief* nach Hause geführt hätte.

Mit der Zeit habe ich dann auch das Auswendiglernen gelassen. Mathematik war für mich einfach erledigt. Und dass es den meisten der anderen genau so ging, war kaum zu übersehen. Nur Pater Bonosius schien nichts zu merken; machte unbeirrt weiter.

Doch so konnte das nicht weiter gehen.

Irgendwann kam es mir, dass ich keine Lust hatte, nicht ver-setzt zu werden, nur weil der Bonosius zu blöd war, klar und deutlich zu sagen, was er zu sagen hatte, und so zu fragen, dass sein Begehr auch einem hinterberglischen Südtiroler verständlich wurden. Und so riss ich eines Morgens allen meinen Mut zusammen und bat ihn um ein Gespräch. Fast war ich erschrocken, als er sofort zustimmte. Gleich nach dem Unterricht könne ich gern zu ihm ins Lehrerzimmer kommen. Wollte ich das? Ich wollte es nicht. Ich wollte nicht, das, was zu sagen ich mir vorgenommen hatte, dort *in der Öffentlichkeit* auspacken, wo schon andere Lehrer vielleicht herum saßen oder jederzeit durch die Tür platzen konnten. Ich wollte allein mit ihm sprechen. Und ich wollte auch, dass er dabei nicht zu anderen hin abschweifen oder einfach davonlaufen konnte. *Wozu hatte ich mir denn wochenlang den ganzen Mut zusammengekratzt?* Also bat ich Pater Bonosius, ihn in der Zelle besuchen zu dürfen, wie mir das bei ein paar anderen Lehrern recht häufige Gewohnheit war. Er zögerte sehr... und stimmte dann doch zu.

Das Gespräch, das ich dann mit Pater Bonosius hatte, zählt bis heute zu den vielleicht zehn Gesprächen meines Lebens, die ich am wenigsten missen möchte. Dabei fing es ganz so an, wie das zu erwarten war: Ich stotternd nach den richtigen Wörtern suchend; er schweigsam für eine Weile und dann recht kühl ein *„Nun, was wollten Sie mir sagen?"*.

Wie das Eis dann gebrochen ist, daran kann ich mich nicht erinnern. Nur, plötzlich konnte ich ihm alles sagen. Dass ich ihn oft nicht verstehen konnte, wenn er zu schnell und mit unbekannten Wörtern sprach; dass er die Sachen so vortrug, als würde er voraussetzen, zu einem Insider zu sprechen und nicht zu einem Schüler für den das ganze noch *ein böhmisches Dorf* war; dass ich völlig unbegabt zum Hellsehen war und ich ihm *den Satz* nicht aufsagen konnte, solange er nicht genau sagte, wessen und welchen Lehrsatz er hören wollte. Und ich erzählte ihm auch, dass ich schon in der Grundschule ein recht guter Rechner war, der das Einmaleins noch im Schlaf vorwärts und rückwärts herunter beten konnte; und dass ich jetzt aber von seiner Algebra und dem Rest überhaupt nichts verstand. Und irgendwann, weil ich nicht ganz allein so blöd dastehen wollte, sagte ich ihm dazu noch, dass das bei fast allen in der Klasse genau so war... und ob er das denn nicht selber merkte.

Pater Bonosius hat dann gesprochen, fast so als würde er nicht mit mir, dem 14-jährigen Blödmann-Schüler, sondern mit einem guten alten Freund reden. Vom Leben im Paderborner Kloster erzählte er, wo er in Ruhe forschen konnte und kaum unterrichten musste. Wie es dann gekommen war, dass er nach Canberra kam und von dort zu den Aborigines und wie er dort gelebt, zeitweise recht abenteuerlich, und gearbeitet hatte. Warum er dann *für wenigstens ein paar Jahre* zu uns nach Bozen geschickt wurde; und wie verloren er sich nun vorkam vor einer Horde von uninteressierten Jungs, deren Rachenlaute er oftmals nicht verstehen konnte. Auch von den rasenden Kopfschmerzen, die ihn oft plagten, erzählte er, aber das nur recht beiläufig und nicht so, als sollten sie etwas entschuldigen.

Ich konnte ihn jetzt plötzlich gut verstehen, nach sicher mindestens zwei Stunden offenen Gesprächs. Dass er auch etwas von mir verstanden hatte, wollte mir durchaus scheinen. Aber konnte das etwas ändern? Gab es Hoffnung, dass unser Gespräch auch etwas fürs Geschehen im Klassenraum bewirkt hatte? Ich war mir nicht sicher, konnte mir nicht sicher sein.

Und dann hat es doch einen Umschwung gegeben: Pater Bonosius sprach zur Klasse. Ganz offen sprach er über die

Schwierigkeiten, die er mit sich selber und mit uns hatte. Er berichtete von einem *Beratungsgespräch*, das er kürzlich gehabt habe, ohne dass er dabei auch nur die kleinste Andeutung machte, *wann* das war und vor allem *mit wem*, und sagte dazu, dass er bei der Gelegenheit etliches gelernt habe, das gerade auch uns betreffe. Sein Vortrag endete mit der Bitte, mehr Geduld mit ihm zu haben, und mit seinem Versprechen, dass er jetzt mit dem Versuch anfangen wolle, uns zu verstehen und uns zu helfen. Und zum Schluss dann noch: Er bitte – wirklich, er sagte: er *bitte* – uns alle, immer ganz unaufgeregt nachzufragen, wenn etwas nicht verstanden war; und dass wir dabei doch auch bedenken mögen, dass er es oft vergesse, vor Schülern zu stehen, die das erst noch lernen müssen, was er selber vor einer schon so langen Zeit gelernt hatte, dass er sich oft gar nicht mehr erinnern könne, wie schwer das bei ihm mit dem Lernen gewesen war.

Die Klasse hat sich dann nachher um vieles besser mit ihrem Mathelehrer verstanden, ohne dass groß darüber geredet wurde. Die ständig gefühlte Anspannung war verpufft wie aus einem geplatzten Luftballon. Die bis dahin latent und dabei doch fast greifbar im Raum stehende Aversion war zwar nicht urplötzlich und völlig verschwunden, aber doch sehr deutlich eingedämmt.

Für mich war es ein besonderes Schlüsselerlebnis, weshalb die Geschichte ja hier, wo die *Sache mit der Akzeptanz* das Thema ist, erzählt ist. *Ich* wusste mich jetzt von Pater Bonosius akzeptiert, von dem ich mich, mit etlichem Recht, abgelehnt und ausgegrenzt gefühlt hatte. Ebenso viel oder vielleicht noch mehr zählte mir aber, dass ich dazu beigetragen hatte, *ihm* zu helfen, von seiner Klasse akzeptiert zu werden. Von da an hat mir Mathematik Spaß gemacht, wenn sie auch nie mein Privilegiumsfach geworden ist. Und mir ist wieder einmal und noch stärker klar geworden, wie wichtig *miteinander reden* ist.

Club der Octava.

1956-1957. Das italienische Schulsystem ist in Vielem anders als das österreichische oder deutsche. Das humanistische Gymnasium läuft über acht Jahre, wovon die letzten drei aber *Lyzeum* benannt sind. Das letzte Jahr heißt also eigentlich Dritte Klasse Lyzeum, gilt aber allgemein als die achte Klasse Gymnasium und ist somit die *Octava* – im Unterschied zur deutschen *Prima* oder *Oberprima*.

   Im Grunde ist die Octava, also die letzte Schulklasse am Gymnasium, nichts Besonderes. Der Rest der ursprünglich gemeinsam Eingeschulten sitzt seit Jahr und Tag beisammen; ausgedünnt ist die Gruppe und zwischendurch wieder einigermaßen aufgefüllt durch Sitzengebliebene oder andere Zuzügler; ausgerichtet, darauf, sich auf das Abitur vorzubereiten und weitere Lebensschritte anzupeilen. Nichts etwa Weltbewegendes.

   So war das auch bei uns, im Schuljahr 1956-57. Einer aus der Klasse aber – Amor hieß er, Helmuth Amor – kam auf die Idee, dass wir doch alle etwas Besonderes wären oder so, und dass wir das auch nach außen – *warum denn nicht nach innen?* – zeigen sollten, und dass wir deshalb den *Club der Octava*, den *CdO*, gründen und uns als zugehörig kennzeichnen sollten.

   Was das Ganze sollte, war nicht so richtig klar, außer dass: Wir sollten uns einmal monatlich mit viel Bier alle zusammensetzen, wobei wir uns doch sowieso alle täglich sahen und, wenn auch in kleineren Gruppen, häufig genug auch außerhalb der Schule und manchmal auch mit reichlich Bier. Zudem sollte der CdO die Intention bestätigen, dass wir uns auch nach dem Abitur nicht aus den Augen verlieren sollten, was für einige wohl sowieso schon ziemlich vorgegeben war und für andere vielleicht wegen der Lebensläufe weniger machbar werden würde, ganz gleich ob mit oder ohne den Club. Und der CdO sollte vor allem einen Ehren-Präsidenten haben, den reaktionären neuen Rektor Pater Albert Lageder, und dazu aber auch einen wirklichen Vorsitzer, der gleich nach der Gründung demokratisch zu wählen sei.

Eine silberne Anstecknadel sollte es zum sich allgemein Kennzeichnen geben. Beim Schmuckschmied Kompatscher, wurde sie in Auftrag gegeben. Und dazu auch Mitgliedsurkunden aus Pergament und in antikisierender Fraktur geschriebenen Namen, die von ein paar in Kalligraphie geübten Nonnen dekoriert und beschriftet werden sollten.

Ich hätte mich jetzt ja glücklich fühlen sollen, wieder so ganz offiziell einer Gruppierung angehören zu dürfen, die sich als Verbund oder Verbindung auswies und die *etwas Besonderes* war, wie das unser Amor so schön sagte. Aber mein Drang nach *Akzeptanz* hatte sich wohl ausgetobt oder war sonst irgendwie verkümmert. Ich habe mich geweigert mitzumachen, im Club der Octava. Alle zeigten Unverständnis dafür und äußerten das auch zum Teil recht drastisch. Ein guter Teil der außer mir noch elf unserer Abiturklasse – nur sieben von uns waren von den zweiundfünfzig übrig geblieben, die wir vor nun bald acht Jahren gemeinsam in der ersten Klasse angefangen hatten – bekniete mich nachgerade, doch mitzumachen.

Auf ziemlich taube Ohren stießen meine Gegenargumente, die da in etwa sagten: Wir sind doch sowieso alle in der Abiturklasse, in der sonst niemand anderer ist – wozu also denn ein besonderer Club davon? Und andererseits wieder: Wenn schon ein *Club der Octava*, dann ist es doch besser, wenn nicht alle Achtklässler darin sind, weil es sonst ja keinen Club zusätzlich braucht; und deshalb ist es doch besser, wenn wenigsten einer von der Octava eben nicht im Club ist. Oder auch: Wir können ja auch ohne Club festlegen, uns einmal im Monat an einem festgelegten Abend alle zusammen im *Scharfen Eck* oder sonst einer Kneipe voll zu schütten, was unseren sonstigen eingespielten Freizeittreffen keinen Abbruch tun soll. Und dazu auch noch, dass es mir weder Anstecknadel noch Urkunde brauchte, darauf zu hoffen und mich dafür einzusetzen, mit etlichen von allen auch nach dem Abitur noch ewig und sonst wie lange in freundschaftlichem Kontakt zu bleiben; aber dass ich auf ein paar andere von uns schmerzlos verzichten mochte.

So gab es denn ohne mich die Gründungsfeier, die Nadeln und die Urkunden. Rektor Albert Lageder soll eine seiner besonders salbungsvollen Reden über saubere und enthaltsame Burschen gehalten haben, mit möglichst immer wahnsinnig viel *mens sana in corpore sano*, was mit vielen Maß Bier weggespült wurde, zur Freude der Wirtin vom Scharfen Eck. Zu vorgerückter Stunde, so wurde mir erzählt, nachdem Pater Albert mit honigen Worten und ausladendem Segen, wie das seine Art war, für die lebenslange Ehrenpräsidentschaft gedankt hatte, wurde auch ein wirkliches Club-Präsidium gewählt mit dem Amor – nochmals, er hieß wirklich so – als Präsidenten, zwei Beisitzern und einem Kassenwart.

Für mich hat sich damit nicht besonders viel geändert. Mit dem Rektor und nunmehr Ehrenpräsidenten des CdO gab es mir noch ein paar kleine Spannungen mehr, zusätzlich zu denen, die sich sowieso zwischen uns beiden schon aufgebaut hatten, aber er saß ja nicht in der Kommission meiner Abiturprüfung und hatte auch sonst keine direkte Lehr- oder Aufsichtsrolle in meiner Klasse. Mit den Jungs in der Klasse, die zu meinen Freundeskreis gehörten, lief alles weiter, wie gehabt... oder doch fast so. Ich saß eben *ohne* Anstecknadel an meinem Platz; aber auch ohne das geringste Gefühl, etwas versäumt oder gar verloren zu haben. Und als wir dann im Sommer nach bestandenem Abitur auseinander gingen, hat sich mir sowieso sofort so vieles so anders als geplant ergeben, dass der CdO allemal meine geringster Gedanke gewesen wäre.

Das war es also mit der Sache von der Akzeptanz.

Natürlich hat sich mein wohl *grundangelegter* Wunschdrang, akzeptiert zu werden, nicht urplötzlich in ein Nichts aufgelöst. Sicher hat er mit gewissem Gewicht auch meinen Berufsweg als Unternehmensberater mit geprägt, der ohne diesen Drang wohl nicht jahrzehntelang erfolgreich gewesen wäre. Denn einem Berater, der nicht akzeptiert wird, gelingt es kaum, mit seiner Arbeit jahrelang gute Brötchen zu verdienen. Aber die Sache mit dem Club der Octava war ohne Zweifel doch wohl mit der Startschuss zu einer recht radikalen Umstellung meinerseits in der Bedarfsbeurteilung des Dazugehörenwollens und des Akzeptiertwerdens zu und von einer Gruppe.

Es hat sich eher umgedreht. Ab damals, wenn ich mir das so überlege, habe ich mich nie mehr besonders darum bemüht, in irgendeine Gruppierung aufgenommen zu werden und *dazu gehören* zu dürfen. Entschieden wichtiger ist es mir geworden, ob *ich* akzeptieren mochte, was sich da, aus Zufall oder auch in gezielter Suche, zum Teilnehmen und Dabeisein mir angeboten hat. Und später hat es mich mehr als einmal gewundert, wie wichtig mir in den frühen Zeiten *die Sache mit der Akzeptanz* gewesen ist.

Nur Tropfen, erinnerte.

1942-1952. Bilder wie Tropfen aus früher Zeit. Sie sind an mir hängen geblieben – einzelne von hier und dort, die nicht miteinander verbunden sind und doch mit mir. Keine Chronologie verknüpft sie und auch keine besondere Logik, in der sie sich mir jetzt aufreihen. Gehören sie zusammen? Untereinander wohl eher nicht. Sie wollen einzeln für sich sein, sammeln sich nicht zu Themen. Doch auch sie sind da, splitterig und dennoch rund und... eben hängen geblieben.

*

Da bin ich so etwa zehn. Wir haben ein neues Kindermädchen, wieder einmal. Heißt sie Petra? Sie ist eine, wie mir scheint, sehr groß gewachsene junge Frau mit einer beinahe schneeweißen Haut, etlichen Sommersprossen und, ganz bemerkenswert, dichtem Haar wie von hellem Kupfer.

Sie badet gern. Einmal höre ich sie mit Wasser plätschern, wobei sie leise vor sich hinsummt. Ich stehe im Gang. Durch die Milchglasscheiben, die das Bad abgrenzen, kann ich ihren Kopf über dem Wannenrand erahnen. Sie steht auf. Ich höre, dass sie die Dusche aufdreht, und, schemenhaft fast wie als Scherenschnitt, zeichnet sich ihre ganze Körpergestalt hinter dem Milchglas ab, bis hinunter zu den Knien. Etwas vibriert in mir. Ich schleiche mich ans Schlüsselloch. Kein Schlüssel steckt. Ich habe freien Durchblick. Und da steht sie. Ich hatte noch nie einen nackten Busen gesehen. Fast marmorweiße, wie von Zauberhand in der Schwebe gehaltene Rundungen mit dunklen, in kleinen Höfen fest aufgerichteten Spitzen prangen da. Und abwärts, dort wo der flache Bauch in Schenkel übergeht, sehe ich ein kupferrotes Dreieck aus sich kräuselndem Kurzhaar. Ich bin fasziniert. In mir spüre ich ein Kribbeln, das mir völlig neu ist und mich ganz dicht am Schlüsselloch hält.

Vielleicht habe ich ein Geräusch gemacht. Die Skulptur dreht sich leicht zur Seite. Das Wasser der Dusche perlt über das S, das sich nun aus Busen und Po rundet, und über den ganzen Körper beginnt sich jetzt Gänsehaut zu ziehen. Das kupferrote Dreieck kann ich nur noch schräg seitlich kaum erahnen.

Viele Male nachher habe ich versucht, die Petra – *hieß sie wirklich so?* – durchs Schlüsselloch zu sehen. Manchmal ist es mir gelungen. Vielleicht, weil sie mich merken ließ, dass sie jetzt zum Duschen ging. Vielleicht...

Und vielleicht geht es auf damals zurück, dass ich ein ganz besonderes Faible für rothaarige Frauen habe, mit einer Figur wie Botticellis Venus auf ihrer Muschel.

*

Jemand hatte Wanzen in die Wohnung mitgebracht. Oder haben sie von selbst den Weg gefunden? Das Kinderzimmer war befallen.

Riesige Aufregung. Überall wurde nass gewischt, auch das für Wasserflecken doch so empfindliche Parkett. Die Vorhänge wurden abgenommen und auch deren Schienen. Den ganzen Tag lang ist das Zimmer geschrubbt worden? Es hat nichts genützt. Anderntags waren die Tiere wieder da.

Radikalere Maßnahmen kamen jetzt zum Einsatz. Der Schrank wurde geleert; alle Matratzen auf den Balkon gebracht; die drei Betten, die beiden von mir und der Ortrud und das Gitterbettchen vom Klaus, auseinander genommen, damit auch ja keine Fuge unkontrolliert bleiben konnte. Und dabei ist es nicht geblieben. Alle Holzteile wurden mit Petroleum abgerieben; und Petroleum kam auch in die Fugen zwischen den Stoßleisten an den Wänden und dem Parkettboden. Noch auf dem Balkon, wurden die Matratzen nass und kräftig gebürstet. Es war ein Aufstand, wie nie erlebt.

Noch Wochen später hat das Kinderzimmer penetrant nach Petroleum gerochen; und auch das Bettzeug, die Kleider hatten denselben Geruch angenommen.

So viel Zeit ist seitdem weggerauscht. Doch heute noch, wenn ich Petroleum rieche oder auch nur Heizöl, kommen mir spontan die Wanzen in den Sinn.

*

Onkel Paul, der Mann von Ricas ältester Schwester Viktl, war ein hoch aufgeschossener, hagerer Typ mit borstigem Schurrbart, der auf mich immer recht eigenartig gewirkt hatte – mehr abwesend als abweisend. Bis zu seiner Heirat war er Apotheker gewesen. Den Beruf weiter auszuüben, hat ihm die Viktl aber schon bald danach verboten; für immer. Sie konnte es nicht aushalten, so die Familien-Saga, dass er zwischendurch auch Nachtschicht hatte und sie allein zuhause hinter ihrem Ladengeschäft *Unter den Lauben* sein sollte. Kinder hatten die beiden keine.

Ich hatte den Onkel Paul fast nie gesehen, nie erlebt. Nur selten begegnete ich ihm, wenn es irgendeine Familiensache verlangte, die Viktl im Laden aufzusuchen, und ich dazu mitgenommen wurde. Sie selbst ging schon seit Jahren nicht mehr aus dem Haus.

Umso mehr war ich verwundert, als mich der Onkel Paul einmal fragte, ob ich mit ihm auf den Rummelplatz kommen möchte. Ich muss wie verdattert gewesen sein. Er hat mich aber wirklich abgeholt.

Wir sind also zum Rummelplatz, dem *Luna Park*, der im Frühling hinter dem Bahndamm aufgebaut war. In die Geisterbahn. Noch nie bin ich da durchgefahren; jetzt darf ich gleich zweimal. Gruseliges Grauen. Danach das Kettenkarussell. Onkel Paul nimmt den pendelnden Sitz neben mir und, während das Ding sich dreht, schnappt er immer wieder den meinen und wirbelt mich hoch in die Luft. Das kannte ich schon. Mit einem der Kindermädchen war ich schon öfter auf dem Luna Park gewesen, und ihre Freunde, meist Soldaten, waren mit uns ein paar Runden gefahren.

Dann aber der Höhepunkt mit Onkel Paul. Autoskooter. Davon ist er begeistert, ganz offensichtlich. Wir drehen eine

Runde um die andere und dann wieder eine, mit immer einem neuen Jeton nach jeder Pause. Ausgelassen ist er, wie mir das bis dahin unvorstellbar. Immer mehr legt er es darauf an, den anderen nicht auszuweichen, sondern sie voll frontal auf Karambolage zu nehmen. Wohl ein Vermögen lang sind wir in den *Puffautos* gefahren, umtost von der lauten Rummelplatz-Musik und wir selber vielleicht noch lauter als das, was aus den Lautsprechern kam. Abenddunkel ist es schon geworden, wie er mich daheim abliefert. Ich bin noch immer total verschwitzt und durchgedreht.

Bei diesem einen, einzigen Mal ist es geblieben. Nie wieder danach hat mich der Onkel Paul irgendwohin mitgenommen. Wir haben uns auch sonst nicht oft gesehen. Es war wieder so, wie es die ganze Zeit gewesen. Schweigsam, kühl, distanziert hatte ich ihn gekannt. Genau so war er dann für immer wieder.

Was mag denn an dem Tag vorgegangen sein?

*

Obstmarkt. Schon oft hatte ich die gelb gekrümmten Früchte gesehen, auch bewundert, und wusste natürlich, dass das Bananen waren. Aber ich hatte keine Ahnung, wie sie schmeckten. Bei uns zuhause gab es eigentlich nur Äpfel und Birnen; höchstens noch Erdbeeren und auch Kirschen manchmal, wenn für sie gerade Hochsaison war. Bananen aber waren viel zu exotisch, auch viel zu teuer. Ich war kribbelig zu wissen, wie sie denn so schmecken könnten. Und eines Tages dann...

Ich laufe über den Obstmarkt. An einem Stand steht eine Banane so vor, nicht richtig eingeordnet, dass ich sie ganz zufällig streife. Unversehens bleibt sie mir in der Hand, während ich schon weiter gehe. Halb unschlüssig ziehe ich ihr die Schale ab, beiße hinein, lasse kauend ihr unbekanntes Aroma Mund und Gaumen füllen. Enttäuschung. Noch ein Bissen. *Schmeckt mir das? Eher nein!* Noch ein Versuch. Die Banane schmeckt mir immer noch nicht, immer weniger.

Und so landet die halb übrig gebliebene Frucht samt Schale unter dem nächsten Marktstand.

Viel später ist es mir gekommen, Bananen recht gern zu essen. Nie richtig zu verstehen habe ich aber gelernt, wieso es in der DDR deswegen zur Volkserhebung kam, weil es dort keine Bananen gab.

*

Ritten, Sommerfrische. Wir hatten dort im Weiler Mariae Himmelfahrt bis 1949 eine Ferienwohnung gemietet. Mit Köchin und Kindermädchen waren wir Kinder den ganzen Sommer über dort. Die Eltern, Hans und Rica, kamen nur zum Wochenende.

Ganz üblich war es da, dass von der Köchin am Vormittag etwa gefragt wurde, ob wir mittags gern Pilzsuppe haben wollten, oder vielleicht auch Pilzragout. Dann sagte sie oft zu mir, ich solle doch schnell mal in den Wald gehen, die Pilze zu holen. Das war so. Wir gingen Pilze einfach *holen*, nicht auf Wanderungen mühsam sammeln, oder sie gar suchen. Und mit den Pilzen hatte ich einmal ein besonderes Erlebnis.

Ich komme an eine Wiesenlichtung mitten im Nadelwald. Es ist ein sonniger Flecken, den ich seit Langem schon gut kenne. Gern gehe ich dorthin. Aber es ist absolut kein Ort für Pilze. Oder doch? Jetzt sehe ich fast die Hälfte der grünen Fläche mit kleinen, hellbraunen Pilzen übersäht.

Wiesenchampignons, denke ich zuerst. Die könnten so mitten im Gras und unter offener Sonne wachsen. Aber sie interessieren mich nicht. Zu langweilig, ohne Geschmack. Trotzdem schneide ich einen ab und schaue ihn mir genau an. *Unmöglich!* Und doch: ein richtiger, kompakter Steinpilz-Neuling ist es. Noch mit an den dickbauchigen Strunk fest angeklebtem Hut, der auch viel heller ist, als bei den Ausgewachsenen. Aber es ist ein Steinpilz. Genau so einer, wie die Steinpilz-Kinder eben aussehen. Und ich hole einen zweiten, einen dritten von den vielen, die da auf der Wiese stehen. Es sind Steinpilze. Alle. Mein nicht allzu kleiner Pilzkorb kann sie gar nicht fassen.

Viele Jahre später bin ich mit einem Hersteller von in Öl ein-gelegten Pilzen darüber ins Gespräch gekommen. In seinen Gläsern konservierte er auch so ganz junge Steinpilze, die eine besondere Delikatesse in seinem Angebot waren. Er sagte mir, dass es sehr schwierig sei, sie so klein zu finden, und ganz bestimmt nicht in Massen, aber wenn schon, dann meist wirklich auf sonniger Wiese.

Noch oft bin ich zur Lichtung gegangen, zumal auch, wenn es kurz vorher stark geregnet hatte. Nicht *einen* Steinpilz habe ich dort noch gefunden. Was war denn mit ihren Wurzeln geschehen, die ich doch sorgsam im Boden gelassen hatte?

*

Und der Holunder fällt mir ein, der vor unserem Sommerhaus am Ritten in großen Dolden blühte und zu dunklen Beeren reifte.

Unsere Köchin – welche von den vielen, die wir nacheinander hatten, mag es gewesen sein? – hatte ein ganz besonderes Faible für die Holunderbüsche. Nicht aber weil sie sie schön fand, sondern weil sie ihr ständig frischen Nachschub lieferten für ihren Herd. Und beim Gedanken an das, was sie daraus zauberte, läuft mir noch heute das Wasser im Mund zusammen.

Im Frühsommer waren die weiß leuchtenden Blütendolden bei ihr dran. Erst wenn sie alles dafür vorbereitet hatte, wurden sie vom Strauch geschnitten, kurz dann unter fließendem Wasser fast schon zärtlich gewaschen, auf saugendem Tuch abgetropft und in dünnflüssigen, von vielen Eiern gelben Pfannkuchenteig getaucht. Und dann hinein ins siedend brutzelnde Öl. Nur ganz kurz, bis die Dolden goldbaun glänzten. Wir durften sie in der Küche essen, immer die eine hinter der anderen, wie sie aus ihrem Ölbad kamen, mit einer Wolke Puderzucker gestreut und dazu frisch geriebenes Apfelmus.

Und unser Strauch war unerschöpflich. Viele seiner Blüten blieben ihm erhalten und nur wenige Wochen dauerte es, bis die ersten von ihnen zu dunklen Beeren reiften. Das wurde dann die Einkochzeit. Immer wieder holten wir einen Korb voll in die Küche und tagelang, so scheint mir, duftete die ganze Wohnung so faszinierend herb, wie wohl nur Holundergelee duften kann. Essen durften wir es aber nicht. Für den Herbst war sie aufzusparen, an den Som-mer zu erinnern.

So lange ist auch das schon her. Nie wieder habe ich gebackene Holunderblüten gegessen; nie mehr das unvergleichliche Gelee gefunden.

*

Auch das war am Ritten, an einem sonnigen Sommertag. Sonntag muss es gewesen sein, denn ich war mit dem Papi unterwegs. Den breiten Weg zum Bäcker gingen wir, vielleicht um Kuchen für den Nachtisch zu kaufen.

Plötzlich merke ich, dass der Hans ganz eng an der Haselnusshecke läuft, die links von uns den Gehweg säumt. Dabei schaut er mich immer wieder so an, wie ich an seiner rechten Seite neben ihm her trabe. Irgendwie ganz komisch schaut er auf mich herunter. Oder bilde ich mir das nur ein? Und immer enger drückt er sich an die Hecke. Oder bilde ich mir das nur ein? Unsicher werde ich. Da stimmt doch etwas nicht.

Und dann hab' ich es: Ich laufe auf der falschen Seite. Links vom Hans sollte ich sein. Die Anna hatte es mir schon beigebracht, vor so ewig langer Zeit. Links ist aber auf der anderen Seite... dort, wo die Hecke ist.

Schon wechsle ich hinüber, drücke mich zwischen Mann und Hecke. Der Hans tut ganz erstaunt, grinst dann breit, streicht mir über den Kopf und lacht freundlich: *Links eben!*

An der Hecke auf dem Gehweg zum Bäcker habe ich definitiv gelernt, auf welcher Seite links ist. Und wenn mir doch gelegentlich ein Richtungszweifel kommt, steht es mir auch heute noch vor den Augen: eine dichtgrüne Haselnusshecke, ein großer schmaler Mann in hellem Anzug und ein kleiner Junge, der gerade merkt, dass er auf der falschen Seite läuft.

*

Im Park an der westlichen Talfer-Wassermauer hatte Bozen einen kleinen, recht gut bestückten Tierpark. Ein Löwengehege gab es dort auch, damals besetzt vom prachtvollen Caesar und seinem Weibchen. Im Winter 1949 oder 1950 kamen Welpen. Drei waren es. Eines davon schlug Caesar sofort und versuchte, es zu fressen. Die anderen zwei konnten gerettet werden.

Der Zoowärter, Alfons hieß er, wohnte in der Bahnhofstraße, im Haus neben dem unseren. Dort im Hof hatte er einen hölzernen Verschlag, der ihm als Werkstatt diente und deshalb winters auch beheizt war. Dorthin brachte er die beiden Löwenwelpen.

Er kannte uns Buben, mich und den mir gleichaltrigen Heinz Abel, der bei uns im Haus im vierten Stock wohnte. Oft genug hatten wir ihm bei seiner Arbeit zugeschaut, auch weil er so viel über die Tiere zu erzählen wusste. Jetzt, als wir die zwei Löwen bei ihm entdeckten, flippten wir nahezu aus. Und so ist es gekommen, dass er uns die zwei Tiere für tagsüber anvertraute, wenn er auf Arbeit war.

Jeden Morgen mussten, durften wir ganz früh das aus Latten improvisierte Ställchen reinigen, den Abfall in der Mülltonne im Hof entsorgen, vom Vorrat im Schuppen neues Sägemehl und Stroh einstreuen und dann, der Höhepunkt, den Löwenbabys die Fläschchen geben, die wir oben bei der Frau des Alfons handwarm holen konnten.

In den ersten Tagen hat uns die Frau des Wärters zugesehen, wohl alles noch mehrmals erklärt und uns eingeschärft, auch immer pünktlich und akkurat zu ein, weil so kleine Löwen ihren ganz bestimmten Rhythmus hätten, der nicht durcheinander kommen dürfe. Bei uns, dem Abel

Heinz und mir, konnte sie da ganz beruhigt sein. Es waren ja *unsere* Löwen.

Um acht Uhr fing unsere Schule an. Da mussten wir fürs Frühstück unsrer kleinen Löwen, Nero und Bella hatten wir sie taufen dürfen, schon früh aufstehen. Mittags, die Schule hörte um halb eins auf, hieß es schnell nochmals die Fläschchen holen und die zwei Kleinen füttern. Da war es immer ein Wettlauf zwischen dem Abel Heinz und mir, wer zuerst da war. Und beide mussten wir verdammt schnell sein, um nicht zu spät zu unserem Mittagessen zu kommen. Manchmal war es nicht zu vermeiden, sodass es doch ein straftönendes Murren gab. Am späten Nachmittag war wieder Fütterung. Jetzt aber hatten wir Zeit, viel Zeit, mit Nero und Bella zu spielen; die Tiere zu knutschen und zu hätscheln; mit ihnen herum zu balgen, als die Welpen schnell größer wurden. Und jedesmal war das Ställchen auch abends nochmals auszumisten.

Mit Klauen und Zähnen haben wir die *Privacy* unserer Löwen und unser Alleinstellungsrecht verteidigt. Unsere Geschwister – der Abel Heinz hatte einen jüngeren Bruder, den Gerhard – durften nicht in den Schuppen; nicht einmal im Hof durften sie sich blicken lassen. Und vor unseren Schulkameraden hielten wir das Ganze möglichst lange geheim. Ewig ging das natürlich nicht. Irgendwann wurden dann Besuchszeiten freigegeben, wenn der Wärter Alfons von der Arbeit zurück war und dabei sein konnte.

Insgesamt war es eine herrliche Erlebnis- und Erlebenszeit. Nach so vier-fünf Monaten begannen Nero und Bella aber, zu aggressiv zu werden. Spielerisch zwar, aber doch schon mit recht scharf werdenden Krallen und Zähnen. Unsere Zeit ging zu Ende. Und als dann im Juni der Circus Krone durch die Stadt kam, wurden ihm Nero und Bella anvertraut, mitgegeben. Ich habe nachher niemals ein Haustier gehabt, nicht einmal einen Goldfisch. Aber wenn ich auf einen Circus mit Löwen stoße, bin ich immer drin.

Das bringt mich natürlich nun nochmals auf den Circus Krone.

Weil ich zu denen gehörte, die die kleinen Löwen gebracht hatten, durfte ich gratis in eine der Vorstellungen: die Krone-Pferde, die Elefanten, Kamele und das Flusspferd Pippo, der Liliputaner-Clown Walther und mit ihm Bimbo, der erste 2,12-Meter-Mann, den ich je gesehen, und dazu die Jongleure, der Feuerspeier, die Artisten am Hochseil und das Ehepaar mit den vielen Hunden... ich war verzaubert.

Dann aber ist *sie* da, Rose Gold, und für mich gibt es nur noch sie. Sie arbeitet hoch oben in der Kuppel am frei schwingenden Trapez. Allein. Ihre Schwünge und Volten, die in die Luft geschraubten Übersprünge sind atemberaubend. Gut zehn Minuten oder mehr spielt sie da oben mit der Schwerkraft. Mit ihrer Schwerkraft. Ganz allein da oben, in gut zwölf Meter Höhe und ohne Netz oder Fangleine. Und dann steht sie auf dem Trapez. Winkt grüßend, Applaus heischend zu uns hinunter ins Publikum... und sie fällt, fällt unversehens nach hinten. Laut gellendes Aufkreischen geht durchs Chapiteau. Ich kneife erschreckt die Augen zu. Ganz kurz nur. Schaue wieder aufs Trapez... und da hängt sie... nur an ihren Fersen hängt sie am Trapez, das ganz leise hin und her schwingt.

Wie sie die Strickleiter wieder herunter in die Manege gestiegen ist, sich im erlöst lärmenden Applaus verbeugt hat, mit leicht spöttischem Lächeln abgetreten ist... das alles habe ich nur in dumpfem Wattenebel mitbekommen.

Wieder und wieder war ich da, oft nur für die Zeit ihres Auftritts, bis dann der Circus wieder weiter gezogen ist. Der Tierpfleger vom Löwenwagen hatte mir den Tipp gegeben, wie ich ohne Kontrolle ins Chapiteau schlüpfen konnte.

Etliche, nicht allzu viele Jahre später, ist sie bei ihrer Fersennummer wirklich abgestürzt. Sie war sofort tot, in der Manege. Rose Gold.

*

Jahre früher, Februar 1943. Wieder einmal war das Fräulein Luise bei uns, unsere Störschneiderin, die ein-zweimal im

Jahr bei uns in der Wohnung war und unsere Wäschesachen in Ordnung brachte, erneuerte. Nicht nur ihre Nähmaschine brachte sie mit, sondern immer auch ihr Radio, weil wir zuhause doch keines hatten. Die Rica war dafür zu lärmempfindlich.

Das Fräulein Luise war eine begeisterte Musik-Hörerin. Ich durfte mithören, wenn ich ganz still war. Und ebenso, nein, noch begeisterter war sie für alles, das mit dem Reich und unseren heroischen Soldaten an der Front und unserer großartigen Führungsriege zusammen hing. Keine Gelegenheit des Zuhörens wurde von ihr ausgelassen, wann immer im Tagesverlauf von der Front die Siegesmeldungen fällig waren. Schon Minuten davor hing ihr Blick gebannt an der Uhr, die Nähmaschine stand still. Die ankündenden Liszt-Fanfaren waren freudig angespannt erwartete Signale.

Noch aufmerksamer aber klebte ihr Ohr am Volksempfänger, sooft eine Rede von einem der Großen kam – Himmler, Goebbels, Göring und so. Da galt mir absolutes Geräuschverbot.

Eine Rede erinnere ich ganz besonders. Es ist Goebbels' knar-rende immer etwas angespannt atemlos tönende Stimme, die in Stakkato aus dem Radio kommt. Bedrohlich erst. Fragend, immer wieder fragend zwischendurch. Dann aber doch wieder hell und zuversichtlich, kraftvoll beschwörend, immer härter und lautstärker hin zu einem heroischen: *Wollt ihr den Krieg?* Applaus sprengt fast den Volksempfänger. Und jetzt steigert sich die Stimme noch: *Wollt ihr den totalen Krieg?* Der Applaus ist jetzt frenetisch. Und noch einmal: *Ich frage euch, Volksgenossen, wollt ihr...* Der Applaus übertönt den Redner. Und dann: *Volk steh auf und Sturm brich los!!*

Der Sturm kommt sofort schon aus dem jetzt fast explodierenden Radio.

Still ist es geworden. Selbst die Nähmaschine hat längst aufgehört zu surren. Atemlosigkeit. Ich meine sehr, dass ich angefangen habe zu flennen. Langsam vergehen schnelle Minuten. Das Fräulein Luise tönt so, als versuche sie einen Kloß aus ihrem zu Hals kriegen. Sie will wohl Zustimmung rufen, Begeisterung mitteilen. Es kommt nur ein heiseres Krächzen. Mich hat die Rede erschreckt, aufgewühlt, beängstigt und zugleich zu so etwas ganz eigentümlich Pflichtverbundenem erhoben.

Der Hans, als er nach Hause kam und mich, immer noch aufge-regt, von der Rede vorschwärmen hörte, hat mir stillschweigend eine gescheuert. Das war wohl die einzige politische Äußerung, die ich je von ihm mitgekriegt habe.

*

Zwei Jahre später, wenige Monate mehr. Wir waren immer noch auf dem Ritten. In den letzten Kriegszeiten war dort auf dem Hochplateau eine Flak-Station installiert worden und auch ein kleines Militärlazarett. Dann, von einem Tag zum anderen, war plötzlich alles verschwunden – die Stabsärzte, die jungen Soldaten und die Flak-Helfer, die Geräte, die Zelte... alles. Fast alles.

Leuchtpulver für die Suchraketen war noch kistenweise liegen geblieben, auch Munitionskästen und jede Menge Handgranaten. Für uns Jungs am Ritten – zwischen denen der Bauern und uns Stadtflüchtigen waren wir mehr als ein Dutzend fast Gleichaltriger in Mariae Himmelfahrt – war das verlassene Kriegsmaterial ein hervorragendes, begehrtes, phantasievoll einzusetzendes Spielzeug. Das Leuchtpulver zumal ließ sich zu herrlichen, bunt aufwirbelnden Detonationen bringen, was wir gelegentlich und mit dem Ergebnis verrußter Wände auch in geschlossenen Räumen experimentierten. Wir wussten, dass unser Spielzeug gefährlich war. Wir wussten, dass wir scharf aufzupassen hatten. Und dann doch...

Wieder einmal spielen wir am verlassenen Flak-Depot. Der Peter Gostner ist mit dabei, wie eigentlich immer. Für den Peter sind heute die Handgranaten dran. Er will eine aufmachen, das Pulver herausnehmen und das dann mit der Zündschnur zünden. Ein dummes Spiel, das nie viel gebracht hatte; aber der Peter mag es, weil er damit zeigen kann, wie geschickt seine Finger sind. Ich bin nicht weit weg von ihm. Vielleicht fünf Meter, sechs. Bin dabei, Leuchtpulver in lange Papierstreifen zu verteilen und daraus Knallfrösche zu schnüren. Plötzlich ein Blitz, ein Knall, vielstimmige Schreie. Die Granate ist dem Peter explodiert. In seinen Händen in die Luft gegangen. Grauenhaft. Panik. Nichts wie weg hier! Hilfe holen? Einfach wegrennen und sich verstecken? So tun, als sei man gar nicht dabei gewesen? Oder was... was... was denn jetzt...?

Dem Peter Gostner hat es beide Hände weggerissen und sein Gesicht war eine einzige Wunde. Er hatte keine Chance. In der Nacht ist er gestorben.

*

Wieder einmal war ich wohl krank gewesen, irgendetwas von den Kinderkrankheiten, die ich in schöner Reihe praktisch alle hatte. Vielleicht war der Arzt aber auch wegen des Trutschele gekomen, oder um nach dem Klaus zu sehen. Gleichgültig. Er war jedenfalls bei uns, was mir immer eine besondere Freude war.

Längst war es nicht mehr Dr. Mumelter, der nach Heinzls Tod Hausverbot bei uns und in der ganzen Familie bekommen hatte. Dr. Flederbacher, Heinz Flederbacher hatte seine Stellung eingenommen. Er war ein besonders gut aussehender Mann mit sportgestählter Figur und eigentlich immer lächelnden Augen, wenn ich mich so zurück erinnere. Ich mochte seine zupackende Art, die ganz und gar nichts Zimperliches hatte, wenn er mich anpackte, abklopfte, mir das Stethoskop in den Rücken drückte und seine Fragen auf mich losließ. Alle Kinder mochten ihn wohl und er, das sah man, er mochte Kinder.

Umso mehr die Gemüter unserer Kleinstadt bewegend war, dass er in seinem besten Mannesalter immer noch unverheiratet war, obwohl er ganz offensichtlich nichts gegen Frauen hatte, was wohl so manche Mutter heiratsfähiger Töchter zu hoffendem Tuscheln angeregt hat. Tja, also...

Dr. Flederbacher war einmal wieder bei uns. Wieso mein Vater auch dabei war? Keine Ahnung mehr. Er war jedenfalls da und plötzlich stand seine Frage im Raum: *Doktor, warum haben Sie denn noch nicht geheiratet?* Mag sein, dass da kurz sozusagen ein Engel durch den Raum gegangen ist. Vielleicht auch nicht. Mir aber sind Flederbachers Lachfältchen noch vor Augen und seine ganz lockere Antwortstimme im Ohr: *Sie kennen doch meine Familie. Da mögen Sie es nun verstehen oder auch nicht, aber ich für mein Teil hab' mich entschlossen, **die** spinnerte Rass' aussterben zu lassen.*

Ob Heinz Flederbacher seinen Beschluss auch durchgehalten hat? Ich weiß es nicht. Mir jedenfalls ist sein Wort im Hirn geblieben und hat seine Weichen gestellt... auch wenn es dann noch Jahre gebraucht hat, bis es mir voll gereift und zu Eigen geworden ist.

*

1949, Herbst. Ich war ins Gymnasium gekommen, in das einigermaßen elitäre Gymnasium der Franziskaner Patres. Gleich in den ersten Tagen wurden wir alle auch daraufhin getestet, wer von uns eventuell für den Kirchenchor geeignet wäre. Pater Konrad, war dafür zuständig.

Die erste, allgemeine Testrunde war schnell erledigt. Es galt, die Anfangszeilen des Andreas-Hofer-Liedes zu singen, das jeder kannte. Pater Konrad erkannte geeignete Stimmen auf Anhieb und schied die anderen aus. Übrig ist etwa ein Dutzend geblieben, auch ich darunter. Dann ging es in die zweite Runde...

Wir treffen uns im Musiksaal im Kloster. Pater Konrad verteilt Noten. Halleluja, ich hatte Notenlesen rudimentär gelernt; ich weiß, wie herum man ein Notenblatt zu halten hat und was in etwa die dort gedruckten Noten bedeuten wollen. Kurze Erklärungen. Stimmproben nach Diapason. Die ersten Notenzeilen am Klavier. Nachsingen mit dem Blick aufs Blatt. Ich schummle. Versuche es einfach nach Gehör, so wie ich das Klavier noch im Ohr habe.

Irgendwie muss ich gar nicht so schlecht gewesen sein. Jedenfalls: Ich wurde für den Chor ausgewählt, wenigstens für die ersten Proben. Und ich durfte dabei bleiben. Pater Konrad lobte meinen *silberhellen* Sopran und hatte doch die größte Mühe, mich in Serie den Ton treffen zu lassen. Und dann...

Heute stehe ich das erste Mal auf der Empore im Kirchenchor, mit weißem Chorhemd und rotem Kragen, vorne vor der Orgel. Gregorianischer Canticus ist angesagt, das erste, was wir Neulinge aufführreif lernen durften. Als so drittes oder viertes Stück kommt das *Tantum ergo...* Dessen zweiten Absatz, das *Genitori genitoque...* darf ich im Solo ansingen. Es klappt! Ich vermassle nichts, fast nichts. Weiter darf ich im Chor bleiben!

Für einen ganz speziellen Anlass hat sich Pater Konrad kurze Zeit später etwas Besonderes vorgenommen: Mozarts Krönungsmesse, zur liturgischen Großfeier des nun neu gültigen Marien-Dogmas. Am ersten November-Sonntag 1950 war es soweit. Wir hatten einen irre guten Sopran in unserer Klasse, den Günther Knopp, meinen Banknachbarn. Hauptsächlich durch ihn wurde die Aufführung zu einem Erfolg, der dann nachgerade Stadtgespräch war. Und ich war mit dabei im Chor.

Wir haben die Krönungsmesse noch ein paarmal gesungen, zuletzt im Spätherbst 1951. Im Sommer darauf ist Günther verunglückt. In einem Gewitter abgestürzt von der Santnerspitze neben dem Schlern-Massiv. Damit habe ich meinen damals besten, jederzeit heiter erinnerten Freund verloren. Er war der Erfinder des *Fäntlings,* des „Finger-Elefanten", den ich gelegentlich immer noch gern belebe.

*

Der Gruppenführer des marianischen Jugendvereins, dem ich im Gymnasium angehörte, Pater Robert, liebte die Berge und organisierte gern Gebirgswanderungen mit denen von uns, die mitmachen wollten, konnten. Ein paarmal, bei leichteren Touren, war ich schon mit dabei gewesen: auf die Seiser Alm etwa oder auf das Hochplateau des Schlern mit seinen etwa 2.500 Höhenmetern. Für den Sommer 1952 hatte er sich aber etwas Besonderes ausgedacht: eine Vier-Tages-Wanderung durch das Ahrntal über Luttach bis hinauf zum Schwarzenstein-Gletscher und über die ganze Länge von des-sen knapp 3.400 m hohem Gipfelkamm hin. Geschlafen sollte in Hütten der Bergwacht werden. Ich machte mit. Bergschuhe hatte ich. Steigeisen und Eispickel gab es zu leihen.

Beim Aufstieg am zweiten Abend war mir schon recht mulmig. Das letzte Stück zur Almhütte zog und zog sich hin, ohne dass das längst in Sichtweite liegende Ziel auch nur einen Schritt näher kommen wollte. Da waren wir aber doch immerhin schon auf der 3.000er-Marke, oder wenig darunter, und die ersten Gletscherzungen hatten wir bereits überwunden. Die Hütte war gut bestückt, ausreichend geräumig für uns alle, und es gab sogar einen Kachelofen, der schnell beheizt war. Aber dann am nächsten Morgen...

Der Start ist früh angesagt. Beim ersten Morgenrot sind wir bereit zum Aufbruch. Ich fühle mich weich in den Knien und irgendwie wattig im Kopf. Wir gehen los. Mitten ins weiße Eisfeld hinein und auf direktem Pfad nach oben, immer fast geradeaus weiter hinauf nach oben. Oder ist das gar nicht gerade aus? Mein Kopf wird immer wattiger. Ich kann den Weg, die Abhänge fast nicht erkennen. Vielleicht ist es ohne die Sonnenbrille besser? Wahnsinn! Jetzt gleißt mir das weite Eis wie tausend Nadeln in den Augen und ich kann fast gar nichts mehr sehen. Also doch Brille! Das Gletschereis ist wieder orange, hat aber immer noch keine Strukturen. Jetzt bloß an den anderen dran bleiben. Kann mich jemand ans Seil nehmen? Ich merke, dass ich stolpere, einknicke. Lasst mich hier! Ich komme schon allein zur Hütte zurück und dort warte ich auf euch! Ob mir jemand zuhört? Aber es geht weiter. Ich komme doch weiter. Schritt für Schritt...

Später dann haben sie mir erzählt, dass ich *fast schlapp* gemacht hätte. Welch schöner Euphemismus! Und dass sie mich zum Gletscherkamm hinauf mehr getragen als geschoben hätten. Aber – hörte ich immer wieder – ich sei der Gruppe dabei *gar nicht so besonders* lästig gefallen, ihr beim Aufstieg und der Gratwanderung *überhaupt nicht hinderlich* gewesen.

Davon, wie das genau gelaufen ist, habe ich echt nicht die blasseste Ahnung. Mir ist aber durchaus klar, wie sehr mir da geholfen und wie sehr ich den anderen eine Last gewesen sein muss. Erst als wir fast schon wieder im Tal waren, längst schon wieder auf den grünen Almwiesen zwischen blühendem Rhododendron und den schattigen Lärchen, erst da habe ich angefangen, mich wieder beinahe wie ein Mensch zu fühlen – und das war dann herrlich. Fast so schön war es, wie das Gefühl, von den Freunden, von der ganzen Gruppe gehalten, getragen, wie selbstverständlich mitge-nommen worden zu sein.

Nie mehr Höhenkrankheit! Den Bergen bin ich entflohen. Das damalige Glücksgefühl ist mir geblieben.

Geld bei uns zuhause.

1938–1957. Geld spielt in jeder Familie eine Rolle. Also auch in der, in die ich hineingeboren wurde. Wie unterschiedlich diese Rolle ist, hängt vielleicht gar nicht damit zusammen, wie viel an Mammon verfügbar ist oder eindeutig fehlt. „Über Geld spricht man nicht" – galt recht allgemein in mitteleuropäischem Kulturkreis des größeren Bürgertums. So fehlt mir der Vergleich dazu, wie es in anderen Familien war. Und auch, was Geld genau für eine Rolle bei uns zuhause gespielt hat, weiß ich nur in etwa. Doch das ist an sich wohl auch nicht so wichtig. Interessanter ist mir der Umgang mit dem Geld, wie ich ihn in aufwachsend erlebt habe.

*

Bozen war um die Mitte des letzten Jahrhunderts ein von Bergen umgebenes Provinznest am südlichsten Rand des deutschsprachigen Kulturkreises; eingebettet in ein bäuerliches Umfeld; selbstgefällig zwischen engen Stadtmauern, die zwar längst geschleift, aber in den Köpfen unverrückt und fast sichtbar steinfest standen. Seit alten Römertagen war der Ort am Zusammenfluss von Talfer, Eisack und Etsch, wo sich das enge Passtal vom Brenner her erstmals hinter den Alpen zu breiter Ebene öffnet, ein Ort der Wirte und der Kaufleute. Handelskarawanen und die Züge der Rompilger hatten Jahrhunderte lang die Stadt und deren Menschen mit Geld bereichert, ohne sie jedoch aufzuschließen. Dass rund um die Stadtfriede auch noch die imposante, nur nach Süden befremdlich offene Gebirgsmauer der Dolomiten den Ort einkesselte, hatte die Bozner Eingeborenen Generation um Generation zu engstirnig Misstrauenden geprägt, denen es galt, alles Fremde von außen ebenso abzuwehren, wie alles nicht völlig Angepasste in den eigenen Reihen. Während andere Städte an bedeutenden Handels- und Pilgerstraßen sich von durchziehenden Kontakten vielfach befruchten ließen, nährten solche in Bozen nur wachsamen Argwohn und abschätzigen Eigendünkel. Nur einem einzigen in der langen Stadtgeschichte wurde großmütig eine Ausnahme gewährt: Goethe, dessen lediglich einer Rastnacht innerhalb des Städtchens Mauern ein Straßenname gewidmet wurde und dazu eine bronzen dauerhafte Gedenktafel am beglückten Wirtshaus.

Die nach verlorenem ersten Weltkrieg erfolgte Zugliederung zum Feindesland Italien, der sofort darauf folgende Populationsdruck politisch geförderter Zuwanderung aus dem fremdsprachigen Süden und die ganz allgemein belastenden Auflagen der neuen Hausherren hätten wohl mit einiger Berechtigung die abwehrende Überheblichkeit der eingesessenen Bozner fördern können, wenn es dort denn noch Raum für eine Steigerung gegeben hätte. Den aber gab es nicht. Und so wurde eben umgepolt von den vorher misstrauisch beäugten Durchfahrenden auf die sich nun Festsetzenden, die auszugrenzenden Eindringlinge aus dem Süden, die als *Walsche* in der Sozialachtung noch um ein gutes Stück niedriger eingestuft wurden als die Bauern der umliegenden Täler oder etwa die städtischen Dienstboten.

Mir sein mir – also: *Wir sind wir* – war das simple Motto derer in Bozen, die sich als Bozner zugehörig zählen durften. Meine Familie gehörte dazu; wenn auch nur am Rande, weil erst in zweiter Generation zu den respektabel Eingesessenen hoch gehangelt.

Was das alles mit dem Thema hier – also mit *Geld, bei uns zuhause* – zu tun hat? Es hat. Denn es braucht vielleicht schon eine gewisse Ahnung vom damaligen Bozen, um die Einstellung meiner Leute zum Geld und dem Umgang damit sozialbezogen sehen zu können.

Über Geld spricht man nicht.

Geld hatte man *zu haben*, in der sich als großbürgerlich verstehenden Kaste derer, die in Bozen den Ton angaben.

Über Geld allerdings zu reden, war verpönt, wobei es zugleich bezeichnend ist, dass bei Begegnungen aller Art fast ausschließlich über Dinge geredet wurde, die sehr wohl und ganz direkt mit Geld zu tun hatten.

Wer von wem welches Haus gekauft hat und wie er sich das wohl leisten könne; wie der eine dem anderen Kunden weggeschnappt hat und ob der Geleimte das nun verkraften werde; was wohl den Ausschlag gegeben hat zur Hochzeit der hässlichen Braut mit dem am besten aussehenden Junggesellen der Stadt; warum der Baron von Walther Teile seiner Sommervilla jetzt an Wildfremde vermietet; ob es mit rechten Dingen zugegangen ist, dass beim Nachlass vom Vintler Alfons die Tochter und ledige Kindsmutter noch nicht einmal ihr Pflichtteil bekommen hat; wohin es denn führen wird, dass jetzt das Geschäft vom... das waren so die Themen, die wochenlang bekakelt wurden. Das nackte Hartwort *Geld* wurde dabei mit Floskeln umgangen.

Der eigene Besitzstand an Mammon, ob nun real oder nur vorgegeben, wurde in vielfältiger Art gezeigt, ohne je das Konto offen zu legen. Es war verpönt, auch sogenannten besten Freunden die Höhe des eigenen Einkommens oder auch nur des Verdienstes aus einer einzigen Transaktion zu beziffern; und ungeheuerlich wäre es gewesen, selbst eng Verwandte nach deren Geldstand und Zufluss zu befragen. Dabei glaubte doch wohl jeder, über die finanziellen Gegebenheiten nahezu jedes anderen besser Bescheid zu wissen als der Betroffene selbst.

So wie recht allgemein außer Haus, so galt das bei uns auch innerhalb der eigenen vier Wände. Nie habe ich meine Eltern, Hans und Rica, nie und mit wem auch immer, in normalem Redeton über Geld sprechen gehört. Wenn überhaupt aus irgendwelchen Gründen gezwungenermaßen angeschnitten, wurde das Tabuthema meist mit nur knappem Wort oder höchstens einer kurzen Einlassung erledigt – kurz und kühl, missmutig irritiert, wie absolut gelangweilt, aggressiv abbürstend oder manchmal auch großmütig zustimmend... je nachdem.

Dazu fallen mir ein paar Begebenheiten ein und dazu mehr oder weniger ähnlich sich wiederholende Situationen und Verhal-tensmuster, die als Teile eines Puzzles vielleicht ein Bild ergeben. Etwa...

Mina baut ein Haus.

Hermine, von allen nur Mina genannt, war die vierte jener fünf Schwestern, deren zweitgeborene meine Mutter, die Rica war. Von ihrem Vater hatten alle, mit Ausnahme der jüngsten, noch zu dessen Lebzeiten gut gepolsterte Starthilfen für ein so eigenständiges Leben bekommen, dass sie ihre Männer unabhängig davon wählen konnten, ob diese Besitz oder Einkommen hatten, oder nicht.

Dreien seiner Töchter, darunter auch der Mina, kaufte er die alteingesessen führenden Süßwarenläden in Bozens Altstadt *Unter den Lauben.* Der Rica vermachte er als Alleinbesitzerin das Stammgeschäft, die damals im Südtiroler Raum gewichtigste Süßwaren- und Gewürze-Großhandung Doch keine der Töchter hat ein Haus bekommen. Das dreistöckige Wohnhaus der Familie mit dem von meiner Großmutter betriebenem Konfiserie-Geschäft im Erdgeschoß, das er auf einem Erbpacht-Grundstück des Fürsten Campofranco gegenüber der Pfarrkirche gebaut hatte, das hinterließ er seiner Frau, der Viktoria.

Kaum verheiratet, 1934, reifte bei der Mina der Plan, sich ein Haus zu bauen. Sie dachte an ein drei- bis vierstöckiges Wohnhaus mit viel Garten und hatte dazu auch ihr Lieblingsgrundstück kurz nördlich der Altstadt gefunden, wo ein weitläufiger Weinberg in Parzellen aufgeteilt und handverlesenen Boznern angeboten war. Die Mina konnte Grund und Bau nicht selbst finanzieren. Ihre Bankverbindung wollte sie möglichst gering mit einem Kredit fürs Haus belasten, bedacht, ihr Geschäft liquid und flexibel zu halten. Und so kam sie auf die recht logische Idee, den drei älteren und ebenfalls nicht unbetuchten Schwestern vorzuschlagen, ihr, der Mina, Geld für den Hausbau zu leihen. Die Schwestern haben zögerlich, von hoch angebotenen Zinsen aber doch bewegt, zugestimmt, wozu es aber dann noch viele Klauseln samt Brief und Siegel vom Notar brauchte.

Und die Mina hat ihr Haus gebaut – für ihre junge Familie und mit der beruhigenden Rendite von darin zusätzlich drei gut zu vermietenden Wohnungen in bester Lage. Die Schuldbeträge und deren Zinsen hat sie im Ablauf der vereinbarten fünf Jahre stetig und fristgerecht getilgt, was auch nie jemand bestritten hat.

Eine banale Geschichte ohne Bedeutung und Pointe? Eben doch nicht, im Folgespiel.

Schamlose Gier und *Ausbeuterei* wurden der Mina schon bald lauthals giftig von ihren drei älteren Schwestern vorgeworfen. Ihre, der Mina, schmeichlerische Hinterhältigkeit habe ihnen, den anderen Dreien, *das Geld* abgeschwatzt, das sie doch eigentlich dringend gebraucht hätten, um vielleicht selber zu bauen; und so sei sie, die Mina, heimtückisch zu Hausbesitz gekommen, während die anderen dazu verdammt blieben, für immer zur Miete zu wohnen – trotz bestens florierender Geschäfte, von denen jede eines hatte, und damals noch recht billigen Baupreisen.

Und immer, wenn nun das Gespräch im Familien- oder Bekanntenkreis auf dieses Thema kam, was recht häufig war, wurde mit dem heraus gespuckten *unser Geld* das sonst verpönte Geld-Wort durchaus gebraucht, um damit die ganze *Niedertracht* der einzigen in der Familie zu geißeln, die ihre, den anderen gleichen, Startchancen zügig genutzt hatte, sich dauerhaftes Eigentum und Mietrendite zu schaffen. Auch nach Jahrzehnten noch ist die Mina das Beispiel dafür geblieben, wie *man* mit *Geld* ehrenwert eben *nicht* umgeht.

Löhne stehen an.

Erst etwa im Alter der Einschulung ging ist es mir aufgegangen, dass die *Dienstboten*, also unsere Köchin, die Mädchen, das Kinderfräulein auch Entlohnungen bekamen, und zwar in Form von Geld. Ich weiß nicht, wer und was mich darauf brachte. Aber irgendwann begann ich, das damit verbundene Ritual zu belauschen.

Einmal darauf aufmerksam geworden, bemerkte ich so gegen Monatsende immer kleine Anzeichen von gezischelter Nervosität in der Küche, das in den Folgetagen dann zunahm. Gegenseitig forderten *die dienstbaren Geister* sich auf, zur *Herrschaft* zu gehen. So um den 3. oder 4. des neu angefangenen Monats rang sich dann wohl jeweils die eine oder andere durch, beim Hans an den Monatslohn zu erinnern. Dann, einen oder zwei Tage später, mussten die Bediensteten im Gang vor dem Esszimmer antreten; eine nach der anderen wurde einzeln hineingerufen; sie bekamen – das habe ich später mit im Zimmer dann auch gesehen – ihren Lohn in Scheinen und abgezählten Münzen vorgelegt, zusammen mit einem Zettel, den sie zu unterschreiben hatten, bevor sie nach dankender Verbeugung ihr *Geld* vom Tisch nehmen konnten.

Auf dem Zettel stand oben drauf der jeweilige Name und darunter: *Ich habe meinen Lohn für den abgelaufenen Monat bekommen und nichts mehr zu verlangen.* Darunter das Datum und Platz für die Unterschrift. Die Höhe des ausbezahlten Betrages stand nie auf dem Zettel, weil sie, wie ich später erfuhr oder es mir zusammenreimte, wohl dokumentiert hätte, mit wie viel, also mit wie wenig da entlohnt wurde. Ob es zudem mit den auch damals schon vorgeschriebenen Sozialabgaben für die *Dienstboten* zusammenhing kann durchaus sein. Dass diese bezahlt wurden, möchte ich sehr bezweifeln. Von solcherlei Dingen hatte ich aber damals gar keine Ahnung und deshalb auch keine Gedanken dazu.

Mit gespitzten Ohren hörte ich aber elterlichem, leicht irritiertem Geplauder darüber zu, wie viel *richtiger* es doch noch vor so wenigen Jahren gewesen war, als die Dienstboten nicht jeden Monat drängend mit gierig offener Hand da standen, sondern freudig darauf warteten, bis einmal im Jahr – an *Lichtmess*, dem 2. Februar – die Herrschaft ungezwungen den gütlichen Lohn leutselig hingab und dafür auch einen schönen Blumenstrauß bekam, wie es eben so Brauch gewesen war.

Ohne dazu gefragt zu sein und deshalb auch gar nicht daran denkend, es auszusprechen, fand ich das Gehörte über *früher* als durchaus berechtigt und *richtig*. Die nunmehr in monatlich kurzen Abständen immer wieder manifeste Geld-Gier der Bediensteten brachte mich dahin, sie mit dem ihnen *gebührenden Abstand* – so nannte man das damals – zu betrachten, also so, wie sich das auch *gehörte:* freundlich, aber doch stets darauf bedacht, den *Leuten* nur gerade die Bedeutung zu geben, die ihnen die Zeitläufe nun einmal zugestanden hatten.

Dem Zusammenleben auf recht engem Raum war das nicht heiter ersprießlich. Und erst um einiges später ist es mir langsam aufgegangen, dass angeordnete Arbeit auch angemessene Entlohnung bedingt, um die nicht zu *bitten*, sondern die an den dafür festgelegten Stichtagen spontan zu entrichten ist.

Doch bei uns zuhause sah man das eben irgendwie anders. Es war nun einmal so, dass man den Dienstboten *Geld* zu geben hatte. Monatlich auch noch. Darum sollten sie aber *bitten* – weil man um alles bitten soll, was man von jemandem bekommen will, das dieser geben kann – oder eventuell auch geben muss. Um sein Geld hatte der Dienstbote also zu bitten.

Hat das denn aber auch anders herum gegolten?

Kein Lohnempfänger wurde bei uns jemals *gebeten*, die eine oder andere Arbeit zu machen. Das wurde angeordnet; und die angeordnete Arbeit hatte der Dienstling zügig zu *geben,* wogegen der Dienstherr sie als befehlsentsprechende Leistung kommentarlos entgegen *nahm*.

Dazu, und gerade als Klammer: Nie habe ich verstehen können, wie es sich in die deutsche Sprachgewohnheit einfügen konnte und darin immer noch halten kann, dass der, der die Arbeit leistet und sie somit *gibt* als ein heischender *Arbeitnehmer* bezeichnet wird; der dagegen, der die geleistete

Arbeit für sich *nimmt*, als großmütig verteilender *Arbeitgeber* gilt. Aber das hat nun wirklich nichts mit dem Thema hier zu tun, das sich auf *Geld bei uns zuhause* beschränken sollte.

Schulgeld ist fällig.

Das Erinnern an die *Dienstboten*, die Monat für Monat erst untereinander tuschelten, sich gegenseitig Mut zusprechen und dann vorpreschend um ihren Lohn bitten mussten, bringt meine Gedanken zum Schulgeld.

Wie das bei Bozens *Eingesessenen* traditionelle Laufbahnspflicht für alle nicht ganz trotteligen Söhne war, musste oder durfte auch ich auf das Franziskaner Gymnasium, eine von Mönchen geleitete und verwaltete Schule, die über das humanistische Lyzeum zum Abitur führte. Für alle, die kein Kloster-Stipendium hatten, wurde ein Schulgeld verlangt. Es war nicht viel und in bequemen Raten zu bezahlen: jeweils ein Drittel zum 15. September, 15. Januar und 15. Mai. Die Stichtage waren seit Jahrzehnten unverändert und allgemein bekannt. Dennoch bekamen wir Schüler jedesmal wieder ein frühzeitiges Erinnerungsblatt mit nach Hause, das ich stets gut sichtbar auf den Esstisch legte, so wie das auch mit den Zeugnissen oder anderen Schulmitteilungen der Brauch war. Und dann wartete ich auf das Geld, das ich beim Pater Administrator abzuliefern hatte.

Ich wartete jedesmal vergebens, tagelang. In der Schule versuchte ich, dem Pater Administrator möglichst unauffällig zu bleiben. Gelegentlich wagte ich mit dünner Stimme, den Hans oder die Rica zögerlich an das Schulgeld zu erinnern, was immer verkniffene Lippen brachte, nie aber mehr. Spätestens nach zwei oder drei Wochen bekam ich dann meist wieder ein Blatt in der Schule, das ich nach Hause bringen sollte. Mit einem dräuend blauem Stempel war es versehen, der *Mahnung* schrie. Oft brachte auch das nichts. Bis dann der Postbote mit einem Brief in braunem Umschlag und dem gut sichtbar aufgedruckten Schulwappen kam.

Jeder Postbote, der so einen Umschlag austrug, und dazu jeder, der ihn zufällig irgendwo liegen sah, wusste, ganz sicher, was darin war. Davon jedenfalls waren meine Eltern fest überzeugt. Und, weil sie einen Horror davor hatten, dass andere eventuell negativ von ihnen sprechen, also *sie ausrichteten,* könnten, war ihre Reaktion auch immer wieder entsprechend: helles Wehklagen darüber, was *die Leute jetzt wohl denken;* die *Gemeinheit,* so etwas der Post in die Hand zu geben, wo es doch auch ein Telefon gibt; und weil schon ein Schuldbock in der Nähe zu sein hatte, wurde ich dann das Ziel der Giftwortpfeile, weil ich ja nur einmal laut und klar *um das Geld zu bitten* gebraucht hätte. Tags darauf durfte ich dann jeweils den Pater Administrator suchen, ihm meine handschweißnasse Geldtüte stotternd zu übergeben.

Drei oder vier Jahre lang ist das so gegangen. Dann aber, als ich wieder mal das Erinnerungsblatt zum Schulgeld-Stichtag bekam, ging ich damit zum Rektor, dem allgemein als hart und zungenscharf gefürchteten Pater Justus. Ich gab ihm das Blatt mit der Bitte, nie wieder ein solches zu bekommen. Ich sagte ihm, dass ich auch keine Blätter mit der *ersten Erinnerung* mehr nach Hause bringen würde. Unsere Telefonnummer gab ich ihm, die er aber schon hatte. Und ich sagte ihm auch, dass ich dem Pater Administrator nie wieder eine Geldtüte bringen würde. Ich weiß nicht, wie ich das alles rotkopfig aus mir heraus gebracht habe. Ich weiß auch nicht, ob ich mir das Lächeln im alten Asketengesicht als verächtlich oder verständig deuten sollte.

Die *Sache* mit dem Schulgeld war damit jedenfalls für mich erledigt. Wenn die anderen ihre Erinnerungsblätter bekamen, blieb ich davon verschont. Irgendwie ist das Gymnasium in den dann folgenden Jahren bis zu meinem Abitur sicher dennoch an mein Schulgeld gekommen, denn wenn es ums *Geld* ging, verstand der Pater Administrator weder Spaß noch Pardon. Zuhause habe ich dazu nie mehr auch nur ein Wort gehört.

Schulbücher braucht man auch.

Vom Schulgeld zu den Schulbüchern ist es kein Gedankensprung sondern nur ein kleiner Hüpfer. Sicher brauchten wir auch schon in der Grundschule irgendwelche Lehrbücher, aber wie die beschafft wurden, daran habe ich keine Erinnerung. So ziemlich reibungslos muss es damit also abgegangen sein. Vielleicht wurde das Unterrichtsmaterial ja auch kostenlos vom Staat gestellt.

Gleich anfangs nachher, beim Eintritt ins Gymnasium, gab es auch mit der neuen Schule keine Beschaffungsprobleme. Meine guten Noten der Aufnahmeprüfung hatten dem Hans so die Brust gebläht, dass er sofort alle Bücher kaufte, die auf der uns gegebenen Liste standen, auch die nur empfohlenen, und gleich doppelt die Grammatik und das Wörterbuch für Latein, einmal für sich selber.

Zum Anfang der zweiten Klasse war ein so lockerer Vorgang des Bücherkaufs vergessen. Vom ersten Schultag brachte ich die neue Liste mit nach Hause. Zu späterer Ansicht irgendwo hinlegen möge ich sie, so die Reaktion. Wie ein Stein ist sie dann gelegen: erst auf dem Esstisch, dann auf der Anrichte, irgendwann auch anderswo – aber immer recht gut im Sichtfeld. Manchmal sagte ich etwas dazu, zumal wenn wieder die leierkastenmäßig wiederholte Frage kam, wie es denn in der Schule gewesen sei und ich dann vor mich hinstotterte, dass ich das eine oder andere wieder einmal nicht hatte beantworten können, weil ich das zum Lernen dafür nötige Buch nicht hatte. Zwischendurch lieh ich manchmal von Klassenkameraden, was sie an dem Tag gerade nicht brauchten.

Und so wurde es fast Weihnachten. Das Quartalszeugnis kam und war in etwa so schlecht, wie von mir schon arg gefürchtet. Da war dann die Luft zuhause am Wochenende so dick, dass man sie nur mit einem Schlachtermesser hätte schneiden können. Am Montagabend aber lagen die Bücher in meinem Zimmer auf dem Tisch. Ausnahmslos alle aus der Liste. Einfach so, ohne Kommentar.

Die Wochen, Monate ohne die gebotenen Bücher waren mir intensiv das, was man später *Stress* nannte. Sollte das im nächsten Schuljahr auch so *stressig* weiter gehen? So wie mit dem Schulgeld? Wenigstens für die Bücher wollte ich es zweites Mal vermeiden.

In der ersten Schulwoche gab es einen kleinen Flohmarkt während der großen Pausen. Die älteren Schüler boten den unteren Klassen die nicht mehr gebrauchten Bücher an – mit 50% Abschlag auf den Neupreis. *Meine* Bücher gehörten ja nun aber nicht *mir* sondern meinen Eltern, wie mir das genügend häufig gesagt war. Trotzdem, zweifelnagend, habe ich die nicht mehr benötigten auf den Flohmarkt gegeben. Und verkauft.

Mit dem Erlös habe ich die für die dritte Klasse gelisteten Text- und Lehrbücher von den Vorklässlern gekauft, oder doch wenigstens angezahlt mit dem Versprechen, den Rest ganz schnell – *echt geschworen!* – zu begleichen. Dann, nun schon einmal ins Fahrwasser gekommen, habe ich ein paar von *meinen* alten Kinderbücher, die natürlich auch nicht *mir* gehörten sondern der Familie, einem Bücherantiquar verkauft, der seinen Stand an der Ecke zu den Lauben hatte, und mit seinem Geld habe ich dann prompt bezahlt, was den Vorklässlern noch schuldig geblieben war.

Die Liste der fürs neue Schuljahr verordneten Bücher lag inzwischen wieder zuhause aus, wochenlang und stets gut im Sichtfeld, wie im Vorjahr. Nichts hat sich getan. Niemandem fiel auf, dass ich aber in diesem Herbst nicht mehr nach den Schulbüchern quengelte; und auch nicht etwa, dass in meinem Zimmer plötzlich nie gesehene Bücher standen und andere fehlten. Es hätte so im Sand verlaufen können, wie das bei uns nicht selten war, wenn es galt, *Unannehmlichkeiten* zu vermeiden.

Aber irgendwann lief am Kiosk des Altbücherhändlers eine der Tanten vorbei und sah ausgestellt ein Märchenbuch, das sie mir mal mit Widmung geschenkt hatte. Sie kaufte es zurück. Sie brachte es anklagend. Mein *Diebstahl* lag offen. Gestammelte Erklärungen brachten nur, dass jetzt auch das Fehlen etlicher Vorjahreslehrbücher entdeckt wurde, was natürlich *absolut haarsträubend* war. Meine neu im Regal stehenden Schulbücher wurden übersehen, so als ob gar nicht vorhanden.

Wie gottergeben und fast schon in gewohntem Refrain wurde, nach gebührend erfolgter Bestrafung, einmütig gesagt, dass damit *wieder einmal der Beweis erbracht für...* Ja, wofür denn? Tja, das kam immer auf die einzelnen Situationen an und was ich da *schon wieder mal* verbockt hatte. Die Beschaffung von Schulbüchern aber war mir von da an kein Problem mehr. Ich hatte gelernt, wie man sich im Tauschhandel tummeln und damit zudem *Geld* erwerben kann, das sich dann Stress vermeidend einsetzen lässt.

Mein Geld, dein Geld, unser Geld.

Wahrscheinlich war es immer schon so gewesen, dass meine Leute bei der Sparkasse ein Firmen- und ein Privatkonto hatten. Nach dem Kriegsende war es jedenfalls so, obzwar Ricas Großhandel ausgebombt war und nicht mehr neu durchstartete, sodass es von da an keine Firma mehr gab und das Einkommen nur noch vom angeheirateten Hans in ausschließlich persönlichem Einsatz als nunmehr Handelsvertreter ins Haus gebracht wurde.

Das sogenannte *Firmenkonto* lief ewiglich unverändert auf den Namen des alten Heinrich Calligari, dem Vater der fünf Schwestern und Geschäftsgründer. Er war zwar schon an Weihnachten 1934 gestorben, aber weil die Rica das Geschäft geerbt hatte, gehörte das Firmenkonto einfach dazu und dabei ist es dann geblieben. Den Leuten von der Bank machte das nichts aus.

Für das Firmenkonto hatte nur die Rica eine globale Vollmacht. Dorthin wurden die vom Hans verdienten Provisionen überwiesen.

Das Privatkonto lief natürlich nicht auf dem Namen des alten, schon zur Legende gewordenen Heinrich, sondern auf die Rica. Aber der Hans war zeichnungsberechtigt und hatte somit freien Zugang dazu; wobei die Kontoauszüge aber immer an die Rica gingen, wie es sich für die wirkliche Inhaberin eines Bankkontos auch so gehört. Von sowas wie *Ehegatten-Splitting* konnte keine Rede sein, es sei denn man verstünde darunter wie in Ricas Sicht: Das Firmengeld ist mein Geld; das von dir verdiente Geld ist Firmengeld; der Teil davon, der, von mir erlaubt, auf das Privatkonto transferiert wird, ist dann unser Geld. Und was du davon unter meiner Kontrolle nimmst, das ist dann dein Geld.

Ganz einfach ... oder?

Schulausflug mit Nachspiel.

Das war noch in der Grundschule, als ich so 10-jährig war. Die Lehrerin hatte einen Maiausflug in die Berge organisiert. Wir Schüler sollten eine kleine Geldsumme mitbringen: für die vorgesehene Seilbahn und um unterwegs etwas zum Essen oder Trinken zahlen zu können, wenn wir auf einer Hütte Rast machten.

Ich durfte mit. Und ich bekam auch abgezähltes Ausflugsgeld, wie es lehrerseits so verlangt war. Über das Geld freute ich mich besonders, denn damit wollte ich ein Büchlein kaufen, das im Schaufenster des Pfarreibuchladens lag und dessen Deckel versprach, vom Umgang mit Mädchen zu handeln.

Wir machten also den Maiausflug. Wir kehrten auf der Hütte ganz oben auf dem Berg ein. Fast alle bestellten Suppe oder ein Omelett mit Preiselbeeren und gelbe, rote oder grüne Limonade. Ich schnorrte beim einen oder anderen um einen Bissen, einen Schluck. Denn zuhause musste ich abrechnen, wie ich schon vorab wusste, und das unterwegs nicht verbrauchte Geld zurückgeben. Bei solchen Gelegenheiten spielte Geld in der Familie eine große Rolle und man hat auch darüber gesprochen, gelegentlich bis in entnervende Details hinein.

So schrieb ich denn die Abrechnung, in etwa so:

Seilbahn Jenesien	*10,40 Lire*
Nudelsuppe mit Ei	*19,50 Lire*
Limonade	*6,60 Lire*
Noch eine Limonade	*6,60 Lire*
	43,10 Lire

Bekommen: 50 Lire . Zurück: 6,90 Lire

Die Rica hat es geprüft, des Restgeld genommen und dann wohl, später am Abend, die Abrechnung warnend dem Hans. Am nächsten Morgen jedenfalls wurde ich zur Rede gestellt: Was denn das für eine Luxussuppe gewesen sei, die so unverschämt teuer. Und welches das Komforthotel, wo eine Limonade so viel kostet? Ob die Suppe echt so teuer gewesen... und die Sprudel? Wie denn auch die Lehrerin so etwas akzeptieren konnte? Warum ich denn überhaupt zwei Getränke nehmen musste... oder habe ich vielleicht gar nicht? Ob ich jetzt auch nicht lüge? ...und das solle ich schwören.

Ich blieb bei meiner Geschichte. Das Buch hatte ich mir schließlich mit Hunger und Durst abgespart. Für Sprudel und Suppe hatte ich eben überhöhte Preise angesetzt, weil mehr hätte ich nicht konsumieren dürfen; und, hatte ich mir gedacht, wer in der Familie sollte schon wissen, was so ein Hüttenwirt und speziell der unsere berechnete. Also blieb ich bei dem, was auf dem Zettel stand. Aber noch war es nicht ausgestanden.

Der trotzige Schwur stand im Raum. Hans wollte der Sache aber voll auf den Grund gehen. Und so kündete er an, mich am nächsten Morgen in die Schule zu begleiten, um vor mir und möglichst auch allen Klassenkameraden die Lehrerin zu befragen, was beim Ausflug die Nudelsuppen und Limonaden gekostet hatten. Ich hatte keine gute Nacht. An der Seite des hoch aufgerichteten und entschieden ausschreitenden Gerechten lief ich dann frühmorgens den langen, viel zu kurzen Weg zur Schule. Kein Wort auf der ganzen Strecke, außer einem knappen: *Jetzt werden wir ja sehen.*

Viel zu schnell, um eine Ecke gebogen, war das Schultor in Sicht. Der Hans verhielt kurz; ging ein paar Schritte weiter und ich neben ihm her, bibbernd; und dann blieb er ganz stehen: *Es wird schon so gewesen sein, wie du sagst...* kam es zischend durch geschlossene Zähne.

Er hat abgedreht und ist davon gegangen. Ich stand da, verdattert einigermaßen, schaute mich nicht um, ihm nicht nach. War ich erfreut, dass die Drohwolke ohne Blitzeinschlag vorüber war? Erleichtert, wenigstens? Nein, einfach nur beschämt. Und, ganz eigentümlich dabei: die Scham galt nicht mir selbst, der ich doch betrogen, fast gestohlen hatte, sondern ihm, dem Hans, dem nach solchem Voraus-Theater nun der Mut fehlte, mich bloßzustellen... oder sich selbst.

Taschengeld.

Die Erinnerung an jenen besonderen Schulausflug bringt mich dazu, an Taschengeld zu denken. Während der ganzen fünf Volksschuljahre war das kein Thema gewesen. Es war damals beinahe allgemein so, dass wohl kein Kind in dem Alter regelmäßiges Taschengeld bekam. Nur die Privilegiertesten unter uns hatten öfter mal Bargeld, meist zu Geburtstagen oder bei anderen Anlässen von Großeltern oder Paten zugesteckt.

Aber mit dem Eintritt ins Gymnasium wurde das anders, wie so manches. Die ehrwürdigen Patres und selbst der Rektor *siezten* uns. Wir hatten in den Schulräumen lange Hosen zu tragen. Man erwartete von uns, nun erwachsen zu werden – es fast schon zu sein. Und da sprach es sich bei uns herum, dass wir *als Gymnasiasten* jetzt fast alle Taschengeld bekamen... die meisten wöchentlich und zu Beginn recht bescheidene Beträge, die, wenn ein bisschen höher, oft dafür gedacht waren, davon auch Kleinigkeiten des täglichen Schulbedarfs zu bezahlen, die Hefte etwa und die Kugelschreiber und so. Dass das so die Praxis war, wusste jeder und auch Rica und Hans lebten nicht so weit hinter den

Wolken, dass es ihnen verborgen geblieben wäre. Aber für mich tat sich nichts.

Irgendwann, wohl etwa weil Hefte zu kaufen oder sonst sowas anstand, habe ich das Thema angesprochen. So richtig mühsam und teigig war es, mit dem Hans darüber zu reden, weil es mir auch schwer fiel, ihm zu verneinen, dass ich sowieso alles bekam, was ich nur brauchte; und weil mein Gegenargument, dass alle anderen doch auch ein Taschengeld bekämen, als solches wohl zu schwach war.

Aber einen versprechenden Kompromiss bot er doch an: Bis zum 4. Juli, zum Geburtstag, sollte ich warten, und als dann 12-jährig wäre ich hoffentlich reif genug dafür, auch Taschengeld zu bekommen. So hatte ich also das erste Jahr am Gymnasium ohne zu bleiben, was meinem Ansehen bei den Klassenkameraden gar nicht förderlich war.

Freudig sah ich dem näher rückenden Geburtstag entgegen, dabei auch zwischendurch immer wieder an das Erwartete erinnernd. Wie bei uns zuhause so üblich, wurde kein Geburtstag an seinem Kalendertag unter der Woche gefeiert, sondern stets erst am nachfolgenden Sonntag. Das brachte noch ein paar Tage zusätzlicher Hängepartie, weil der 4. Juli 1950 mitten in der Woche lag. Aber dann war es soweit und wirklich: Ich bekam einen Umschlag mit darin 100 Lire – damals konnte man davon vier Tageszeitungen oder zwei Kilo Brot kaufen – und dazu das Versprechen, dass das mein Taschengeld sei, das ich von nun ab jeden Sonntag bekommen würde. Es war entschieden weniger als erhofft und am untersten Rand dessen, was die anderen in der Klasse – selbst der Ivo Donati oder der vaterlose Adolf Rienzner – bekamen. Aber: Ich hatte Taschengeld!

Das sonntägliche Ritual hat sich für ein paar Wochen wirklich eingespielt, bis meine Eltern im August in Urlaub fuhren, womit die gerade begonnene Sonntagsgewohnheit unterbrochen war. Der Köchin war nicht aufgetragen, mir sonntags Geld zu geben. Da war nichts zu erwarten.

Dann aber, am Sonntag nach der elterlichen Rückkehr, bekam ich wieder meine 100 Lire, nicht aber die zweifache

Nachzahlung auf die ich gehofft, gezählt hatte. Trocken geschluckt! Und etliche Wochen lief es danach ja auch recht regulär. Nur ein paarmal war ich gezwungen, den Hans am Sonntagabend wieder einmal zögerlich an das anstehende Taschengeld zu erinnern.

Dann aber habe ich wohl wieder einmal etwas gar Furchtbares verbrochen, das mir aus der Erinnerung wie weggewischt ist. Vielleicht eine schlechte Note, ein Schulbrief oder etwa Toben im Treppenhaus oder was weiß ich...

Jedenfalls: Das Taschengeld wurde für zwei Wochen gesperrt. Und dann hat es sich nicht mehr ergeben, dass der sonntägliche Zahltag neu aufgenommen wurde. Der Hans meinte, wenn ich nun schon Geld brauchte, sollte ich es mir doch verdienen. Dazu erlaubte er mir, die gelesenen Zeitungen und was sonst an Altpapier zuhause anfiel bei Othmar Tschoner, dem Papierhändler, auf eigene Rechnung zu verkaufen; und wenn ich schlau sei, könne ich mich ja in der Nachbarschaft umhören, ob mir noch sonst jemand sein Altpapier überlassen wolle. Das war's dann, mit Taschengeld. Bei Tschoner bin ich bald Stammlieferant geworden. Für *Druck*, also Zeitungen und Zeitschriften, gab es 8 Lire je Kilo und 3 Lire für das unsortiert Zerknüllte.

Später dann, bei entsprechenden Gelegenheiten, merkte ich allerdings öfters mal durch vom Hans vor sich hin gezischte Sätze, dass ihm seine Lösung vielleicht gar nicht mehr so ideal erschien. Er hatte sich damit der Möglichkeit beraubt hatte, mir Taschengeld strafend zu kürzen oder es gar auszusetzen.

Geschenke kosten meist Geld, gelegentlich mehr.

Das mit den Geschenken war bei uns zuhause so eine Sache für sich. Ursprünglich waren sie, die Geschenke, auf Weihnachten und die Geburtstage beschränkt; und wir Kinder bekamen sie... nicht, dass *wir* welche machen mussten. Zu Nikolaus brachte der Alte mit der Mitra zudem noch Nüsse und Obst. Der Osterhase versteckte Marzipan und bunte Eier, die wir suchen durften.

Das war's... bis sich dann irgendwann, anfangs schleichend vielleicht, andere Schenkgepflogenheiten auftaten, die, von der Rica sehr gefördert, mein Schwesterchen Ortrud anstachelten, daraus einen Dauerwettkampf der Liebedienerei zu entwickeln. Es ging dabei plötzlich um Geschenke von uns für die Eltern, nicht um solche von ihnen für uns Kinder, und die Phantasie wucherte aus, das Jahr bekam einen eigenständigen Ablauf.

Neujahr: Eine Kleinigkeit für Hans und eine für die Rica. 10. März: Vaters Geburtstag. März oder April: Ostern. Erster Maiensonntag: Muttertag. 16. Mai: Namenstag vom Hans. 10. Juni: Ricas Namenstag. 14. September: Hans und Rica haben Hochzeitstag. 27. November: Ricas Geburtstag. 6. Dezember: Elterngeschenke auch zum Nikolaus. Und dann endlich Weihnachten: Für jeden etwas. Das waren zehn Fälligkeiten und mehr als ein Dutzend Geschenke, die da im Jahreslauf zu besorgen waren. Die Zeit von Ende November bis zu Neujahr war da immer ganz besonders stressend.

Das Trutschele, fallweise von der Rica oder dem Hans ge-sponsert, hatte damit kaum Probleme. Der Klaus war anfangs noch zu klein, um in den Wettbewerb gezogen zu werden. Ich aber musste Gedanken wälzend zusehen, wo und wie ich immer wieder rechtzeitig zu etwas kommen konnte, das im Wettlauf gute Figur und dazu vielleicht sogar Freude machte. Erschwerend kam mir natürlich dazu, dass ich nie basteln gelernt hatte und auch keine Bildchen malen konnte.

Irgendwie habe ich es aber doch immer geschafft, etwas aufzutreiben, das am feierlichen Tag auf der Kommode im Esszimmer aufgebaut werden konnte. Meistens hat es auch recht nett ausgesehen... ob es nun Marzipanschweinchen zu Neujahr waren oder eine kleine Vase aus billigem aber glänzendem Pressglas oder fünf langstielige Nelken oder... ja Krimskrams eben, wofür ich mir das Geld mit etlicher Mühe immer wieder hier und dort zusammenkratzte. Wie? Das hat nie jemand je nachgefragt. Es reichte, dass ein Geschenk von mir anständig mit auf der Kommode im stand.

Jedesmal ging es dabei auch darum, uns darin zu überbieten, etwas Schöneres oder wenigstens Originelleres auf die Kommode im Esszimmer zu stellen. Da wurde vom jeweils Gefeierten schon sehr genau hingeschaut und entsprechend abgestuft, gegebenenfalls dann auch gelobt. Das Trutschele hat meist gewonnen.

Aber dann kam einmal ein Muttertag, an dem ich dachte, ein besonders schönes Geschenk zu haben; eines das mir selber schon beim Gedanken an die Aufreihung im Esszimmer so echte Freude machte.

Mit meiner vertrauten Jungensclique herumstreifend hatte ich die längst zerbombte und verfallene Bergstation der Seilbahn am Virgl durchstöbert und dort fast ein Meer von dunkelblauen, voll blühenden Schwertlilien gefunden, die dort im verwilderten Wirtsgarten nutzlos für sich allein in den Mai hinein blühten. Am Muttertag ganz früh morgens stieg ich nochmals zur Ruine hinauf und holte einen ganzen Arm voll der herrlichen Blumenstängel, die ich in drei oder vier Vasen verteilte und damit das Esszimmer zum Festsaal schmückte. Diesmal, dachte ich, hatte ich nun wirklich alle ausgestochen, und das auch noch ohne nur einen Knopf ausgeben zu müssen. Fast hüpfte ich vor präpubertärer Freude.

Aber falsch, sehr falsch gedacht!

Der frisch duftende Blütenrausch schuf Abwehr und zeugte bohrende Inquisition: *Woher das Geld, all diese Blumen zu kaufen? Die Blumen nicht gekauft... wo dann gestohlen? In was für einem Garten? Von welchen Leuten? Ein längst verlassener Ruinengarten am Virgl... lächerlich!*

Und ich, mit jeder der auf mich einprasselnden Frage für Frage verzweifelter: Kommt doch mit hinauf und schaut es euch an!

Was, wir? Zum Virgl mitgehen... hinauf zur Ruine... und uns oben dann lächerlich machen... Zumutung... eine Frechheit ohne gleichen!

Und weiter ist es gegangen: *Bei wem haben wir uns jetzt auch noch zu entschuldigen für den Gartenraub? Oder doch etwa gekauft... von was für gestohlenem Geld denn? Sag's endlich...!* Und weiter, immer weiter so, in schnappenden Tönen.

Die ganze Pracht der blauen Schwertlilien ist sofort nach dem Mittagessen hinunter in den Hinterhof gebracht worden und dort in der Mülltonne verschwunden. Keiner ist mit hinauf zur ehemaligen Seilbahn gekommen, um sich das immer noch überquellende Blumenmeer in der Bombenruine anzusehen, von dem ich nur einen kleinen Teil zum Muttertag mitgebracht hatte. Es ist dabei geblieben: Die Schwertlilien konnte ich nur gestohlen haben.

Am Ritual der Geschenke hat das nichts geändert; und als bei der nächsten Fälligkeit keines von mir dabei war, wurde das sehr scheel vermerkt.

Ich brauche Geld.

Nicht nur die Geschenke zu all den gebotenen Festen verschlangen stetig mein bisschen Geld. Ich wollte auch mit den anderen im Schulhof mithalten können, wenn sie sich in der großen Pause gelegentlich süße Schnecken oder sonst etwas im Laden um die Ecke kauften. Dann waren da auch noch die Hefte, die Kugelschreiber und solcher Schulkram, für den ich aufkommen musste. Und auch sonst kam immer wieder mal etwas dazu, für das ich ein paar Kröten brauchte.

Mit den wöchentlich 100 Lire Taschengeld wäre ich gerade so durchgekommen. Aber die gab es ja nun nicht mehr. Und mit dem Altpapier war niemals auf eine solche Wochensumme zu kommen, weil die Zeitschriften und die Zeitungen damals dünn waren und keine Beilagen hatten; und auch, weil sie oft gar nicht nach Hause gebracht, sondern in einem Café gelesen wurden. Die Nachbarn, alles sparsame Leute, verkauften ihr Papier selber oder verheizten es im Ofen.

Ein paar Versuche, die Sprache wieder einmal und erfolgreich auf ein Taschengeld zu bringen, endeten abrupt und nutzlos. Zum Schulbedarf gab es den lapidaren Bescheid, dass ich es künftig einfach wie früher sagen möge, wenn wieder mal etwas gebraucht und damit eine Ausgabe nötig würde; und ich wusste schon gleich, dass dann neuerdings die alte Leier vom mehrmaligen Nachfragen fällig war, bis sich die elterliche Geldbörse knirschend öffnen würde.

Ich musste mir etwas einfallen lassen. Viel Zeit für Gelderwerb konnte ich nicht aufwenden, weil gerade in der ersten Gymnasialjahren täglich eine Menge Hausaufgaben anfiel. Es gab auch kaum geldwerte, dauerhafte Hilfsjobs für einen 12/13-Jährigen und ein nur gelegentlich anfallendes Trinkgeld war keine Lösung. Aber da gab es etwas...

Der Hans arbeitete schon seit gleich nach dem Krieg, also seit Ricas Großhandlung ausgebombt war und nicht mehr wieder auf die Beine kam, als Handelsvertreter für Nestlé, dem damals schon riesigen Konzern. Aus der Mailänder Zentrale kamen immer wieder, in fast regelmäßigen Abständen, Schachteln voll Werbegeschenken für die Kunden im Land: Drehbleistifte mit versenkbaren Minen, Kompasse Taschenmesser, handlich runde Geduldspiele mit rückseitig einem kleinen Spiegel, Flaschenöffner und was an Krimskrams mit aufgedrucktem Firmenlogo damals so verteilt wurde, als die Werbung noch Reklame war.

Die Schachteln stapelten sich in unserem Wohnzimmer, das jetzt Büro genannt wurde.

Hans hatte damals noch kein Auto, weil das der Großhandlung gehörende verkauft war, und auf seinen Touren mit Bahn und Bussen hatte er schon an seinen zwei Musterkoffern so viel zu schleppen, dass die Werbegeschenke unverteilt daheim liegen blieben. Gelegentlich verwendete ich in der Schule recht auffällig einen der Drehbleistifte oder ich zeigte spielerisch ein rotes Schweizer Messerchen oder einen der Spiegel mit den Taschenspielen. Das Interesse war groß.

Viele boten mir ihre Pausenbrote zum Tausch, auch die Möglichkeit, Hausaufgaben abzuschreiben, oder auch besonders bunte Glasmurmeln und was sonst so jeder einzelne an kleinen Schätzen hatte. Da ließ sich doch etwas daraus machen. Die Geschäftsidee lag auf der Hand.

So habe ich angefangen, die zuhause gestapelten Werbegeschenke mit dem Firmenlogo Nestlé gezielt zu vermarkten. Auf Tauschhandel ließ ich mich dabei nicht ein. Für jedes Stück setzte ich seinen Preis fest, der weit unter dem lag, der zum Beispiel für ähnlich schöne Drehbleistifte oder Taschenmesser in den Läden verlangt wurde. Ich verkaufte auf Nachfrage, aber prinzipiell nur gegen Bares.

Und die Nachfrage hat sich ausgedehnt, bald auch auf Schüler der höheren Klassen, blieb dauerhaft und konnte problemlos befriedigt werden, weil aus Mailand, von der Firmenzentrale, immer wieder neue Schachteln mit den wohl vertrauten und auch anderen, neuartigen Werbedingen kamen.

Ich habe die Sache nie übertrieben. Einerseits wollte ich nicht zu viel entnehmen, auf dass der Schwund nicht allzu sehr auffalle. Andererseits hatte ich aber auch recht schnell erkannt, dass ich nur gut verkaufen konnte, wenn ich so tat als sei die Ware rar. Und damit hatte ich meine Geld-Lösung, über gut zwei Schuljahre hin.

Dann kam wohl ein neuer Werbeleiter in die Nestlé-Zentrale. Ein Rundschreiben verkündete, dass der Werbeetat von nun an für Anzeigen und Plakate ausgegeben würde; und dass den lieben Kunden mitzuteilen sei, wie viel mehr ihnen das nützte, als wie bisher Drehbleistifte oder Taschenmesser zu bekommen, die sie sich leicht selber kaufen konnten. Mit dem nun fehlenden Nachschub war auch meine Geschäftsidee am Ende. Jetzt, 14-jährig, musste ich mir etwas anderes einfallen lassen.

Übrigens und nur als Kuriosum dazu: Weder der Hans noch die Rica haben mir je Verwunderung gezeigt über die sich magisch leerenden Schachteln; und auch nicht darüber, dass hier und da Dinge mit dem Logo Nestlé auftauchten, deren Herkunft eindeutig im Dunklen lag. Dass es dabei um Geld ging, musste schnell klar geworden sein, denn in den Bozner Kreisen wusste jeder alles von jedem und mein Schulhandel war sicher kein Geheimnis, das sich verbergen ließ. Aber über Geld spricht man eben nicht.

Wir hatten Geld.

Es könnte sich nun etwa der Eindruck ergeben haben, dass Geld bei uns zuhause wirklich knapp war, womit dies und jenes fast logisch erklärt wären. Dem war aber nicht so.

Solange Ricas ererbter Großhandel lief, waren wir sehr gut gepolstert und der Nachfluss sprudelte auch in all den Kriegsjahren, weil Waren in unser Lager geholt werden konnten, die ungebrochen gut nachgefragt und teuer waren: Schokolade, Kakao, Pfeffer, Honig, Seife und solche Sachen. Nach der Bombennacht vom 26. Dezember 1944, in der die Pfarrkirche und unser daneben gelegenes Handelshaus zu großem Teil zerstört wurden, konnte noch etliches an Waren aus den Kellergewölben geborgen werden; und das Firmenkonto war gut gefüllt. Dass nicht sofort oder wenig-stens schnell nach Kriegsende neu durchgestartet wurde, gehört mir zu den ewig ungeklärten Familienrätseln.

Die geretteten Waren wurden zuerst in Gewölben untergebracht, die der Hans als, wie er dachte, vorübergehende Notlösung im ungefährdeten Stadtteil jenseits der Talfer gemietet hatte. Von dort aus versuchte er, den Großhandel nahtlos fortzuführen. Aber die Räume waren der Rica viel zu abgelegen. So wurde ein weitläufiger Kellerraum im Haus an der Bahnhofstraße, in dem wir im dritten Stock wohnten, angemietet und die dort dann untergebrachten Waren gammelten still vor sich hin, teils jahrelang, niemandem angeboten.

Das ererbte Räderwerk, das automatisch für die Zugehörigkeit zur Bozner Gesellschaft und satten Wohlstand gesorgt hatte, war zerbrochen. Die durchaus mögliche und gar nicht schwierige Reparatur wurde vom einen Monat zum nächsten verschoben, weil für die nötigen Schritte – andere Geschäftsräume anmieten, Lieferverträge erneuern, Mitarbeiter zurückrufen oder neu einstellen – nur die Rica zeichnungsberechtigt war. Und ihr war nichts, wirklich gar nichts genehm. Jeder Vorschlag von Hans oder auch von anderen, jede sich anbietende Gelegenheit wurde als unzulänglich, gar unzumutbar weggewischt.

Das ererbte Handelshaus gab es nach kurzer Zeit nur noch in der Phantasie der Rica und in ihrem starren Festhalten an den Privilegien, die ihr aus dieser Fiktion heraus zustanden – die praktisch alleinige Verfügungsgewalt etwa über das Firmenkonto, das nie aufgelöst wurde, sondern, im Gegenteil, jetzt auch zum Panzerschrank für das wurde, was der eingeheiratete Hans von da an ganz allein und auf sich gestellt an Familieneinkommen nun heranschaffte.

Was er an Verdienst herein holte, war aber nicht karg. Durch alte Geschäftsbeziehungen konnte er die Südtiroler Gebietsvertretungen der Süßwarensparte von Nestlé und auch die von Saiwa, einer der führenden Keksfabriken Italiens, bekommen. Dafür besuchte und bearbeitete Hans nun die in Frage kommenden Läden, überall in den Städtchen, den Dörfern und Tälern, die sich von Brenner und Reschenpass bis zur Salurner Klause erstrecken.

In den frühen 50er-Jahren brachte das jeden Monat durchschnittlich 220-230.000 Lire an Provisionen. Dazu kam noch ein Exklusivvertrag aus Vorkriegszeit mit Englhofer, dem Wiener Spezialisten für bunten Christbaumschmuck aus Zuckerfondant und Hersteller der damals fast einzigartigen Dürnsteiner Früchtedrops. Ohne viel zusätzlichen Einsatz dafür und ohne die gegebenen Vertragsmöglichkeiten auch nur annähernd voll auszuschöpfen, brachte das zudem mehrmals im Jahr auch noch recht erkleckliche Sümmchen.

Das war in der Zeit, als eine junge Bürokraft 15.000 Lire brutto oder wenig mehr bekam; zur Zeit, als wir für unsere Wohnung mit zusätzlichen Mansardenzimmern und dem

Lagerkeller 12.800 Lire Monatsmiete zahlten; damals, als ein *Fiat 500 Giardinetta* 449.000 Lire kostete und das Gymnasium jährlich 9.600 Lire Schulgeld verlangte.

Ob es den Hans besonders störte, dass alle Verträge auf Ricas Firma liefen, die es faktisch ja gar nicht mehr gab, konnte ich nie so recht durchschauen. Seine Provisionen und die Einkommen aus den Englhofer-Umsätzen gingen auf das Firmenkonto. Was davon auf das Familienkonto ging, bestimmte überwiegend die Rica. Aber er hatte trotzdem stets ausreichend zur Verfügung und seine auch damals noch fantastischen Schneideranzüge, zum Beispiel, waren Stadtgespräch.

Es gab schon gutes Geld, bei uns zuhause. Und es kam auch regelmäßig neues herein.

Sport in gegnerischem Lager.

Ein Teil von dieser Geschichte ist schon auf vorhergehenden Seiten erzählt. Der schönere. Es hat aber auch einen anderen gegeben.

Also: Sommer. Die Schulferien in Italien dauerten damals, wie auch heute noch, vom Sommeranfang bis in den Herbstbeginn – zwölf lange Wochen. Bis Anfang der 50er-Jahre verbrachten wir diese Zeit in der angemieteten *Sommerfrische* auf dem Ritten, mit Kinderfräulein und Köchin. Hans und Rica kamen nur an den Wochenenden dazu. Das hörte dann auf. Die Sommerwohnung wurde aufgegeben und wir blieben in der Stadt. Die Hitze dort konnte fast bleiern sein; die Langweile dehnte Minuten zu Stunden.

Doch Bozen hatte ein Schwimmbad, den Lido, wo es neben zwei anderen auch ein 50m-Olympia-Becken mit regulären Startblöcken aus Beton und vorschriftsmäßigen Wettbewerbsbahnen gab und auch einen 10m-Turm und ein 3m-Trampolin fürs Wasserspringen. Ausladende, mit Liegen ausgestattete Sandflächen unter schattigen Laubbäumen gab es da; Plätze mit Turngeräten und andere für Ballspiele;

Duschen, Umkleidekabinen... und prall gefülltes Leben von all denen, die auch nicht der Stadt entfliehen konnten. Die Tageskarte kostete 35 Lire für bis zu 16-Jährige und 50 Lire für die Erwachsenen. Etwa soviel wie zwei Tageszeitungen. Daneben gab es Abos, die relativ preisgünstig waren.

Das Schwimmbad wurde zum Wunschziel meiner Sommertage. Der Hans war vor Jahren oft hingegangen, wie er sagte, kannte es gut und hatte nichts einzuwenden. Es wurde mir also erlaubt. Aber ein Monats- oder gar Saison-Abo kam nicht in Frage. Ich sollte nur dann hingehen, wenn ich es anders nun wirklich nicht aushalten konnte; und das dann mit Tageskarte. So kam es also an jedem sonnigen Morgen zu leidigem, die Hitze beklagendem Gequengel, um die 35 Lire für den Eintritt zu ergattern. Spontan hätte die Rica das Geld nie heraus gerückt. Eine Lösung war also zu finden.

Am Lido gab es den SSV, den Südtiroler Sportverein, der sich unter der Leitung von Rolf Rolle für die athletische Förderung von Schwimmern und Wasserballern einsetzte. Im Verein aufgenommen wurden nur echte, also deutschsprachige Südtiroler. Die für Wettkämpfe tauglichen oder immerhin als trainierbar beurteilten Mitglieder durften gratis ins Schwimmbad und dort auch die vereinseigenen Umkleidekabinen und die übrigen Einrichtungen benutzen. Das konnte die Lösung sein!

Ich wurde auch angenommen in den SSV. Doch die Sache hatte einen Haken, den ich nicht bedacht hatte: Die das Eintrittsgeld zum Lido vermeidende Mitgliedschaft kostete einen recht erklecklichen Vereinsbeitrag. Aufmerksam wurde ich darauf erst, als ein Brief mit Zahlungsaufforderung nach Hause kam und dessen Zahlung trotz meines wiederholten Quengelns vom Hans und der Rica einfach nicht akzeptiert wurde. Also?

Aber da gab es nun, ebenfalls mit Standort am Lido, einen konkurrierenden Sportverein, den Bolzano Nuoto. Das war der Verein der *Walschen*, also der italienischsprachigen Invasoren. Absolut undenkbar sollte es sein, dass einer von uns dort beitrat. Aber aus meiner Sicht hatte der Bolzano Nuoto entscheidende Pluspunkte: Die Mitgliedschaft kostete nichts für die, die sich in Selbstaussage als *bedürftig* einstuften; der Zugang zum Schwimmbad war damit auch gratis, ebenso wie die Nutzung der vereinseigenen Kabinen und Einrichtungen, die fast so gut wie die vom SSV waren; sogar die Schwimmhosen der Jungs, die Badeanzüge der Mädchen und die Handtücher waren uns unbezahlt gestellt – jedes Teil mit dem weiß-rot-weißen Wappen mit Goldstern des Vereins versehen, das dem der Stadt Bozen nachempfunden war.

Irgendwie habe ich dem Hans die Unterschrift abgeschwatzt, eintreten zu dürfen. Ihm ging es dabei wohl vor allem darum, dass es nichts kostete... und dass Ruhe im Haus war. Was es wirklich bedeutete, davon machte er sich wohl erst später ein rechtes Bild.

Blitzartig sprach es sich herum, dass ich bei Bolzano Nuoto war und mich damit praktisch volksabtrünnig, den Walschen zuge-schlagen hatte. Für die Schulkameraden war ich somit einer vom gegnerischen Lager, den es auszugrenzen und im Wettbewerb zu schlagen galt, was mich aber nicht sonderlich berührte, sondern viel mehr meinen Ehrgeiz anstachelte. Die Schulleitung schickte, obwohl voll in Sommerferien, einen Brief zu uns nach Hause, mit der diplomatischen Mitteilung, dass man für eine deutsch-italienische Integration durchaus offen sei, dabei aber dennoch anraten müsse, nichts zu übertreiben.

Auf seinen Arbeitstouren wurde der Hans auch darauf angesprochen. Unterschiedliche Reaktionen bekam er zu hören, ablehnende und aufmunternde, je nach ethnischer Gruppe zu der sich die Kunden jeweils zählten. Ihm aber war an sich und unter allen Umständen jede ihm entgegengebrachte Reaktion fast physisch zuwider, die normabweichend seine persönliche Sphäre berührte. So waren ihm die Signale beider Seiten gleichermaßen lästig. Es war ihm stets ein Grausen, in Situationen zu kommen, bei denen *Leutsgerede* anfallen konnte.

Als dann in seinem Gesangsverein, dem er gern und wohl-tönend angehörte, auch noch leiser aber eindeutiger Druck auf ihn zukam, meinte er wohl, dass ein Machtwort an mich fällig war: Austreten aus dem Bolzano Nuoto – oder wenigstens nicht mehr das Vereinswappen sichtbar auf der Badehose tragen. Beides lehnte ich ab, mit zornigem Hinweis, dass ja *er* das Beitrittsformular erlaubend unterschrieben hatte; und dass ich gern zum SSV gegangen wäre, wenn er dessen Mitgliedsbeitrag gezahlt hätte; und dass ich in überhaupt keinen Verein eingetreten wäre, hätte ich nur ganz einfach spontan das Ticket-Geld bekommen, an Hitzetagen ins Schwimmbad gehen zu können.

Ich glaube fast, dass es meine erste größere Freirede war, die ich da zwölfjährig einer Autorität als Widerwort gab. Ihre Wirkung verfehlte sie nicht. Ich blieb im Bolzano Nuoto, trainierte gern unter gut gefundener Führung, kam im mir speziell empfohlenen Brustschwimmen auf anständige Zeiten über 50 und 100 Meter, und lernte nicht nur, mich im Wettkampf zu behaupten, sondern vor allem auch, allgemein vorgegebene Abgrenzungen in Frage zu stellen, sie nicht ohne weiteres zu akzeptieren, sie auch unbeachtet zu lassen, gleichgültig ob sie nun ethnisch oder sozial oder religiös bedingt sind.

Nie wäre ich zu Leistungssport, kaum je zu wirklich Klassen überschreitendem Bewusstsein und vielleicht auch nicht so schnell zu einem viel allgemeineren *mich Freischwimmen* gekommen, wenn ich das kleine Geld bekommen hätte, nur einfach ins Schwimmbad zu gehen und dort dann blöd herum zu lungern.

Geld bei uns zuhause. 35 Lire Eintrittsgeld – damals knapp der Preis für fünf frische mittelgroße Hühnereier.

Übergang

Mit dem Schuljahr 1952-53 kam mir eine finanziell klamme Zeit. Von Nestlé kamen keine Werbegeschenke mehr, die sich verhökern ließen. Das Wenige an anfallendem Altpapier brachte kaum etwas ein und jedenfalls viel zu wenig. Als inzwischen so durchschnittlich 15-Jährige in unserer Klasse entwickelten wir aber neue Bedürfnisse und auch Gewohnheiten, die gutes Geld kosteten: Sich irgendwo zu treffen, wo etwas konsumiert wurde; Kino, unsere große Leidenschaft, wenigstens einmal die Woche; am Sonntag mit den Freunden etwas unternehmen; das an sich geringe Abo-Geld für die gut bestückte Leihbücherei der Athesia; Nachschub an Krimiheften... und was sonst so eben anfiel.

Fast allen Freunden war zum 14. Geburtstag oder spätestens zum 15. das Taschengeld erhöht worden; einigen sogar großzügig. Mir aber war das Einkommen weg gebrochen und auf das deshalb dann gelegentlich doch wieder angesprochene Thema Taschengeld bekam ich Schweigen als nachhaltige Reaktion. Mir musste wieder einmal etwas einfallen.

Da gab es zu Anfang September, also noch vor Schulbeginn, die Bozner Mustermesse. Etliche der Aussteller suchten Standhelfer und sehr jugendliches Alter war dabei auch willkommen, wenn nur nicht zu teuer. Ich fand einen Job bei einem italienischen, kein Wort Deutsch sprechenden Hersteller von angeblich patentierten Kratzbürstgeräten, die als echt arbeitserleichternde Neuheit für die Pflege von Parkettböden angeboten wurden. Parkett war damals meist nicht versiegelt und jeder Wasserfleck musste abgekratzt und dann mit Bohnerwachs poliert werden. Das Gerät versprach hierfür Vernünftiges und war damit interessant.

Am Stand nebenan waren Monatsbinden mit neuartiger Saugwirkung ausgestellt, die von einem netten, etwas pummeligen Mädchen erklärt wurden, das auch kaum älter war als ich. Isa hieß sie, kann ich mich noch gut erinnern. Wir hatten es nett mitsammen, wenn gerade Flaute war im Besucherstrom.

Für meine Arbeit bekam ich guten Stundenlohn, sogar noch etwas über den normalen Tarif hinaus. Die Aufgaben waren klar definiert und gut geteilt. Mein Chef, ein Italiener aus dem Veneto, sprach die Schaulustigen an, die Italienisch sprechend aussahen, demonstrierte das Gerät und tat sein Möglichstes, zu verkaufen. Mir war dasselbe zugeteilt für alle die, die eindeutig als Südtiroler Besucher einzuordnen und in heimischem Idiom anzusprechen waren. Von den Geräten, die ich denen verkaufte, bekam ich eine kleine Stückprovision, die sich in den zwölf Messetagen, zusätzlich zum Stundenlohn, zu einem erklecklichen Betrag summierte. Das hat mich auf den Geschmack fürs Arbeiten gebracht, zumal auf solches, das nicht schweißtreibend ist.

Kino war damals schon meine große Leidenschaft und früh schon hatte ich mir angewöhnt, wenigstens einmal die Woche, meist am Donnerstagabend einen Film anzusehen. Eintrittsgeld dafür aufzutreiben wäre ein Problem gewesen. Ich brauchte keines.

Sehr bald bereits hatte ich für die wichtigsten Bozner Kinos herausgefunden, wie man beim Hinterausgang in die Säle kommen konnte, während die Besucher der vorangegangenen Vorführung ins Freie strömten. Da die Zuschauer auch nach dem Ende sitzen bleiben durften, um sich den Film etwa noch einmal anzusehen, oder weil sie vorher nicht zum Anfang gekommen waren, war es recht leicht, so zu tun, als wäre man irgendwann im Dunkeln herein gekommen und bei Filmende schon im Saal gewesen. Bei drei der vier großen Kinos hat es da nie Schwierigkeiten gegeben. Nur ins neue Capitol war kaum ohne Karte hinein zu kommen.

Kleine Einnahmen konnte ich mir zwischendurch immer wieder mal mit gebrauchten Sachen beschaffen.

Es gab da in Bozen zwei Ramschhändler, einen in der Museumstraße und einen in der Via Druso, im tiefen italienischen Teil der Vorstadt. Beide kauften fast alles und sie zahlten bar. Der eine davon war mehr auf Sportausrüstungen und -geräte spezialisiert; der andere mehr auf Dinge für Küche und Wohnen. Das nutzte ich, bei beiden immer wieder mal herum zu stöbern, recht regelmäßig, aber doch nicht so sehr oft, um Misstrauen erweckend aufzufallen.

So konnte ich etwa bei dem einen ein schön gesticktes Tischtuch mit passenden Servietten finden, das gar nicht in seinen Sportkram passte, und das ich deshalb billigst von ihm bekommen und dem anderen, dem auf Haushalt spezialisierten, recht gut verkaufen konnte. Oder der wieder hatte ein paar noch gute Schlittschuhe, aber kaum Kunden dafür. Er war froh, sie mir für ganz wenig zu überlassen, und beim Sportramschler konnten sie mir dann Gewinn bringen. Es war nicht viel, was da zusammen kam, und die Masche brauchte auch einiges an Glück und Zeitaufwand. Aber wenn es in meinem Geldbeutel sehr mau wurde, war das immer wieder ein guter Weg ihn aufzufüllen. Und keiner fragte je danach, woher mein Zeug wohl kam.

Dann war da noch etwas.

Eine zwar lästige aber stetige Geldquelle konnte ich mir mit der Bereitschaft erschließen, nachmittags einen großen Teil des täglichen Nahrungsbedarfs der Familie einzukaufen. Rica kannte natürlich alle gängigen Preise genauestens und sie versäumte es auch nie, ihren Wissensstand in den Läden und auf dem Obstmarkt zu aktualisieren. Geld zum Einkaufen bekam mitgegeben und das hatte ich dann beim Zurückkommen sofort und schriftlich abzurechnen, wobei für jede Position einzeln das dafür Bezahlte zu benennen war. Das Restgeld war dann abgezählt zurückzugeben.

Aber damals gab es noch keine Kassenbons. Wenn etwa 100g Schinken zu kaufen waren, achtete ich genau darauf, nur 85g zu bestellen und zu bezahlen, um dann die 100g abrechnen zu können. Statt der verlangten und teureren großen Eier nahm ich mittelgroße, von denen ich mir die größten aus deren Körben aussuchte. Öl wurde offen verkauft und in mitgebrachte Flaschen gefüllt. Da nahm ich jeweils ¾ Liter gutes Olivenöl und ¼ Liter billiges Samenöl ohne Eigengeschmack, was sich dann gut in einer 1-Liter-Flasche zusammenmischen ließ. Bei Fleisch war es sowieso üblich, dass die Metzger immer etwas mehr auf die Waage legten als das Verlangte. Dabei achtete ich genau darauf, dass ich eher 30g weniger als angesetzt bekam und zahlen musste, als auch nur 20g mehr. Den bei Metzgern üblichen Gewichtszuschlag gab ich dann in die Abrechnungen ein. Eine exakte Waage hatten wir zuhause nicht.

Und so, tagein-tagaus, klein-klein vom Einen zum Andern, kam ich mit dem erzielten Agio meist so knapp zu dem, was ich wirklich bescheidenst brauchte. Skrupel hatte ich dabei kaum; jedenfalls viel weniger, als dass ich es lästig und ziemlich entwürdigend fand. Alle anderen bekamen das Taschengeld, das sie nun mal brauchten, und konnten ihre Zeit, ihre Phantasie konstruktiver einsetzen.

Endlich echt eigenes, planbares Geld.

In den letzten drei Gymnasialjahren, den Lyzeumsjahren, war es uns von den Patres erlaubt, Schülern der unteren Klassen Nachhilfeunterricht zu geben, wenn diese offensichtlich welchen brauchten und die Eltern ihn bezahlen konnten. Jetzt, 1954-55, kam auch ich ins Rennen. Ich hatte nur noch drei Jahresschritte zum Abitur und durfte nun endlich mit in den Wettbewerb um Nachhilfestunden einsteigen.

Leicht war es nicht, an solche Pfründen – jeder Nachhilfling war eine – zu kommen. Die betroffenen, geplagten Eltern wollten für ihr gutes Geld auf Nummer sicher gehen. Dazu wendeten die meisten sich natürlich direkt an die Schule selber. Unsere Klassen- und Fachlehrer waren es, die den einen oder anderen ihrer Schüler als *Adjutor studii*, empfehlen konnten und das auch nahezu monopolartig handhabten.

Nun hatte sich mir mit ein paar der Patres ein gutes Verhältnis ergeben. So konnte ich meinen Wunsch nach Nachhilflingen, *Adjuvantes*, an richtiger Stelle und mit einigermaßen begründetem Hoffnungsstrahl vorbringen. Und ich hatte auch schnellen Erfolg damit. Bald schon öffneten mir ein paar Eltern Haus und Börse, mit meist großem Respekt, weil gut empfohlen, und mit nahezu kindlichem Vertrauen in meine unerprobte Wirksamkeit.

Mein Angebot waren die klassischen Fächer, die für andere Schwierigkeiten boten, mir aber nie als verzwickt bewusst waren: Latein, Deutsch, Philosophie, allgemeine Geschichte und die der Kunst. Ich wollte nur machen, was ich konnte, ohne mich jeweils groß darauf vorbereiten zu müssen. Mein Stundenhonorar lag an der oberen Grenze des damals üblichen, aber nicht in abstoßendem Bereich: ganz anfangs 320 Lire und dann bald mehr bis auch zu 480 Lire hin, je nach Status der zahlenden Eltern und sie bedrückende Notsituation der Sprösslinge.

Bald lernte ich, mir die Zeit recht gut und also relativ stressfrei einzuteilen. Und wenn der eine oder andere der Nachhilflinge ausfiel, weil er zu ausreichend guten Noten gekommen war, oder weil mein Einsatz als nutzlose Liebesmühe abgeschrieben wurde, bekam ich meist schnell von einem der Patres den Hinweis auf eine neue Anforderung und Pfründe. Damals, in den drei Jahren bis zum Abitur, habe ich durchschnittlich monatlich so an die 15.000 Lire verdient, meist eher etwas mehr, und das auch in den Sommermonaten, in denen der Hilfsunterricht sogar besonders gefragt war, um die für die sogenannten Nachprüfungen zu Anfang September Zurückgestellten so fit zu bekommen, dass sie doch nicht sitzen blieben.

Jetzt endlich konnte ich mir mein erstes Fahrrad kaufen und musste nicht mehr auf geliehene Räder hoffen, die jederzeit plötzlich zurück verlangt wurden; erstmals konnte ich ein angebetetes Mädchen in ein Café einladen; an der Kinokasse konnte ich einfach Karten verlangen und sie auch bezahlen; wenn ich Schulhefte und so was brauchte oder eine süße Mohnschnecke zur Pause wollte, kaufte ich sie, ohne mehr darüber nachzudenken... und ich begann zu wissen, dass ich es schaffen konnte, mir all das selbst und allein verdienen zu können, was ich zur Not oder auch für zusätzlichen, wenn auch beschränkten Luxus jeweils brauchen würde: durch meine Leistung, auch ganz ohne Tricks und Zinkerei, beständig... heute und morgen. Und ganz nebenbei lernte ich dabei auch, dass beratende Dienstleistungen – Nachhilfestunden sind im Grunde ja nichts anderes – hoch geachtet und gern auch gut bezahlt werden, wenn sie als nützlich angeboten und selbstbewusst gegeben werden. Und wenn es sich ergab, dass einer meiner Nachhilflinge in seinen Zensuren unverändert schlecht blieb, oder gar zurück fiel, was durchaus vorgekommen ist, wurde das dessen ungeeignetem Kopf oder sonstig misslichen Umständen zugeschrieben. Meinem Ruf als engagierter Hilfspauker und dem Nachschub an beauftragenden Eltern hat es nie geschadet.

Viel später dann, in meiner beruflichen Laufbahn als Unternehmensberater, wurde mir diese Erfahrung mehr zur Basis für nachhaltigen Erfolg als vieles, das ich aus dicken Büchern und schlauen Seminaren lernen konnte. Für Ärzte, Psychiater oder auch Rechtsanwälte dürfte es wohl genau so sein.

Mit meinem Abitur im Juli 1957 und durch den zeitgleichen, unvorhersehbar plötzlichen Tod vom Hans wurde so manches anders mit dem Geld bei uns zuhause, wobei doch im Prinzip alles gleich geblieben ist. Anfangs wenigstens. Das aber gehört nicht hierher, weil es nach *dem* Tag eigentlich überhaupt kein Zuhause mehr gegeben hat – auch nicht in der bis dahin gewohnten, recht rudimentären Form.

Aber ein paar frühere Aussprüche der Rica zum Thema Geld sind doch so prägnant gewesen, dass sie es verdienen, erinnert zu werden. Wobei sie natürlich, in ihrem breiten Südtiroler Dialekt gesprochen, viel deftiger klangen als hier verdeutscht. So zum Beispiel...

- Oftmals wiederholt über Haus- und Geschäftsangestellte:
„Geld wollen's alle, statt dass sie lernen, dafür auch etwas zu arbeiten."

- Zum Hauswirt, der den Wunsch nach Mieterhöhung vorbrachte: *„Ist die Wohnung vielleicht gewachsen?"*
- Wenn wieder einmal ganz normale Steuern fällig waren: *„Soweit ist es gekommen, dass sie uns jetzt nackt ausziehen."*
- Zu Freundinnen und Bekannten, klagend über mich: *„Er könnt' ja alles haben... aber er kann halt nicht bitten!"*
- Oder, wann immer sich die Gelegenheit dazu ergeben wollte: *„Das Geld muss man zusammen halten. Davonrennen tut's von alleine."*
- Darauf hingewiesen, dass wir wiederum nichts für den Kultur-verein gespendet hatten: *„Sparen muss man, wo es einem nicht weh tut."*
- Auf die Frage einer Freundin, was denn die Schneiderin für den Mantel verlangt habe: *„Sie kostet – aber über Geld red' ich nicht."*
- Oder etwa über einen Handwerker, der seine Bezahlung zu wie-derholtem Male anmahnte: *„Die Zeiten sind schlecht. Besser ich hab da ein Polster, als er."*

Ganz oben an die Spitze gehört aber ihr erster und ganz spontaner Satz zu mir, als sie am 6. Juli 1957 in der Klinik erfuhr, dass Hans die plötzlich zu improvisierende Magen-operation nicht überlebt hatte:

„Und Geld haben wir auch keines!"

Das war eben die Rica. Mit dem nicht vorhandenen Geld hat sie ihren Hans dann noch an die zwanzig Jahre überlebt, ohne je selber auch nur einen Knopf zu verdienen.

Frühlingserwachen.

1949-1955. Schon früh habe ich mich zu Mädchen hingezogen gefühlt, obwohl ich doch zuhause ein abschreckendes Exemplar der Spezies in täglicher Nähe hatte: meine Schwester Ortrud. Anfangs ist das nicht mehr als bevorzugte Kumpanei gewesen, wie mir scheint, vielleicht als mir angenehmes Gegenstück zum meist stärker wettbewerbsbelasteten Umgang mit Jungs. Recht bald ist aber durchaus die sexuelle Komponente dazu gekommen, die es im prüden Umfeld unserer kleinen, engstirnigen Stadt nie leicht gehabt hat.

*

Der Sommer 1949 war mein letzter am Ritten, dem Hochplateau über Bozen, wo wir in den Kriegsjahren Sicherheit vor den Bomben der Alliierten gefunden hatten und dann noch etliche Jahre zur Sommerfrische waren. Auch zwei Schwestern meiner Mutter, die Hansi Menz und die Luise Schöpfer hatten dort Ferienwohnungen in Landhäusern der Adelsfamilien von Mariae Himmelfahrt gemietet und waren mit ihren Kindern dort.

Wir waren eine große Gruppe von 9- bis 13-Jährigen in dem Jahr: meine Cousins Ricki Schöpfer, die Älteste von uns und schon dreizehn, Christl und Georg Schöpfer, Reini und Martina Menz; Fritz und Bubi Dennerlein, die mit ihrer Mutter vor den Russen aus Sachsen geflohen waren, die Mansarde über uns in der Villa derer von Walther gemietet hatten und später dann nationale Idole im italienischen Wasserball wurden; Quicky und Minny, die beiden Töchter des Grafen Paul von Toggenburg; Xamper, der seinen Rufnamen nicht ausstehen konnte und nicht müde wurde zu wiederholen, dass er Maximilian Graf von Kielmansegg hieß; Robert und Werner Graz, deren Mutter Selbstmord begangen hatte, womit wir nicht so richtig umzugehen wussten; und, immer ein bisschen von uns anderen abgesondert, Franz von Walther, der auch schon dreizehn war und die Zeit lieber mit seinem Cello als in unserer Rabaukengruppe verbrachte, und Josephine, seine Schwester, die wir verdächtigten, einen kleinen Dachschaden zu haben, und die, wenn sie nicht in Hörweite war, nur *die blöde Sefa* genannt wurde.

Winnetou war unser Lieblingsspiel, das wir in allen Situationen der drei Bücher immer wieder nachspielten. Mir war dazu – ich weiß nicht mehr warum – die Rolle des Schurken Santer zugefallen, der für Schandtaten jederzeit gut war und dann auch noch Winnetous Mörder wurde. Vielleicht, weil ich recht klein für mein Alter oder weil ich stets verfügbar war. Schurken braucht man ständig.

Den Winnetou spielte immer die Minny, die eigentlich Cäcilia Maria hieß.

Wenn Winnetou einsam im Wald geheime Spuren zu suchen hatte, war Santer nun an dessen Seite. Versteckte sich Winnetou tief im Gebüsch vor seinen Feinden, hockte Santer sich eng dazu. War Winnetou hinterm Pferdestall an den Marterpfahl gebunden, kontrollierte Santer verstohlen die Fesseln, auf dass sie nicht zu eng gekotet waren. Schon eigentümlich war, dass Winnetou, wenn ganz allein, immer seinen Mörder Santer nahebei hatte und sich darüber auch noch freute!

Auf apachenhafter Spurensuche haben wir, Minny und ich, in *dem* Sommer eine Menge Trüffel-Plätze entdeckt, die kaum einer kannte. Wenn Minny, die mit Quicky gemeinsam ein Pferd hatte, damit über die Bergwiesen ritt, die für uns die Prärie waren, habe ich mir oft vom Nachbarbauern eines der blonden, kleinen Haflinger geliehen, und bin ihr ohne Sattel nachgeritten. Der Bauer hatte nichts dagegen; nur, einen Sattel hat er nie gestellt. Am schönsten war es aber, wenn wir tief in einem Gebüsch kauerten, so dass uns die anderen nicht finden konnten, und wir eng an eng die Zeit mit tausend Themen weg redeten. Gestört hat mich da schon, dass Minny es mir immer wieder mal unter die Nase rieb, wie blöd das doch sei, dass ich keine Sprachen konnte, die die anderen nicht verstanden. Sie hatte eine englische Mutter und konnte zudem eine Geheimsprache, die Quicky und sie für sich verwendeten. Aber sie war eben die Comtesse Maria Cäcilia und ich nur ein kleiner Händlerjunge. Damit sind wir dann auch problemlos klar gekommen, den ganzen indianerkumpeligen Sommer hindurch, in dem wir viel allein miteinander und doch meist mit den anderen zusammen waren.

*

Im folgenden Sommer und auch in denen darauf hatte ich in Bozen zu bleiben und war, nach etlichem recht unerfreulichem Hickhack zuhause, Mitglied bei Bolzano Nuoto geworden. Das war das überwiegend italienischsprachig geprägte Gegenstück zur Abteilung Leistungsschwimmen des Südtiroler Sportvereins. Beigetreten war ich dem Club, weil dessen Mitglieder gratis ins Schwimmbad, den Lido, durften und weil, anders als beim SSV, die Mitgliedschaft bei Bolzano Nuoto keinen Beitrag kostete. Gern dabei geblieben bin ich wegen der ethnisch offenen Kameradschaft, die dort gegeben war, und auch, weil ich mehr und mehr Spaß fand an zielgerichtetem Training und dem adrenalinhaltigen Kribbeln darauf, auch einmal eine Medaille umgehängt zu bekommen.

Bolzano Nuoto war ein sogenannt gemischter Verein, also einer, in dem es auch Mädchen gab, fast ebenso viele wie Jungs, die von denselben Trainern geknutet und vom gleichen Wart betreut wurden. Wir haben alles gemeinsam gemacht, auch die langweiligen und oft endlos scheinenden zwanzig oder mehr täglichen Trainingsbahnen im Olympia-Becken Seite an Seite abgespult, und nur die Duschen, die Kabinen waren getrennt.

Schon bald habe ich mich einer Clique angeschlossen, die innerhalb des Bolzano Nuoto ganz besonders eng verbandelt war. Ein halbes Dutzend Mädchen gehörte dazu und vier-fünf Jungs. Den Lagerplatz hatten wir unter einer der großen Linden am südöstlichen Rand der Anlage. Wir waren meist den ganzen Tag über im Lido, von den früh morgendlichen Trainingsstunden, die um halb zehn Uhr abgeschlossen zu sein hatten, wenn die Schwimmbecken dem Publikum freigegeben wurden, bis nach dem Training am Abend, das uns wochentags für sechs Uhr angesetzt war.

Ein paar von uns, ich war einer von ihnen, konnten von zuhause nie genug zu essen mitbekommen, um so einen Tag zu überstehen. Schon für einen normalen Kalorienbedarf hätte es nie gereicht, was wir, wenn überhaupt etwas, an Proviant dabei hatten; für unseren jugendlichen Leistungssport-Hunger aber war es echt lächerlich wenig. Wenn ich da nur etwa an das Marmeladebrot zurückdenke, das ich mir normalerweise einpacken durfte! Und dass Dora, die umtriebigste in unserer Gruppe, eine ältere Frau fand – für uns war jede *eine ältere Frau*, wenn sie an die vierzig war und drei-vier Kilo Übergewicht hatte –, die uns fast jeden Tag einen Henkelmann mit Eintopf mitbrachte, hat zwar unglaublich gut getan, aber uns ausreichend ist es auch nicht gewesen.

An damals denke ich oft, wenn ich von den Diätplänen der heutigen Leistungssportler lese. Wir mussten improvisierend zurechtkommen.

Wie man *Essen einsammelt*, haben wir, die wir immer Hunger hatten, bald gelernt. Es ist zur Plage für so manchen Lidobesucher geworden. Nicht nur davon getuschelt wurde, sondern von dieser und jenem auch lauthals darüber gezetert. Immer wieder. Beschwerden liefen wohl auch bei der Lido-Direktion ein und wurden an die Sportverbände, dem SSV und unseren Bolzano Nuoto, weitergegeben, was dann die Androhung mit sich brachte, dass den Sportlern der kostenlose Aufenthalt außerhalb der Trainingsstunden verboten werden könne. Dabei aber ist es dann eigentlich geblieben. Wir ewig Hungrigen – vor allem Clara, Beppe und ich – haben ungeniert weiter Essenszeug *gesammelt*; die Bozner haben sich daran gewöhnt, darüber zu murren, so wie man eben auch über Sommerwespen oder Stechmücken murrt; etliche der Stammbesucher haben sich angewöhnt, mehr Proviant zum Schwimmen mitzunehmen, als sie selber brauchten, und wir Sammelgeister sind ungeschoren in den Herbst gekommen... gut trainiert und unverhungert.

Das war die Zeit, als Clara schon mal in der Clique recht ungeniert und im wahrsten Wortsinn gehänselt wurde: *Hansiclara* wurde sie gelegentlich gerufen, oder *Slimmyklette*, wobei das Slimmy wieder auf mich gemünzt war. Sie hat es stoisch überhört und ist mir kaum von der Seite gewichen, sooft und solange es sich ergeben hat. Ob es sie sehr getroffen hat, dass ich zu ihr kaum anders war, als mit den anderen auch? Ich mochte sie echt gern, die Clara. Sie ist mir der liebste Kumpel gewesen. Jede abenteuerliche Untat konnte man mit ihr durchziehen und vieles haben wir davon auch umgesetzt. Aber sie war mir doch nie mehr als ein Kumpel, und ich habe dabei gar nicht so recht gemerkt, dass es ihr wohl um mehr ging... und dass ich bei ihr die Chancen zu noch Besserem hatte.

Denn da war Christa.

Christa war die Tochter des legendären Karl Dibiasi, der aus Berlin Olympiaruhm im Turmspringen mit nach Bozen gebracht hatte und damit zum Anlass geworden war, den Lido überhaupt erst zu bauen. Er war Bankangestellter und freizeitlich der Spring-Trainer von Bolzano Nuoto. Logisch deshalb, dass Christa auch in unserem Club war, wenn auch nicht bei den Wasserspringern, wie ihr Vater das gehofft hatte.

Christa hat ursprünglich nicht zu unserer engeren Gruppe, unserer Clique, gehört. Aber sie war als Brustschwimmerin eingeteilt und damit in meiner Trainingsgruppe. Und ich war von ihr hingerissen. Ihr rotblondes Dichthaar regte mir Vergleiche zu stürmenden Wotanstöchtern an; ihre wasserhellen Augen leuchteten mir wie Aquamarine, nur um vieles tiefer; von ihrem so oft breit strahlenden Lächeln schien mir jedes eine Einladung; und jeder Zentimeter ihres schmalen und dabei doch an den richtigen Stellen schon wohl gerundeten Körpers konnte meine lechzenden Blicke immer wieder fast unerträglich an sich holen.

Die vom Club gestellten Sport-Badeanzüge waren dabei be-sonders dazu angetan, alles Weibliche ins beste Licht zu setzen: schwarze, millimeterdünne Trikots, die sich wasserschlüpfig jeder Wölbung und jeder Falte wie eine zweite Haut anpassten, mit auf Brusthöhe klein in der Mitte dem weiß-rot-weißen Vereinswappen, das mir zu stetig herausforderndem Blickfang wurde. Gut war es da sicher oftmals, dass die uns Jungs gestellten Badehosen aus starkem, jeansähnlichem Stoff und so eng geschnitten waren, dass sie unbotmäßigen Regungen kaum sichtbar werdenden Raum ge-geben haben.

Hunderte und hunderte waren die Bahnen, die wir nebeneinander im Training durch das Becken gezogen haben, Christa und ich, mal im Dauereinsatz zügig schwimmend, dann wieder mit dem Brett vor den ausgestreckten Armen zur Stärkung nur der Beinmuskeln, oder auch mit gefesselten Füßen, um nur die Arme zu trainieren. Tausendfach haben wir uns ermuntert, doch noch weiterzumachen, wenn einer von uns schon fast keine Kraft und Puste mehr hatte oder aus schierer Langweile aufgeben wollte. Und unzählige Male haben wir dann nachher zusammen am Beckenrand gesessen, um wieder regelmäßigen Atem ringend, den zurück zu bekommen mir es das so enge Beieinander oft gar nicht leicht machte.

Schön wurde es, als Christa sich immer mehr auch unserer Clique anschloss: erst nur gelegentlich und kurzzeitig nach Trainingseinheiten, dann bald immer öfter und, wenn sie da war, die von mir belegte doppelbreite Holzliege auch zu ihrem Stammplatz machte.

Wenn Christa auch tagsüber im Schwimmbad blieb, was von ihrem Trainer-Vater gar nicht so gern gesehen wurde, schob sie ihr kleines Brüderchen vor, das viel im Freien spielen sollte und beauf-sichtigt werden musste. Das war Klaus, ein wilder fünfjähriger Bengel mit eigentümlicher, walnussgroßer Hellblond-Stelle mitten über der Stirn im sonst eher kastanienbraunen Haar, der gut ein Dutzend Jahre später einer der erfolgreichsten Wasserspringer aller Zeiten wurde. Damals war er nichts anderes als ein zähneknirschend und doch dankbar hingenommenes Anhängsel, das mir die Christa so oft auch tagsüber im Lido hielt.

Es gab da einen Spielplatz, der ziemlich abgelegen unter den Bäumen lag. Ein Sandkasten war dort, in dem sich Kläuschen stundenlang vergnügen konnte, und gleich daneben gab es Barren und Reck, die mir als Ausrede dienten, mich ewig und immer wieder dort aufzuhalten. Christa saß meist auf der Schaukel, mit Doppelblick zum Sandkasten hin und zu mir hampelndem Geräteturner, der augenscheinlich ungeeignet war für harmonische Körperkontrolle.

Der Spielplatz war in den ganz heißen Mittagsstunden kaum belebt. Die Clique hat uns zudem wohl auch ein bisschen abgeschirmt. Oft saßen wir also ungestört und manchmal auch recht eng aneinander gerückt an den Büschen, taten so, als würden wir das spielende Kind beobachten, lasen irgendetwas, das im Moment doch gar nicht interessierte, oder lagen ewige Zeiten lang auch nur ganz stumm nebeneinander auf dem Rasen, wobei wir doch eigentlich ganze Wasserfälle uns sagen wollten. Nur selten streiften sich wie zufällig unsere Hände, berührten sich etwa die Schultern, wenn wir uns bewegten, oder auch sogar mal die Schenkel.

Außerhalb des Lido haben wir uns selten getroffen, fast nie eigentlich. Christa durfte sich nicht allzu frei bewegen, schon gar nicht mit Jungs sich in der Stadt treffen, auch wenn es eine Gruppe war und ein paar ihrer Freundinnen mit dabei waren. Nur ein einziges Mal, an einem Sonntag, haben wir es geschafft, allein zusammen ins Kino zu gehen. Im Corso Kino war das, in dem es auch ganz altmodische Logen gab, abgeschlossene mit jeweils acht Sitzplätzen in zwei Reihen. Eine davon konnten wir für uns erobern und, wundersam, es hat sich auch niemand dazu hinein gesetzt. Der Film war süßlich sentimental, herzzerquetschend, so ganz nach unsrer Stimmung. Luciano Tajoli, der kindergelähmte Schnulzensänger, spielte die Hauptrolle und dabei eigentlich nur sich selbst: seine schwere Jugend mit der Behinderung und einer so arbeitsamen, dabei aber bitterarmen und allein erziehenden Mutter, das Glück, einen warmherzigen Lehrer und kostenlosen Gesangsunterricht zu finden, und dann sein großer Aufstieg in den Olymp des großen Beifalls und mit den blitzenden Augen der vielen Schönen, die auch er, der mühsam am Krückstock Humpelnde, jetzt auf sich fallen fühlte. Es war fast unerträglich schön. Unversehens haben unsere Hände sich gefunden, ineinander verkrampft, nicht mehr losgelassen, bis dann die Musik ganz laut wurde und

FINE

auf der Leinwand flimmerte.

Der Sommer ist verflogen. Als in der zweiten Septemberhälfte die Schwimmsaison aufhörte und die Schule wieder anfing, haben wir uns nicht mehr gesehen. Christa lebte weit unten im italienischen Stadtteil, nahe dem Lido, und ich dort, wo es im Zentrum sehr altboznerisch war. Auch unsere Schulen waren meilenweit getrennt. Sich über den Weg zu laufen, war nicht gegeben. Anderes kam schon ihrer Eltern wegen nicht in Frage.

Im Winter, nahe an Weihnachten, habe ich ihr mit einem Gedicht einen Armreif geschickt. Er war sehr dünn, aber als Silber gestempelt und rundum reich ziseliert. Es hat mir keine Antwort eingebracht.

Im neuen Sommer dann, als wir uns beim Training wieder trafen, war es fast wie vordem. Schien mir. Wollte ich mir vorsagen.

Nur eben: Das Brüderchen war ein Jahr größer geworden, jetzt schon sechs, und brauchte, wollte die betreuende Aufsicht immer weniger; Christa war seltener tagsüber im Lido, und wenn, dann lag sie nicht mehr ganz so oft bei unserer Clique. Immer noch hatte sie die Gewohnheit, ein-zwei Grashalme zwischen die Zähne zu nehmen, wenn sie angespannt, verunsichert war. Jetzt aber viel, viel öfters als von vordem erinnert. Und die Trainingsbahnen im Becken zog sie vielleicht noch ein bisschen pflichtbewusster, intensiver als mir vertraut gewesen. Irgendetwas war anders jetzt an Christa und kam mir spröder vor.

Den Silberreif hat sie nicht getragen. Wochenlang wollte ich sie danach fragen und habe mich doch immer und immer wieder nicht getraut. Dann aber doch, als wir einmal allein beim Spielplatz lagen. Sie wollte nicht darüber sprechen. Hat jedoch, irgendwann. Einen gewaltigen Krach hatte es bei ihr zuhause gegeben, wegen des Geschenkes auch, aber nicht nur. Vor allem mein auch mit abgefangenes Gedicht hat Sturm beschworen. Stubenarrest hatte sie bekommen, für ein paar Sonntage. Und striktes Verbot, sich weiter noch mit Jungs *einzulassen* – zumal schon gar mit mir.

Irgendwie war damit etwas zerbrochen, vor es überhaupt so richtig anfangen konnte. Der Sommer ist früh ausgeklungen.

Mimi taucht auf.

In Mimi war ich richtig verliebt, fast zwei Jahre später. Jedenfalls: Ich glaubte fest, es zu sein, einen sich dehnenden Winter lang und bis in den Sommer hinein.

Mimi, die eigentlich Maria hieß, war die Tochter von Josef Ranzi, dem Juwelier und zudem Hoflieferanten der Kirchen und Klöster ringsum, für die er kunstvoll teure Monstranzen, Kelche und sonst so manches herstellte, was man zum Zelebrieren der Riten braucht. Geschäft und Wohnung hatten sie in der Museumstraße, nur wenige Schritte vom Obstmarkt und somit in der allermittigsten Mitte des Altbozner Zentrums. Entsprechend war denn die Familie.

Vater Josef besuchte täglich die Morgenmesse und fehlte auch bei keiner der großen Abendandachten. Bei ganz feierlichen Anlässen ministrierte er auch, in weißem Chorhemd und mit schwingendem Weihrauchfässchen, wonach seine Anzüge stets dezent und dabei doch recht intensiv dufteten. Das war verständlich. Jeder muss Werbung für seinen Laden machen, wenn er einen hat, und Werbung ist nur gut, wenn sie ihr Zielpublikum befriedigt.

Mimis Mutter passte gut zu ihrem Josef. Stattlich groß für damalige Zeiten, wölbte sich um sie auch nicht der leiseste Verdacht von Übergewicht. Gern unterstrich sie das mit großzügig geschnittenen Gewändern aus Seide oder luftiger Baumwolle, denen sie es erlaubte, an ihr zu hängen wie an einem Kleiderbügel. Ihr hartes, ein bisschen wie holzgeschnitztes Gesicht passte gut dazu, wobei nur zwischendurch ihre Lippen störten, die voll waren und, wenn sie wollte, zauberhaft lächeln konnten. Sie wollte nur zu selten. Ins Geschäft war sie voll eingebunden. Sie hielt Hof im Laden, während Josef im Labor an seinen goldenen Kirchengeräten ziselierte oder gelegentlich auch weltlichen Schmuck entwarf. Und in der Freizeit tat sie Gutes im Dunstkreis der Caritas.

Die Mimi war ganz anders. Klein war sie, gerade mal knapp 1,60 m, und ihre zarte Figur zeigte bereits die Neigung zu etwas mehr als nur sanften Rundungen. Woher sie das wohl hatte? Auch ihr Vater war ja lang und dürr. Kastanienbraunes Haar lockte sich weich um ihr ovales Porzellangesicht mit kleiner Nase und passte bestens zu den Augen, die den Grünschimmer von Türkisen hatten, die noch nicht zu sehr dem Sonnenlicht ausgesetzt gewesen waren. Das Lächeln hatte sie von ihrer Mutter, nur dass sie viel öfter ihre Zähne blitzen ließ.

Bei einer religiösen Veranstaltung habe ich sie kennengelernt, an der ich sicher nur teilgenommen habe, weil ich damals doch Vize-Praeses in der Marianischen Jugend unseres Gymnasiums war und somit bei gewissen Gelegenheiten Flagge zeigen musste. Mimi war damals in der letzten Klasse der Ausbildung zur Kindergärtnerin, voll Freude jetzt bereits auf die netten lieben Kinderchen, die sie bald betreuen würde, und dabei doch jedesmal erschreckt, fast irritiert schon zusammenzuckend, wenn Kindergreinen von irgendwoher auftönte.

Damals hatte ich wahnsinnig viel Zeit. Der Nachhilfeunterricht, mit dem ich meine Unabhängigkeit verdiente, fraß mir im Schnitt gerade zwei Stunden der Nachmittage; Sport im Winter hatte ich aufgegeben, weil mir nach ein paar doch heftigen Einschlägen das Torwartstehen beim Eishockey allzu zahngefährlich geworden war; viele Freunde, die etwa ständig etwas unternehmen wollten, hatte ich nicht; und Hausaufgaben fand ich prinzipiell nicht wert, darauf besondere Aufmerksamkeit zu vergeuden. So hatte ich also jede Menge freie Zeit... und nichts *mehr* im Kopf, als sie mit der Mimi zu verbringen.

Sie hatte auch nachmittags Schule, bis gegen fünf Uhr. Da habe ich sie dann regelmäßig abgepasst; tat anfangs so, als wäre ich ganz zufällig vorbei gekommen; stellte mich zur Mädchengruppe, wenn Mimi kein Zeichen gab, sich davon lösen und etwa mir zuwenden zu wollen; plauderte auch mit der einen oder anderen, wenn ich in den Kreis gelassen wurde – und habe dabei jedesmal gehofft, sie zum Mitkommen bewegen zu können, wenigstens für eine kurze Zeit.

Dass das für sie ein Spiel war, dachte ich anfangs. Bald bin ich aber dahinter gekommen, um was es wirklich ging. Genau so wie ich, wollte wohl auch sie im Grunde sich mit mir irgendwohin verziehen, wo wir allein waren und beisammen sein konnten. Dahinter lauerte aber stetig ihre Angst. Die Angst, von Bekannten gesehen zu werden, die das dann schnellstens in die Museumstraße tragen würden; die Angst, etwa gar ihrer Mutter oder deren besten Freundinnen mit mir zusammen über den Weg zu laufen; die Angst vor sich selber wohl am meisten, wie ich nach und nach zu lernen hatte. Dabei war sie schon fast achtzehn, als wir uns kennen lernten. Wir lebten in einer solch prüden und engstirnigen Zeit damals, ganz insgesamt, und dazu noch besonders in unserer hinterberglerischen Schmalspurstadt!

Das Café Max gleich neben dem Stadtpalais der Grafen von Toggenburg haben wir zu unserem Zufluchtsort gemacht. Es war gerade mal hundert Meter von Mimis Schule entfernt und über eine Straße zu erreichen, die meist recht unbegangen war. Ein rückwärtiges Stübchen gab es da, und es gehörte nicht zu den Cafés, die von der Bozner Geschäftskaste besucht wurde. Die Damen der Adelsfamilien trafen sich dort zum Tratsch und dazu war es das Stammlokal von ein paar Journalisten. Im Max haben wir oft bei-sammen gesessen. Von mir aus wären wir dann ewig dort geblie-ben. Meist aber dauerte es gar nicht lange, bis Mimi anfing, erste Zeichen von Aufbruchsnervosität zu zeigen, um doch bloß nicht *auffallend* spät nach Hause zu kommen. Ein halbes Stündchen ist es dann meist nur gewesen, echt selten ein knapp ganzes.

Wenn wir zusammen waren, haben wir geredet. Über was denn? Ist mir da etwas hängen geblieben?

Mimi bastelte gern, vor allem Tiere, die sie Gier-Affen nannte und auf die ich so richtig neugierig wurde. Ich konnte mir nicht so recht vorstellen, wie die wohl waren, bis sie nach viel Drängen einmal eines mitbrachte: unterschiedlich hohe Beine, zwei knubbelige Hornansätze auf dem Kopf, ein langer Hals – keinerlei Affe, ganz eindeutig eine Giraffe. Nur aus Stroh. Trotzdem ist sie dabei geblieben: Es waren die Gier-Affen.

Als die Frühlingstage wärmer wurden, sind wir gern auch im Freien geblieben. Längere Spaziergänge führten uns auf verschwiegenen Umwegen in Gegenden, die nicht besonders belebt waren und meist jenseits der Talfer lagen, die die Alt- von der Neustadt trennte. Auf der Brücke arbeitete oft ein Straßenfotograf, der die ihm interessant scheinenden Passanten knipste und ihnen dann einen Zettel in die Hand drückte mit der Einladung, sich die Bilder in seinem Labor in der Goethestraße anzusehen und hoffentlich auch zu kaufen. Einmal hat es sich ergeben, dass er mir so einen Zettel gab, als ich mit Mimi über die Brücke schlenderte. Wir hatten gar nicht bemerkt, dass er uns fotografiert hatte.

Ich habe mir die Fotos angesehen: Mimi war da offensichtlich freudigst angeregt über irgendetwas und strahlte ihr bezaubendstes Lächeln. Natürlich habe ich das Foto gekauft und mir dazu auch noch eine Ausschnittvergrößerung machen lassen, die nur ihr Gesicht und die Schultern zeigte. Ich liebte dieses Bild. Jahrelang später war es noch ein kleiner Schatz in meiner Brieftasche, als diese mir in der Tbc-Klinik *abhanden* kam.

Gleichgültig, ob nun Café Max oder Straßenbummel, wenn sie heim musste, bin ich mit Mimi immer bis an ihr Haustor in der Museumstraße mitgegangen, und da hat es sich oft doch ergeben, dass wir, noch länger an den Pfosten gelehnt, uns nicht trennen konnten. Wir waren da nicht etwa in den Hausgang gedrückt, sondern standen einfach unter dem Torbogen und redeten aufeinander ein, vom Juwelierladen durch die Schaufenster leicht zu sehen. Warum wir das so machten, nach immer wieder der leidigen Heimlichtuerei von gerade vorhin, ist mir im Rückblick ein Rätsel. Nie dauerte es jedenfalls lange, bis Mimis Mutter aus dem Laden kam und zu schneller Trennung aufforderte. Manchmal recht barsch; gelegentlich mit ihrem wirklich netten Lächeln. Sie habe nichts gegen mich und gönne ihrer Tochter jede Freude, aber... so pärchenartig auf offener Straße zu stehen, das, meinte sie, *gehöre sich nicht*.

So war das damals in unserem Städtchen eben und wohl nicht nur dort. Auf die Tabus war da zu achten und Gerede zu vermeiden. Es konnte ja geschäftsschädigend werden. Uns aber hinauf in die Wohnung zu schicken, wo Dienstmädchen als Wächterinnen sicher ihre Pflicht getan hätten, oder uns etwa zu Kaffee und Kuchen ins Hinterzimmer des Ladens einzuladen, das ist Frau Ranzi nie in den Sinn gekommen. Es hätte ja bedeuten können...

Im Wettstreit mit Joseph Zoderer, dem kurz vorher neu in unsere Gymnasialklasse Gekommenen, schrieb ich damals voll Begeisterung Gedichte. Ganz vordergründig ist es uns darum gegangen, in einer der lokalen Zeitschriften auf die

Kulturseiten zu kommen oder, Ziel aller Ziele, gar in die Tageszeitung.

Gedichte brauchen aber allemal auch ein Thema und mir war das meine nun vorgegeben: Mimi, mit allem was sich an zehrend-schmachtend-minnender Seelenqual dazu reimen ließ. Es müssen schaurige Strophen gewesen sein. Mimi freute sich riesig über jede, die ich ihr wieder und wieder mitbrachte. Den Redaktionen habe ich davon etwas ein bisschen Abgeschwächtes zu erhoffter Veröffentlichung eingeschickt: ein nicht ganz so gefühlsdusseliges und auch für Normalos einigermaßen lesbares Zeug.

Dann war da ein vorsommerlicher Nachmittag zu Maianfang. Mimi und ich standen wieder einmal im Torbogen an der Museumstraße, zutiefst in uns versunken. Oder doch fast. Ich jedenfalls merkte irgendwann, dass da nahe bei uns ein paar ältere Jungs standen, die recht laut und anzüglich ihre Witzchen über *hold-süße Braut* und *Hochzeitstruhe* rissen, wobei sie zugleich auf Mimi und das Juwelierschild wiesen.

Ich sehe rot. Auf den lautesten, oder vielleicht den mir am nächsten stehenden Feixer stürze ich zu. Mein rechter Schwinger saust auf seine Nase, was die Faust hergibt. Blut spritzt unappetitlich aufs Pflaster. Ob die Feixer jetzt reagieren? Sie drehen ab, verkrümeln sich. Rundum eisige Stille.

Als ich mich nach ihr umdrehte, war die Mimi schon im Haus verschwunden. Auch aus dem Juwelierladen kam niemand, sich den schnell sich scharenden Gaffern anzuschließen. Die Hand fing mir an, stechend zu schmerzen. Und das war's dann schon... hatte ich gedacht.

Fast eine Woche lang bin ich mit schmerzender, zu einem Krapfen angeschwollener und immer mehr ins Blau verfärbter Rechten durch die Tage getrödelt. Dann aber bin ich doch zum Orthopäden gegangen. Der Daumenansatz war gebrochen und auch ein bisschen gesplittert. Das Einrenken schmerzte nochmals höllisch. Gips musste drauf. Und als der dann abgenommen wurde, war das Ding nicht richtig zusammengewachsen, musste vom Orthopäden noch einmal gebrochen werden, und wieder rannte ich wochenlang mit lästigem Gips herum. Wenn das Wetter umschlägt, erinnert mit Daumenschmerz oft heute noch an meinen Minnekampf für Mimi.

Für *ganz Bozen* war das keine zwei Minuten dauernde Intermezzo vor Ranzis Laden ein gefundenes Fressen, an dem sich lange und genüsslich kauen ließ. Der Mimi aber wurde strikt verboten, sich *auch nur einmal noch* mit mir Rabauken abzugeben. Sie hat das Verdikt wohl eingesehen, jedenfalls voll akzeptiert.

Gerade achtzehn war sie zu der Zeit geworden, gut ein Jahr älter als ich.

Und dann die Mücke.

1956-1957. Das war das Abiturjahr, das noch vor kurzem wie ein fast unerreichbares Schemen so weit in der Zukunft hing und nun plötzlich da war, mit all seinem Druck. Allein als solches hatte es schon versprochen, ein besonderes Jahr zu werden. Dann hat es aber sich selbst noch übertroffen.

*

Es war der letzte Samstag vor Weihnachten. Die Tage vorher hatte es geschneit und die Stadt lag da wie überzuckert. Wir kamen aus dem Rom-Kino, Hugo Demattio, der mit mir in der Abiturklasse war, und ich. *Vom Winde verweht* hatten wir uns in der Nachmittagsvorstellung angeschaut, hatten die Augen noch voll vom grandiosen Finale mit dem edelkitschigem Sonnenuntergang und der nostalgisch anschwellende Musik. Unschlüssig, was jetzt zu unternehmen sei, spazierten wir langsam die Kapuzinergasse hoch in Richtung Zentrum. Da sind wir uns begegnet.

Vom Dominikanerplatz kamen zwei Mädchen auf uns zu. Die eine war Heidi Schwabl, die Hugo von der Tanzstunde bei Maestro Spetzger her gut kannte, nicht aber ich, weil ich beim Konkurrenten Gabriel Torggler im Kurs war. Die andere kannten wir beide nicht. *Uschi* hieß sie wohl, wenn ich die Heidi recht verstanden hatte.

Ein bisschen kleiner war sie als Heidi, die wegen ihrer irre langen Beine *der hohe Wasserfall* genannt wurde, und leicht erfroren stand sie da in beigem Dufflecoat, schwarzwollenen Rollkragenpullover mit Zöpfchenmuster darunter, Cordhosen und zünftige Pedule, die winterfesten Wanderschuhe, an den Füßen im glitzernden Schnee. Rotbraun gewelltes Haar über langem, geschwungenem Hals. Ovales Gesicht mit lustig leuchtenden Blauaugen unter hoch gewölbter Stirn und einem vorwitzigen Grübchen am Kinn. In gefühlt weniger als eine Sekunde habe ich das ganze Bild in mich aufgesaugt und fest verankert. War sie gerade eben aus einem Bild von Botticelli gestiegen – Flora, Venus, eine der Madonnen – und hatte sich nur schnell umgezogen?

Die beiden wollten auch in den Film, aus dem wir eben kamen, waren voll der Vorfreude auf Clark Gable und die Vivian Leigh, gar nicht begeistert von Hugos Drängen, *das blöde Kino* doch sausen zu lassen und sich stattdessen mit uns gemütlich irgendwohin zu hocken. Gegen Hugo anzukommen ist aber nie leicht gewesen. In eine warme Kneipe haben wir uns also zu viert vor dem Schnee verkrochen, vorweihnachtlichen Glühwein getrunken, geredet, gehänselt und wir sind warm, angeregt, fast uns vertraut geworden.

So haben wir uns kennen gelernt. Noch meinte ich, sie würde Uschi heißen.

Katja – schon jetzt so, weil einfacher – war keine Boznerin. Das war ganz eindeutig, sobald man auch nur einen kurzen Satz von ihr gehört hatte. In Stuttgart war sie geboren, was man aber auch nicht hörte. Sie sprach richtiges Deutsch – und damit war sie schon mal Außenseiterin in unserer eng zusammengerückten Stadt.

Ihre Mutter, Hanni, war Thüringerin aus Plauen; hatte sehr jung den hoffnungsvollen Spross eines auflagestarken Schriftstellers geheiratet, mit ihm in nur so sieben Jahren vier Kinder bekommen, drei Mädchen und einen Jungen; tat sich dann mit Toni zusammen, zog mit ihm vom inzwischen ihr Heimat gewordenem München nach Stuttgart und bekam dort schnell noch eine Tochter; ließ sich von ihren ersten Banden scheiden oder wurde geschieden; heiratete Toni, als ihre Jüngste und Tonis Einzige sechs Jahre später eingeschult wurde; zog über den Krieg hin hingebungsvoll ihre Mädchen groß, während sie den Jungen zu Bekannten in die Schweiz ausgelagert hatte; richtete sich, ausgebombt, ein zweites Mal tatkräftig und selbstbewusst in Stuttgart ein und fühlte sich wohl in ihrem dortigen Frauenkränzchen wie auch als Hausfrau und Mutter; war dennoch bereit, ihrem Toni in fremdes Welschland zu folgen, als der sich unversehens entschloss, in Stuttgart Heimstatt und gesicherte Beamtenlaufbahn aufzugeben, um irgendwelchen seiner Chimären im fernen Südtirol nachzulaufen; hatte nichts dagegen, die drei älteren Töchter, von denen zwei vom gesetzlichen Erwachsenenalter noch weit entfernt waren, zurück in Deutschland zu lassen, der Junge war immer noch in der Schweiz bei den Bekannten, und mit Toni und der gemeinsamen Jüngsten in eine vage, unüberschaubare Zukunft zu ziehen. 1951 war das.

Und Toni. 1908 geboren und dann dort aufgewachsen war er in Lusern, einem gottverlassenen Bergnest in den Trentiner Dolomiten, das nur ein paar Ethnologen kennen, weil dort eine anderswo längst ausgestorbene alemannisch-zimbrische Mundart gesprochen wird. Eine einzige Großfamilie hat es im Dorf gegeben. Sie hießen alle Nicolussi.

Toni Nicolussi war, wie es die Familientradition so wollte, von frühester Jugend an im Straßenbau beschäftigt; hatte Abendkurse besucht und Verwaltungstechniken gelernt; bekam irgendwie den Posten eines Hausverwalters von Schloss Tirol, auf dem früher mal Feuchtwangers hässliche Gräfin Maultasch gesessen und regiert hatte; vergrätzte mit unbedachten Reden das ihm zuständige Regime des Duce Mussolini, worauf und weshalb er Schloss und Land bei Nacht und Nebel hinter sich ließ; kam dann über ein paar Umwege nach München und mietete sich dort bei der seit Kurzem getrennt lebenden Frau Hanni als Untermieter ein; verstand sich bald besser mit ihr, als das mit Hauswirtinnen so üblich ist; und als er nach ein paar Monaten nach Stuttgart weiter zog, weil er vom dortigen städtischen Bauamt einen gut besoldeten Job mit Rentengarantie angeboten bekommen hatte, nahm er die inzwischen von ihm schwangere Hanni mit, mitsamt dreien von deren vier Ehekindern. Das erste der Mädchen, Helga, lebte damals bei Hannis Mutter im Vogtland, kam aber irgendwann später auch dazu.

Mit Hanni und Toni war Katja also nach Bozen gekommen. Da war sie vierzehn, sollte bald fünfzehn werden, und war aus allem herausgerissen, was in dem Alter so zählt. Keine Schwestern mehr um sich, keine Freundinnen, noch nicht einmal Bekannte; ein Umfeld mit zwei Sprachen, wovon ihr das Italienisch der einen genau so unverständlich war, wie das *Teitsch* der anderen; keine Schule auch, weil der Toni doch meinte, mit fast fünfzehn brauche sie nicht nochmals in die Schule, zumal in keine neue, denn für Herd und Bett, die angestammten Plätze jeder guten Frau, reiche das bis dahin in der Volksschule Gelernte allemal.

Toni dachte dabei wohl an seine Schwester, die lebenslang die Dienstmagd erst ihres Vaters und der erblindeten Mutter gewesen und anschließend die von einigen ihrer Brüder war.

Es war nun aber nicht so, dass Katja unbeschäftigt zuhause gesessen hätte. Für Arbeit war ihr gesorgt. Die Laufmaschen kaputter Nylonstrümpfe aufzumaschen hatte damals viel Nachfrage. Das sollte für Katja genau das Richtige sein, beschloss ihr Elternpaar, und sie beugte sich der Forderung, lernte schnell den Umgang mit der Aufhäkelmaschine und beugte sich über die oft ungewaschen abgegebenen Nylons der hier Eingeborenen. Etliche Jahre lang ging das dann so. Sechs und manchmal auch acht Stunden täglich saß sie über den nervtötenden, augenmordenden Laufmaschen. Hanni lieferte die reparierten Strümpfe bei der Annahmestelle am Obstmarkt ab, traf sich mit ihren neuen Freundinnen in einem Café, brachte neue Laufmaschen nach Hause. Und Katja hing in ihrem Hamsterrad. So in ihre Einbahnstraße gepresst, hatte sie nicht die geringsten Zukunftschancen, weder für jemals einen vernünftigen Beruf, noch gar für auch nur halbwegs erfüllte Eigenständigkeit.

Doch Katja hat nicht aufgegeben. Da gab es in Bozen das Marco Polo Institut, eine privat geführte Handelsoberschule, die in dreijährigem Kurs zum Diplom ausbildete und als einzige Lehranstalt in weitem Umkreis auch junge Menschen ohne allen Schulabschluss annahm, vorausgesetzt, sie bestanden die Aufnahmeprüfung. Dahin wollte Katja; sie wollte die Ausbildung und sie wollte das Diplom.

Hart hat sie darum kämpfen müssen. Zahllos waren wohl die nervigen Szenen. Für die Aufnahmeprüfung lernte sie im Verborgenen, mit Büchern aus der öffentlichen Bibliothek und ohne dabei die Strümpfe zu vernachlässigen. Sie hat sich durchgebissen. Sie *durfte* zur Marco Polo. Allerdings aber: Die Studiengebühren hatte sie sich selber zu verdienen. Die waren nicht knapp. Die Schule lebte davon. Und so hatte Katja weiter über ihren Laufmaschen zu sitzen, immer noch wenigstens drei-vier Stunden jeden Tag.

Als wir uns im Dezemberschnee vor dem Kino kennen lernten, war Katja in der dritten, der Abschlussklasse. Der Sommer war unser beider Ziel: für sie das Fachdiplom, das Abitur für mich.

Als Heidi mit den langen Beinen uns bekannt machte, hatte ich den Namen der Botticelli-Schönen als *Uschi* mitgekriegt und so regis-triert. Ein Namenskürzel wie viele andere auch und nichts dabei zu denken.

Dann, beim Zusammensitzen in der Kneipe, ist mir klar geworden, dass das *Muschi* hieß.

Muschi? Das gibt es doch nicht! Ich war konsterniert. *So ruft man doch allerhöchstens Katzen! Das ist ja zudem noch so eine Vulgärbezeichnung für Möse oder Feige!* Ernsthaft fragte ich nach, ob das wohl ein blöder Witz sei, etwa wie der vom *Hohen Wasserfall*. Es war keiner. Alle Welt würde sie nur Muschi nennen, bekam ich zu hören. Ich fragte sie nach ihrem richtigen Namen, den vom Taufbuch. Sie wollte ihn mir nicht sagen, nur anmerken dazu, dass sie *sowieso* nicht getauft war.

Tage später, da hatten wir uns schon ein paarmal und auch allein wieder getroffen, ist sie dann mit ihrem Namen herausgerückt: Käthe. Einfach nur Käthe. Nicht Katharina oder sonst was. Und kein Zweitnamen dazu im Geburtsregister.

Na gut denn, Käthe eben. Besonders begeistert von dem Namen war ich nicht. Käthe Kruse fiel mir ein und damit die lächerlichen zwei Lieblingspuppen meiner Mutter, die sie immer noch auf ihrer Frisierkommode sitzen hatte; und *Comtesse Käthe*, das erste der zwei Bücher, von denen meine Mutter stolz sagte, sie gelesen zu haben; und *die* Käthe, die im Süßwarenladen meiner Tante Viktl Verkäuferin war und freizeitlich des Onkels Bett erheiterte.

Macht nichts. *Hallo Käthe!*

Von wegen. Nicht mit ihr. Sie konnte schon stachelig sein, das Botticelli-Mädchen: Sie *Käthe* zu nennen, kam ihr überhaupt nicht in Frage!

Ich habe nachgebohrt. Und also: Da war ihres Vaters Schwester, das verhuschte, hutzelige Familiendienstmädchen und das hieß Käthe, wenn auch von den meisten Kati genannt. Ein absolutes Nicht-Wesen in ihren Augen. Und ausgerechnet nach ihr war sie benannt; noch nicht einmal mit einem *richtigen* Namen, sondern mit so einer Bauernabkürzung; und damit ganz offiziell ins Stuttgarter Register eingetragen, wobei es doch bei den Schwestern für anständige Namen gereicht hatte – zu Helga Alma, Gisela Ragnhild, Charlotte – und beim Bruder sogar zu Imanuel Mario.

Sie Käthe zu nennen, war mir also verboten. Das *Andere* kam mir nicht in Frage. Also...

Ewig lange habe ich hingegrübelt, zu was für einen Rufnamen ich ihr kommen konnte. Heinrich Heine ist mir dabei eingefallen. *Mouche* nannte er doch seine letzte Liebe, also die *Mücke*. Und das passte. Zierlich. Locker wirbelig. Schnell aufgeflogen, kaum zu fassen, und doch schnell auch wieder zurück. Mit Stachel natürlich, treffsicher eingesetzt, wenn's nötig war und wie mehrmals schon erlebt. *Mücke*. So habe ich sie dann genannt. Ihr war es gut so.

Doch ausgestanden war die Namenssache damit nicht.

Käthe wollte sie in normalem Umgang definitiv nicht heißen. Und so hieß sie offiziell und eigentlich auch gar nicht mehr. Eigentlich. Denn als die Nicolussi-Familie von Stuttgart nach Bozen zog, hatte Toni gleich Himmel und Hölle in Bewegung gesetzt, seine alte italienische Staatsbürgerschaft wieder zu bekommen – seit 1942 hatte er die deutsche – und zugleich auch Frau und Kind zu passtragenden Italienern zu machen. Unglaublich schnell war ihm das dann auch gelungen, ohne dass er seine zwei weiblichen Hausgenossinnen groß dazu befragt hätte. Die Italiener aber waren immer schon hartleibig bei fremdländisch klingenden Namen und so wurde die Hanni zur offiziellen *Giovanna*; der Käthe-Namen aber, mit dem der Standesbeamte überhaupt nichts anfangen konnte, wurde einfach zu *Caterina*, der Schutzheiligen Italiens.

Doch Caterina schmeckte der Mücke gleich wenig wie Käthe; diesmal wegen der deutschen Staatsbürgerschaft, die ihr, der Minderjährigen, von Toni ungefragt genommen war, und wegen der Wut im Bauch, die sie darüber immer noch hatte. Entschiedenes *Nein!* – auch zu Caterina.

Sie musste aber doch einen Namen haben, den sie akzeptieren konnte. Einen, um damit durchs Leben zu gehen. Einen erwachsenen, vernünftigen Namen dafür, sich anderen bekannt zu machen, angeredet zu werden, Briefe und Schecks zu unterschreiben und... wofür man einen Namen eben braucht und haben muss.

Caterina... Katharina... Katharina die Große... russisch... hin und her ist das gegangen. Auf Katja haben wir uns geeinigt. Und zu Katja ist sie dann auch geworden, durch und durch, überall und für alle – nur eben für ihre Familie nicht. Für sie ist Katja für immer nur die Muschi geblieben.

In der Kapuzinerkirche, bei der Mitternachtsmesse am Heiligen Abend, haben wir uns zum ersten Mal wieder gesehen. Sie hatte gesagt, dass sie wahrscheinlich dorthin gehen würde, wegen der volksnahen Lieder, die der Chor dort immer anstatt der majestätischen Weihnachtschoräle sang.

Sie war allein gekommen, da noch nicht die Mücke. Hinter einem Vorsprung am Kirchentor hatte ich gewartet, auch allein und kribbelig. Wie selbstverständlich sind wir gemeinsam hinein gegangen, ohne großes Begrüßungstrara und nur darauf bedacht, noch gute Plätze frei zu finden.

Nachher durfte ich sie nach Hause begleiten. Sie wohnte ganz am Ende der Talferpromenade, ein gutes Stück weiter nach oben als das Schönblick meiner frühen Kindheit und direkt am Felsen von Klebensberg. Es war ein langer, wundervoller Weg durch die leere Altstadt und dann weiter unter den weiß überzuckerten Bäumen. Über die Lieder in der Kirche haben wir geredet und deren so ganz besonderen Zauber, wenn sie in Kerzenlicht von einem Laienchor intim gefühlt gesungen werden. Dass sie uns beiden viel besser gefielen, als selbst noch so meisterlich gesungene Kunstlieder von etwa Schubert, Brahms oder Mahler, haben wir dabei entdeckt und bald waren wir mitten drinnen in der Welt der Musik und deren Reize.

Aber nicht nur das. Der vorhergegangene Weihnachtsabend war natürlich Thema, der meine wie der ihre. Und um die Wette mit dem Schnee ringsum blitzten ihre Freudenaugen, als sie stolz ihre Füße mit den Pedule zeigte, den schneefesten Wanderschuhen, die sie schon am Samstag getragen hatte. Das Weihnachtsgeschenk ihrer Eltern waren sie. Ein paar Tage vorher durfte sie sie schon tragen, weil es doch so stark geschneit und sie nun wirklich keine wintertauglichen Schuhe hatte. Dann, vor der festlichen Bescherung, hatte sie sie hingebungsvoll wie neu geputzt, mit Festpapier und Schleife verpackt und sich beim Auspacken dann so überrascht ge-freut wie jetzt schon wieder.

War das denn alles echt? War ich es, der das da im Schneeleuchten unter den Lampen der Wassermauer erleben konnte?

Vor ihrer Haustür dann: *Herrlich war's und... Tschüs!*

Weg war sie. Einfach so. Kein kurzes Zögern noch. Kein Ansatz dazu, ob und wann ein neues Treffen. Nur: *Tschüs.* Und was sollte denn *tschüs* überhaupt bedeuten? Ich hatte das Wort noch nie gehört. Wenn wir in Bozen uns verabschiedeten, sagten wir *servus* zueinender, oder auch *ciao*, je nachdem, oder mehr förmlich *auf Wiedersehen*... aber *tschüs*...

Ganz durcheinander bin ich zurück in die Stadt getrabt. Aufgewühlt von *ihr* in der Kirche neben mir, von *ihr* auf dem einsamen Weg durch den Schnee, von *ihrer* Stimme und dem so ansteckenden Lachen – und dann das rätselhafte *Tschüs*. Wie war denn das nun gemeint? Spöttisch doch wohl! Ein normaler Abschiedsgruß war es sicher keiner. Ob sie mich damit einfach abservieren wollte? Aber warum denn? Die Gedanken rotierten mir zwischen Ärger, Hoffnung und Verzweiflung. Sollte ich sie anrufen? Sie hatte aber kein Telefon. Hinlaufen und bei ihr klingeln? Ich wusste nicht, was ich da sagen sollte... Und tagelang ist das so gegangen.

Im in Altwiener Stil eingerichteten und dessen Traditionen verhafteten Café Kusseth saß ich eines Nachmittags zwischen Weihnachten und Neujahr. Fast täglich war ich dort, zu den verschiedensten Uhrzeiten und wann es sich mir gerade ergab, weil dort alle möglichen Zeitungen aushingen, die man stundenlang bei einem Kaffee und einem Glas Wasser lesen konnte, das kostenlos dazu serviert und, sobald leer, immer wieder erneuert wurde.

Gut möglich, dass ich das Kusseth schon am Samstag erwähnt hatte, als wir mit Hugo und Heidi zusammen saßen, oder vielleicht auf dem nächtlichen Weg nach der Kirche, wie so vieles andere auch dabei. Jedenfalls: Plötzlich war sie da, stand vor mir, fragte, ob sie sich dazu setzen könne... und blitzartig waren alle die Zeitungen vergessen und alle die Zweifel und wir redeten und sahen uns an, redeten und vergaßen die Zeit.

Das mit dem *Tschüs* ist dabei auch geklärt worden und hat sich in befreites Lachen aufgelöst. Für künftiges Treffen wollten wir uns von nun an verabreden.

Ein paar Tage nach Neujahr wartete ich auf sie, jetzt schon die Mücke, nachmittags im Kusseth. Der Pepi Zoderer, mein Gedichte-Widerpart, war auch da. Sie ist gekommen, ich bin erschrocken: Kalkweiß war sie, mit rotfleckigen Wangen und dunklen Schatten um die fiebrig glänzenden Augen. Sie war krank, die Mücke, hatte eindeutig hohes Fieber.

Sofort wollte ich sie nach Hause bringen, besser noch, ein Taxi rufen lassen. Sie hat abgewinkt. Entschieden. Gerade ein bisschen Schnupfen sei es, nichts weiter – und hat sich zu uns gesetzt, ist in irgendwelche unsere Diskussion eingestiegen, hat zu lachen versucht, wenn sich's ergeben hat, und gerade so getan, als wäre sie vollauf OK. War sie aber nicht.

Als ich sie dann nach Hause begleitete, merkte ich erst richtig, wie schlecht es ihr wirklich ging. Ganz langsam konnte sie nur Schritt für Schritt setzen und keuchte doch, als würde sie rennen. Aber: *Lass doch... es ist schon nichts!* Und während wir langsam die Wassermauer hoch in Richtung Klebensberg gingen, fing sie an zu singen: *Lustig ist das Zigeunerleben...* immer wieder, fiebrig zitternd und doch glasklar hell. Ich konnte es nicht anhören; bat sie, still zu sein; wurde irgendwann auch wütend, weil sie damit doch nur die Luft verströmte, die sie zum Atmen schon nicht hatte. Die Mücke hat gesungen, bis wir endlich, endlich an ihrer Haustür waren: *Lustig ist das Zigeunerleben...*

Am Tag danach, oder vielleicht war es schon zwei Tage später, konnte ich in der Stadt ihre Mutter abpassen. Sie erkannte mich, hatte mich schon von einem Fenster aus gesehen und zudem auch von mir gehört. Sehr krank sei die Muschi – *da war's wieder!* –, gefährlich krank, mit immer noch Fieber über vierzig Grad trotz Doktor und Medizin, und das Ganze sei vor allem meine Schuld – fauchte sie dazu –, weil nur meinetwegen sei die Muschi doch durch den ganzen Schnee in die Stadt gerannt, obwohl sie am Morgen schon hoch fiebrig war und nicht zur Schule gehen konnte.

Da hatte ich's. Angstvoll hatte ich so etwas ja schon gefühlt. Jetzt konnte ich nur noch hoffen. Ein Besuch an Mückes Krankenbett: *Unmöglich.* Noch nicht einmal die Blumen, die ich an der Haustür abgeben wollte, durfte ich dort lassen.

Tagelang hat es gedauert, bis ich von der Heidi erfahren konnte, dass die Mücke übern Berg war, kein Fieber mehr hatte und wieder essen konnte. Und mehr als eine Woche hat es dann noch gebraucht, vor ich sie wieder sehen konnte:

noch dünner als eh schon, schattig unter den Lidern, aber mit wieder lachenden Augen und blitzenden Zähnen.

Vom Freund Pepi hatte ich mir inzwischen wie ein Mantra an-hören müssen, wie toll und geistreich und witzig ihm meine neue Freundin neulich im Kusseth gefallen habe. Wieder einmal hatte er, der künftige Marburger-Literaturpreis-Träger, so gar nichts mitgekriegt.

Nur noch selten später, doch zwischendurch manchmal, wenn sie mich neckend ärgern wollte, hörte ich die Mücke verhalten vor sich hin singen: *Lustig ist das...*

Wilhelm Kempff sollte in Bozen spielen. Sein Konzert war für den 26. Januar angesagt, im großen Saal des Konservatoriums. Zwei der Beethoven-Sonaten. Ein einmaliges Gastspiel, nur an diesem Abend. Vielleicht hätte ich es gar nicht vermerkt. Die Mücke hat mir zwei-drei Tage vorher gesagt, dass sie hingehen würde und... ob ich denn nicht mitkommen wolle. Natürlich doch! Um Wilhelm Kempff ist es mir dabei gar nicht so sehr gegangen. Die Idee bloß, mit der Mücke ins Konzert zu gehen! Aber gibt es denn noch Karten? Nie zu vergessen: das spöttische Lächeln mit leicht hoch gezogener linker Augenbraue. Sie hatte schon Karten. Zwei. Eine für mich. Und dafür zu bezahlen, das sollte ich aber schnell mal vergessen.

Mir waren die Knie schwach und der Mund so trocken wie altbacken Brot. Noch nie hatte ich etwas geschenkt bekommen! Klar, Ausnahmen: Weihnachtliches von den Eltern und auch Tanten, vom Paten einmal eine Uhr zur Firmung... aber richtig geschenkt, zwischendurch und ganz spontan, einfach nur so... nie!

Dabei, das wusste ich sofort, obwohl wir uns doch so kurze Zeit erst kannten: Die Karte für mich war ihr nicht zugeflogen. Von irgendetwas ihres Wenigen hatte sie sie abgespart. Oder sie hatte noch mehr und zusätzliche nachtdunkle Stunden über den augenmörderischen Laufmaschen gesessen, nicht nur um nachzuholen, was sie durchs Fieber versäumt hatte, sondern auch für mich.

Und dann waren wir im Konzert. Wir hörten erst die Mondschein und nach der Pause die Pathetique. Ob Kempff da mit Hingabe spielte, oder nur seinen Job machte, ob der Saal voll war und das Publikum mitging, ob wir in der Pause jemanden begrüßten oder nur für uns allein bleiben konnten: ich kann mich nicht erinnern. Ich weiß nur noch, dass es wundervoll war und viel zu kurz.

Und viel zu kurz war auch der lange Weg bis zu ihrer Haustür am Felsen von Klebenstein. Natürlich haben wir geredet dabei. Wir haben immer geredet, sobald wir nur beisammen waren. Worüber? Über Musik, über die Sterne oder die glitzernde Schneelandschaft, über den weichen Anschlag von Kempff im Vergleich etwa zum um etliches härteren von Backhaus, was die Mücke gut unterscheiden konnte, über das alles oder ganz was anderes... Mattscheibe, vollständige. Gut hingegen fühle ich bis noch heute, dass ich da zum ersten Mal Mückes Arm nehmen durfte, mich so bei ihr unterhaken, mich während des Gehens an sie schmiegen – und sie hatte nichts dagegen.

Damals muss ich ein echter Kotzbrocken gewesen sein, wenn ich mir das so ins Gedächtnis hole. Da ist mir das Bild zum Beispiel, dass ich ständig einen Zahnstocher zwischen den Lippen hatte oder mit ihm herumspielte, wenn ich mit anderen zusammen war. Ich fand das schick – *cool* gab es da noch nicht.

Mädchen gegenüber war ich total verunsichert, was relativ neu war und so eigentlich erst nach der Zeit mit Mimi angefangen hatte. Richtig in meinem Element war ich nur, wenn Diskussionen über irgendein brisantes Thema aufflammten und ich mich da hineinstürzen konnte. Da verlor ich oft auch den Zahnstocher und merkte es nicht.

Wir waren eine Gruppe von fünf-sechs Freunden, die sich zwanglos an den Nachmittagen trafen, stundenlang vor einem billigen Getränk saßen und entweder Ernsthaftes beredeten, oder, eigentlich viel öfter, ihre Zeit mit Überlegen verplemperten, was man denn jetzt und am Wochenende unternehmen könnte. Mädchen waren kaum je dabei. Der Mücke ist es aber bald Gewohnheit geworden, gelegentlich dazu zu kommen. Da wurden die Gespräche dann schon vielgründiger, so lange oder so kurz, bis wir zwei uns meist bald verdrückten, was für die anderen schnell normal war. Bei den nächsten Treffen wurde ich dann halb neidisch ausgefragt, wobei durchaus klar war, dass sie Eindruck machte, die da neu aufgetaucht und allen eine Entdeckung war. Keiner der anderen hatte eine Freundin. Wir lebten in verklemmter Zeit und dazu noch in Bozen.

Die Mücke war ja auch etwas Neues für uns alle, nicht nur ihrer Art des Sprechens wegen. Sie gab sich nicht mit dem kicherigen, zweideutig abwehrend lockenden und letztendlich nervenden Getue anderer Mädchen ab, die wir von den Tanzstunden oder sonst woher kannten, sondern setzte sich in unseren Kreis, trank einen Punsch oder auch ein Glas Wein, wenn wir welchen tranken, rauchte vielleicht eine ihrer damals schon drei-vier täglichen Zigaretten und gab, von uns Jungs fast unbemerkt, oftmals das Thema vor, das unser Herumgerede dann zu debattierendem Gespräch werden ließ.

Um Musik ging es da, von der sie viel mehr wusste und verstand als wir alle; um Schriftsteller, von denen wir klassisch Geprägte nie etwas gehört hatten: Tucholsky, Fallada, Ringelnatz, André Gide, Thomas Wolfe, Werner Bergengrün oder den noch brandaktuellen Ernst von Salomon; um Maler auch, und dabei besonders auch um junge Südtiroler Künstler, die ihr geläufig waren, weil sie in deren Ausstellungen bewachend gesessen hatte, uns aber nicht zum Pflichtfach Kunstgeschichte gehörten: Paul Flora etwa, Hans Ebensperger, Karl Plattner oder Willy Valier. Der ganzen Gruppe hat sie Anregungen gegeben. Ich durfte sie mit ihr vertiefen.

Damals habe ich immer noch gelegentlich ein paar Gedichte geschrieben, zumal wenn es Zoderer gelungen war, etwas zu veröffentlichen, und ich gleichziehen wollte. Aber auch bei anderem Anlass, in anderer Stimmung.

Eines davon, so ein ganz arg gefühlsbetontes, habe ich für die Mücke im Stil eines Walther von der Vogelweide geschrieben. Auch von minniglichem Küssen im wachen Träumen von der ferne Dame stand darin in Versen und solches Zeug. Das habe ich ihr gegeben. Sie wollte es erst für später mal wegstecken, hat es dann aber doch gleich gelesen. *Das kann ja wohl nicht wahr sein!* – steht ihr deutlich im Gesicht. Und: Ein Lachen, das immer perlender wird und anfängt, sie so richtig durchzuschütteln. Ich dabei: verblüfft, entgeistert, pikiert auch und... und ich lass mich so in ihr Lachen mit hineinreißen, dass auch ich laut lospruste. Von den Nebentischen zischt es empört um Ruhe.

Der Schnee war geschmolzen und an den Blumenrabatten auf der Wassermauer hatten sich die ersten Krokusse bunt geöffnet. Wieder einmal begleitete ich die Mücke durch noch frühe Dämmerung zum Klebensberg-Felsen hinauf nach Hause. An der Tür angekommen, hatte sie aber keine Lust zum Aufsperren. *Lass uns doch noch ein Stückchen den Oswald-Steig gehen!* – kam es von ihr. Das war die sogenannte Winterpromenade, die dort nahebei anfing, sich den Berghang hoch zu ziehen. Auf eine der ersten Bänke haben wir uns gesetzt. Irgendwie fing sie von meinen Gedichten an. Lachte aber nicht mehr dazu. Lächelte verhalten, sphinxhaft fast. *Blödmann* – sirrte sie... und plötzlich fühlte ich ihre Hand im Nacken, spürte leichten Druck, sah ihr Gesicht nah und näher...

Es war mein erster Kuss. *Sie* hat mich geküsst, *mich!* Ihre Lippen waren weich, meine sind nicht spröd geblieben. Schnell haben sie gelernt. Und wie dann die Dämmerung in Nacht übergeglitten ist, das haben wir beide nicht gemerkt.

Wir hatten keine ruhige Bleibe, in die wir uns zurückziehen konnten. Nur in Cafés konnten wir uns treffen, solange es winterlich kalt war, oder in netten Kneipen, die geborgene Winkel hatte. Dorthin zog es uns nun, sooft und sobald wir für uns allein sein konnten.

Einen trockenen Vermouth bestellten wir meist, wenn wir in einem Café waren, weil der billig war, oder ein Glas heißer Milch, in das wir viel Zucker löffelten; in einer Kneipe war es dagegen immer ein Schoppen Weißwein, an dem wir auch stundenlang nuckeln konnten. Und wir küssten, knutschten uns hemmungslos, solange wir noch Atem hatten. Einfach so. Ganz öffentlich.

Skandal! Ganz Bozen redete sich den Mund fusselig.

Bei der Piccolo Bar in der Museumstraße, schräg gegenüber von Ranzis Juwelenladen, erhielten wir sogar Hausverbot. Pater Albert, der mittelalterlich frömmelnde neue Rektor unseres Gymnasiums bestellte mich zu langer, peinlich gewundener Moralpredigt ein und schickte auch einen Sittenbrief an meinen Vater. Hanni und vor allem Toni machten der Mücke die Hölle heiß. Es hat alles nichts genützt. Wir fanden schon immer wieder ein kuscheliges Plätzchen weit hinten in einem Café oder in einer freundlichen Kneipe, und wenn wir durch die Straßen gingen, dann immer ostentativ untergehakt oder wenigstens Händchen haltend.

Dabei aber: Es ist durchaus nicht so gewesen, dass die Mücke und ich nun plötzlich nur noch Knutschen im Kopf gehabt hätten. Weiterhin waren wir mit den Freunden zusammen, wenn auch weniger. Und wenn wir allein waren, war es uns immer noch ein Höchstes, über dies und das zu debattieren, oder uns einfach nur Sachen einander zu erzählen, wobei wir beide wahnsinnig viel von einander lernten: sie von mir so klassisches Zeug, das man eben im Gymnasium mitbekommt, wie die Ansätze der antiken und der neuzeitlichen Philosophie, ein paar Brösel von Physik und Chemie, Geschichtliches auch und Anthropologisches; ich dagegen Facettenreiches über die Musik und deren Interpreten, über Graphik und architektonische Harmonie, über das Leben insgesamt zumal.

Und beide haben wir intensiv gearbeitet in jenen Wintermonaten und hinein bis in den Sommer.

Mir stand die ganze Zeit das Abitur vor Augen. Bis dahin hatte ich mich sieben Jahre lang nicht so besonders um schulisches Programm und es zu pauken gekümmert. Ich war nicht faul und schon gar nicht träge gewesen. Es hatte sich nur einfach ergeben, dass vieles mir wie mühelos zufallen mochte, was andere sich vielleicht hart in den Kopf zu pressen hatten; und dazu kam auch, oder etwa deshalb, dass ich nie bereit war, Zeit für etwas aufzuwenden, das mich nicht interessierte. Es hatte einfach viel zu viel außerhalb des abgezirkelten Lehrplans gegeben, das mir interessanter war oder ich mir dazu machte.

Jetzt aber zählte der Lehrplan, dominierten die Listen dessen, was in den Abiturprüfungen *an die Reihe* kommen mochte. Da ging es nun nicht um interessantes und deshalb gern verarbeitetes Wissen, und um Zusammenhänge oft schon gar nicht. Auswendig zu Lernendes stand nun ganz oben in der Rangordnung, genau so wie es in den ausgewählten Schultexten vorgegeben war. Mein diesbezüglicher Nachholbedarf war gewaltig. Stundenlang saß ich täglich in der städtischen Bücherei. Dort hatte ich alle Vorgaben zur Hand und dazu die Sicherheit unabgelenkter Ruhe. Selbst von den Nachhilfestunden, die mir doch als einzige Geld einbrachten, gab ich einen Teil ab, behielt nur noch so viel an Verpflichtungen, wie bedarfsdeckend dringend nötig.

Noch viel eingespannter war die Mücke, ihre Diplomprüfungen zu Mitte Juni im Visier. Ihr Marco Polo Institut hatte in einen Drei-Jahres-Kurs alles das hinein gepresst, wofür in den staatlichen Handelsschulen fünf Klassen vorgesehen waren. Dass es nicht leicht sein würde, das Diplom zu schaffen, war ihr von Anfang an klar gewesen, zumal zusätzlich zum Lehrplan auch noch flüssig gekonntes Italienisch kam, das sie, die *Zugewanderte*, ab Kursbeginn von Grund auf nebenher zu lernen hatte.

Und damit nicht genug.

Auch jetzt hatte die Mücke Geld zu verdienen. Echt und stetig. Vom Schulgeld war noch die letzte Rate fällig. Und Die elterliche Forderung, dass sie sich auch in dieser ihr so wichtigen Phase am Haushaltsgeld zu beteiligen hatte, war nicht gemildert, stand immer noch unverrückt. Eher vier als drei Stunden an den Laufmaschen waren weiterhin tägliches Obligo für die Mücke, unbeschaut, dass der Prüfungstermin heran rannte und was er verlangte.

Und dazu noch: Jetzt verlor sie Zeit mit mir; Stunden, viele Stunden, die sie gar nicht hatte. Und jede dieser Stunden hatte sie wieder zurück zu holen – spät in die Nächte hinein oder ganz früh vor Morgengrauen.

Schon da war das Gedächtnis der Mücke phänomenal. Sonst hätte sie das alles damals wohl gar nicht bewältigen können. Was sie einmal bewusst aufgenommen hatte, ist ihr haften geblieben – ganz gleich ob Vorkommnisse, Daten oder auch Vokabeln. Immer wieder habe ich das erlebt im Laufe der Zeit und immer wieder hat es mich verblüfft. Wie das gehen konnte, wollte mir nicht ins Hirn. Immer wieder konnte sie mich damit faszinieren, fast vom ersten Tag an. Ob sie da einen Trick dafür hatte oder irgend etwas? Keine Antwort. Nur wiederum ihr Sphinx-Lächeln mit leicht spöttisch hochgezogener linker Augenbraue. So richtig rasend konnte sie mich damit machen und erst viel später bin ich dahinter gekommen, wie viel gezieltes Training hinter diesem unglaublichen Gedächtnis steckte.

Das war die Zeit, in der ich dringend wollte, dass Katja meine Eltern kennen lernte, und diese vor allem sie. Ziemlich normal und leicht hatte ich mir das vorgestellt, trotz des stadtgezischten Skandalgeredes über unser libertines, als geradezu schamlos verrufenes Verhalten in aufmerksamer Öffentlichkeit. Falsch gedacht. Die Meinen, Hans und Rica, weigerten sich strikt, erklärten sich als geradezu *konsterniert* ob meiner Zumutung.

Nicht nur wegen des *schandhaften und skandalösen Benehmens* sei das so zu sehen, wurde mir stirnfaltig und verachtungsblitzend bedeutet, sondern... sondern ja, das Fräulein Käthe Nicolussi – na also, doch sich kundig gemacht! – käme schon der Herkunft wegen für *einen Umgang* nicht in Frage. Wie denn auch? So *auf der Brennsuppe* von irgendwo *dahergeschwommen*; die Mutter schon einmal geschieden und dazu noch eine von den Protestanten; und Beruf auch keinen, sondern Strümpfe-Aufmascherin, was wohl doch das Letzte...

Die Mücke schluckte das nicht. Ich auch nicht. Sie war für Harmonie. Ich wollte sie anerkannt wissen. Auf günstige Gelegenheit wollten wir hoffen und die dann nutzen.

Einmal, wir waren im Rom-Kino und sahen den *Mann mit dem Goldarm* von G.W. Pabst, da hörten wir ein paar Reihen hinter uns das mir wohlvertraut charakteristische Husten vom Hans. Ob wir ihn nicht einfach nachher abpassen könnten, flüsterte die Mücke mir zu. Wir haben es versucht, haben uns beim Ausgang ihm wie zufällig in den Weg gestellt. Er hat sich abrupt weggedreht und an uns vorbei gedrängt.

Dabei ist es geblieben. Was *mir* die Mücke bedeutete, stand meinen Eltern nicht zur Debatte. Katja kennen zu lernen ist ihnen nicht in Frage gekommen.

Mitte Juni war gekommen und damit die Abschlussprüfungen des Marco Polo Instituts. In der Zeit kurz davor hatte sich die Mücke so intensiv darauf konzentriert, dass ich sie kaum je zu sehen bekam. Jetzt alles nochmals zu memorieren, wieder und wieder zu üben, fraß ihre Stunden; und die Strümpfe ließen ihr auch keine Pause. Die Fronarbeit an den Laufmaschen nicht zu vernachlässigen, war ihr zur Bedingung gemacht, und daran hat sich selbst in diesen letzten und entscheidenden Schulwochen nichts geändert.

An ihren Prüfungstagen haben wir uns dann aber doch wieder jeden Abend gesehen. An der städtischen Bibliothek holte sie mich ab, wo ich im Endspurt für mein Abitur nachpaukte, was die Gerüchteküche so täglich als wahrscheinliche Fragen und Hürden für meine Prüfungsfächer ausspuckte.

Nur recht kurz waren wir da jedesmal beisammen und unser Gesprächsthema war in erster Linie natürlich der

Ablauf ihres Tages, die gestellten Aufgaben und deren Lösungen, die Fragen, die Antworten und die Reaktionen der Prüfer, das ganze Hoffen und Bangen, das die Mücke nun durchlebte und mir einen Vorgeschmack darauf gab, wie es mir bald ähnlich ergehen würde.

Und dann war endlich der Dienstag da, der 18. Juni, an dem die Prüfungsergebnisse im Atrium des Marco Polo angeschlagen waren.

Nicolussi Caterina: diplomata, con lode.

So stand es da. Die Mücke hatte bestanden, mit auszeichnendem Lob sogar. Katja hatte ihr Diplom!

Zum Feiern gingen wir abends ins Gambrinus. Das war Bozens Gourmet-Tempel, an dem wir so oft mit kaum gezügelter Gier vorbeigegangen und an den Hummern und all den anderen Leckereien im Fenster gierig unsere Augen verloren hatten.

Da hinein wollen wir nun wirklich nicht, – war jedesmal dazu unsere neidvoll entsagende Rede gewesen – *weil der Gambrinus, der vergiftet die Leute.*

Ein schmales, in kleinem schwarz-weißen Hahnentritt gemustertes Kostümchen hatte Katja an; ihr kupfernes Haar leuchtete mit der Kerze um die Wette, die der Kellner uns angezündet hatte; ihre Augen strahlten unter türkisenen Lidschatten wie es die des fröhlichsten Weihnachtsengels nicht gekonnt hätte. Sie war umwerfend, die Mücke.

Und ich, ich allein, durfte ihr gegenüber sitzen.

Abiturtage.

Juli 1957. Acht Jahre Arbeit, viel Leichtsinn und zwischendurch auch intensives Bangen stehen vor dem vorläufigen Zielpunkt: Abitur. Vier schriftliche Prüfungen und dann drei Colloquia quer über und durch fast alle Lehrfächer. Gespannte Hoffnung darauf, das heiß ersehnte Diplom zu bekommen und dann die neue, vorab nur vage angedachte Freiheit.

*

Die letzten Monate waren sehr intensiv gewesen. Wir Abituranwärter hatten uns selbst alle mit Einsatzdruck mehr gestresst als vielleicht nötig oder auch sinnvoll war. Acht Gymnasialjahre haben hinter uns gelegen; und bei denen, die zwischendurch zu repetieren hatten, auch mehr. Von den ursprünglich zweiundfünfzig Anfängern unserer ersten Klasse waren gerade noch sieben übrig geblieben, zu denen im Zeitlauf noch fünf andere dazu gekommen waren, so dass wir jetzt zwölf waren wie seinerzeit die Apostel. Nicht wir allein, die Abiturienten, waren gespannt wie Flitzebogen. Dem Rektor unseres Gymnasiums und den Lehrern ist es nicht anders gegangen, mit nur dem Unterschied, dass sie dasselbe Jahr für Jahr überstehen mussten, weil...

Unser Gymnasium der Patres vom Orden des Heiligen Franziskus war ein deutschsprachiges Privatinstitut in Bozen, das sich in etwa als Eliteschmiede verstanden hat und so auch gesehen wurde, mit argwöhnisch aufmerksamer Beachtung durch die italienischen Schulbehörden. Der Lehrplan hat natürlich den staatlichen Richtlinien entsprochen, aber in der Praxis ist das nie so besonders beachtet worden. Deutschwurzeliges war da festgesetzt und zog sich fast wie ein Roter Faden durch die Themen des Unterrichts und deren Interpretationen, immer vorhanden und dabei doch häufig wie *politisch korrekt* abgeschwächt.

Als Privatinstitut hatte unser Franziskanergymnasium zwar die amtliche Zulassung, Schüler mit allen gültigen Zwischenprüfungen zum Abitur zu bringen, nicht aber die Berechtigung, die Abiturprüfungen selbst und hausintern durchzuführen. Wir Anwärter hatten uns einem unabhängigen Prüfungsgremium am staatlichen, italienischsprachigen Liceo Rosmini in Meran zu stellen. Unsere Lehrer, die Mönche, hatten da nur eine beisitzende und beschränkte Kontrollfunktion. Mit Hilfestellung aus vielleicht in Jahren gewachsenen, wohlgesonnenen Verbindungen war da nicht zu rechnen, sondern schon eher mit durchaus zu erwartender Schikane, wie aus den Vorjahren oftmals kolportiert war. Wir wussten, dass wir *Externe* um Stufen besser sein mussten, als die *Staatlichen*. Wir waren uns bewusst, dass uns nur starke Nerven über die doppelte Hürde bringen würden. Darauf hin waren wir intensiv trainiert worden und darauf haben wir uns mit Elitebewusstsein selbst gegenseitig gepuscht.

Anfrage und Ablehnung.

Meran liegt nicht so weit von Bozen entfernt, nur 35 km, und war auch damals leicht zu erreichen. Der Bus, der vom Bozner Bahnhof abfuhr, brauchte nur eine gute Stunde über die damals sich wie ein Mäander schlängelnde Landstraße; und von der Meraner Bushaltestelle zum Liceo Rosmini waren es dann auch nur gut zehn Gehminuten.

Aber die Prüfungen waren mit Beginn Punkt acht Uhr angesagt. Aufstehen bei fast noch Morgengrauen und dann Stress dazu, um bloß nicht wegen eines Staus oder sowas doch zu spät zu kommen, hat uns alle in fast panische Furcht gesetzt. Alle haben deshalb beschlossen, sich wenigstens für die Tage der besonders wichtigen schriftlichen Prüfungen eine Bleibe in Meran zu nehmen. An billigen Unterkünften war kein Mangel, auch dank der Klosterverbindungen unserer Mönchslehrer. Natürlich wollte ich es machen wie die anderen auch. Es zuhause vorzutragen, erschien mir gerade eben wie eine informierende Realität... nicht etwa wie eine heischende Bitte.

Aber da hatte ich mich doch stark verrechnet. Ein klares *Nein!* kam fast unisono von beiden Eltern, vom Hans und von der Rica. Das würde mir so passen – meinten sie – nutzlos Geld auszugeben, um sich nachmittags herum zu treiben und abends mit den Kumpanen wohl auch noch zu besaufen. Morgenstund hat Gold im Mund – hörte ich – und die Busse von Bozen nach Meran seien so pünktlich, dass daran wirklich nur morbide Zweifler zweifeln könnten. Womit dann eigentlich alles klar war.

4. Juli, Montag: es beginnt.

Die Nacht vorher hatte ich kaum geschlafen. Die große schriftliche Italienisch-Arbeit hat als Auftakt angestanden. Das war sowieso unser aller Horror, weil wir wussten, dass wir nicht nur sprachlich im Test standen, was uns an sich schon schlimm genug war, sondern auch inhaltlich, nach Ziel und Absicht der ausforschenden Zensoren. Ein dickes Wörterbuch durften wir dabei haben und fünf Stunden ohne Pinkelpause waren uns zugestanden.

Der Hans meinte beiläufig, irgendwann am Sonntag, dass er Montag sehr früh morgens durchaus nach Meran fahren könne, um seine dortigen Kunden zu besuchen; und das sei mir doch eine Gelegenheit, mit ihm mitzufahren, wenn ich wolle. Sicher wollte ich, vorausgesetzt garantiert pünktliches Ankommen um zehn vor acht Uhr am Liceo Rosmini. Am Montagmorgen sind wir dann hingefahren.

Es war mein Geburtstag, der 4. Juli. Aber das ist beim Fahren nicht weiter erwähnt worden. Unausweichlich sind wir in einen Stau geraten, angeführt von einem Traktor, der lange nicht zu überholen war. Mein Magen hat sich mehr und mehr verkrampft. Und ich habe gebibbert wie das sprichwörtliche Espenlaub, die ganze Zeit hindurch und immer mehr. Gerade mal so zwei Minuten vor acht sind wir dann doch noch vor dem hohen Tor des Liceo Ros-mini angekommen. Der Hans lächelte zufrieden und sagte so etwas wie: *Hast du gesehen, du Zweifler!*... und dann dazu auch: *Deinen Geburtstag habe ich nicht vergessen... den feiern wir am Sonntag nach.* Vielleicht haben wir uns auch die Hand gegeben, was ja durchaus sein könnte. Es wäre zum letzten Mal gewesen.

Ich musste sofort noch schnell auf die Toilette, vor ich mich der Prüfung stellen konnte. Mir war sooo kotzerisch schlecht. Das hat dann auch den ganzen Vormittag über angehalten und es hat wohl nicht so ausgesehen, als ob ich das spielte, um trotz Pinkelverbot auf die Toilette zum Spicken zu können. Ich durfte ein- oder zweimal raus. Dazwischen schrieb ich an meiner Prüfungsarbeit herum, über das mir absolut abstrakte Thema: *Ugo Foscolo und die Bedeutung seiner Dichtung für das neu erwachende Nationalbewusstsein in Italien zu Beginn des 19. Jahrhunderts.*

Meine Arbeit, abgeliefert auf den vorgegebenen zehn bis zwölf Textseiten, ist abgrundtief grottenschlecht gewesen. Keiner hat es mir je so gesagt. Ich weiß es trotzdem. Sehr viel später habe ich mal versucht, eine Kopie davon zu bekommen. Unmöglich. Schade. Oder vielleicht besser so.

Am Nachmittag bin ich mit dem Bus dann zurück nach Bozen. *Morgen ist die Deutsch-Arbeit dran!* Darauf wollte ich mich noch bes-ser vorbereiten, auch wenn mir ganz innen fast schon klar schien, dass ich nach dem Debakel meiner abgelieferten Arbeit über Ugo Foscolo wohl auch nicht die kleinste Chance hatte, das Abitur-Diplom zu bekommen.

Meine Abiturkollegen, die sich gelassen im Meraner Franziskanerhospiz vorbereiten konnten, habe ich beneidet. Dass ich auch diese Nacht in Lampenfieber wieder kaum schlafen würde, war mir klar. Vom Hans habe ich nur durch die Rica oder das Trutschele, meiner Schwester Ortrud, gehört, dass er am folgenden Tag ins Grödental fahren würde. Gesehen habe ich ihn nicht mehr.

5. Juli, Dienstag: zweite Etappe.

Mit dem Bus bin ich nach Meran gefahren, mit dem frühesten schon, um ganz sicher pünktlich da zu sein. Das heutige war doch *mein* Gebiet und immer wieder habe ich mir vorgesagt, dass ich mit einer jetzt wirklich guten Leistung das gestrige Debakel vielleicht doch ein bisschen ausgleichen könne. Deutsch-Arbeit.

Die dann gestellte Aufgabe ist an sich schon so etwas wie ein Schock gewesen. Es ist um Heine gegangen und Goethe, in vergleichender Beurteilung ihres Italienbildes. Dickleibige Bände und ganze Bibliotheken hätte man mit diesem Thema voll schreiben können. Ein Glück, dass ich klarköpfig war an diesem Morgen.

Ich habe Grundsätzliches angedacht und komprimiert; ihre Reiseeindrücke konfrontiert und das, was jeder für sich davon in seine späteren Werke hat einfließen lassen, und sonst noch das Eine dem Anderen gegenüber gestellt; einen Erstentwurf auf Zettel geschmiert; das Ganze dann auf weniger als zehn Seiten zusammengefasst und mit einem synoptischen Schluss versehen; nochmals auch die Syntax ein bisschen ausgefeilt; schnell dann abgeschrieben ins Reine. Gut eine halbe Stunde vor der letzten Frist habe ich abgegeben und mich dabei gut gefühlt.

Morgen noch schriftlich Griechisch oder Latein, mit nur im letzten Augenblick zu erfahrender Entscheidung der für uns von der Prüfungskommission gewählten Sprache. Danach Pause für einen Tag und dann am Freitag: Mathematik. Das vorerst einmal Schlimmste ist überstanden – habe ich mir bei der Rückfahrt im Bus nach Bozen gedacht. Für die alten Sprachen brauchte ich vorbereitend nichts mehr zu tun. Wörterbücher durfte man mitbringen und im Übrigen war ich dafür fit. Schön ist es gewesen, am frühen Abend mit meiner heiß geliebten Mücke im Garten der Greif-Bar zu sitzen und vor uns hin zu spinnen.

Später dann, zuhause, habe ich die Rica auf mich wartend vorgefunden. Die Ortrud habe aus dem Grödental angerufen, weil sie doch den Hans heutigen Tags auf seiner Tour begleitet habe; und dem Hans gehe es gar nicht gut, mit irren Bauchschmerzen und so; und die Ortrud, das Trutschele, wisse sich nicht zu helfen; sie könne ja auch das Auto nicht fahren, um wenigstens nach Bozen zu kommen; jetzt seien sie in einem Hotel in Sankt Ulrich; und was ich dazu sagen könne...

Gar nichts konnte ich sagen. Ich war kein Arzt. Ich war nicht vor Ort. Arge Magenschmerzen hatte der Hans seit Jahren häufig gehabt, ohne etwas Vernünftiges dagegen zu tun. Noch am gestrigen Tag, Montag früh vor dem Liceo Rosmini, war es seinem Magen wohl allerdings entschieden besser gegangen als dem meinen, erinnerte ich mich. Und so habe ich mich nur auf das Anraten beschränkt, abzuwarten, wie wohl die Nacht vergehe und dann, wenn ein Arzt dort es für richtig halte, den Hans eventuell in einer Ambulanz aus dem Tal zu bringen. Das war's mir dann. Der morgig dritte Abiturtag beschäftigte mich viel intensiver.

6. Juli, Mittwoch: dritte Etappe.

Wieder war ich sehr früh aufgestanden und hatte den vorzeitigen Bus nach Meran genommen, um mich bestimmt nicht zu verspäten. An den Hans im Grödental habe ich kaum gedacht. Jetzt war *ich* mir wichtig; und mir wichtig war das Abitur. Griechisch hatte die Kommission überraschend gewählt: die Demosthenes-Rede zum abgehackten Ölbaum. Latein wäre mir lieber gewesen. Flüssig oratorisch vorgetragenes Griechisch hat aber auch seinen Reiz gehabt, weil leicht zu übersetzen. Es ist wirklich keine besonders schwierige Arbeit gewesen und früh schon konnte ich meine Blätter abgeben und das Präsenzblatt beim Abgang unterschreiben.

Irgendwo habe ich sicher noch ein Brötchen gegessen. Am frühen Nachmittag war ich zuhause, um die Wörterbücher abzuladen, und da habe den Zettel auf meinem Tisch gefunden: *Papi ist in der Klinik von Dr. Polacco. Bitte sofort kommen.*

Natürlich bin ich gleich losgerannt und habe mir unterwegs Gedanken gemacht. Besorgte und fragende. *Warum?* – vor allem. Warum in der kleinen Privatklinik und nicht im städtischen Krankenhaus, das weitum allerbesten Ruf hat? Warum nicht in einer qualifizierten Notaufnahme, wenn er schon offensichtlich in Eile aus dem Tal in die Stadt gebracht worden ist? Oder ist er vielleicht selbst gefahren und es geht im gar nicht so schlecht?

Als ich in die Klinik kam, eine schmucke Villa im Grünen hinter der Talferbrücke, fand ich die Rica ganz aufgelöst vor und das Trutschele und auch den Klaus, den kleinen Bruder, und mit dabei eine Krankenschwester oder so was, die mir sagen konnte: Schlecht gehe es ihm, dem Signore, und bewusstlos sei er; ein Magendurchbruch, sicher schon vor mehr als 24 Stunden erfolgt und wahrscheinlich innen alles entzündet; vormittags, so um elf Uhr, sei er eingeliefert worden und... ja, richtig, jetzt sei es knapp nach drei. Und dazu noch: Zu ihm ins Zimmer könne ich leider nicht, denn da sei gerade der Arzt, Prof. Polacco, um ihn auf die Operation vorzubereiten, denn operiert müsse nun schnellstens werden; Es habe sich bis dahin nur ein wenig verzögert, weil der Narkosearzt nicht zu finden war; aber der sei jetzt auch gekommen. Und: Der OP-Saal würde gerade vorbereitet und den könne ich mir gern ansehen, wenn ich wollte.

Ich wollte. Obwohl verschwitzt und ungewaschen, wie ich war, konnte ich ungehindert hineingehen und mich umschauen. Nach hektischer Vorbereitung hat es mir nicht ausgesehen. Leer gähnte der Raum und nichts tat sich. Aber so gegen vier Uhr hat sich das Ambiente doch etwas belebt und er, der Hans, wurde kurz darauf auf einem Schragen an uns vorbei geschoben und die bis dahin offene Tür des OP-Saals wurde geschlossen. Wir könnten warten, wurde uns bedeutet, falls wir möchten.

Und wieder fing es mit dem *Warum denn* an, das mir wie ein Mühlenrad stetig durch den Kopf. Warum denn die

Einlieferung klein-private Professor-Polacco-Klinik, in der man eine Notoperation mit gut sechsstündiger Verspätung machte, statt in die städtische Hospitalstruktur? Es war wohl typisch für die Rica und ihr Dünkeldenken, das immer meinte, sie müsse etwas Besonderes und damit natürlich Besseres haben.

Nach etlicher Zeit – vielleicht nur kurzer, vielleicht auch ewig langer im Uhrensinn – ist die Tür wieder aufgegangen; der Prof. Polacco ist in blutverschmutztem grünen Dress heraus gekommen und ein paar andere hinter ihm her; zum Schluss dann wieder der Schragen mit ihm, dem Hans.

Der Arzt sagte, es sei alles gut gelaufen, relativ gut halt und den Umständen entsprechend; nun könne man nur abwarten; wenn er, also der Patient, in den nächsten ein-zwei Stunden anfangen würde, Winde zu lassen, dann sei das ein gutes Zeichen dafür, dass er es wohl überstehen werde. Und dann auch dazu: Jetzt wirke noch die Narkose und später würde er, der Doktor, wohl etwas Morphium geben, weil ein Aufwachen vor dem nächsten Morgen gar nicht gut wäre.

Die Rica ist dann gegangen, mit der Ortrud und dem Klaus. Ich habe mich ans Krankenbett gesetzt und wohl über eine Stunde lang seine glühend heiße Hand gehalten. Aufgefallen ist mir dabei irgendwann, dass es das erste Mal war, seit ich denken konnte, dass ich so geruhsam mit ihm zusammen war, seine Hand in der meinen. Jetzt könnten wir endlich einmal ruhig über vieles miteinander reden, ist es mir durch den Kopf gegangen.

Später dann ist die Rica mit dem Trutschele und dem Klaus zurückgekommen. Ich bin nach Hause gegangen, mit der Bitte, mich anzurufen, wenn irgendetwas sei. Die Mücke hatte ich nicht erreichen können. Nachmittags, zu unserer Verabredung, war ich ja nicht gekommen.

Viel später, nach elf Uhr schon, hat das Telefon in der Wohnung geschrillt. Eine weibliche Stimme aus der Villenklinik war am Apparat. Schnellstens möge ich dorthin kommen. Frische Wäsche solle ich mitbringen und auch den

Sonntagsanzug, aber keine Schuhe. Und... ja doch, er sei gestorben.

Am Waltherplatz habe ein Taxi gefunden, trotz der späten Stunde. Der Fahrer hat gemerkt, dass etwas mit mir nicht stimmte und hat danach gefragt. Mit zwei Worten habe ich es ihm gesagt. Er ist still geblieben und, angekommen, hat er kein Geld für die Fahrt genommen.

Das Kliniktor war offen. Im Zimmer, oben im ersten Stock, glimmte abgedunkeltes Licht. Die Hände hatten sie ihm über der Brust gefaltet und ein grauenhaftes Kruzifix dazwi-schen gesteckt. Die Rica, das Trutschele und der Klaus saßen schluchzend da... und die Rica, kaum war ich ins Zimmer gekommen, hat mich mit dem historischen den Satz empfangen: *Und Geld haben wir auch keines!*

Es hat nicht resignierend, nicht resigniert getönt. Anklagend hat es geklungen, vorwurfsvoll. Kotzübel schlecht ist mir geworden bei dem Satz und ich habe sie allein gelassen, die drei und ihn mit dem Kreuz in gefalteten Händen.

Lange bin ich ziellos durch die Nacht gelaufen und dann doch die ganze Talferpromenade, die *Wassermauer,* hoch bis ans kleine Gartenhäuschen bei Schloss Klebensberg in dem Katja, die Mücke, wohnte. Kleine Steinchen habe ich an ihr Fenster geschmissen bis sie aufgewacht ist. Schnell angezogen, ist sie heraus gehuscht und die ganze Nacht lang sind wir die Wassermauer rauf und runter gegangen, zwischendurch auch auf einer Parkbank eng beieinander gesessen, und wir haben geredet... geredet ... geredet.

Die Mücke heulte streckenweise, als wäre ihr bester Freund gestorben. Dabei hatte sie den Hans gar nicht wirklich gekannt, sondern nur so vom Sehen, weil ich ihn ihr in der Stadt ein paarmal gezeigt hatte, während er, gleich wie die Rica, sich strikt weigerte, Katja wenigstens einmal zu treffen. Mir war dort auf der Wassermauer so, als hätte ich ohne sie die Nacht nicht überstanden.

8. Juli, Freitag: vierte Etappe.

Am Donnerstag hatte der Abiturbetrieb Ruhetag, fast als ob für mich vorausschauend so programmiert. Freitag habe ich dann wieder sehr früh den Bus nach Meran genommen und war frühzeitig am Liceo Rosmini.

Auf Mathe hatte ich mich jetzt zu konzentrieren – und das habe ich getan. Die Aufgabe ist mir gar nicht schwer erschienen. Nur die auszurechnenden Logarithmen fand ich tückisch, weil sich zu leicht ein ganz banaler Rechenfehler einschleichen konnte. Aber ich hatte die so oft wiederholte Aufforderung meines Mathe-Mentors Pater Bonosius im Ohr: *Denken Sie zuerst, dann ganz ruhig bleiben und final dreimal kontrollieren.* Beim Abgeben habe ich mich gut gefühlt.

Anschließend musste ich noch ins Sekretariat. Für die Woche danach waren ja die drei Colloquia angesagt, nach ausgehängtem Kalender und alphabetisch geordnet. Mir war das erste für den Montag ausgehängt. Aber das war ganz schlecht, weil gerade für den Tag *seine* Beerdigung angesetzt war. Im Sekretariat hat man das schnell verstanden und auch das befragte Prüfungskollegium hat den Wunsch nach anderem Termin problemlos akzeptiert. Auf den Dienstag ist also mein erstes Colloquium verschoben worden. Die beiden anderen auf Donnerstag, je eines für morgens und am Nachmittag. Mehr konnte ich doch gar nicht wollen.

Wochenende und Montag.

Das Wochenende war angefüllt mit tausend auf *wichtig* aufgebauschten, banalen Dingen. Leute waren informierend anzurufen. Die Rica wollte für den Sargschmuck ein Bukett gelber Teerosen, was *ihre* Lieblingsblumen waren, mit braunen Textschleifen und gelbem, nicht goldenem Druck – was so kurzfristig für Montag gar nicht einfach zu bekommen war. Mit dem Bestatter ging es um den Sarg und andere

Details. Zur Gemeinde war zu gehen. Ricas vier Schwestern haben sich bei uns gedrängelt samt deren Familien. Befreundete Leute, nicht besonders viele allerdings, hatten mit Trauerkarten bedacht zu werden.

Es ist eben gewesen, wie es in solchen Fällen wohl meistens ist. Meine Ausflucht zwischendurch war nur, dass ich mich mit der Mücke gelegentlich zurückziehen, mit ihr durch die Stadt laufen und in einem Park sitzen konnte... Händchen haltend zu reden... oder auch ganz still zu sein.

Am Montag war dann ganz großer Auflauf am Stadtfriedhof und dort um das sogenannte Familiengrab, das ursprünglich für den erstgeborenen, 5½-jährig gestorbenen Sohn Heinzl gekauft und angelegt war. Die Schlange der mehr oder weniger betroffenen Teilnehmer ist mir wie fast endlos vorgekommen. Und dann, beim Hinausgehen aus dem Friedhof, wollte mir jeder noch mit Beileidworten die Hand drücken. Danach hatte ich eine geschwollene Rechte.

Die vielen anderen, jetzt einmal wirklich zu einer Großfamilie zusammengekommen, sind dann noch zu reichlichem Leichenschmaus gegangen, der in einer Wirtschaft organisiert war, wie sich das so gehörte. Die Mücke und ich haben uns verdrückt.

12. und 14. Juli: Endspiel.

Für Dienstag und Donnerstag waren also meine drei Colloquia auf Termin gesetzt. Mit der Prüfungskommission hatte ich so richtiges Glück, weil mir von meinem Lehrkörper – nur je einer war pro Colloquium als Beisitzer zugelassen – drei mir freundlich Gesinnte zugeteilt waren: Pater Justus, unser vormaliger Rektor, Pater Franz, der geduldige Wegbegleiter so vieler Jahre, und Pater Hubert, der massige Kunstgeschichtler mit dem zwinkernden Humor. Ich hatte keine Angst. Wovor denn sollte ich noch Angst haben?

Bei allen Terminen bin ich pünktlich und hellwach gewesen. Fast immer konnte ich den Faden gut halten in den

Antworten und Argumenten, ausgenommen wohl einmal, als es um den Vergleich des relativen Gewichtes in der Sprachprägung von Goethe und Luther ging, und ich eindeutig für Luther als den Stärkeren plädierte, was sowohl den Pater Justus als auch die italienischen aber doch auch katholischen Glieder der Prüfungskommission gar nicht so gut fanden. Vielleicht hatten sie vergessen, dass auch Goethe ein Protestant war. Nur ein kleines, ein bisschen entschuldigend klingendes Tuscheln zwischen den Prüfern hat mich erreicht, etwa des Inhalts: *Dem ist gerade der Vater gestorben.*

Ganz zum Schluss, am Ende vom letzten Colloquium, haben wir noch mit Pater Hubert geblödelt, wie wohl etwa Parxiteles oder Michelangelo auf die Strichmännchen von Mirò oder die Keramiken von Picasso reagiert hätten.

Schon am Freitagnachmittag haben im Gymnasium die Abiturergebnisse ausgehangen. Ich hatte bestanden; in den nächsten Tagen konnte ich mein Diplom abholen... das Reifezeugnis. Reif war ich also jetzt, in Verantwortung und auch in akademischen Lauf entlassen zu werden. Neun von den zwölf aus unserer Klasse waren wir, die es geschafft hatten. Die drei Pechvögel sind wahrscheinlich trotzdem bei der großen Feier am Wochenende mit dabei gewesen, zusammen mit den Patres, die ja auch acht Jahre Geduld mit uns zu feiern hatten.

Ich habe nicht mitgemacht. Mir war nicht danach.

Vater, Erinnerungen.

1938–1956. Es wäre wohl normal, wenn die notierten Erinnerungen an den Vater viele, viele Seiten füllen würden; zumal bei einem Ansatz, der vor allem auch die frühesten Zeiten mit einbeziehen will. Aber die Zahl der Seiten wird überschaubar bleiben. Hans, also mein Vater, und ich haben nicht so vieles gemeinsam erlebt, dass die Erinnerungen daran dicke Bände füllen könnten. Warum dann aber der Aufwand, überhaupt davon zu schreiben? Es ist die Neugier, zu schauen, was für ein Bild sich mir selber ergibt aus dem Kaleidoskop von erinnerten Bruchstücken.

*

Ursprünglich wohl von einem oberbayerischen Alpenhof gekommen, waren die Zagler ein paar Jahrhunderte lang Gastwirte und Posthalter in Terlan und Siebeneich an der Etsch. Das war aber längst vorbei, als mein Großvater zur Welt kam. Er wurde Bahnbeamter in Bozen und hatte in erster Ehe die bildschöne Anna Gasser, eine Großbauerntochter aus der Nähe von Brixen, geheiratet, die aber bei der Geburt ihres zweiten Kindes, dem Friedl, starb.

Hans, der Ältere, und Friedl wurden von ihrer Großmutter aufgezogen. Der Vater hatte schnell wieder geheiratet, Annas Schwester Maria, und mit ihr hatte er dann noch vier Kinder, zwei Jungen und zwei Mädchen. Dass er seine ersten beiden Buben abgegeben hat, als er so jung zum Witwer wurde, war verständlich. Warum er sie später und wieder verheiratet nicht zu sich genommen, ja – den spärlichen Erzählungen nach – kaum je gesehen hat, das hat sich mir niemals geklärt. Es ist kein Gesprächsthema gewesen, in meiner Familie.

Hans Zagler war ein gut aussehender Mann und er war sich dessen durchaus bewusst. Mit seinen 1,80m war er groß gewachsen, im Umfeld der ihm Gleichaltrigen des Jahrgangs 1901. Mit seinem schmalem Gesicht, hoher Stirn, verblüffend hellbraunen Augen, angenehm gezeichnetem Mund und dem dicht gewellten, rabenschwarzen Haar kam er stark auf seine Mutter hinaus, die nach dem einzigen erhaltenen Foto eine absolute Schönheit war.

Das schwarze Haar hat schon bald begonnen, sich ins Graue zu melieren, und ich, der ihn bewusst kennen lernte, als er um die 38 Jahre alt war, habe ihn nicht mehr ganz schwarzhaarig erlebt. Wenige Jahre später, als er etwa ein Mittvierziger war, war sein Grau schon fast durchwegs silbern, aber noch gleichbleibend dicht; und das war dann auch das Markenzeichen seiner letzten Jahre, gemeinsam mit dem jederzeit sonnengebräunten Teint.

Auf gepflegte Kleidung samt ausgewählt modischen Accessoires legte er lebenslang hohen Wert, wenn es ihn selbst betraf. Dass er sich einen Anzug oder auch nur eine Hose fertig im Laden gekauft hätte, war ihm und denen, die ihn kannten, undenkbar. Er hatte immer seinen Schneider; und für Hemden seine Wäschenäherin, die auch für Unterhosen zuständig war. Krawatten, von denen er Dutzende im Schrank hatte, ließ er sich ungern schenken. Er suchte sie sich lieber selber aus.

Sein liedgeeigneter Bariton hatte beträchtliches Ansehen im Bozner Männergesangsverein, dem er gern angehörte, obwohl er am Vereinsleben gar nicht und an den Proben nur überaus lässig gelegentlich teilnahm.

Musik bedeutete ihm viel, wie er bei passenden Gelegenheiten häufig sagte. In der Tat konnte er sehr belesen von den klassischen Komponisten erzählen, deren Werke benennen und farbig erörtern konnte, auch so manches Musikzitat dabei pfeifend oder summend improvisieren, und die Qualitätsunterschiede der großen Opernsänger waren ihm ein lieber Gesprächsstoff.

Aus gelegentlich nur ganz nebenbei Erwähntem habe ich erfahren, dass er Klavier spielen konnte, so wie auch Harmonium und Orgel, was wohl zur Ausbildung seines erlernten Berufes, dem eines Volksschullehrers gehörte, den er allerdings nur in früher Jugend und gerade nur knapp zwei Jahr lang ausgeübt hat. Mir realer bewusst ist dagegen, dass wir zuhause kein Instrument, auch keinen Plattenspieler und noch nicht einmal ein Radio hatten. Ungereimt, wie so manches.

Lesen gehörte zu seinem Leben. Fast nie habe ich ihn einfach nur so dasitzen gesehen, etwa nachdenklich vor sich hinschauend oder so. Wenn nichts zu tun anstand, hat er eigentlich immer gelesen: Fachbücher über dies und jenes, Reisebeschreibungen zu den Erdpolen und durch Wüsten, Zeitungen und Zeitschriften jeder Art, Krimis in Mengen... aber eher selten etwas von dem, was man so *Literatur* nennt. Entsprechend bestückt war auch der Bücherschrank bei uns zuhause, in dem an *gehobenen* Schriftstellern nur etwa Hermann Hesse, Adalbert Stifter, Theodor Storm und einige andere standen, worunter vor allem etliche Russen: Maxim Gorki, Dostojewski, Tolstoj. Wilhelm Busch gehörte noch dazu, dessen Gesamtwerk in acht Bänden fast zerlesen war.

Aktiver Sport war für ihn kein Thema. Im Skigebiet Südtirol kam er nie auf die Idee, sich selber auf die Bretter zu stellen. Auch mit Schlittschuhen an den Füßen habe ich ihn nie gesehen, obwohl er begeisterter Eishockey-Fan war. Er konnte schwimmen, mit sehr gutem Stil, wie ich bei den zwei-drei Gelegenheiten mitbekommen habe, an denen ich ihn dabei beobachten konnte. Aber er ging praktisch nie zum Schwimmen; auch nicht allein. Wandern war auch nicht sein Ding. Auch nicht Kegeln oder Angeln oder etwa Sportschiessen. Autofahren aber machte ihm Freude, zumal nachts, wenn leere Straßen durch enge Kurven und Serpentinen führten.

Er hat sehr viel und auch recht gut fotografiert, vor allem seine Kinder, aber auch Sonstiges und vor allem was sich bewegt hat. Das ging so bis spät in die Kriegsjahre hinein. Da wurde es immer schwieriger, Filmmaterial zu bekommen, bis dann der Nachschub fast völlig abgeschnitten war. Da kam der Fotoapparat in irgendeine Schublade und nach Kriegsende hat er ihn nie wieder vorgeholt. Es war einfach vorbei.

Und Kino. Es gab wohl keinen nennenswerten Film, den er nicht gesehen hätte – möglichst schon in der ersten Woche des Erscheinens. Für Titel und die ihnen zugeordneten Schauspieler, Drehbuchautoren, Regisseure, Bühnenbildner und Kameraleute war er eine Enzyklopädie. Fast immer ist er allein ins Kino gegangen. Die Rica, meine Mutter, ist höchst ungern mitgekommen und nur dann vielleicht, wenn eine Operette verfilmt war. Ich bin in den späteren Jahren oft zugleich mit ihm im selben Saal gesessen, was wegen seines typisch kurzen Hustens im Dunkeln leicht auszumachen war. Aber nie hat es sich ergeben, dass ich einmal mit ihm zusammen ins Kino gegangen bin, etwa gar von ihm eingeladen und um danach über den Film zu diskutieren.

Er war Raucher. Überzeugt, intensiv, mit mehr Genuss als Hektik. Sein Rauchzeug war das billigste, das zu bekommen war: *Alfa* ohne Filter, ein noch härteres Kraut als etwa *Gauloise*. Davon vernichtete er im Schnitt drei Dutzend täglich oder auch ein paar mehr. Man durfte damals ja auch noch in den Kinos rauchen und im Sportpalast beim Eishockey und bei uns im elterlichen Schlafzimmer sowieso, weil dort auch die Rica ihre erste und die letzte Tageszigarette rauchte.

In unserer Kleinstadt und im ganzen Südtiroler Umfeld war er ein Magnet für wohlgefällige Frauenblicke, wo immer er auch war. Aber 1935 hatte er geheiratet und ich bin mir so ziemlich sicher, dass er von da an nicht eine aushäusige Bettgeschichte mehr hatte. Auch nicht eine ganz kleine und kurze. Sicher nicht aus fehlenden Gelegenheiten und wohl auch nicht wegen mangelnder Lust und Laune, sondern etwa aus reiner Feigheit – seinem so ausgeprägten Drang also, Konflikten aus dem Weg zu gehen.

Hans war der unpünktlichste Mensch, den ich je erlebt habe. Wenn er wusste, dass seine Frau, die Rica, zuhause auf ihn wartete, konnte er gut und gern auch ein paar Stunden nach der verabredeten Zeit kommen. Bei jeder anderen Gelegenheit privater oder halbprivater Natur war das kaum anders. Unabhängig davon, wer und was auf ihn wartete, dem Hans kam es auf eine halbe Stunde zu spät und auch mehr nicht an. Und wenn er dann kam, schien er aus allen Wolken zu fallen, wenn er auf muffige Mienen stieß.

Dabei war das aber ganz anders, wenn er einen Termin hatte, der ihn wirklich interessierte: die Verabredung mit einem wichtigen Kunden etwa oder mit dem Zahnarzt, ein Konzert oder Theater, ein Hockeyspiel und so. Da konnte man die Uhr nach ihm und seinem Erscheinen stellen.

Und... er wollte Kinder haben, wollte es unbedingt. Schon vor der Hochzeit wurde in Schönblick ein Kinderzimmer eingerichtet, voll möbliert, und daneben eines für das Kindermädchen, das man irgendwann und hoffentlich nicht später als in einem Jahr brauchen würde. Er hat es auch geschafft. Schon 1936 kam sein Erster auf die Welt, der Heinzl; ich zwei Jahre später im Juli 1938 und im Sommer 1941 war auch noch Ortrud da. Und auch dann, als der Heinzl mit fünfeinhalb Jahren plötzlich gestorben war, legte er alles daran, wirklich alles, wie ich wiederholt hören konnte, auf dass der Verlust durch neuen Nachwuchs ersetzt wurde. Ende Dezember 1944 kam der Klaus zur Welt, mein noch unbedingt dazu gewollter kleiner Bruder. 43 Jahre alt war die Rica da schon.

Von Hans' frühem Leben habe ich nie viel erfahren. Dass er seinen Vater praktisch nie gesehen hat und seine vier Halbgeschwister auch nicht, hat er gelegentlich so fallen gelassen. Und, dass er bei seiner Großmutter väterlicherseits aufgewachsen war.

Leicht hatte es die gute Frau sicher nicht, so plötzlich mit einem zweijährigen Buben und einem Neugeborenen belastet. Sie war seit Jahren schon Witwe, hatte wohl kaum eine Rente und schlug sich mehr schlecht als recht vor allem als Grabpflegerin verschiedener Auftraggeber durch, die, als gute Bozner, sicher keine Muster von Großzügigkeit waren.

Auf finanzielle Unterstützung ihres Sohns, des Bahnbeamten, konnte sie kaum rechnen. Von Details darüber wurde bei uns zuhause nie geredet. Nur, dass die beiden Buben mit ihrer Großmutter in einer engen Zweizimmerwohnung lebten, mit Klo auf dem Treppenabsatz.

Dieses Umfeld war wohl mit ausschlaggebend, dass Hans sich, gerade 15 Jahre alt, 1916 freiwillig in den Krieg meldete, zu den österreichischen Alpenjägern, wofür er sich um ein Jahr älter machen musste. Selten genug hat er von seinen Kriegserfahrungen erzählt und wenn, dann am ehesten nach einem Luis-Trenker-Film, der die Alpenkämpfe hoch oben in den Felsen der Marmolada und der Paganellaberge verherrlichten. Von dem aber, wie es in den zwei Kriegsjahren wirklich war, zumal in den Wintern, wenn der Nachschub wochenlang nicht über die vereisten, verschneiten Pfade zu den Frontunterkünften im Fels vordringen konnten, und was er dort erlebt hat, darüber hat er auch bei diesen raren Gelegenheiten nichts gesagt. Höchstens nur, dass der Trenker Luis es *doch recht nett* erzählt.

Aus dem Krieg zurück, mit einem Kreuz am Band und ein paar Ehrenspangen, besuchte er die Lehrerbildungsanstalt, machte auch deren Diplom und war dann zwei Jahre lang Lehrer in Verdins, einem klitzekleinen Bergnest hoch über Klausen, in dem sein Onkel, der Prälat Gasser, Pfarrer war. Das war dann 1923 vorbei, als auch die letzten Südtiroler Schulen rigoros auf nur noch Italienisch die umgestellt wurden. Bei der dazu obligatorischen Sprachprüfung fiel Hans durch, versuchte es kurz danach noch einmal und scheiterte wiederum. Alle Lehrer-Hoffnung war damit erledigt.

Was der Hans in den zwölf Jahren, von 1923 bis 1934, gemacht hat, liegt mir im Nebel. Er hat nie davon erzählt. Höchstens gelegentliche, seltene Satzfragmente haben im Laufe der Zeit ein paar Anhaltspunkte gegeben, die aber viel zu dürftig sind, als dass sich daraus ein Lebenspuzzle zusammenfügen würde. In einer Reiseagentur hat er auch mal gearbeitet. Verona, Berlin, München waren erwähnte Berufsstationen; und dann wieder Bozen, doch hier vielleicht auch nur zwischenzeitlich. Von einer kurzen Zeit, die ihn als Verkäufer in einer Samenhandlung sah, ist zwischendurch manchmal eine Bemerkung gefallen. Blumen- und Landschaftsbilder hat er damals gemalt, und eines davon habe ich auch einmal gesehen. In der ganzen Zeit aber, als ich ihn kannte, hat er Pinsel und Palette niemals mehr in der Hand gehabt.

Am 6. Juli 1957 ist der Hans gestorben, gerade 56 Jahre alt. Bis zwei Tage davor hat er noch intensiv gearbeitet. Dann: Magengeschwür, Durchbruch, eine viel zu lange verzögerte Operation in einer völlig falsch gewählten Klinik. Ich war damals neunzehn, die Ortrud noch nicht sechzehn und der Klaus erst zwölf.

Bilder der Erinnerung sollen jetzt aber kommen, ein Kaleidoskop zustande zu bringen, das vielleicht...

Höhensonne ist gesund.

Die vielleicht erste sonderliche Erinnerung an den Hans führt in unser weitläufiges Badezimmer in Schönblick. Es war in Ausmaßen fast schon ein Saal, in dem auch große weiße Schränke Platz hatten und, außer Wanne, Bidet und WC, auch ein an der Decke befestigter Punchingball, eine recht ausladende Rudermaschine, Hanteln verschiedenster Größen und Gewichte, die Waage und... eine Liege mit darüber montiert einem gewaltigen, spiegelglänzenden UV-Strahler, der *Höhensonne*.

Uns, meinem knapp zwei Jahre älteren Bruder Heinzl und mir, war der Raum vertraut, weil wir dort täglich vom Kinderfräulein, der Anna, gebadet wurden. Manchmal aber gab es dort Besonderes. Da nahm der Hans uns mit ins Badezimmer; setzte uns schwarzdunkle, um Stirn und Wangen eng anliegende Schutzbrillen auf; ölte uns von oben bis unten ein und mit nur der Unterhose an durften wir auf die Liege, unter die Höhensonne. Das Gerät knisterte immer aufregend. In der Luft machte sich ein eigentümlicher Geruch breit, den ich auch heute noch sofort erkenne, wenn ich ihm irgendwann begegne – *Ozon*. Und ein Minutenzähler tickte laut. Wenn der das erste Mal schrillte, hieß das, sich auf den Bauch zu drehen; und beim zweiten Schrillen nach ein paar Minuten durften wir von der Liege steigen und die Brillen abnehmen. Gesicht und Oberkörper fühlten sich dann immer ganz heiß an... nicht unangenehm, aber wie von der Haut her aufgeheizt. Und im Spiegel konnte ich verwundert sehen, dass die Haut rund um die Augen weiß geblieben, aber sonst überall knallrot geworden war. Einmal, wohl nach der ersten Bestrahlung, war ich fürchterlich erschrocken und heulte was das Zeug hielt. Der Hans stand dabei und lachte, lachte.

Ob das die wirklich erste Erinnerung an etwas ist, an dem mein Vater mir bewusst und aktiv vorhanden war? Eine der ganz Frühkindlichen ist es sicher, auch weil ich mich noch an viele weitere Male mit der Höhensonne erinnere – und die hat es ja nur in Schönblick gegeben. Von dort aber sind wir ausgezogen, als ich gerade eben drei Jahre und ein paar Monate alt war; und in unserer neuen Wohnung dann hat es keinen Platz mehr für Turngeräte, Liege und die Höhensonne gegeben.

Königin der Nacht.

In Schönblick hatten wir eine riesige Südterrasse, die den Blick frei über die Weinberge offen ließ. An der Hauswand, sonnengewärmt zwischen Fenstertüren, standen Terracotta-Kübel mit Zitrusbäumchen und etliche andere mit verschiedenartigen hohen und auch kleineren Kakteen. Die mochte ich gern, weil sie so stachelig waren. Hans hat sie wohl gepflegt, denn ich erinnere mich, dass er oft danach sah, sie aber sonst niemanden zu interessieren schienen.

Eines Abends holte mich Hans auf die Terrasse und führte mich zu einer der Kakteen. Er erklärte mir, dass sie die *Königin der Nacht* heiße, weil sie nur einmal in ihrem Pflanzenleben in Blüte stünde und das auch nur für eine einzige Nacht. Er zeigte mir die Blütenknospen, die an dem Abend plötzlich dicht und dick auf den Zweigen standen und die ich vorher nie so richtig bemerkt hatte. In dieser Nacht sollten sie aufblühen. Der Hans versprach mir, mich aus dem Bett zu holen, um mir das Wunder zu zeigen.

Er hat mich aus tiefem Schlaf geholt. Sicher war es schon an Mitternacht oder später, denn alles war ganz ruhig. Wir gingen zur Kaktee und konnten im Mondlicht sehen, dass ihre Knospen schon weiter aufgegangen und fast schon weiß waren. Und es wurde noch aufregender. Zusehen konnte ich, wie sie sich zu hell leuchtenden Blütenkelchen öffneten. Das sonst nur graugrüne Gezweig war unversehens bedeckt mit weißer Blütenpracht, die jetzt magisch da war. Die Kaktee strahlte wie... *wie eine Braut*, sagte Hans, *wie eine Königin.* Wir standen lange. Er redete mit mir.

Am nächsten Morgen war die Pracht verblüht. Aber ich hatte sie gesehen – einmal eine Königin der Nacht in ihrer Blüte. Es hat sich mir nie wieder ergeben.

Sternbilder und Glühwürmchen.

In einer Ecke der Terrasse, ziemlich weit hinten, hatte Hans ein Fernrohr fest montiert. Er nannte es *seine Sternwarte.* Manchmal sprach er von den Planeten und den Sternbildern; zeigte auch Abbildungen davon in einem großen Buch; erklärte akkurat, solange er Lust dazu hatte. Manchmal in besonders klaren Nächten holte er mich und den Heinzl aus dem Bett und wir durften an die Sternwarte. Er zeigte uns die Sterne zuerst über den Himmel hin, so für das freie Auge. Dann durften wir ans Fernrohr und er half uns, wieder zu finden, was er vorher erklärt hatte. Einmal ging es um den Polarstern und den Jupiter, die beiden *Leuchtkönige,* von denen der eine immer am gleichen Platz steht und der andere wachend über den Himmel wandert.

Ich erinnere mich gut, dass ich die Sterne auch im Fernrohr finden konnte; aber so nahe herangezogen sagten sie mir viel weniger als das Gesamtbild am Himmel. Der Hans erklärte, ich sei wohl doch zu klein dafür; und ich glaube, dass er bald die Geduld verloren hat, weil – wenn ich so zurück erinnere – oft hat er mich wohl doch nicht auf die Terrasse geholt. Geblieben ist mir aber die Erinnerung an die nächtliche Weite, das fordernde Leuchten der Sternbilder über dem freien Himmel und... meine eigenartige Abneigung gegen Fernrohre jeder Art und Bezweckung, bis hin zu Operngläsern.

Die Sterne blieben aber nicht nur oben im Nachthimmel aufgehängt. Sie tanzten auch nahe vor uns in den nachtschwarzen Weinreben. *Glühwürmchen, nicht Sterne* – sagte der Hans und, weil ich wohl drängelnd wissen wollte, erklärte er mir genau, dass das eine Art Käfer seien, von denen die Männchen oben in der Luft herumfliegen und leuchten, damit die Weibchen sie sehen können; und bei denen die Weibchen stattdessen nicht fliegen können, sondern, auch zwischendurch leuchtend, nur unten am Boden sitzen und auf die Männchen warten.

Wie immer, wenn Hans wirklich etwas erklären wollte, hat er auch das der Glühwürmchen sicher idiotenfest beschrieben. An die Episode mit den Glühwürmchen unter den Sternen erinnere ich mich aber wohl eher, weil ich die Käfer nicht so recht verstanden habe. Ich habe sie nett gefunden, weil sie so sternig durchs Dunkel flirrten. Aber ich konnte nicht verstehen, warum ihre Frauen unten im Gras herumsitzen und warten mussten, statt auch mit zu fliegen und dann gemeinsam heimzugehen.

Damals war ich zwei, höchstens drei Jahre alt. Die Glühwürmchen haben mich nicht weniger beeindruckt als die Sternbilder, und beide mag ich immer noch sehr, ohne sie zu verstehen. Sich mir *eingeprägt*, so richtig im Wortsinn, haben sich die beiden Bilder wegen ihres Erinnerns an zwei

Momente der aufmerksam erklärenden Zuwendung, die mir als solche vielleicht schon ausreichten, nachhaltig hängen zu bleiben.

Es war eben noch in Schönblick, damals, wo alles anders war als wenig später dann... anders als ab dem Herbst 1941, nur so wenige Monate nach meinem dritten Geburtstag.

Geburtstagsfahrt in die Berge.

4. Juli 1941, mein dritter Geburtstag und der einzige, an den ich mich mit meines Vaters freudiger Beteiligung erinnere. Benzin war damals im zweiten Kriegsjahr wohl noch nicht absolute Mangelware, doch unser silberfarbenes Auto, war da schon fast ständig in der Remise in Schönblick abgestellt, die wir auch nach dem Um-zug in die Bahnhofstraße weiter angemietet hatten. Selten wurde es herausgeholt und allein das war dann jedesmal eine Feier. So auch jetzt.

Es muss an einem Sonntag gewesen sein; oder wir haben meinen Geburtstag eben am darauf folgenden Sonntag *nachgefeiert*, wie das bei uns ein paar Jahre später zur festen Gewohnheit wurde, womit der Festtag dann eigentlich nur noch ein halber war. Also, wir fuhren in die Berge, in die Gegend von Welschnofen: die Eltern vorne, der Heinzl und ich hinten bei der Anna.

Aufgelockert heiter erinnere ich diese ungewohnte Fahrt. Es muss etwas in der Luft gelegen haben, das ganz ungewöhnlich für und war. Und irgendwann durfte ich dann auch einmal nach vorne, vor den Hans hinter das Lenkrad geklemmt, um so zu tun, als würde *ich* chauffieren – *weil ich doch jetzt schon ein großer Junge bin*. An Kuchen im Grünen erinnere mich noch; an die Kerzen, von denen eine ins Gras gefallen ist; an spätere Einkehr noch irgendwo... und dass ich auf dem Rückweg nochmals kurz, viel zu kurz ans Lenkrad durfte. Fröhlich und sonnig war es an dem Tag. Haben sich solche Fahrten jemals denn wiederholt?

Weihnachtserlebnis.

Es war Weihnachten 1941, das letzte, an dem der Heinzl noch dabei war. Ich habe ein langes, langes Gedicht von vielen blitzenden Sternen, verschneitem Wald und Rehlein aufgesagt, das mir die Anna liebevoll geduldigst beigebracht hatte, so wie im Jahr davor schon eines, das aber viel kürzer und leichter gewesen war. Jeder bekam Geschenke unter dem bis an die Decke reichenden, warm leuchtenden und dicht mit bunten Bonbons, süßen Kringeln und Lametta geschmücktem Christbaum, auch das Dienstmädchen und die Köchin natürlich, die dazu kurz herein gerufen wurden. Das *gehörte* sich so.

Wie denn ist es mit meinem Gedicht vom Sternenwald gelaufen? War das neue Baby Trutschele noch länger mit beim Christbaum, oder bald schon ins Bettchen gebracht? Mussten wir lange singen, vor wir an unsere Geschenke durften? Waren viele Päckchen da und wer durfte damit anfangen? Wie weggewischt! Es ist wie aufgesogen von warmem, weihnachtlich duftendem Nebel. Nur an eines erinnere ich mich noch wie gestern: Eine Trommel habe ich bekommen.

Eine richtige, rundum rot-weiß gemusterte Trommel war das, die beidseitig bespannt war und zu der es auch zwei geschnitzte gab. Ich war glücklich und sicherlich auch *aufgedreht*, überdreht etwa sogar. Nie hatte es bei uns etwas gegeben, mit dem man Geräusche machen durfte. Nicht einkriegen konnte ich mich. Heute noch kann ich mich dazu sehen und hören. Getrommelt und getrommelt habe ich...

Still! – tönte es irgendwann, hart fordernd – und *Hör auf... hör endlich auf!* Wieder und wieder wahrscheinlich. Aber das hat wohl nichts genützt. Und plötzlich dann war mir die Trommel entrissen. Hans hatte sie mir weggerissen und wild begonnen darauf einzuschlagen – zuerst auf der einen Seite bis die Bespannung platzte, und danach das Gleiche auch auf der anderen. Wütend schrillte dazu etwas wie: *Wer nicht hören will, muss fühlen!* – und schleunigst wurde ich ins Bett verbannt, während der Heinzl noch aufbleiben durfte. Am nächsten Morgen dann lag die Trommel vor meinem Bett, mit beiden Bespannungen wirklich in Fetzen und unbrauchbar für immer.

Hans hat die Trommel nie mehr erwähnt. Ich auch nicht.

Neues Umfeld.

Am 31. August 1941 war Ortrud, meine Schwester, die jeder das *Trutschele* nannte, geboren worden. Bald danach, im Oktober, haben wir dann das weitläufige Schönblick verlassen und sind in die Bahnhofstraße gezogen. Für uns alle ist es zu beengender Umstellung gekommen. Die Wohnung hatte keine Terrasse, nur einen klitzekleinen Balkon mit Sicht zum Alten Friedhof und zur Bahntrasse dahinter. Im Bad war gerade eng noch Platz für Wanne, Becken und Waschmaschine. Das Klo war getrennt, gut zehn Meter vom Bad entfernt im oberen Teil des Flurgangs; es gab nur das eine. Die Wohnung war an sich nicht klein, aber zu klein für uns alle: Eltern, drei Kinder inzwischen, das Kinderfräulein, die Köchin und stets wenigstens ein Dienstmädchen.

Was das für den Hans bedeutet hat, hat er sich nie anmerken lassen. Kein Wort hat er jemals verloren – soweit ich erinnere – über seine Fitnessgeräte und die Höhensonne, über die Sternwarte, die er nicht mehr hatte, oder über seine Kakteen auf der Terrasse. Nur: Meine Erinnerung sagt ganz klar, dass ich ihn in der Bahnhofstraße viel weniger oft und lang gesehen habe als vorab in Schönblick. Das aber kann mit noch einer anderen, nicht minder gewaltigen Umstellung zu tun haben, die jetzt zusätzlich auf uns zukam.

Neue Zeit, Zeit weiterer Umstellung.

Am 20. Februar 1942 ist dann ganz plötzlich der Heinzl gestorben. *Purpura fulminans* war die Krankheit. Der Kinderarzt war zwar recht schnell gerufen worden, aber da war es für ihn wohl schon Feierabend und so kam er erst am nächsten Morgen. Es war zu spät. Dreieinhalb Jahre alt war ich da.

Die darauf folgende Zeit ist mir dicht gedrängt an Erinnerungen, an problematische und auch an gute. Der Hans aber taucht darin nur selten auf und wenn, dann meist recht schemenhaft.

Mir eingeprägt: Im Freien trug er jetzt immer schwarze Hüte und auf die linken Ärmel von Mantel und Sakkos war ein breites schwarzes Trauerband aufgenäht.

Erinnerungsblitz: Einmal, es war winterkalt, ging er mit mir zu einer der Tanten und dazu mussten wir über die Talferbrücke. Auf der Brücke stand wie immer ein Straßenfotograf, der uns längst vertraut war. Er wollte uns knipsen, denn das und die Bilder dann verkaufen war ja sein Beruf. Hans war dagegen. Ich aber wollte und fing an zu quengeln. Der Fotograf hat sich durchgesetzt. Den restlichen Weg zur Tante erinnere ich dann als sehr frostig kalt.

Sicher war er durchaus jederzeit präsent, der Hans, auch in jener mir irgendwie abnorm erinnerten Zeit. Aber überwiegend ist er wohl nicht zu mir durchgedrungen; oder ich nicht zu ihm. Ich hatte ganz andere Bezugspersonen in den Monaten als ich vier wurde und im darauf folgenden Jahr: die Anna noch für kurze Zeit; Tante Carla Kepp, die gar keine verwandte Tante war, aber bei der und ihren zwei kleinen Töchtern ich monatelang heiter leben durfte; das Fräulein Luise Dassala, unsere Störschneiderin, die, wenn sie zu uns kam, immer ihren Rundfunkempfänger mitbrachte, weil wir ja keinen hatten, und die mir Musik nahe gebracht hat; auch manche der Köchinnen, die jetzt allerdings recht häufig wechselten.

Der Hans ist mir eigentlich erst später, im Schulalter, wieder etwa so ins Bewusstsein gekommen, wie er vorher drinnen war – in der Frühzeit von Schönblick. Aber das war dann um vieles anders.

Doch Moment mal: Eine Sequenz ist da, noch aus dem Vorschulalter, die mir wohl deshalb noch so plastisch ist, weil sie an etwas erinnert, das ich als ganz besonders erlebt habe.

Fototag am Ritten.

Wir waren zur Sommerfrische auf dem Rittner Hochplateau, in Mariae Himmelfahrt, wo wir die Parterrewohnung im Landhaus der Edlen von Walther gemietet hatten. Für eines der Wochenende hatte Hans den Bozner Fotografen Kretz auf den Berg bestellt. Er sollte Kinderfotos machen oder so. Der Hans hat ja immer selbst und viel fotografiert. Diesmal wollte er aber auch mit auf den Bildern sein. Allein schon die Ankündigung war mir ein Ereignis.

Am Morgen hatte ich dann einen nagelneuen, schneeweißen Matrosenanzug an mit sommerlich kurzen Hosen und Ärmeln. Wir gingen zum Gasthaus Schluff, das ich von Sonntagen an der Kegelbahn schon recht gut kannte. Es gab dort eine alte Stube mit einem riesigen Kachelofen, den eine Sitzbank umlief. Dort hatte Herr Kretz seine Lampen aufgebaut und erwartete uns. Zwischen den beiden Erwachsenen kam schnell gute Stimmung auf, die mich freudig ansteckte. Der Hans lachte und tollte mit mir, wie ich das nur aus Schönblick kannte. Es dauerte lange, einen ganzen Vormittag wohl. Und immer wieder war das *Klick* des Apparats zu hören und die beiden Männer, die lustige Sachen riefen.

Nachher rannten der Hans und ich noch durch den Wald hinter dem Gasthaus und dann über die Wiese beim kleinen Kirchlein. Ich muss dabei ins Gras geschlittert sein. Das blitzweiße Höschen von meinem Matrosenanzug war plötzlich grellgrün gefleckt und gestreift, was gar nicht gut aussah. Ich setzte wohl an zu heulen. Doch überraschend: Der Hans war gar nicht wütend. Er lachte dazu. Und dann sagte er, die Hose müsse jetzt einfach von außen nach innen gewendet werden, dann würde die Mutti schon nichts vom

Unheil merken und uns beide ungeschoren davon kommen lassen. Und so ist es dann auch gelaufen. Es hat sicher keine Unstimmigkeiten zuhause gegeben, mittags dann. Ich würde mich daran erinnern, eben weil es so heiter und verbunden war an dem Tag – ganz so wie früher einmal mit den Sternen, den Glühwürmchen, der Königin der Nacht.

Im September 1944 wurde ich eingeschult. Der Bombenkrieg war uns da auch in Bozen schon seit fast einem Jahr sehr nahe. Die meisten unserer Möbel und Bilder waren irgendwo in Sicherheit eingelagert worden. Wer nicht an die Stadt gebunden war, hatte sie verlassen. Wir Kinder lebten mit dem Kinderfräulein und der Köchin jetzt das ganze Jahr über in der Ferienwohnung auf dem Ritten. Die Sommerfrische war uns zur Bombenfrische geworden.

Statt Anzug, Uniform.

Schon früh waren mir Uniformen ein durchaus vertrauter Anblick. Erst die der italienischen Ordnungshüter, also der Polizisten und Carabinieri, die nie weit von unseren Dienstmädchen entfernt waren; dann immer mehr die senfbraunen mit den Wickelgamaschen des nationalen Heeres, die oft lebhaft singend durch die Bahnhofstraße zogen; und dann, ab Herbst 1943, die feldgrauen der deutschen Wehr-macht.

An den Tag, an dem ich den Hans das erste Mal in Uniform gesehen habe, kann ich mich nicht erinnern. Wenige Wochen nach dem 8. September 1943 war es, wie mir später gesagt wurde, als die Anzüge, die wegen Heinzls Tod immer noch einen breiten Trauerflor am Ärmel hatten, plötzlich einer Uniform gewichen waren. Mir war es befremdend, fast so als ob da ein Unbekannter bei uns ein- und ausginge. Ein sehr ansehnlicher Unbekannter.

Seine graue Uniform war ganz einfach, worauf er mich öfters ausdrücklich hingewiesen hat. Also kein Offiziersgrad oder sonstiges Ehrenzeichen. Aber exzellent geschneidert, wie stets alle seine Anzüge und Mäntel. Bestes Tuch, wie etwa das des Oberst Stabsarztes, der ihn gelegentlich begleitete, oder anderer hoher Chargen, die man an ihren Abzeichen als solche erkennen konnte. Koppel und Handschuhe aus glänzend schwarzem Leder. Polierte Schuhe, nicht die Knobelbecher der Soldaten. Die Bügelfalten scharf und wie eingepresst. Respekt gebietend hat er mir ausgesehen und er hat Respekt auch bekommen, wo immer ich ihn außer Haus in Uniform sehen konnte.

Hans war 42-jährig zu der Zeit. Manchmal hatte ich ihn erzählen gehört, dass er als ein noch ganz junger Bursche sein Geburtsdatum gefälscht habe, sich älter machend, um im Großen Krieg ins österreichische Heer aufgenommen zu werden; und wie er dann als einer der Jüngsten bei den Gebirgsjägern in den Paganellabergen so lange gekämpft habe, bis k&k vorbei war und er, obwohl sein österreichisches Heer verloren hatte, sich als Südtiroler unversehens doch unter den Siegern fand – jetzt Italien als Staatsbürger zugeteilt

Also, Kampferfahrung hatte er. Sein immer noch sportliches Aussehen ließ nicht auf Untauglichkeit schließen. Unabkömmlichkeit war auch schlecht zu begründen, weil doch seine Frau, die Rica, Besitzerin und selbstgerechte Herrscherin eines relativ großen und durchaus die Familie ernährenden Handelshauses war. Aber sollte er deswegen *eingezogen* worden sein? Die meisten anderen Bozner Kaufleute waren immer noch in Zivil und an keinem ließ sich merken, dass er über kurz oder lang mit anderem rechnete.

Aber auch beim Hans war von Furcht, dass er *ins Feld müsse*, nicht der Hauch zu spüren. Und er ist dann auch immer in Bozen geblieben, stets in Uniform und mit Waffe an der Koppel, bis er eines schönen Maitages dann wieder im Anzug dastand, einem maßgeschneiderten natürlich, und nach seiner Zeit in Uniform nicht gern gefragt wurde.

Was war denn da los gewesen? Die mir viel später zugänglichen oder jedenfalls verständlich gewordenen Berichte haben ein paar Teile eines eigenartigen Puzzle dazu ergeben,

von dem mir aber vieles, sehr vieles doch für immer im Dunkeln geblieben ist.
Ein bisschen Geschichte braucht es jetzt.

Hans, in Bozen 1901 geboren, war zu seiner Geburt Österreicher und ist nach 1918 automatisch Staatsbürger Italiens geworden, wie alle Südtiroler, und wie alle hätte er das auch bleiben müssen, solange er nach der Option, die 1939 zwischen dem Duce und dem Führer vereinbart war, nicht eventuell *heim ins Reich* umgezogen wäre, was wir nie getan haben, obwohl meine Eltern dafür optiert hatten – genau so wie die meisten Südtiroler.

In der Nacht vom 8. zum 9. September 1943, nach dem Putsch gegen Mussolini, wurde Südtirol von der deutschen Wehrmacht besetzt und zur Operationszone Alpenvorland erklärt, weil Italien nun ja nicht mehr Achsenverbündeter sondern böser Feind war. Mit Mussolinis norditalienischem Teilstaat, der im Zuge der Ereignisse auch gerade eben gegründeten Republik von Salò, blieb das Reich *in Freundschaft* verbunden; aber Südtirol wurde sozusagen *reichsverwaltet* und wer vor dem Krieg fürs Deutsche Reich optiert hatte, konnte nun die deutsche Staatsbürgerschaft bekommen. Wir gehörten auch mit dazu.

Zugleich wurden sofort auch deutschsprachige Schulen eingerichtet, die ja seit 1923 streng verboten waren. Und so kam es, dass ich mit dem Atlas von *Großdeutschland, dein Lebensraum* und der Sütterlin-Schrift durchs erste Schuljahr ging. Sütterlin war dann nach dem Mai 1945 verpönt und ebenso der Lebensraum-Atlas; aber die deutschsprachigen Schulen blieben weiter bestehen, was an sich schon an ein politisches Wunder grenzte.

Zu Beginn der Reichsverwaltung, ab Herbst 1943 wurden in Südtirol die deutschsprachigen Jahrgänge der 18- bis 22-Jährigen zur Wehrmacht eingezogen. Nur sie; italienische Jungmänner interessierten nicht, weil sie ja zum Duce gehörten. Ab April 1944 kamen dann zusätzlich auch die zwei jüngeren Jahrgänge dran, eingezogen zu werden, und, als es auf das Ende zuging, auch noch die älteren. Aber eben stets nur deutschsprachige Südtiroler. Und um sie wehrdienstlich zu erfassen und einzuziehen brauchte es eine Behörde: das neu geschaffene Musterungsamt der Reichswehr.

Im diesem Bozner Musterungsamt fand sich also der Hans im Herbst 1943 als Uniformträger und Bereichsleiter. Er gehörte zu denen, die dafür zuständig waren, wer einzuberufen war und wohin die Rekruten zugeteilt werden sollten: etwa in den sicher lästigen, dabei jedoch ungefährlichen Heimatdienst der Straßenbau- und Reparaturbrigaden, oder zum ehrenvollen, dabei aber doch nicht unbedingt erstrebten Waffendienst in den Südtiroler Polizeiregimentern, die größtenteils an die Ostfront kamen.

Wie Hans an Job, Aufgabe und Uniform im Musterungsamt gekommen ist, hat sich mir nie geklärt. Dafür kann er als damals 42-jähriger doch eigentlich nicht eingezogen worden sein. Warum auch sollte ausgerechnet er, und alle anderen Bozner Kaufleute nicht? Er war auch nicht Beamter oder hatte sonst irgendetwas Staatliches zu tun, was auf eine befohlene Abstellung verweisen könnte. Er war doch ganz einfach nur das Faktotum im Betrieb von der Rica und, weil das ein Lebensmittelgroßhandel war, hätte er ganz sicher doch auf *unabkömmlich* plädieren können.

Mit dem Hans oder sonst zuhause wurde über *die* Zeit nie gesprochen; außer natürlich immer wieder über den zu ihr ge-hörenden Bombenhagel, der *unsere Existenz* vernichtet hatte.

Eigentümlich, bemerkenswert.

Echte Erinnerungen an Hans als Bestandteil meines Lebens sind mir dann für die Jahre bis etwa zur dritten Grundschulklasse sehr gering und es sind meist kaum mehr als kurze Blitzszenen in einem Meer von damals Erlebtem und Erfahrenem, von dem mir vieles recht breit gefasst und detailliert erinnert ist.

Es war die Zeit, in der ich ganz langsam anfing zu wissen, was Musik ist; in der ich lesen und schreiben lernte; wo mir beigebracht wurde, giftige von essbaren Pilzen zu unterscheiden, und die Arten von Blatt- und Nadelbäumen zu erkennen; die Zeit meiner ersten Reiterfahrungen auf ungesatteltem Pferd und die des staunend Sehens, wie ein Kälblein geboren wird; die der gefährlichen Spiele mit von Soldaten zurück gelassenen Leuchtraketen und Pulverpatronen, mitsamt einer sehr direkten Erfahrung, wie hochgefährlich das für Kinder war. Der sogenannte *Zusammnbruch* von Anfang Mai 1945 kam da auch dazu, mit einer Reihe von Impressionen, die mich völlig unvorbereitet getroffen haben und die zum Teil recht nachhaltig waren.

Viele farbig und detailliert erinnerte Erlebnisse und Bezugspersonen hatte ich in jener Zeit. Der Hans ist kaum dabei.

Neue Umstellungen in turbulenter Zeit.

Das letzte Kriegshalbjahr hat einschneidende Umstellungen für uns alle und damit auch für mich gebracht.

Am 26. Dezember 1944 wurden die Büros und Lagerräume unseres Handelshauses von Bomben der Alliierten völlig zerstört und beim selben Angriff auch das nahe gelegene Eigenhaus meiner Großmutter mitsamt ihrer Konfiserie, die mit guten Umsätzen dort im Erdgeschoß lag. Von allem davon wurde später nichts mehr von oder für uns wieder aufgebaut.

Gerade nur drei Tage später, am 29. Dezember 1944, wurde mein neuer Bruder geboren, Klaus, und das gerade als unsere Mutter wieder einmal in vollem Verluststress stand, diesmal wegen des Geschäftes, das sie von ihrem Tati geerbt hatte. Sie war damals auch schon gut 43 Jahre alt und Klaus sollte ihr neuer Heinzl werden. Über zwei Jahre lang hatten sich Hans und Rica darum bemüht. Ich hatte mit Baby-Schreien nicht gerechnet.

Dann war da die Geschichte in der Schule. An einem Morgen zu Maianfang war im Klassenraum unversehens das Bild unseres Führers, den wir dazu gedrillte Schüler zu höchst verehrten, abgehängt und durch ein Kruzifix ersetzt. Und uns wurde eingebläut, dass jetzt zu beten war, statt *Heil* zu grüßen; dass kein Bedarf mehr sei an Lebensraum für Großdeutschland; auch dass die Sütterlin-Schrift eine Verirrung und keineswegs ein Kulturgut; der Horst Wessel kein Heros sondern ein Zuhälter gewesen...

Die Rica ging nicht mehr ins Geschäft, weil es keines mehr gab. Der Hans bekam durch alte Firmenverbindungen die Südtirol-Vertretungen von zwei guten Markenfirmen, Nestlé und Saiwa, der Keksfabrik, und begann damit seine neue Arbeit und Ochsentour als Handelsreisender, der mit den Musterkoffern von Ort zu Ort, von Laden zu Laden zog, was vordem die angestellten *Reisenden* gemacht hatten.

Vom Rittner Hochplateau übersiedelten wir alle wieder nach Bozen, zurück in die Bahnhofstraße, wo die alte Wohnung nach etlichen lichteren Kriegsschäden renoviert und wieder mit den zwischenzeitlich ausgelagerten Möbeln bestückt war.

Mittägliche Befragungen.

Nach Kriegsende hat Hans nur noch gelegentlich, recht selten mit uns zu Mittag gegessen. Samstags meistens und auch sonntags. Aber im Laufe der Woche nur an den Tagen, an denen er seine Kundentour in Bozen Stadt machte, was höchsten drei-vier Tage im Monat beanspruchte. Gemeinsam mit ihm gefrühstückt oder zu Abend gegessen haben wir nie, seit ich denken kann – weder in Schönblick, wo der Heinzl und ich mit unserem Kinderfräulein, der Anna, frühstückten, noch gar dann in der Bahnhofstraße.

Wir Kinder hatten bei Tisch zu schweigen, es sei denn, wir wurden etwas gefragt oder auf andere Art ausdrücklich in ein Gespräch einbezogen, was selten vorkam. Aber der

Hans konnte es nicht lassen, wenn er da war, bei jedem Essen eine Salve an Fragen abzufeuern. Meist waren sie an mich gerichtet und sie betrafen nur die Schule, wenn ich das so überlegend zurück erinnere. Anfangs, als ich noch in den letzten Klassen der Grundschule war, fragte er fast alles ab, was gerade durchgenommen wurde; und dabei wollte er auch genau wissen, wie es der Lehrer erklärt und wie ich es verstanden hatte. Sein gelernter Beruf, Volksschullehrer, hat offensichtlich durchgeschlagen, auch wenn er ihn insgesamt gerade nur zwei Jahre lang ausgeübt hatte und das vor schon langer Zeit.

Später, als ich am Gymnasium war, wurde es weniger anstrengend, wenn aber auch noch monotoner. Jetzt wurden vom Hans beim Mittagessen Vokabeln abgefragt und Deklinationen und Konjugationen und Regelsätze. Das konnte von der Suppe bis zum Obst fast ohne Unterbrechung laufen und hat sicher nicht nur mich genervt. Um dazu gerüstet zu sein, hat der Hans speziell angefangen, Latein zu lernen, als es bei mir zum Schulfach wurde. Und allen am Esstisch hat er eindeutig bewiesen, dass er mir immer einen Schritt voraus war. Niemand konnte oder wollte daran zweifeln. Gemütlich und familienverbindend ist es nicht gewesen.

Schnelle Hand und strammer Riemen.

Sicher war ich kein angenehmes Kuschelkind und zweifellos hatte ich meine Macken, die jeden leicht auf die Palme bringen konnten. Ich erinnere mich genau, dass ich von klein an, wohl auch von Träumereien inspiriert, Zeug behauptend erzählte, das ich mir so halb erfunden hatte. Die Anna, unser Kinderfräulein, hat mich öfter mal dafür getadelt und *aus dem Wolkenkuckucksheim* zurückgeholt, wobei sie dann auch darauf bestand, dass ich zugab, wieder einmal etwas nur *geträumt* zu haben.

Und gleichermaßen hatte ich immer schon – *von wann an wohl?* – Probleme, um Sachen zu bitten, die mir selbstverständlich waren. Wenn ich Hunger hatte und es war Brot in der Brottrommel, habe ich das gegessen. Hatte ich Durst, habe ich mir Milch aus dem Kühlschrank geholt, ohne groß zu fragen. Und wenn irgendwo im Haus etwas herumgelegen hat, das anscheinend unbeachtet war, ich aber *brauchen* konnte, habe ich mir das durchaus auch genommen. Das war einfach so. Ich will da nichts beschönigen. Selten hat es jemanden soweit bekümmert, dass es sich ihm gelohnt hätte, mit mir darüber zu reden. Erklären, gar erziehen... was war denn das?

Aber: Irgendwann, wohl immer wieder und gar nicht so selten, war eine meiner Taten denn doch so irritierend, dass Hans sie anklagend erfahren musste. War ich dann gerade in der Nähe, konnte er seine Wut schnell und eindrücklich zeigen. Er hatte große, kräftige Hände und sein Ehering, er trug in rechts, war dick gerundet. Es ist immer schnell gegangen: ein harter Schlag mit dem Handrücken auf rechts ins Gesicht und dann, mit der rückkehrenden Flachhand, voll auf links. Seine Linke diente dabei auch dazu, mich aufzufangen, wenn ich mal hinzufallen drohte. Das war's dann. Worte sind höchstens vorher gefallen; nachher nie... von beiden Seiten nicht.

Gelegentlich hat es sich aber ergeben, dass Hans seine spontane Wut zügeln und die Strafe aufschieben musste. Etwa, weil es schon spät nachts war, als er von einer Missetat erfuhr, und ich schlief, oder aus etwelchen anderen Gründen eben. Dann holte er mich schon so manches Mal bei später ihm passender Gelegenheit ins elterliche Schlafzimmer; hielt mir in Ruhe meine Untat vor; half mir etwa auch, Hemd und Hose auszuziehen; bedeutete mir, mich bäuchlings aufs Bett zu legen; zog sich den Gürtel aus den Hosenschlaufen und der klatschte mir dann hart auf den Rücken, den Hintern und die Schenkel. Nicht einmal nur. Ausreichend wiederholt. Danach konnte ich allemal im Zimmer bleiben, solange ich wollte. Er war wortlos gegangen.

Einmal ist es allerdings mit dem *Timing* nicht besonders gut gelaufen. Zufällig gab es bei uns in der Schule eine

Reihenuntersuchung wegen der Tbc-Vorsorge. Ein Röntgengerät war aufgestellt worden. Wir Schüler mussten uns die Hemden ausziehen und uns für das Durchleuchten anstellen. Mein blau gestriemter Rücken ist aufgefallen und hat herzliches Jugendgelächter und Hallo bewirkt. Mir war es peinlich, wegen Arzt und Lehrer. Den Lachern habe ich Prügel angedroht, was nicht viel bewirkt hat. Gelegentlich wurde ich noch als *Zebra* gehänselt. Von der Schule musste ich einen Brief nach Hause mitnehmen. Ich habe ihn abgegeben und keinen Kommentar gehört.

Der Hosengürtel war seit damals arbeitslos.

Tauziehen ums Gymnasium.

Damals war es so, dass man nach der fünften Klasse Grundschule aufs Gymnasium oder in sonst eine weiterbildende Schule kam. Das war das Normale. Aber mit Ausnahmegenehmigungen, die gar nicht so selten waren, konnte man auch schon nach der vierten Klasse die Aufnahmeprüfung zum Gymnasium machen und, wenn bestanden, die letzte Grundschulklasse dann überspringen. Der Lehrer musste es empfehlen, die Eltern zustimmen.

Mein Lehrer hat ein paar seiner Viertklässler für das Überspringen vorgeschlagen, darunter auch meinen besten Freund, den Oswald Hager, und mich. Ich war wie auf Wolken. Umso tiefer bin ich gefallen, als mir der Hans ernsthaft erklärte, das käme gar nicht in Frage. Für das Gymnasium sei ich viel zu *unreif* und an *Charakterlichem* müsse ich dazu noch eine Menge lernen.

Nichts hat es gebracht, dass der Lehrer, Heinz Deluggi hieß er, mehrmals vorgepresht ist, um den Hans doch zu überzeugen. Auch den Religionslehrer schickte er zudem ins Feld. Nutzlos. Beim Mittagessen zuhause war es tagelang ein heißes Thema. Ich bohrte und bohrte, versuchte intensiv, den Hans umzustimmen und doch noch die Erlaubnis zu bekommen. Der Lehrer befragte mich fast täglich nach der

Entscheidung, als der Meldetermin zur Aufnahmeprüfung nahe rückte. Dann war der Termin vorbei. Der Oswald Hager hat ein Jahr vor mir Abitur gemacht.

Gewohnheiten, Eigenarten.

Erinnerte Gewohnheiten und Eigenarten können vielleicht mehr aussagen, als kunterbunt gewürfelte Erinnerungsbilder. Was war denn für meinen Vater typisch, jenseits von kurz Erlebtem und erinnerten Episoden? Das zum Beispiel, in lockerer Gedankenfolge:

Hans hat zuhause nie Brot gegessen und auch keine Brötchen oder Zwieback. Nie. Weder bei Tisch noch irgendwann zwischendurch. Dabei hatte er keine Aversion dagegen. Im Urlaub aß er beim Frühstück seine Semmeln und wenn wir unterwegs auf seiner Arbeitstour waren, waren belegte Brötchen oder Brote überwiegend sein oft gesehenes, auch miteinander geteiltes, miterlebtes Mittag-essen.

Zuhause hat Hans auch nie gefrühstückt. Nach dem Aufstehen duschte er nahezu täglich kalt, auch im Winter, rasierte sich, zog sich an und ging außer Haus. Und das nicht nur wochentags sondern auch sonntags. Auch an unserem Abendessen hat er nie teilgenommen, weder unter der Woche noch sonn- und feiertags, ausgenommen nur Heilig Abend.

Zeit spielte für ihn wohl kaum eine Rolle, wenigstens nicht die der anderen. Auf ihn zu warten, auch stundenlang und ohne jeden Zwischenbescheid, war Teil des Lebens aller, die ihn umgaben. Zumal die Rica hat wohl tausende Stunden ihres Ehelebens verwartet. Andererseits konnte er aber auch minutengenau pünktlich sein. Jeden Sonntag zum Beispiel, wenn er um 12.35 Uhr exakt zum Schlusssegen der letzten Messe kam, um uns von der Kirche abzuholen. Oder auch, wenn im Kino ein Film anfing, den er sehen wollte. Und geradezu penibel war er bei allen seinen geschäftlichen Terminen.

In einer Wirtschaft habe ich ihn kaum je mit einem Bier gesehen. Meist hat er Rotwein getrunken, seltener auch Weißen. Immer sehr mäßig. Ein *Viertele* konnte ihm abendfüllend vorhalten. Aber es ging ihm gegen den Strich, auch nur ein paar Minuten lang vor einem leeren Glas zu sitzen. Zog sich der Aufbruch über das vorab Geplante hinaus, hat er nachbestellt und erwartete dann, dass die Bedienung Flügel hatte.

Zuhause bei uns gab es weder Bier noch Wein. An Alkoholischem stand lediglich eine Flasche Weinbrand im Küchenschrank. Sie wartete auf ihren Einsatz im traditionellen Familienkurtrank gegen Grippe und Husten: kochend heiße Milch mit einem großen Löffel Honig und einem guten Schuss *Brandy*.

Nach seinem Arbeitstag, der Verkaufstour von einem Handelskunden zum anderen, kam Hans nie nach Hause. Gegen acht Uhr rief er meist an, dass er zurück in der Stadt sei und dass er später wieder anrufen würde. Dann setzte er sich in ein Wirtshaus, meist in seine Stammecke hinten in der *Traube* am Kornplatz, und machte die tagesbezogenen Büroarbeiten: die Reinschriften der Aufträge; angeforderte Statistiken und Berichte, etwa über Kundenbeschwerden; die Fortschrift des Provisionskontos und so. Das war keine Ausrede, die irgendetwas verschleiern sollte. Man konnte ihn jederzeit finden.

Meist aß er dort nichts oder höchstens Knabberbrot zu einem Glas Rotwein. Anschließend dann, so etwa eine oder zwei Stunden später und meist lange nach neun Uhr, rief er wieder zuhause an, um nachzufragen, ob die Rica noch Lust habe, ein bisschen mit ihm zusammenzusitzen. Sie hatte immer, und wenn der Abend auch noch so fort-geschritten war, denn stundenlang hatte sie darauf gewartet. Und dann trafen sie sich im *Roten Adler* oder im *Forst Bräu* oder sonst wo in der Altstadt, wo sie an gewohnten Tischen oft gute Bekannte trafen: Bildhauer und Maler vor allem, aber auch ein paar Schreiber – nie Lehrer, nie Schwägerin-nen oder Schwäger, nie Bankleute und schon gar nicht solche aus der

Clique der *Laubenkönige*, also der Handels-familien, zu denen die Rica und ihre vier Schwestern sich wohlbewusst zählten. Über alles mögliche wurde da ein-zwei Stunden lang geklönt. Manchmal durfte ich mitkom-men, ab den ersten Jahren als ich im Gymnasium war. Ich mochte und suchte das, weil ich Hans dabei im Gespräch erleben konnte und interessante Menschen argumentieren hörte.

Und das mit dem Auto.

Jahrelang nach Kriegsende musste der Hans seine Musterkoffer mit Bahnen, Bussen und zu Fuß von Kunde zu Kunden schleppen. Unser silbergraues Auto, das den Krieg ungestohlen überstanden hatte, war 1945 verkauft worden. Den Grund dafür konnte ich nie erfahren. Und die Rica verbot ängstlichst einen Ersatzkauf. Die Streitereien darüber zogen sich über Jahre und in stetig neuen Wellen hin, zumal in der Zeit vor Ostern, wenn wegen der Eier-Kollektionen von Nestlé die Musterkoffer besonders umfangreich und schwer waren.

Fast zum Eklat ist es dann gekommen, als Hans einmal am Bahnhof in Meran von der vereisten Treppe eines Waggons abrutschte, mitsamt seinen beiden Koffern und der Umhängetasche auf den Perron stürzte und beinahe vom anfahrenden Zug überrollt wurde. Daraufhin wohl kaufte er dann, 1951, heimlich in wortlosem Aufbegehren, einen arbeitstauglichen Kleinwagen, einen *Fiat 500 Giardinetta* mit zwei Vordersitzen, einer umklappbaren Sitzbank und einer Ladefläche dahinter. Nichts davon wissen sollte die Rica. Lange geheim halten aber konnte er sein neues Besitztum und Arbeitsgerät natürlich nicht, was dann zu wochenlanger Eisesluft bei uns führte, wovon der Hans vielleicht am wenigsten mitbekommen hat, weil er eher noch kürzer zuhause war als sonst schon.

Damals hat es begonnen, dass er es liebte, nachts vor dem Schlafengehen noch eine Runde zu fahren. Es war stets dieselbe Strecke: nach Kaltern, Tramin und über Leifers zurück – 44 km, die er fast täglich noch fuhr, gleichgültig wie anstrengend der Tag gewesen war. Wenn ich gelegentlich mit ihm und der Rica vorher im spätabendlichen Gasthaustreff war, durfte auch ich mitfahren.

Oder auch..

Wenn Hans nachts nach Hause kam, ging er kurz ins Bad und dann ins Bett. Da konnte er dann noch stundenlang lesen oder sich mit lateinischer Grammatik befassen. Nie hat er sich aber ins Wohnzimmer gesetzt und nie, als wir später dann doch ein Radio hatten, sehe ich ihn vor mir, wie er etwa Musik oder Nachrichten gehört hätte. Auch nicht etwa an den Nachmittagen von Samstag oder Sonntag. Da verzog er sich nach dem Mittagessen zu einer längeren Siesta ins Schlafzimmer und sonntags machte er mit uns danach, in den frühen Jahren, oft einen kleinen Ausflug. Später dann, etwa zu der Zeit als ich am Gymnasium anfing, war es damit vorbei und von da an ging er Sonntagnachmittags meist ins Kino. Allein. Gelegentlich habe ich ihn dann ein paar Reihen hinter oder vor mir mit seinem charakteristischen Husten gehört.

Hans hat seine Oberhemden täglich gewechselt und nie Unterhemden getragen. Dass im Schrank immer frische Hemden lagen, hat er vorausgesetzt; so wie auch, dass seine Hosen stets neu gebügelt waren, wenn er sich umziehen wollte. Die Schuhe aber hat er sich selbst geputzt.

Er hatte keine Freunde, mit denen er je etwas unternommen hätte. Aber er kannte eine Menge Leute, zu denen er sich an ihren Treffpunkten gern dazu setzen konnte, etwa für ein paar Runden Skat oder einfach nur zum Reden. Nie ist es vorgekommen, dass er jemanden nach Hause mitgebracht hätte, und es kann nicht oft gewesen sein, dass er irgendwo zu Gast war, allein oder mit uns, außer ziemlich selten in den Familien der Schwägerinnen. Eher sporadisch traf er sich mit seinem Bruder, dem Friedl, der in Brixen wohnte und also einigermaßen *weit vom Schuss* war, aber nie, wie mir scheint, auch mit diesem oder jenem gemeinsamer Jugendfreunde. Mit seinem Chor hat er sich zu den Proben getroffen und auch zu Aufführungen, aber darüber hinaus pflegte er auch mit den *Sangesbrüdern* keinen freundschaftlichen Kontakt.

Und da fällt mir ein: Vom Gesangsverein hörte ich ihn schon öfters reden und das klang auch gut. Bei einer Probe oder einem Auftreten aber habe ich ihn nie erlebt.

Als ich nach der fünften Klasse endlich ins Gymnasium durfte, hatte ich vom ersten Tag an Latein. Hans kaufte sich sofort Grammatik und Wörterbuch, um auch Latein zu lernen. Es war sein Ziel, mir immer einen Schritt voraus zu sein. Abends musste ich meine Latein-Hausaufgaben stets auf sein Nachtkästchen legen und er hat sie dann korrigiert. Am Morgen galt es mir dann, gerade so viel früher aufzustehen, dass ich die Texte nochmals ins Reine schreiben konnte. Meist waren es nur stilistische *Korrekturen*, sozusagen zur Rechtfertigung der Kontrolle.

Auf das, was man so *Stand* nennt und *standesgemäße* Zuordnung hat der Hans starken Wert gelegt. Da hatten wir kurz nach dem Krieg mal für ein paar Monate eine Haushälterin mittleren Alters, die zwar nie verheiratet gewesen war, aber ihre halbwüchsige Tochter, die Wilma, mit bei sich hatte. Wir alle sagten natürlich *Frau Foppa*, wenn wir über sie redeten oder sie ansprachen. Hans nicht. Er blieb unerschütterlich dabei, sie *Fräulein Foppa* anzureden, weil sie ja trotz Tochter eine *Ledige* war.

Oder auch: Wir beschäftigten zu der Zeit recht oft für manche schwere Arbeit und gegen Stundenlohn einen schon älteren Mann, der vor dem Bombenhagel auf Ricas Großhandlung dort Magazinsarbeiter gewesen war. Plattner hieß er. Seinen Vornamen habe ich wohl nie gehört. Für mich war er selbstverständlich der *Herr Plattner*. Nicht so für den Hans – und recht wütend konnte er werden, wenn ich da widerwortig auf meiner Anredeform bestand. Ihm war es *der*

Plattner, wenn er von ihm sprach, und nur einfach *Plattner*, wenn er ihn anreden musste.

Klavierspielen sollte man können.

Hans konnte Klavierspielen, wie schon mal erwähnt. Gehört habe ich ihn allerdings nie, aber das tut hier auch nichts zur Sache. Wohl dazu gehört aber eine Episode, die sich eines Nachmittags zugetragen hat.

Mit einem seiner Schwäger, dem mit Ricas Schwester Luise verheirateten Toni, stand sich Hans recht gut und es kam vor, dass er sich von dessen vier Kindern, drei Mädchen und ein Junge, erzählen ließ. Wir waren auch manchmal bei ihnen zuhause, weil sie eine große Terrasse hatten. Und eines Tages hörte ich so, wie sich der Hans beim Toni bitter beklagte, dass dessen Kinder alle vier so schön Klavier spielten, vor allem die Größte, die Ricki, und dagegen die seinen überhaupt nicht, wobei – hörte ich ihn resignierend tönen – dafür nun inzwischen wohl *Hopfen und Malz verloren* seien. Er aber hätte es so gern gehabt und immer noch, wenn auch die seinen Klavier spielen würden oder wenigstens sonst ein Instrument, aber... *ja, was soll's?!*

Vielleicht hätte ich ja gern spielen gelernt, gespielt. Aber wie denn? Bei uns gab es kein Instrument zuhause; auch nicht in der Schule.

Mit auf Kundentour.

Ziemlich früh schon, also etwa ab 12- oder 13-jährig, durfte ich in den Ferien manchmal Hans auf seinen Kundentouren nach Meran, Brixen und in die Täler begleiten. Ich durfte einen der Musterkoffer oder Werbematerial tragen und kam immer mit hinein in die Geschäfte, war also dabei beim Warten auf den Ansprechpartner und bei den Auftragsgesprächen. Die Kunden haben das stets toleriert. Manchen schien es auch angenehm, weil so *der Junge etwas lernt*. Den Hans lernte ich dabei ganz anders kennen als *normal*, und das nicht nur, weil er sich in einem anderen Umfeld bewegte, sondern fast insgesamt.

Mit so manchen Kunden hatte er jeweils schon vorab Besuchstermine vereinbart, die er auf Zetteln notiert hatte. Wenn dabei eine besondere Uhrzeit vorgegeben war, versuchte er stets akribisch, sie einzuhalten; möglichst minutengenau. Und er konnte so richtig kribbelig werden, wenn er mal merkte, dass er sich verspäten könne. Von seiner sonst gewohnten, fast schon ausufernden Unpünktlichkeit war auf Kundentour nie etwas zu bemerken.

Warten, auch langes Warten, gehörte mit zum Alltag des Handelsreisenden. Wenn ein Kunde dabei war, seine Kundschaft zu bedienen, musste gewartet werden. Und es war die Regel, dass das Vertretergespräch fast automatisch zum Bedienen unterbrochen wurde, wenn neue Käufer in den Laden kamen. Es war echt nervend. Zumal auch, weil jedes Warten verlorene Zeit für andere Kundenbesuche und somit möglicherweise entgangene Aufträge und Provisionen bedeutete. Und doch: Nie habe ich den Hans bei Kunden auch nur in Andeutung ungeduldig erlebt. Stoische Ruhe strahlte er aus. Und wenn der bedienende Kunde Zeichen der Entschuldigung zuwinkte, was nicht oft vorkam, winkte Hans beruhigend lächelnd zurück, als ob er alle Zeit der Welt hätte, aufgespart nur für diesen einen Kunden.

Im Verkaufsgespräch trug er dann ruhig die Vorschläge und Argumente vor; gab sich konziliant und dem Anschein nach immer auf Seiten der Kunden, wenn es gelegentlich dazu kam, dass Beanstandungen angesprochen wurden; zeigte sich fast entschuldigend bedrückt, wenn es hier und dort mal galt, unbezahlte Rechnungen anzumahnen; hatte immer ein Lächeln für jeden, auch für die Lehrlinge in den Geschäften; plauderte manchmal über dies und jenes, gab Tipps und Ratschlag. Und seine Kunden mochten ihn sehr gern, soweit man auftragsheischende Handelsvertreter denn mögen kann. Und Hans machte in Sichtweite stets den

Eindruck, als möge er alle seine Kunden fast so gern wie seinen liebsten Freund, den er gar nicht hatte. Er wusste sich beliebt zu machen und war beliebt... unterwegs.

Die Läden der Kunden waren über Mittag geschlossen und wir mussten die Zeit überbrücken, bis sie um halb drei oder drei Uhr wieder geöffnet wurden. An sonnig warmen Tagen blieben wir fast immer im Freien, auf einer Parkbank oder beim Auto, und aßen ein dick belegtes Brötchen. War es kühl und regnerisch, kehrten wir in einem Gasthof ein und bestellten, was satt machte und billig war. Hans hatte dabei eine Vorliebe für Spagetti mit Soße, die er dann mit Reibekäse bestreute. Ein Behälter mit Parmesan kam mit den Spagetti immer auf den Tisch, wie das auch heute noch in Italien Sitte ist. Davon streute er sich dann drei, vier gehäufte Löffel über die Nudeln, manchmal auch den Inhalt des ganzen Behälters – weil das nahrhaft war und nichts zusätzlich kostete. Danach las jeder eine Zeitung von denen, die in der Wirtsstube aushingen, oder auch Bücher, die wir mit dabei hatten. Gesprochen haben wir selten und wenig. Wir hatten ja kaum etwas zu bereden.

Gern bin ich mit dem Hans auf Tour gefahren, und allein durch das Dabeisein habe ich vieles mitbekommen, erfahren und gelernt. Wir haben diese Tage zusammen verbracht. Kaum gemeinsam.

Balkon mit Fenster zum Klo.

Unser klitzekleiner Balkon in der Bahnhofstraße konnte von einem der Zimmer aus begangen werden und hatte neben der Fenstertür ein ziemlich hoch oben gelegtes Fensterchen, das dem Klo Licht gab. Das enge Klo, nur mit WC-Schüssel und Waschbecken, war so abgeschieden in die Wohnung eingegliedert, dass es wirklich ein *stilles Örtchen* war.

Ich war etwa dreizehn zur Zeit der Episode, die mir jetzt in den Sinn kommt, und hatte mit Schulfreunden kürzlich entdeckt, dass onanieren Spaß macht. Wiederholt habe ich mich dazu ins Klo zurückgezogen und hielt es so für längere Zeiten besetzt. Dabei habe ich mich sicher gefühlt; denn wenn mal einer herein wollte, war die Tür versperrt und ich konnte „*Gleich fertig!*" rufen und den Lokus freigeben. Einmal aber ist es nicht so gelaufen.

Ganz in mich selbst vertieft, erschreckt mich plötzlich donnerndes Hämmern hoch über mir am Fenster. Zusammengezuckt drehe ich mich um und schaue hoch. Hans! Mit schwingender Faust und wutdunklem Gesicht schreit er etwas, das durchs Doppelfenster nicht zu verstehen ist. Mit hochrotem Kopf schleiche ich mich nach draußen, alle die schlimmsten Anschuldigungen und auch Prügel erwartend. Der Gang ist leer. Unbeschadet komme ich in mein Zimmer. Auch leer. Ich hocke mich an den Tisch; tue so, als würde ich aufmerksam lesen und versuche es auch; die Ohren sind aber immer an der Tür und die Augen fliegen öfter zur Klinke als über die Seiten. Nichts... und die Zeit vergeht.

Den Hans habe ich an dem Tag nicht mehr gesehen. Aber dann natürlich schon wieder. Man konnte sich in der Wohnung ja nicht ungetroffen aus dem Weg gehen. Über das Fenster vom Klo und das hinter dem Fenster Gesehene ist nie ein Wort gefallen. Und überhaupt... Sex wäre wohl das Allerletzte gewesen, das in meiner gesprächsknappen Familie erörterungsmöglich war.

Schlüssel zu Haustor und Wohnung.

In der Bahnhofstraße wohnten wir im dritten Stock und dazu gab es zwei Schlüssel: den für das Tor unten und den Wohnungsschlüssel. Ich hatte die beiden Schlüssel seit... ich weiß nicht wann, aber eigentlich immer schon. Eines Tages sagte aber Hans, er müsse ernsthaft mit mir reden. Mir schwante nichts Gutes. Solche Ankündigungen waren stets Vorboten von Unangenehmem.

Und so fing er dann also an: Es fehle ja nun nur noch wenig bis zu meinem vierzehnten Geburtstag und das sei fast so etwas wie ein Stichtag für einen Umbruch, wo dann danach nichts mehr so wäre wie davor... und... ja so... eben... Ich verstand nur Bahnhof.

Aber dann kam er auf den Punkt: Am Geburtstag habe ich die Haus- und Wohnungsschlüssel abzugeben; das sei nur recht und verantwortlich, weil ein 14-Jähriger nicht freizügig und unbeaufsichtigt herumzigeunern dürfe; da sei seine *väterliche Sorgepflicht* – welch schönes, nie vorab gehörtes Wort – absolut und voll gefordert; und deshalb also dann... am 4. Juli ist der Abgabetermin für die Schlüssel, weil ich da eben nicht mehr dreizehn sondern schon vierzehn bin.

Einen echten Reim auf das Ganze konnte ich mir nicht machen. Aber es blieben ja noch ein paar Tage, die gut genutzt werden konnten, Duplikate machen zu lassen. Zum Geburtstag hat es Kuchen gegeben und ich habe meine Schlüssel feierlich überreicht. Dass ich Ersatzstücke hatte, dürfte sich wohl bald herumgesprochen haben, denn ich ging und kam weiterhin wann ich wollte, freizügig wie je zuvor.

Berufsziel, Studium.

Für Hans stand fest, wohl von jeher schon, dass ich *studieren* solle. Die Universität, die ihm nicht offen gestanden, sollte ich auf alle Fälle haben. Studienfach und Zielrichtung waren ihm dabei nicht so wichtig und konnten deshalb auch kaum je zu einem besonderen Redethema werden.

Ebenso festgelegt und deutlich gesagt war aber vom Hans, dass das Ganze so wenig kosten dürfe wie nur möglich. Davon konnte lange und intensiv gesprochen werden; und so hat es sich ergeben, dass es in meinem Abiturjahr mehr persönlich gehaltene Gespräche mit dem Hans gab, als vielleicht im ganzen Quinquennium davor.

Mit wohl gespitztem Rechenstift wurde abgewogen, was da in Frage kam. Die Studienorte fielen dabei ins Gewicht und vor allem auch die Zahl der anzusetzenden Semester. Am liebsten wäre ich auf eine gute Journalistenschule gegangen, aber das hätte Wien oder noch besser München bedeutet, was als Städte schon viel zu teuer und damit inakzeptabel war. Es ging prioritär ja nicht um meine erhoffte, die von mir gewollte Zukunft, sondern um die Kosten des Studiums.

Bozen hatte damals keine Universität. In Innsbruck und Venedig waren die am nächsten gelegenen, wobei die Stadt an der Lagune ihre Vorteile hatte. Die Studiengebühren an der *Università Ca' Foscari* waren um vieles niedriger als in Innsbruck. Auch das Wohnen und Essen versprach dort, sich günstiger arrangieren zu lassen. Und – das war es, was vor allem zählte – bei den Wirtschaftswissenschaften war in Venedig das Diplom schon nach sechs Semestern zu haben. Kürzer ging nun wirklich nichts und nirgendwo. Das, *was* ich studieren würde, war somit fast automatisch mit entschieden.

Meinen sozusagen Berufstraum aufgegeben hatte ich trotzdem noch nicht so ganz. Aber, bekam ich zu hören, ob ich später dann doch noch in die Verlagswelt kommen würde und zur Reportage, das konnte sich ja dann zeigen, wenn ich wirklich Talent dafür hätte. Und dazu auch noch: Waren denn Journalistenschulen überhaupt so richtig akademische Anstalten, oder doch etwa nur bessere Berufsschulen? Eher wohl letzteres, und auch deshalb... Dem Hans ist es dabei nur auf eines angekommen: Sein Sohn sollte *studieren!* Zu was und ob überhaupt ausgebildet wurde, hat kaum gezählt. Praktisch gar nicht. Wirtschaftswissenschaften... das war immerhin eine echte Fakultät.

Wir haben dann zwischen uns geklärt, der Hans und ich, dass ich als *Studiosus* zusehen würde, möglichst viel zu meinem Unterhalt irgendwie dazu zu verdienen, und so haben wir auch noch etliche Stunden damit verbracht, auszurechnen, was ich monatlich mindestens so etwa brauchen würde, und zu bereden, was davon jedem von uns zur Finanzierung anfallen möge. Auf einen recht niedrigen, dabei aber doch einigermaßen überzeugenden Bedarfsbetrag haben wir uns geeinigt und dessen Deckung anteilig auf 70:30 verteilt, wobei allerdings keineswegs besprochen war, wie ich mir meinen 30%igen Selbstanteil erjobben möge. So ziemlich mulmig ist mir dabei doch schon gewesen. Von Bafög oder so etwas war in Italien damaliger Zeiten ja überhaupt keine Rede.

Etliche Ermahnungen sind noch dazugekommen. Aber damit war das Thema eigentlich erledigt und nicht mehr angesprochen. Selten, aber dann doch intensiv, habe ich in den Monaten vor dem Abitur daran gedacht, ob Hans bei den monatlichen Zahlungen ebenso hartleibig verzögernd und mahnungsabhängig sein würde wie damals beim Taschengeld und dem Schulgeld und den zu kaufenden Büchern Jahr für Jahr.

Es zu erfahren, dazu ist es nicht mehr gekommen.

Name, Namensgebung und Benennung.

Rückblickend auf das, was sich hier jetzt so an Seiten angesammelt hat, will zumal eines klargestellt werden: das mit der Benennung.

Mir selbstverständlich, nicht aber wohl für alle: Natürlich habe ich den Hans, ihn ansprechend, nie *Hans* genannt. Und auch die Rica, meine Mutter also, hat im Gespräch nie seinen Namen genannt. Erwähnte sie ihn Außenstehenden gegenüber, sagte sie stets *mein Mann* – meist sogar auch, wenn sie mit ihren Schwestern und Schwägern redete, wobei wirklich nur seltenst mal von ihr ein *Hans* kam. Und wenn sie zu uns, der Brut, von ihm sprach, war es der *Papi*.

So hatten auch wir ihn anzureden oder im Gespräch zu benennen, auch vor Fremden, als ich schon achtzehn war. Ebenso hatte es für uns zu gelten, von der Rica als der *Mutti* zu sprechen und sie auch so anzureden.

Dem Hans *Papi* zu sagen, war mir schon in ganz früher Zeit wohl recht schwierig. Ich weiß nicht, wann das angefangen hat und warum. Im Rückblick bin ich mir nur sicher, dass es sich doch etwa schon zu Grundschulzeiten ergeben hat, beginnend bei der direkten Anrede und dann immer mehr auch im Gesprächsbezug mit anderen, wenn es galt, ihn zu erwähnen. Aber er ist mir dabei nicht zum *Hans* geworden; weder gedanklich noch ausgesprochen.

Damit und damals hat es wohl angefangen, dass ich mich darauf ausrichtete, Appellative im Gespräch weitgehend zu vermeiden, also die Angesprochenen und Dialogpartner kaum je mit Namen anzureden. Das habe ich nicht etwa trainiert; es hat sich einfach so ergeben und in der Zeit als recht nützlich erwiesen. In meinen Genen nämlich scheint das Namensgedächtnis absolut unterentwickelt, wie ich jedenfalls annehmen will, um diese meine *Gehirnlücke* oder etwa Denkfaulheit nicht auf andere Begründungen zu schieben.

Also: *der Herr.* So habe ich den Hans bald schon in meinen Gedanken benannt; und wohl in den frühen Gymnasialjahren habe ich mir dann angewöhnt, ihn so auch zu nennen, wenn ich ihn im Gespräch mit Freunden zu erwähnen hatte. Fremden gegenüber oder gar zu sogenannten Respektspersonen sprach ich natürlich stets nur von meinem *Vater.*

Der Tonfall im Denken und Aussprechen von *der Herr* hatte immer einen leicht ironischen Anschlag, wie das ja aus dem Ursprung der Benennung gekommen war.

Hans hatte ja die schon erwähnte, damals weithin übliche und von mir als standesdünklerisch unangemessen gefühlte Art, Mitmenschen klassengeordnet anzusprechen und zu erwähnen. Hier aber doch noch einmal, weil es ins Thema gehört: Der Lohndiener war einfach nur *der Plattner* und der bäuerliche Pächter von Ricas Obstwiese war *der Lanznaster;* Handwerker gehörten auch in diese etwas von oben betrachtete Kategorie, wie auch Ladeninhaber, soweit sie nicht zu den Bozner Laubenkönigen zählten; unverheiratete Mütter auch fortgeschrittenen Alters, zumal wenn in untergeordneter Position, waren ihm in Erwähnung und in der direkten Anrede immer *Fräulein*, nie etwa *Frau*, wobei er, wie mir schien, auf *Fräulein* noch einen besonderen Akzent setzte, fast um deren soziale Stellung zu verdeutlichen.

Andererseits wäre er aber nie auf die Idee gekommen, meinen Lehrer Heinz Deluggi einfach nur als *Deluggi* im Gespräch zu erwähnen oder gar anzureden, sondern immer nur respektvoll *Herr Deluggi*, obwohl er der Sohn seines alten Chorfreundes Peter war. Und auch die in Bozen wohl anerkannten Künstler oder Zeitungsmenschen, mit denen er abends oft im Wirtshauskreis zusammen saß, waren immer *Herr Valier, Herr Plangger, Herr Ebner* – und Maria Delago, die bekennend unverheiratete Malerin, war ihm stets nur *Frau Delago*, auch dann noch, als sie ihn wiederholt gebeten hatte, sie doch bitte *Fräulein* zu nennen.

So und auch daraus hat es sich ergeben, dass es mir zu *der Herr* gekommen ist. Ein kleiner, vielleicht aber doch nicht so ganz kleiner Part Bewunderung hat aber wohl auch darin gesteckt. Hans hat gut ausgesehen mit seinem markanten, stets gebräunten Gesicht, dem locker gewellten und bald schon schneeweißem Haar zu dicht-buschig schwarz gebliebenen Augenbrauen, der hohen Gestalt ohne Bauchansatz oder Rückenkrümmung, in guten Schneideranzügen mit stets frisch gebügelten Hemden und dezent seidenen Krawatten. Er hat schon *etwas vorgestellt*, wie man so sagte.

Und nochmals, Namen.

Ihm selbst, Hans, war es übrigens völlig gleichgültig, wenigstens anscheinend, mit was für einem Namen er erkannt und angesprochen wurde. Dass es da Unterschiedliches gab, das hat sich eigenartig so ergeben.

Hans hieß nach Taufschein *Johannes Alois Zagler*, wobei Johannes aus uralt ungebrochener Tradition väterlicherseits kam und Alois sich auf seinen Großvater mütterlicherseits bezog. Daraus wurde umgangssprachlich Hans Zagler und mit diesem Namen ist er durchs Leben gegangen – bis zum Kriegsende, also bis etwa zum Verlust unserer Großhandlung und seinem Beginnen, das Familieneinkommen als Handelsreisender zu verdienen.

Rica, meine Mutter, hatte sich darauf versteift, dass der alte Firmenname ihres Vaters, des geliebten und schon 1934 gestorbe-nen *Tati*, bestehen zu bleiben habe – also *Enrico Calligari* oder *Heinrich Calligari*, wie sie es lieber hatte. Alle Arbeitsverträge mit den vertretenen Firmen wurden unter diesem Namen ausgestellt, obzwar sie nun ausschließlich den Hans betrafen und nur von ihm erfüllt werden konnten. Und somit kamen auch die Zahlungen der Provisionen nicht an seinen geburtsregisterlichen Namen, sondern wurden an Enrico Calligari überwiesen.

So hat es sich denn ergeben, dass Hans sich anfangs bei der Kundschaft mit dem weitum bekannten Namen des Handelshauses einführte, obzwar es das als ein solches gar nicht mehr gab – also beim sich Vorstellen so etwa sagte: *Zagler, von Enrico Calligari*. Mag sein, dass ihm das aber auf Dauer zu kompliziert wurde. Oder vielleicht ist ihm bei jeder Erklärung das darin enthaltene Unterordnende zunehmend gegen den Strich gegangen. Wie auch immer: Mit der Zeit hat es sich ergeben, dass er im Kundenkreis und bei Firmentreffen auch im nationalen Kollegenkreis beinahe nur noch als Enrico Calligari erkannt, der Hans Zagler dabei aber immer unbekannter wurde.

Im Privaten haben sich daraus kaum Missverständnisse oder Konflikte ergeben, wie mir scheint und soweit ich es erinnern kann. Sicher hat das auch daran gelegen, dass der Hans mit seinen Kunden und seinen Mandatsfirmen keinen sozusagen *gesellschaftlichen* Umgang pflegte, und er andererseits in arbeitsfern *privatem* Umfeld praktisch nie über Geschäftliches gesprochen hat. So war er eben Zagler für die einen und Calligari für die anderen – wobei es ihm wichtig war, jeweils der *Herr* Zagler oder der *Herr* Calligari zu sein.

Die Namensgeschichte sollte noch ein Nachspiel haben, mit dem Hans sicher nicht gerechnet hatte. Schon damals galten Pflichtversicherungen für alle Handelsvertreter: zur Lebens- und zur Rentenversicherung. Beide Vertragsseiten, also die Mandatsfirmen und die Vertreter, waren paritätisch zu Beiträgen auf der Basis der erarbeiteten Provision verpflichtet. Und jahrelang wurden diese Beiträge auch regulär einbezahlt, aber eben auf den Namen *Enrico Calligari*. Die Rica hatte die entsprechenden Verträge so bestimmt und sich auf eine Aktualisierung nie einlassen wollen, weil sie ja, wie sie nie aufhörte zu betonen, Meriten der Firma und daher ewig währendes Vermächtnis ihres *Tati* waren. Den vertretenen Firmen ist das wohl nie komisch oder gar änderungspflichtig aufgefallen. Was sich der Hans denn dabei gedacht hat... keine Ahnung.

Allerdings später dann, als die Auszahlungen fällig wurden, konnte es keine geben. Der dafür benannte Benefiziar, Enrico Calligari, war längst verstorben gewesen, als die Beitragszahlungen auf dessen Namen begannen und sich ansammelten. Hans und die Firmen hatten zwar zu Lebensversicherung und Rente einbezahlt, Jahr für Jahr, erkleckliche Summen sogar, aber nicht für sich und seine Familie.

Und um das abzuschließen: Als die Rica dann im Sommer 1956 Lebensversicherung und Witwenrente ausgezahlt haben wollte, biss sie auf Granit. Gern könne sie das ihr Zustehende bekommen, wurde ihr von der Sozialversicherung, mitgeteilt, sie möge nur den beglaubigten Todesschein einreichen. Der Schein vom Hans nützte ihr da überhaupt nichts. Er war ja nicht versichert gewesen. Die Rica hat sich dann einen Anwalt genommen, den besten von ganz Bozen, wie sie gern betonte. Gebracht hat ihr das nichts als jahrelangen Ärger und einen Sack voll Kosten.

Reaktion auf die Mücke.

Kurz vor Weihnachten 1956 habe ich Katja kennen gelernt, die Mücke. Ich hatte schon vorher eine Freundin gehabt, so etwa ein halbes Jahr lang, doch das war nur ein frühes

Tandaradei ohne besonderen Tiefgang gewesen. Mit der Mücke war es anders, fast vom ersten Tag an. Ich brannte lichterloh und ihr muss es wohl ähnlich ergangen sein. Jedenfalls… bald verbrachten wir alle Zeit, die wir uns freibaggern konnten, zusammen. Eng aneinander geschmiegt liefen wir durch Bozens aufmerksame Gassen und drückten uns, weil doch Winter und kalt, zum Knutschen in warme Ecken auch viel besuchter Cafés.

Natürlich hat es schnell kleinstädtisches Getratsche gegeben. Mein *Benehmen* hat den Patres am Gymnasium so wenig gefallen, dass Hans einen Brief mit Mahnung zum Ermahnen bekommen hat. Und auch ein paar Tanten, fanden unsere *Öffentlichkeit* abträglich für ihre *Reputation*.

So kam es denn zu einer Aussprache mit dem Hans, das heißt: Ich wurde ins Wohnzimmer zitiert und hatte mir eine ellenlange Standpauke anzuhören. Von Verantwortung war da plötzlich die Rede; und was ein guter Ruf wert sei für alle in der Familie; und dass ich für *gewisse Dinge* sowieso viel zu jung und unreif wäre; und dass – *wenn schon überhaupt und unbedingt* – ein Mädchen aus guter Bozner Familie allemal haushoch angemessener wäre als *so eine, die nur auf der Brennsuppe daher geschwommen…*

Damit war es dann wohl klar heraus gesagt. Bei dieser harschen Ablehnung ging es natürlich ein bisschen auch um unser öffentlich offenes Geknutsche, das gierneidig bürgerliche Abwehr weckte. Aber viel mehr ging es eindeutig doch um Katja selbst. Sie war nun mal keine Boznerin, sondern vor gerade etwa fünf Jahren mit ihrer Familie *zugereist*. Ihre Mutter war Thüringerin, evangelisch zumal und zudem schon zum zweiten Mal verheiratet. Und ihr Vater gehörte auch nicht zur lokalen Eingeborenenschaft und war somit an sich schon eindeutig suspekt, auch wenn er in der Südtiroler Landesverwaltung eine verantwortungsvolle Beamtenposition innehatte. Dazu kam erschwerend noch: Die Mücke selber war in Stuttgart geboren und sprach nicht unser breites Südtiroler Teitsch, sondern ein richtiges, für die Bozner Ohren gar nicht heimeliges Schriftdeutsch.

Es hat nichts gefruchtet, den Hans dann nochmals zu bitten, Katja doch wenigstens kennen zu lernen. Mehrmals habe ich es versucht. Er ist bei seinem harten *Nein* geblieben – so wie übrigens auch die Rica, die das Ganze nur mit verkniffenem Mündchen aber sonst kühl und wie eine gewollt *unbeteiligt Außenstehende* verfolgt hat, obwohl sie der Mücke natürlich auch genau so boznerdünkelhaft avers entgegen stand. *Außenstehende...*

So hat Hans die Mücke nie kennen gelernt; und sie nicht ihn. Das Bemühen, irgendwann doch einmal ein Zusammentreffen zu erzielen, hat sich in nervender Abwendung verlaufen... ist ausgetrocknet.

Und dann stand ich kurz vor dem Abitur. Die Debatten über all den Kram von *was studieren* und *wo denn* und *wie finanziert* waren vorbei. Aber eine unerwartete Sentenz vom Hans sollte dann doch noch dazukommen: *Wenn du jetzt etwa denkst, ein uneheliches Kind haben zu können, dann rechne nicht damit, dass wir dafür aufkommen, denn dazu haben wir weder das Geld noch die geringste Lust!*

Das war klar angesagt. Die Mücke und ich waren weit davon entfernt, uns mit Kind zu belasten, und wir waren beide sehr erwachsen genug, uns dafür und dazu zu richten. Der Satz hat uns aber betroffen gemacht. Verbittert auch, im Augenblick. Und immer noch ist er mir bitter.

Geburtstag, Abiturbeginn und...

4. Juli 1957, Montag. Mein Geburtstag war das und ich wurde neunzehn. Am Morgen um acht Uhr sollten meine Abiturprüfungen beginnen, am staatlichen *Istituto Rosmini* in Meran, wo wir vom privaten Bozner Gymnasium der Franziskaner als Externe antreten mussten. Der Hans hat es sich eingerichtet, an dem Tag in Meran zu arbeiten und darauf bestanden, mich zeitig am Morgen zur Prüfung zu bringen. Natürlich war ich nervös und angespannt wie ein Flitzebogen. Zum miteinander Reden ist es da kaum gekommen.

Ich bibberte der Prüfung entgegen, die Uhr stets vor der Nase.

Wir waren dann aber doch pünktlich dort, wenn auch reichlich knapp und auf den letzten Drücker. Der Hans sagte noch: "*Alles Gute und... deinen Geburtstag habe ich nicht vergessen. Den feiern wir dann am Sonntag nach.*" Es war das letzte, was ich, von ihm gesagt, gehört habe.

Das war's dann.

6. Juli 1957, Mittwoch. Die Italienisch-Klausur vom Montag war so etwa das Schlechteste, was ich je geschrieben habe. Ich wusste es noch vor das Ergebnis feststand, weil ich einfach wusste wie übel ich mich an dem Vormittag gefühlt, wie unkonzentriert ich gearbeitet hatte.

Dienstag bin ich schon früh um fünf nach Meran, als zuhause noch niemand wach war. Abends dann, wieder zurück, hörte ich, dass Hans auf seiner Arbeitstour ins Grödner Tal gefahren sei, und dass er die Ortrud, die schon Schulferien hatte, mitgenommen habe, und dass da am späteren Nachmittag wohl irgend etwas mit Bauchschmerzen geschehen sei, weswegen Hans nicht mehr im Auto nach Bozen fahren konnte, sondern wohl zur Kontrolle im Krankenhaus von St. Ulrich übernachtete. Es hat mich nicht besonders berührt. Ich dachte besorgt an die Klausur in alten Sprachen, die am nächsten Tag anstand.

Schon früh am Nachmittag kam ich aus Meran nach Hause und fand dort auf einem Zettel die Nachricht, schnellstens in die Privatklinik von Prof. Polacco zu kommen. Hans war dort eingeliefert worden. Durchbruch eines Magengeschwürs am Abend vorher. Jetzt und eigentlich viel zu spät sollte er operiert werden. Ich konnte den Hans kurz sehen, vor er in den OP geschoben wurde. Nach der Operation ließ sich der Professor dann kurz sehen. Seine Miene versprach gar nicht viel Gutes. Jetzt gelte es, einfach zu warten, meinte er, und wenn es dazu käme, dass der Patient in den nächsten Stunden ein paar Winde lassen könne, dann sei durchaus noch Hoffnung da.

Ich setzte mich zum Hans ans Bett, allein. Die Rica und die Geschwister waren gegangen. Ich nahm seine heiße Hand in die meine, was ich noch niemals je getan hatte. Ich saß da und dachte zurück in die ganze Zeit der Jahre, bis hin zum so fern gewordenen Schönblick. Und in mir kreiste und kreiste der Gedanke, wie eigentümlich es doch war, dass wir, mein Vater und ich, jetzt endlich einmal und erstmalig ruhig und spannungslos beisammen waren und nun endlich einmal ausgeglichen miteinander reden könnten... Es hat sich nicht ergeben.

Mein Vater – oft habe ich über ihn noch nachgedacht.

Er war wohl ein irrsinnig unsicherer Mensch, der zu keiner Zeit irgendwo mit dazu gehörte, und dabei wohl doch lebenslang gern irgendwann, irgendwo zu irgendwas dazu gehört hätte... ohne dass es ihm gelungen ist.

Hat er aber das Seine dazu getan? Und was hätte das sein können? Wie ich es auch drehe, keine abdeckenden Antworten ergeben sich mir auf diese Fragen. Zu viele, in so manchem sich widersprechende Facetten kommen mir dazu in den Sinn.

Über allem aber bleibt eine Frage hängen: Warum?

Familieneinsatz.

Ab Juli 1957. Die am 4. Juli begonnenen Abiturprüfungen sind durchgeboxt und der Vater zwischendurch beerdigt worden, alles in gerade mal 12 Tagen der ersten Julihälfte. Vor meinen Augen liegt eine Zukunft, die vorerst keinen Horizont hat. Die Mücke ist mir täglich nahe und wenn sie nicht wäre, würde ich wohl durchdrehen.

Mutters, der Rica, Erstsatz an seinem Sterbebett gellt mir noch in den Ohren – fanatisch, hektisch, schrill: "Und Geld haben wir auch keines!". Ortrud, meine Schwester, ist knapp sechzehn, Klaus nur zwölfeinhalb... fast 56-jährig die spät geheiratete Rica.

*

Es war glühend heiß, in diesen Julitagen 1957 und die Nerven sind mir blank gelegen. Dass ich auch noch den zweiten Teil der Abiturprüfungen überstanden und das Diplom erkämpft hatte, das hat mich kaum berührt. Immer wieder ist mir die Rica, also meine Mutter, über den Weg gelaufen und hat fordernd geschluchzt oder zugestammelt, was jetzt dem Hans seine Beerdigung gekostet hat und das Einmeißeln des Namens in den Familiengrabstein und auch der Leichenschmaus, den man sich und der Welt doch schuldig gewesen... und...

Ortrud, das Trutschele, und der Kleinbruder Klaus sind nur herum gegangen, mit verquollenen Gesichtern und, wie mir so scheinen wollte, irgendwie bitter anklagendem Blick, wenn ich in Sichtweite war. Und dann sind die Forderungen auf mich zugekommen, ohne dass ich sie mir selber suchen musste.

Die Rica berichtete und argumentierte die Meinung vom Helmuth Jug, dem Mann ihrer besten Freundin Trude, der vor dem Krieg und seinen vage kolportierten SS-Geschichten auch einmal in ihrem Großhandel gearbeitet hatte und der jetzt, obzwar staatenlos, wieder in Bozen Fuß gefasst hatte. Der Helmuth Jug also meinte, dass ich einfach in die Trittstapfen meines Vaters steigen und dessen Job so übernehmen solle, wie man eben ein Erbe antritt; die zuständigen Vertretungsfirmen würden sicher mitmachen, weil das ja auch für sie eine schnelle Lösung sei; und sollte es mit den Firmen nicht klappen oder ich *nicht funktionieren*, dann könne man in absehbarer Zeit immer noch weiter schauen...

Das ist mir einfach so vorgetragen worden und der Druck dabei ist nicht knapp gewesen.

Und ich: Sollte, musste ich das wirklich? Konnte ich es überhaupt? Und was war denn nun mit meinem Studium, mit meinen Zukunftsplänen? Ich stand da, ratlos, wusste nicht wie weiter, wollte auch andere hören, wenigstens darüber reden.

Ich hatte doch vier Tanten in Bozen, Ricas Schwestern, und dazu deren Ehemänner und Familien. Dann hat es doch auch noch den Onkel Friedl in Brixen gegeben, den Bruder vom Hans, meinen Tauf- und Firmpaten, samt seiner Frau, der Hilde, und Tante Carla war auch noch da, bei der ich als Kind ein paar Monate gelebt hatte... mit jemandem jetzt reden können, einen Rat bekommen! Ich bin allein geblieben. Niemand von allen hat in den heißen Julitagen mit mir geredet.

Da braucht es nun wieder einmal einen Rückblick.

Mein Vater, der kurzzeitige Junglehrer und danach mehrjährige Weltenbummler Hans Zagler, war 1934 nach Bozen zurück gekommen und hat wenige Monate danach die Erbin der Großhandlung *Heinrich Calligari*, die Rica, geheiratet. Der kurz zuvor gestorbene Firmengründer Heinrich, der posthum mein Großvater werden sollte, hatte das Unternehmen seiner Zweitältesten hinterlassen. Für seine Ehefrau Viktoria und die weiteren vier Töchter hatte er anderweitig reichlich vorgesorgt.

Damals war die Großhandlung *Heinrich Calligari* eines der führenden Handelshäuser in Südtirol, arbeitete mit angestellten Verkaufsreisenden, die die Städte und Dörfer beackerten, und hatte fast ein Liefermonopol für Süßwaren aller Art und nebenher auch für Gewürze. Die Rica war die Chefin, was zu ihrem Naturell gut gepasst hat. Irgendwer hat sicher auch die Arbeit getan. Büro und Warenlager waren in mittelalterlichen Gewölben auf dem Gelände der Dompropstei langfristig angemietet, links neben dem gotischen Glockenturm und in Sichtweite vom Waltherplatz. Die prominente Lage war dem Großvater wichtig gewesen und dafür hat er auf ein ihm durchaus finanzierbares aber abgelegeneres Immobilieneigentum verzichtet.

Das Ganze hat über die Jahre hin gut funktioniert... von vor dem ersten Weltkrieg über die Zeiten der Südtiroler Optionen zu *Heim ins Reich* hin und durch die dann neuen Kriegsjahre, ohne besondere Störungen, abgesehen von gelegentlichem Bombenalarm ab Januar 1944. Das Geschäft hatte auch ein paar kriegsbedingte neue und recht einträgliche Ressourcen dank Schokoladelieferungen an die kürzlich improvisierten Barackenkasernen der in Südtirol zur Reichsgrenzverteidigung nun zahlreich präsenten deutschen Wehrmacht.

Bis an Weihnachten 1944 war das so. Dann am 26. Dezember, beim zweiten großen Bombenwurf auf Bozen, wurde der Bahnhof zerstört und das Stadttheater im Park daneben und das Mittelschiff der Pfarrkirche samt allen Häusern gegenüber einschließlich des dortigen, dreistöckigen Wohn- und Ladenhauses meiner Großmutter und, eben auch, fast die ganze Dompropstei mit darin den gar nicht so robust gebauten Gewölben des Süßwarenhandels *Heinrich Calligari*. Von den Waren hat sich noch einiges in ein Behelfsmagazin bergen lassen. Was sich an Geschäftspapieren retten ließ, ist in unsere Wohnung gekommen.

Das Leben in Bozen ist für alle recht normal weiter gegangen. Die Reichsverteidiger der Wehrmacht sind bis fast zu Führers letztem Geburtstag in ihren gemütlichen Barackenkasernen im Talfergrund geblieben und wurden dann gruppenweise über den Brenner abgezogen. Ein paar weitere Angriffe der Alliierten hatten bis dahin zwar noch etliche Bombenschäden verursacht, aber keine besonders schweren mehr. Wer seine Wohnung oder den Laden verloren hatte, hat sich recht schnell anderweitig neu orientiert, zumal doch kurz später und mit den Amis eine neue Regierungssicherheit kam, die auch großzügige ERP-Hilfen mit sich brachte.

Nur die Rica hat auf Klageweib umgeschaltet und als Aktionsplan *Abwarten!* angesagt. Die Mitarbeiter hat sie entlassen. Das vom Hans-Gatten schnell gefundene Behelfsmagazin mit hellen Büro- und trockenen Lagerräumen war ihr zu weit von der Wohnung abgelegen und zudem nicht in *kaufmannschaftlicher Lage*. Sie hat die Losung ausgegeben, nach anderen Räumlichkeiten zu suchen... und inzwischen wurden die restlichen Waren im Keller unter unserer Wohnung eingelagert und das Wohnzimmer zum nun sogenannten *Büro* umfunktionier.

Es sollte nur ein Provisorium sein... bis etwas *anständig Rechtes* gefunden, oder aber – eindeutig die real angepeilte und gelegentlich so auch ausgesprochene Hoffnung der Rica – bis die Dompropstei bald wieder aufgebaut und die Gewölbe neu mietverfügbar wären für die Süß- und Gewürzwarenfirma Heinrich Calligari.

Wir mussten von etwas leben. Den Großhandel hat es in seiner Art nicht mehr gegeben. Zwei bedeutende Marken der Süßwarenindustrie, Nestlé und Saiwa, die jahrzehntelang gern Lieferanten von *Heinrich Calligari* gewesen waren, haben angeboten, Südtirol für sie auf der Basis einer Handelsvertretung zu betreuen, also ohne Lagerhaltung und Rechnungsstellung. Die Rica war davon angetan, obzwar zutiefst in ihrem Bozner Kauffraustolz getroffen. Der Hans hat sich die Sache aufgepackt und dann, ganz wie es die Rica wollte, als Exponent des Firmennamens *Heinrich Calligari* unermüdlich Stadt und Dorf und Tal bearbeitet... so lange, bis fast jeder in Südtirol ihn als *der von Heinrich Calligari* kannte, oder eben einfach als den *Calligari*, von dem die Jüngeren bald nicht mehr wussten, dass er der Zagler

Hans war... früher mal kurz Lehrer und für länger dann Weltenbummler. Mehr als zwölf Jahre ist das so gegangen, bis eben zum Juli 1957.

Gut die Hälfte dieser Jahre ist Hans zu Fuß mit seinen Musterkoffern unterwegs gewesen – also mit Bahn, Bussen und eben auf Schusters Rappen bis hin in die entlegensten Nester zwischen Brenner, Reschenpass und Salurner Klause. Das über den Krieg gerettete Familienauto hatte die Rica schon 1945 günstig verkauft. Ein neues anzuschaffen hat sie dem Hans verboten, weil *viel zu gefährlich*. Erst 1951 hat er sich dann heimlich einen *Fiat 500 Giardinetta* gekauft, einen kleinen Kombiwagen mit umklappbarer Rückbank, und hat anschließend dazu die wochenlang stumm anklagenden Blicke der Rica über sich ergehen lassen.

Die Dompropstei wurde und wurde nicht wieder aufgebaut; und als dann nach Jahren die Pläne des Neubaus vorlagen, war darin so manches von kultureller und auch praktischer Art vorgesehen, aber keine Gewölbe mehr für die Lager und Büros einer Großhandlung. Die zuständigen Klerikalen hatten das der Rica vorab schon häufig und immer wieder vorausgesagt, aber sie war vom Leitgedanken des Denkmalschutzes, der neuartige Ideen sicher nicht zulassen würde, überzeugt und von sich selbst sowieso, also wieder einmal eines Besseren.

Der Großhandel ist also jahrelang als solcher nicht ausgeübt worden. Von der Handelskammer wurde das etliche Male angemahnt mit Hinweis auf die Betriebslizenz, die bei andauernder Untätigkeit verfallen würde. Mehr als einer wollte die begehrte Genehmigung auch liebend gern und teuer kaufen, weil es eine sogenannte Generallizenz war, die schon damals äußerst selten war, da sie Groß- und Einzelhandel mit praktisch *allen* Warengruppen erlaubte. Für die Rica aber kam ein Verkauf nicht in Frage. Es war ja ihres *Tati* Firma und Vermächtnis, die ihr für *allerkeinsten Preis* zur Disposition stand.

Räumlichkeiten, die ihr für einen neuen Geschäftsstart an anderem Standort annehmbar sein konnten, waren ihr aber auch nicht zu finden, weil sie eben fixiert war auf die altgewohnten, neu zu errichtenden Gewölbe in der Dompropstei.

Die wertvolle Lizenz ist nach allerletzten kommunalen Abmahnungen eingezogen worden, nach sieben ungenutzten Jahren, 1952, ersatzlos und unverkauft. Und der Hans tigerte weiter durch Südtirols Städtlein, Dörfer und Täler.

Manchmal, als er schon das Auto hatte, hat er mich in den Sommerferien auf die Tour mitgenommen und ich durfte ihn auch in die Läden hinein begleiten, zusammen mit ihm warten, bis der oder die Verantwortliche Zeit hatten für den Handelsreisenden, und dann zuschauen, zuhören wie er die Schokoladen-, Bonbon- und Kekskollektionen von Nestlé und Saiwa angeboten, erklärt und nach einem Abschluss in die Auftragsblöcke geschrieben hat. Zwischendurch durfte ich den leichteren der Musterkoffer vom und zum Auto tragen. Und mittags gab es ein dick belegtes Brot, das der Hans meist bei einem der Kunden gekauft hatte, oder manchmal irgendwo Spagetti, auf die wir aus den meist dazu auf den Tisch gestellten Behältern unsittliche Mengen des nicht gesondert berechneten Reibekäses streuten. Ich habe gelernt...

Und nun war er also tot.

Zurück zu Mitte Juli.

Der Druck auf mich, dass ich einfach die Musterkoffer in die Hand und seine Arbeit aufnehmen solle, so als ob der Hans gerade mal eben auf Urlaub und ich sein Stellvertreter sei, ist eindeutig und hart gewesen in jenen Tagen.

Unsere so *furchtbar beengte* finanzielle Lage wurde mir immer wieder vorgehalten, ohne dass ich aber auch nur einmal unseren Kontostand erfuhr oder gar einen Bankauszug zu sehen bekam; dass das *arme* Trutschele ohne mich jetzt verhungern müsse und vor allem auch der *noch so kleine* Klaus, wurde mir mit glühenden Worten eingebrannt; von der Verpflichtung, die ich dem Papi gegenüber hatte, war intensiv die Rede, wobei ich mich plötzlich als *der vernünftige Älteste* und praktisch als das *Familienoberhaupt* verstehen sollte... und was der Rica an so Druck ausübenden Phrasen sonst noch alles einfallen konnte.

Zwischendurch kamen aber immer wieder auch verlockende Töne. Davon, dass ich jetzt nicht mehr studieren könne, wäre doch überhaupt nicht die Rede. Jetzt gerade seien sowieso Ferien und wenn im Herbst das neue Semester beginne, könne ich mich natürlich gern und sicher an der Uni einschreiben lassen. Bis dahin hätte ich in der Vertreterarbeit *garantiert soviel Routine*, dass ich beides – Arbeit *und* Studium – *locker* zusammen hinbekommen würde, *intelligent wie ich doch sei*. Und sollten doch *alle Stricke reißen*, dann würde man im Herbst oder so bestimmt einen Weg finden, dass jemand anders, ein Angestellter vielleicht, den Job vom Hans machte, und ich für *mein Studieren* frei sein würde.

Dabei haben die Rica und ihr Helmuth Jug das Ganze auch psychologisch gar nicht so schlecht durchgezogen. Schnell herbei gebeten, war da Glauco Scotti, der Regionalinspektor von Nestlé, der sich natürlich Firmengedanken über die künftige Gebietsabdeckung machen musste, und der nach kurzem Gespräch mit der Rica auch mit mir reden wollte... darüber auch reden, ob ich denn überhaupt in die eingelaufenen Fußstapfen treten wolle und wie ich mir das wohl vorstellen würde.

Ich hatte Glauco Scotti schon früher ein paarmal getroffen und ihn bei den doch immerhin wenigen Gelegenheiten als eine seriöse Führungsperson empfunden. Er hat mir vernünftig klingenden Zuspruch gegeben, bei unserem Treffen in der dritten Juliwoche, und auch versucht, mir so etwas wie Vertrauen in mich zu vermitteln. Für ihn und Nestlé war ein kontinuierlicher Übergang natürlich die einfachste und schnellste Lösung, die allemal das Risiko wert war, es mit mir zu versuchen.

Mit der andren Vertretungsfirma, der Keksfabrik Saiwa, ist die Sache kälter abgelaufen und bürokratischer. Schnell, schon Mitte Juli kam, ein Brief der Direktion aus Genua: Man bedaure das Ableben des *Signor Calligari* und sei einverstanden, dass ich dessen Job vorerst und probeweise übernehme. Später erst, als mich auch Scotti schon bekniet hatte, habe ich erfahren, dass in diesem Sinne der Helmuth Jug im Namen der Rica zu Saiwa telefoniert und geschrieben hatte; ohne mich dazu zu befragen oder auch nur zu hören. Es war das Risikospiel der beiden, während ich noch in den Abiturprüfungen hing.

Mit nebeligem Kopf, mit dem Gefühl isoliert zu sein und mit irrational nagendem Verantwortungsgefühl habe ich akzeptiert: Für *einen Versuch*, wie ich sagte, und mit der beim Start schon illusorischen Bedingung für *nur die Zeit des Sommers*.

Führerschein... und Anfang.

Führerschein und Auto, sofort. Das war meine Voraussetzung. Ich habe es ausgeschlossen, mit Bahn und Bussen und zu Fuß die Südtiroler Läden abzuklappern, so wie einstmals der Hans und wie jetzt wieder von der Rica lautstark erwartet. Bei der von den Fahrschulen, die mir den Schein in der kürzest möglichen Zeit versprach, habe ich mich sofort eingeschrieben. Ich konnte täglich zwei Fahrstunden sehr früh morgens und noch dazu eine am Abend bekommen. Tagsüber hätte ich dafür keine Zeit gehabt. Scotti war kurzfristig nach Bozen zurückgekommen, um mich in einer Blitztour bei den wichtigsten Kunden einzuführen; oder, wohl eher, um mich zu testen.

Mit Scotti habe ich fast die ganze Woche verbracht. Er hatte sein Auto dabei, einen himmelblauen *Fiat Millecento*, der als Firmenwagen damals schon sehr beachtlich war. Wir haben in jenen Tagen jede Menge Kunden besucht, denn nirgendwo mussten wir lange warten. Viele kannten mich seit Jahren. Alle waren betulich bedauernd, neugierig bis oben hin. Verwunderung hat nur immer wieder ausgelöst, dass ich, der Sohn vom betrauerten Herrn *Calligari*, nun *Zagler* heißen sollte und darauf auch noch bestanden habe. Ich wollte da nicht so sehr darauf eingehen; zumal es auch Scotti nicht leicht gefallen ist, sich auf die Sachlage und die Fragen dazu einzustellen. Ihm war letztendlich doch nur wichtig, dass ich die Produkte gut kannte, was als solches nicht verwunderlich, da ich ja damit aufgewachsen war; und auch, dass ich ohne Trödelei zu Aufträgen drängte, also *abschlussfreudig* war; und dass er der Rica entgegenkommen konnte, indem er den Vertrag und damit auch die Provisionen weiterhin unverändert auf Heinrich Calligari laufen lassen konnte.

Nach kaum zwei Wochen habe ich beim Fahrlehrer drauf gedrängt, die Prüfung machen zu dürfen und meinen Führerschein zu bekommen. Wie er es geschafft hat, mich schon in den allernächsten Tagen vor die Kommission zu bringen, ist mir immer ein Rätsel geblieben. Jedenfalls, für den Mittwoch der letzten Juliwoche bekam ich bereits einen Termin zur mündlichen Prüfung. Ein gutes Gefühl hatte ich danach und bin mit meinem vor dem Prüfungsgebäude geparkten Auto, der *Giardinetta* vom Hans, davon gefahren.

Am nächsten Tag dann die Fahrprobe. Ich war nervös bis in die Fingerspitzen. Mitten auf der Talferbrücke rief der Prüfer plötzlich, ich solle anhalten, was ich prompt und wohl auch etwas abrupt getan habe. Eintragung in sein Heft, ohne die Miene zu verziehen. Aber mir ist siedend heiß eingefallen, dass man auf Brückenbögen nie anhalten darf. Weiter ein paar Straßen und um ein paar Ecken. Plötzlich der Ruf: *Achtung, Kind!* Ich sehe kein Kind erschrecke trotzdem, verreiße das Steuer und rette das Auto zentimeterknapp vor einer Hauswand, die da plötzlich aufragt. Motor abgewürgt. Der Prüfer trägt in sein Heft ein und bittet ruhig, nun zurück zum Ausgangsort zu fahren. Das Einparken dort übernimmt er.

Ich stehe da wie ein begossener Pudel und mühsam stottere heraus, wann ich den wieder kommen dürfe... zu einer zweiten Probe, meinte ich. Der Prüfer schüttelt den Kopf, zeigt eine säuerliche Miene und zischt mir dann grinsend zu: *Montag – da können Sie Ihren Schein hier holen.*

Und in meine verdatterte, mauloffene Verblüffung hinein höre ich ihn: *Erst bleiben Sie mitten auf einer Brücke stehen; dann fahren sie ungebremst über einen etwas verblichenen Zebrastreifen und merken es gar nicht; zuletzt bekommen Sie es fast noch hin, dass wir von einer Mauer abgekratzt werden müssen wie Butter vom Brot... und wenn ich jetzt ins Haus gehe, nehmen Sie ihr dort drüben geparktes Auto und fahren davon, so wie schon gestern. Fahren werden Sie sowieso. Da ziehe ich doch vor, Sie haben einen Führerschein, den man ihnen bei gebotener Gelegenheit abnehmen kann.*

Am Montag konnte ich wirklich den druckfrisch duftenden Lappen holen. Es war einer der Klasse *C*, nicht *B* – also der professionelle, der sogar für LKW mit Anhänger gültige.

Es war immer noch Juli.

Abiturfeier.

Irgendwann in diesen hektischen Julitagen haben meine Kollegen vom Lyzeum das Abitur gefeiert. Die es geschafft hatten, waren jetzt euphorisch voll von akademischen Plänen, so wie auch ich sie vor noch so wenigen Tagen gehabt hatte. Die drei, die ohne Diplom geblieben waren, haben sich getröstet, dass aufgeschoben nicht aufgehoben, und für ein frohes Besäufnis hat es ihnen allemal auch gereicht.

Ich hätte weder zu den einen noch zu den anderen gepasst. Da haben wir uns dann auf eine Parkbank gesetzt oder sind ins Kino gegangen, die Mücke und ich.

Vigevano von Saiwa.

Ganz kurz nach der allerersten Vorstellungstour mit Scotti wollte der Gebietsinspektor von Saiwa zum gleichen Zweck für etwa eine Woche in das Gebiet kommen, ein gewisser Vigevano, den ich früher mal auch schon kennengelernt hatte. Er hatte keinen Firmenwagen. So hatte er mit seinem Begleitbesuch eben bis Anfang August warten müssen, bis ich meinen Führerschein hatte. Das hat ihm nicht besonders gefallen und der Vertriebsleitung von Saiwa auch nicht, weil ja der August in Italien traditionell ein voller Ferienmonat war; nicht aber in Südtirol, wo die Läden trotzdem alle offen hielten, und somit weder den Vertreterbesuchen noch auch dem dringenden Begleitwunsch eines Inspektors irgend etwas im Wege stand.

Vigevano musste somit auf einen Teil seiner Sommerferien verzichten. Das hat *ihm* nicht gepasst. Andererseits hatte Vigevano wiederum den ihm wohl unvermeidlichen Drang, auch im fahrenden Auto oft und Unduft wehend zu furzen. Das hat wieder *mir* nicht gepasst. Mittags wollte er immer gut essen und möglichst von mir dazu eingeladen sein, was Scotti nie eingefallen wäre. Damit waren weitere Vorlagen für Spannungen gegeben: Ich hatte das Geld für eine Einladung nicht in der Tasche, weder am ersten Tag, noch an den folgenden.

Und Vigevano, auch darin anders als Scotti, wollte bei den Kunden, wenn es deutschsprachige waren, immerzu ganz genau wissen, was ich denen auf Deutsch gesagt und was die mir wieder geantwortet hatten. Das hat mich total genervt. Ich habe ihm eindringlich geraten, ein bisschen Kultursprache zu lernen, wenn er schon in den Südtiroler Bauernläden kontrollieren müsse, ob seine Italokekse auch anständig verkauft würden. Das ist wiederum ihm gegen den Strich gegangen.

Wir haben uns wechselseitig nie gemocht, von der ersten gemeinsamen Kundentour an und später dann über alle Zeiten hin, die wir zusammen verbrachten. Aber ich musste ihn so nehmen, wie er war. Und er konnte weder auf mich spucken noch über mich kübeln, weil er schnell merken musste, dass ich ihm alle die Umsatzpunkte brachte, die er für seine Zielprämien brauchte... und etliche mehr dazu.

Erste Tage und Wochen.

Die ersten Arbeitstage beim *Klinkenputzen* sind mir einfach so davon gelaufen – den Scotti begleitend, vom Scotti begleitet; zwischendurch auch ein paar wenige Tage auf mich allein gestellt, um mich auf mich selber einzupendeln; dann fast eine Woche mit dem mehr lästigen als nützlichen Vigevano, dem ausschließlich das Erzielen von Saiwa-Aufträgen am Herzen lag und es also bloß keine ihm verlorenen, ihm sozusagen abgestohlenen Minuten dazwischen zu ge-ben hatte, in denen ich auch mal den einen oder anderen Nestlé-Auftrag nebenher hätte schreiben können. Schnell war dann aber der Tag da, endlich unbehindert mir selber die Zeit einzuteilen und die Arbeit so zu organisieren, wie ich das wollte.

Jeden Abend, wenn ich die Anzahl und die Werte der Aufträge zusammengerechnet hatte, war ich verwundert über das Ergebnis. Aber ich machte mir keine Illusionen dazu, sondern sagte mir klar vor: Das Gebiet ist etwa drei Wochen lang unbearbeitet geblieben und da ist es logisch, dass jetzt Nachkaufbedarf da ist. *Hat nichts mit mir zu tun!* Und auch: Alle haben jetzt so etwas wie Mitleid mit mir und bestellen deshalb eher, ungebremster und mehr als in ihrem normalen Rhythmus. *Hat mit mir zu tun, aber nicht mit meinen Fähigkeiten!* Und da dachte ich auch ans alte Sprichwort von den neuen Besen, die gut kehren, was vielleicht auch statistisch nachweisbar war. *Das lädt dazu ein, erst mal den Alltag kommen zu lassen!*

Wie dem auch immer war, die Verkaufszahlen dieser ersten Wochen haben mich doch Blatt für Blatt positiv angeschaut. Bei Saldo zu Ende August haben meine Verkaufszahlen des Doppelmonats Juli-August 1957 deutlich höher gelegen als die der Vergleichsmonate im Vorjahr. Natürlich, im Vorjahresaugust hatte der Hans zwei Wochen Urlaub gemacht. Auch war er im Sommer nicht von Firmeninspektoren begleitet worden, was ihm vielleicht ein bisschen verkaufsfördernd gewesen wäre. Doch andererseits war *mein*

Juli auch keineswegs ein Vollmonat der Neuarbeit gewesen, zwischen Abitur und Beerdigung und mentaler Umstellung und Führerschein und allem so. Gerade eine Woche war da an echtem Arbeitseinsatz gewesen.
Ich habe die Zahlen angeschaut und tief durchgeatmet.

Damals, 1957, lag der gesetzliche Mindestlohn einer jungen Büro-angestellten bei 15.000 Lire netto, eine mehrjährig erfahrene Sekretärin oder ein Facharbeiter hatten mit 40-50.000 Lire auszukommen; und der mir gut bekannte Landesdirektor einer bedeutenden Kranken- und Rentenversicherung bekam knapp 150.000 Lire, mit allerdings zusätzlich zwei Monatsgehältern als Jahresbonus. Für unsere Sechs-Räume-Wohnung mit Blick auf den Waltherplatz samt zusätzlichen Mansardenzimmern und riesigem Kellerraum waren 12.800 Lire an Monatsmiete fällig und eine Tageszeitung kostete immer noch 30 Lire. Das war damals so.

Hans, der *vulgo Calligari*, hatte im Schnitt der letzten Jahre an Provisionen knapp 240.000 Lire monatlich erzielt, netto nach allen Versicherungsabzügen. Damit war er allgemein als erfolgreich angesehen und ist von etlichen, die ähnliche Arbeit machten, auch offen beneidet worden.

Ein monatliches Ziel von wenigstens 200.000 Lire Nettoprovision habe ich mir selber deshalb vorgegeben, als zwar hoch gelegte Hürde, aber, wie ich mir sagte, nicht unverhältnismäßiges und erreichbares Ziel. In der Zeit, die darauf gefolgt ist, bin ich dann nie unter 260.000 Lire geblieben, alle Abgaben abgezogen.

Bettelarbeiter.

Die flächendeckende Bearbeitung Südtirols hat natürlich Spesen gekostet. Gut 420 Kunden hatte ich in meiner Kartei und die waren nicht nur auf die größeren Städte wie Bozen, Meran oder Brixen konzentriert, sondern in die Täler hinein und auf die Berghöhen hinauf verstreut vom Reschenpass bis hin zu Innichen im äußersten Pustertal und vom Brenner bis hinunter nach Salurn – praktisch alle Spezialgeschäfte und die Gemischtwarenläden in denen auch Zwieback, Kekse, Schokolade, Bonbons, Pralinen oder Nescafé verkauft wurden. Diese Kunden mussten regelmäßig besucht werden; die meisten alle sechs Wochen. Sie zu erreichen brachte jede Woche mindestens an die 400 Fahrkilometer mit sich und mehr, wenn die weiter abgelegenen Ortschaften an der Reihe waren. Unser Auto, die *Giardinetta* mit dem Aufbau eines Lieferwägelchens, hat nicht viel geschluckt; aber mit zwei Tankfüllungen pro Woche, also etwa 40 Litern, war zu rechnen – und bei den damaligen Spritpreisen waren das knapp 5.000 Lire im Wochenmittel. Benzin war damals unverhältnismäßig teuer, zumal wenn man das auf heutige Kaufkraft und Gewohnheit umsetzt. Und essen musste ich auch etwas.

Zuhause war es unmöglich, ein Frühstück zu bekommen oder mir selber zu machen. Das lief nicht mit den beiden Schulkindern und dem Gedrängel im Bad und der Rica, die im Leben nie daran gedacht hatte, mal einen Kaffee zu filtern oder eine Stulle zu schmieren. Früher, in den letzten zwei-drei Jahren Gymnasiums-zeiten, war es mir zur Gewohnheit geworden, bei einem Bäcker auf dem Schulweg etwas zu kaufen und es im Gehen zu verdrücken. Durch meine Nachhilfestunden und ein paar kleine Geschäftchen war ich inzwischen ja immer relativ *gut bei Kasse* gewesen.

Also... jetzt einmal ein Frühstück für den Tagesstart. Meist bin ich gleich unten an der Wohnung um die Ecke in einen Milchladen, der auch ein Tischchen und ein paar Hocker hatte. Dort habe ich so gegen halb acht Uhr ein großes Glas Milch getrunken und ein Brötchen verdrückt. Es hat gesättigt, vor dem Start, aber auch eine Kleinigkeit gekostet.

Mittags, wenn ich außerhalb Bozens unterwegs war, brauchte ich auch etwas. Vom Hans hatte ich gelernt, mir beim letzten Kunden des Vormittags dick Aufschnitt und vielleicht auch eine Essiggurke auf ein mitgebrachtes Brötchen packen zu lassen, um das dann Zeitung lesend im Auto aufzuessen. Das hat immer geklappt, wenn der letzte oder vorletzte Kunde des Vormittags ein Gemischtwarenladen mit Wurstangebot und Gurkenfass war, und wenn es draußen warm genug war, über die Mittagspause im Auto zu sitzen. Die Geschäfte der Kunden schlossen ja in der Regel um halb eins und blieben dann wenigstens zwei Stunden lang geschlossen.

Die vom Hans gelernte Alternative waren einfache Kneipen, wie sie sich zumal in Dörfern fanden, und dort eine Knödelsuppe oder Spaghetti mit Soße oder ein Pfannkuchen mit Kompott, gelegentlich als Luxus. Dazu Wasser. Bier kostete zuviel und machte müde. Teuer waren die Mahlzeiten damit nicht. Aber, immer wieder und fast Tag für Tag fällig, hat das Essen eben doch sein Geld gekostet.

Ein paar andere Bedürfnisse hatte ich auch noch. Seit fast jeher war ich daran gewöhnt, täglich wenigstens zwei Tageszeitungen zu lesen. Dazu brauchte es ein Kaffeehaus und die billigste Bestellung, die meist ein Glas Mineralwasser oder ein *Espresso* war. Das war auch nicht teuer, aber eins kam eben doch zum anderen.

Die Abende mit der Mücke konnten wir weder bei ihr noch bei mir verbringen. So sind wir manchmal ins Kino gegangen oder wir sind irgendwo herum gesessen mit einem Getränk, das stundenlang vorhalten musste. Manchmal, solange es noch warm war, sind wir auch die kurzen Strecken zum kostenlosen Moritzinger Schwefelbad oder zum Badesee bei Montiggl gefahren.

Wir sind so bescheiden gewesen! Und die Mücke hat ihren Anteil immer selbst bezahlt; wo sie doch auch mehr als knapp dran war. Doch bei allem und noch so engem Sparen, ein bisschen Geld haben auch die Feierabende und Wochenende gekostet.

Dann waren auch mal die Haare zu schneiden; ein neuer Kugelschreiber oder Kohlepapier für die Auftragsblöcke wurde gebraucht; so die üblichen Banalitäten, an die sich schon am nächsten Tag niemand mehr erinnert. Ich brauchte Geld. Also stellte ich die Rica und fragte sie, wie sie sich das jetzt vorstelle – von wegen Fahrtspesen und dem Essen... und meinen Bedürfnissen... und so...

Darüber war mit der Rica nun zu reden.

Ich habe ihr vorgeschlagen, für die laufenden Autokosten einen monatlichen Spesenvorschuss von 20.000 Lire zu bekommen und diesen dann mit Fahrtenbuch abzurechnen; dazu für meine arbeitsbezogenen Verbrauchskosten eine Monatspauschale von vorgeschlagenen etwa 10.000 Lire, mit der ich mich unterwegs ernähren und was sonst so anfalle zahlen würde; und dazu, sozusagen als *Gehalt* für mich selber, 15% vom verbleibenden Rest der monatlich verdienten Provisionen. Ich habe das fair gefunden. Der Familie blieben damit immer noch viel mehr als zwei Drittel des Einkommens und sicher nicht weniger als beim Hans, der ja auch seine Spesen gehabt hatte und auch seine gar nicht so knappen Bedürfnisse. An seinen Schneider dachte ich da besonders.

In meinem Vorschlag waren die unvermeidlichen Arbeitsspesen gerade so eben gedeckt. Und mir war klar, dass ich mit den mir an- und zugedachten 15% des Nettoverdienstes nur gerade mal über die Runden kommen würde, dabei an ein unabhängig eigenes Zukunftsleben aber nicht zu denken war. Auch konnten von den 15% wohl kaum auch noch eine Immatrikulierung und die wenn auch in Venedig geringen Studiengebühren bezahlt werden, was zu Anfang ja noch durchaus im Raum stand. Aber das alles war mir zweitrangig, jetzt in dieser August-Situation.

Darum ist es mir jetzt gegangen: Erst einmal anfangen, Boden unter die Füße bekommen, irgendwie ein neues Leben vernünftig in den Griff kriegen und ohne große Hektik nach der unmittelbaren Zukunft schauen. Später dann... das würde sich dann schon finden. Mit der Mücke habe ich das Ganze besprochen und durchgerechnet. Glücklich war sie nicht, aber auch nur bedingt skeptisch und schlussendlich resignierend einverstanden. Noch so kurze

Wochen zuvor hatte ja auch sie sich manches ganz anders vorgestellt.

Die Rica war klassisch sie selber, beim Anhören meines Vorschlags. Schweigsam geschlossen verkniffenes Mündchen und vor den Bauch gekrampft verschränkte Hände. Ein matt drohendes: *Wenn du meinst.* Und dann aber ein beherztes: *Aber da muss ich erst das Trutschele fragen... und auch den Herrn Jug.*

Dabei ist es vorerst geblieben.

Nach zwei-drei Tagen ist dann die Beschlussmitteilung gekommen, die mir da sagte: Spesenpauschale für die Autokosten und eine Abrechnerei nach Fahrtenbuch ist Blödsinn. Jeden Montag wird mir künftig auf den Küchentisch gelegt werden, was ich für die Woche so abschätzbar an Benzin brauche und das möge dann auch tunlichst reichen. Anfallende Inspektionen und eventuelle Reparaturen am Auto sind von den Ausführenden in Rechnung zu stellen. Die Rica zahlt dann.

Und: Festgeld für die Lebenshaltungskosten unterwegs ist ver-nünftig. Das erzieht zu Sparsamkeit, was nie schadet. Mit dem Benzingeld wird mir also jeden Montag ein angemessener Betrag auch dafür auf den Küchentisch gelegt, der dann für die Woche reichen sollte. Wenn es mal nicht reicht, kann ich es ja sagen und fallbezogen um mehr bitten.

Und noch: Die 15% vom Nettoverdienst als Taschengeld sind eine etwas sehr happige Forderung. Aber man muss sich eben nach den Gegebenheiten richten und nach der Decke strecken. Da bleibt ihr also nichts übrig als zu akzeptieren. Aber erst muss mal geschaut werden, ob das Ganze überhaupt funktioniert und was es denn einbringt. Später dann, wenn hoffentlich die Provisionen angefangen haben, monatlich herein zu kommen, kann ja vielleicht ein Konto für die 15% oder so eingerichtet werden... weil, dass auch ich etwas davon haben soll, dass ich jetzt statt dem Hans arbeite, das will ja keiner bestreiten. Und wenn ich in der Zwischenzeit etwas brauche, dann soll ich es nur sagen und es wird mir als Vorschuss montags auch auf den Küchentisch gelegt – zusammen mit dem Benzin- und Essensgeld für unterwegs.

In der Praxis ist es dann nicht ein einziges Mal so reibungslos gelaufen, wie von der Rica mir als beschlossen mitgeteilt. Ich hätte es vorab wissen müssen! Dass in Gelddingen Verpflichtungen automatisch einzuhalten sind, war der Rica immer schon ein ihr sehr fremdes, im Grunde widerstrebendes Konzept gewesen. So bin ich also zum Bettelarbeiter mit Großeinkommen für die Restfamilie geworden, in einer abstrus gespaltenen und oft grotesken Realität.

Am ersten Montag habe ich großzügig 10.000 Lire auf dem Küchentisch gefunden, mit dabei einem Zettel der in etwa so sagte: *5.000 für Benzin, 2.000 für Wochenessen, Rest Vorschuss.* In der Folge war das dann unterschiedlich. Mal lagen gerade 5.000 Lire für alles da und ich wusste, dass damit im Wochenverlauf nachzubetteln war; gelegentlich war es eine Kleinigkeit mehr; aber die runden 10.000 Lire vom ersten Mal sind nie mehr da gelegen. Manchmal war der Tisch auch ganz ohne Geld und die Rica hatte einen Wisch hinterlassen, dass sie noch nicht dazu gekommen sei, zur Bank zu gehen, es aber *heute* nachholen werde. Das hatte durchaus Methode, die sich auf Dauer durch die Zeit gezogen hat.

Verschlimmert hat sich das Ganze dann allerdings auch durch blödes Missgeschick, das gerade noch gefehlt hatte.

Gleich in den ersten Wochen mit dem neuen Führerschein wollte ich an einem Samstag mit der Mücke zum Schwimmbad Lido fahren. Wir hatten bis zum mittleren Nachmittag gewartet, weil da der Eintrittspreis reduziert war. Ich weiß nicht, ob nun *ich* nicht aufgepasst habe oder der andere, dessen Auto mir aus einer engen, kaum einsehbaren Nebenstraße von rechts her vor den Kühler geschossen ist. Es hat gekracht. Nicht sehr, aber eben doch.

Die Schnauze unserer *Giardinetta* war ein bisschen eingedellt und auch ein Kotflügel des anderen. Sachschäden.

Beide nicht dramatisch. Der dazu doch herbeigeholte Polizist hat meinem Gegner recht gegeben; allerdings mit der Einschränkung, dass *an sich* meine breite Durchfahrtstraße doch die Vorfahrt vor der engen Seitenstraße haben sollte, wozu es allerdings eine entsprechende Beschilderung brauchen würde. Nur wenige Wochen später dann habe ich, dort vorbeifahrend, gesehen, dass ein neues Vorfahrtsrecht nun so ausgeschildert war, wie es der Polizist gesagt hatte. Mir hat das aber nicht geholfen. Die Versicherung hat entschieden, dass sie für den Blechschaden an meinem Auto nicht zahlen werde.

Die Giardinetta wurde repariert. Die Kosten dafür sind glimpf-lich ausgefallen, mit so etwa 40.000 Lire oder ganz knapp mehr. Die Rica hat das aber zum Anlass genommen, um schnell mal ein Exempel zu statuieren. Den Unfall habe ich in meiner Freizeit gebaut, war ihr entschieden vorgetragenes Argument. Somit haben die Kosten der Reparatur auf mein Konto zu gehen, zu tilgen mit angemessener Ratenzahlung durch Einbehalten meines *Taschengeldes*, also von meinem vereinbarten 15%-Anteil auf die von mir erarbeiteten Provisionen.

Und ab sofort gab es dann montags auf dem Küchentisch nur noch die knappen Beträge für Benzin und Essen, wenn überhaupt. Um etwas Geld für meine Bedürfnisse zu bekommen, musste ich die Rica jedesmal gnädigst bitten; und mir dann regelmäßig vorhalten lassen, dass ich ja den Unfall verschuldet habe, in meiner Freizeit, in der ich das Auto sowieso nicht hätte benutzen dürfen, da es ja ihr Auto war und nicht etwa meines.

Das ist dann auch so weiter gegangen, als die 40.000 Lire der Reparatur nach knapp zwei Monaten reichlich abgearbeitet waren. Zu Anfang hatte ich noch ein paar eigene Reserven von meinen Nachhilfestunden und dem Fahrrad, das ich jetzt hatte verkaufen können. Dann aber hat sich wachsend die Alternative gestellt, entweder mittags halbwegs ausreichend zu essen oder aber abends mit der Mücke warm in einem Café oder gar in einem Kino zu sitzen.

Winterreifen.

Die Südtiroler Täler waren in den Wintern monatelang dick verschneit, was sie ja auch zu den beliebten Skigebieten gemacht hatte. Mein Arbeitsauto hatte nur Sommerreifen und die waren auch nicht mehr die neuesten. Ich brauchte Winerreifen.

Schon im November nach den ersten Graupelschauern habe ich angefangen, es der Rica zu sagen. *Ja-Ja* – war deren ganze Reaktion; mehrmals immer wieder. Dann kam bald der erste richtige Schnee und auf dem hatte ich ein paar tückische Schlitterpartien, die gerade noch glimpflich ausgegangen sind. Daraufhin war das Thema brandheiß. Am nächsten Morgen habe mit dem Arbeitsbeginn gewartet, bis die Rica endlich aus dem Bad kam.

Es ist zum Streit gekommen – aber nicht zur Erlaubnis oder gar zum Geld, Winterreifen kaufen zu dürfen. Ein paar Schneetage lang habe ich Bozen zu Fuß bearbeitet und nachher dann Meran und Brixen mit der Bahn. Aber das war keine Lösung. Die Städte waren bald abgegrast und die Dörfer mussten in regulärem Rhythmus bearbeitet werden. Ich brauchte wirklich Winterreifen.

Auch neues Nachbohren bei der Rica hat nichts gefruchtet. Sie hat auf stur geschaltet und mich auf Bahnen und Busse verwiesen, auch daran erinnernd, dass *der Papi* das ja auch jahrelang so gemacht habe, ohne dass ihm *ein Zacken aus der Krone* gefallen sei. Inzwischen waren die meisten Straßen geräumt und ich habe es doch wieder mit den Sommerreifen versucht, bibbernd.

Einmal dann, abends zu Anfang Dezember, habe ich die Mücke im Auto nach Hause gebracht. Es hatte gerade angefangen, leicht zu schneien. Auf der Hügelrampe, wo sie oben wohnte, ist das Auto ins Schlittern gekommen und ich habe es gerade so eben noch abgefangen. Das hat der Mücke gereicht. *Anhalten!* Zu einer heftigen Szene ist es gekommen. Mit Mückes scharfem Ultimatum hat sie geendet: *Winterreifen oder Tschüs*. Und noch: *Besorg sie dir doch irgendwie...*

Die Rica ist weiter stur auf negativ geblieben. Ich habe auf den Postboten gelauert.

Regelmäßig um den zehnten des Monats kamen mit der Post die Provisionsschecks – einer aus Mailand von Nestlé und ein meist kleinerer von Saiwa aus Genua. Auf einen der beiden habe ich gewartet und zugesehen, den Briefträger abzufangen. Der kleinere Scheck von Saiwa ist als erster gekommen. Damit bin ich zum Reifenhändler; habe runderneuerte aber stabile Winterreifen aufziehen lassen; den auf Heinrich Calligari ausgestellten Scheck rückseitig mit meinem Namen zum Girieren unterschrieben und an der Kasse zur Zahlung gereicht, mit der Bitte, mir den Rest doch in bar zu geben. Der Reifenhändler kannte mich, weil sein Junge mit mir auf dem Gymnasium gewesen war, und anstandslos hat er den Scheck akzeptiert. Fast 30.000 Lire haben die Reifen gekostet. Der Provisions-Scheck von Saiwa hat gut 90.000 Lire aufgezeigt.

Die in baren Scheinen vom Reifenhändler bekommene Differenz hat gereicht, ohne Bettelei bei der Rica auch noch kräftige Winterschuhe zu kaufen und ein kleines Weihnachtsgeschenk für die Mücke und dann noch dafür, dass ich mich bis in gut in den Januar hinein nicht mehr um die Montagszuteilungen kümmern musste, dabei aber mittags immer anständig essen konnte und trotzdem noch Geld da war, mit der Mücke warm in einem Café zu sitzen oder öfter mal ins Kino zu gehen. Der Rica habe ich die regulär an Enrico Calligari ausgestellte Rechnung des Reifenhändlers auf den Küchentisch gelegt und auch den Kassenbon für die warmen Schuhe. Über die Winterreifen oder auch über den Saiwa-Scheck ist nie mehr auch nur ein Wort gefallen.

Die Zeit vergeht.

Der Schneewinter ist mit konstant gutem Erfolg an Provisionsvolumen und ohne Unfall, auch dank Winterreifen, in den Frühling übergegangen.

Zwischendurch kam so alle sechs bis acht Wochen der Nestlé-Inspektor Glauco Scotti, um neue Produkte durchzusprechen und mich ein paar Tage auf der Tour begleitend zu beobachten. Er war nett und immer wieder aufbauend, auch mit anerkennenden Worten über meine konstanten Verkaufserfolge, die, wie er sagte, er vielen älteren Vertretern als beispielhaft erwähne. Seltener kam auch Vigevano von Saiwa, mit dem gleichem Zweck, aber nie auch nur einem aufbauenden Wort. Ich mochte ihn immer noch nicht und ihm ist es wohl gleich ergangen.

Ende Februar oder Anfang März hat es in Mailand das große Vertretertreffen von Nestlé gegeben – heute heißt das *Annual Salesforce Meeting.* Die Rica wollte dazu hinfahren. Aber die schriftliche Einladung hat auf mich gelautet... ganz richtig auf mich, nicht auf einen längst verstorbenen Calligari oder dessen untätige Erbin, und Scotti hat dazu der Rica erklärt, dass es ein Arbeitsseminar sei für die Aktiven und nicht etwa ein sonstiges Freudenfest.

Und so war ich dann das erste Mal in Mailand, einquartiert in einem alten Hotel mitten im Zentrum und bei den Arbeitssitzungen in der Firmenzentrale neugierig bewundert von meist viel älteren Teilnehmern am Meeting, die das so typische *Vertreterflair* ausstrahlten, das ich auch heute noch immer schnell und fast zweifelsfrei erkennen kann. Als den Benjamin haben mich viele aufbauend umsorgt, mit häufig auch anerkennendem Wort für meine *così sorprendenti* Verkaufserfolge, die Scotti offenbar herumerzählt hatte. Immer wieder wurde dabei in großen Tönen auch von Hans gesprochen, den alle nur *Signor Calligari* nannten, ohne sich aber groß dazu zu äußern, dass ich darauf bestand, der *Signor Zagler* zu sein. Ein schönes Glücksgefühl, trotz allem...

Ende Januar war das Geld vom Saiwa-Scheck zu Ende. Das Ritual des montäglichen Küchentisches hat von neuem angefangen und hat sich entwickelt wie eh und je. Wenn jetzt wieder die 5.000 Lire für Benzin und vielleicht 2.000 Lire für Essen da gelegen sind, ist das schon positiv gewesen. Sonst musste ich eben auch darum immer erneut fordernd betteln, genau so wie um wenigstens eine Anzahlung auf das, was die Rica mein *Taschengeld* nannte.

Zwischendurch hatte ich der Rica zum Ultimo weiterhin wie praktisch von Anfang an getippte Statistikblätter auf den Tisch gelegt: soviel an Provisionen erarbeitet; soviel von den Kosten für den Blechschaden am Auto amortisiert; so viel erhalten für Benzin und Essen; soviel noch übrig vom Saiwa-Scheck; soviel zugeteilt und ausbezahlt bekommen an so genanntem *Taschengeld* in Abschlag auf den nie ausbezahlten 15%igen Provisionsanteil; soviel deshalb mein – *ja was denn?* – mein ausstehendes Guthaben. Und darunter dann, nun wieder, ein jedesmal aufs Widerwilligste geschriebener Appell, dass ich echt Geld brauchte... *meinen* Geldanteil von dem, das ich in nicht unbedeutender Menge heranschaufelte. Und manchmal habe ich dazu gesetzt, vielleicht nicht oft genug, ein: *Sprechen wir doch!*

Aber miteinander sprechen war bei der Rica nie drin.

Und wieder hat es damit angefangen mit: Entweder tagsüber ausreichend essen oder Geld in der Tasche haben für ein Kino und sonst was ganz Bescheidenes an Feierabend, Wochenende. Und wieder war ich an dem Punkt, dass es sich praktisch nie gerechnet hat, etwa der Mücke einmal einladend einen Eisbecher zahlen zu können oder so...

Die Monate sind dahin gekrochen, sind aussichtslos verflogen.

Und plötzlich Fieber.

Schnell ist es wiederum Anfang Juli geworden. Die Einladung des Gymnasiums ist gekommen, den ersten Jahrestag des Abiturs zu feiern; und die Mücke hat längst schon ihren ersten, von Anfang an ihr so richtig Freude machenden Job in der Buchgemeinde Alpenland; und von Nestlé habe ich gerade ein kleines Pergament bekommen als *Bester*

Verkäufer der Frühjahrskampagne 1958; und der französische Circus Medrano hat die erste Station seiner Sommer-tournee in Bozen gemacht und bei mir alle für den Pausenverkauf der ganzen Saison geplanten Schokoriegel und Bonbons bestellt, was von Nestlé einen satten, völlig unerwarteten Prämienbonus bringen wird; und...

... und plötzlich habe ich an die 40°C Fieber und kann mich kaum noch auf den Beinen halten.

Nach zwei-drei Tagen allarmierte die Rica ihren Vetter Emil, der Arzt, aber eigentlich Kinderarzt war. Ich schleppte mich zu ihm in die Praxis. Er hatte dort auch einen Röntgenapparat stehen und durchleuchtete mich nach den so üblichen Fragen und Untersuchungen. Sein Urteilsspruch war kurz und klar: Tbc – eine Kaverne, etwa so groß wie ein Hühnerei, im oberen Teil des linken Lungenflügels und zudem eine größere Ansammlung kleinerer *Schatten*, die leider auch Tbc-Befall bedeuteten. Das sei kein Todesurteil, sagte tröstlich der Doktor-Vetter Emil. An ein weiteres Arbeiten sei allerdings fürs Erste und wohl für nun etliche Zeit nicht mehr zu denken. Wichtig sei jetzt vor allem, dass ich mir Widerstandskräfte anfuttere, weil die soeben gewogenen 50 kg auf fast 1,80 m Körpergröße viel zu wenig seien. Ich habe ihm nicht gesagt, dass ich vor genau einem Jahr noch 65 kg auf der Waage hatte.

Wie soll das jetzt weiter gehen?

Der Emil-Doktor-Vetter hat schnell einen Platz in der Brixner Lungenklinik, der *Mottenburg*, frei bekommen. Die Rica hat der Einweisung zugestimmt, nachdem abgeklärt war, dass der Staat alle Kosten tragen würde, und dass für mich ein Weiterarbeiten keinesfalls in Frage komme, schon gar nicht in der Lebensmittel-Branche.

Fast zusammengebrochen ist die Mücke bei der Nachricht. Sie wusste genau um was es ging... weil sie doch über drei Jahre ihrer besten Kindheit Tbc-krank in einer Mottenburg verbracht hatte.

Zur Erster-Jahrestag-Abitur-Feier bin ich auch in diesem Juli nicht gekommen. Da war ich schon eingeliefert.

Ferienlager Mottenburg.

Sommer und Herbst 1958. Nach einem intensiven Arbeitsjahr für die sogenannte Familienkasse war mir die Diagnose Tbc und die Einweisung in die Lungenklinik, die Mottenburg, gekommen. Der von den Ärzten vermutete Auslöser: wohl Unterernährung über längere Zeit hin. Die Kaverne: etwa so groß wie ein Hühnerei; rundum auch noch Schatten. Die Prognose: wohl ein Jahr Klinik, wenn nichts dazwischen kommt.

*

Nach dem Fieberanfall vor ein paar Tagen, in der Woche von meinem 20. Geburtstag, hatte ich nicht mehr gearbeitet, mich nur noch ausgeruht und fühlte mich soweit wieder auf dem Damm, dass ich mich leicht schwächlich aber sonst ganz normal geben konnte.

Zwischen dem Diagnoseurteil Tbc und der schnell angeordneten Einweisung in die Brixner Lungenklinik hat es kaum eine Galgenfrist gegeben. Traurig sind die wenigen noch gebliebenen Stunden mit Katja, der Mücke, vergangen, schaukelnd zwischen hoffenden Luftschlössern und von Realität genährten Depressionsbildern, und bei mir dazu noch angstvoll, sie, die als Kind dieselbe Sache schon mal jahrelang durchgemacht hatte, nicht auch anzustecken, da mein Sputum doch positiv und ich damit sozusagen gemeingefährlich war. Und die Mücke dabei immer tapfer lächelnd, obwohl sie, die Fachkundige, sich vielleicht noch Langzeitigeres ausmalte als ich selber schon.

Die Klinik, die Mücke nannte sie die Mottenburg, war etwa 40 km von Bozen abgelegen, knapp außerhalb des mittelalterlichen Städtchens Brixen, in einem weitläufigen Park und mit Blick von den Bettenzimmern entweder weit hin zur Bahntrasse mit den dort unhörbar vorbei fahrenden Fernzügen oder zum nahen Friedhof.

Die Rica, also meine Mutter, hat mich mit einer ihrer Schwestern in die Klinik gebracht, um zu schauen, ob dort auch alles ordentlich und gesichert sei. Dann hat sie mir schnell so etwas wie *Gute Besserung* gesagt und ist gegangen. Ich habe ein helles, nach Süden gerichtetes Zweierzimmer bekommen mit überdachtem Balkon und Blick über den Park hin zur Bahn. Vorerst war ich allein dort untergebracht. Wenig später sollte noch ein etwa Gleichaltriger dazukommen.

Die Ärzte habe ich alle schon im Laufe des ersten Tages kennen gelernt: den deutschsprachigen Dr. Paul Dermold, den Italiener Dott. Franco Sereni und den hoch gewachsenen, fast einschüchternden Chefarzt Prof. Carlo Agostoni. Dazu auch etliche Nonnen, die Schwester Eulalia, Maria oder Hildegunde hießen. Bei einer ersten Rundführung ist mir gezeigt worden, wo das Ambulatorium mit seinem Warteraum, die Behandlungszimmer, Röntgenraum und OP lagen, wo auch der Speisesaal und die Kapelle für stilles Gebet und der Kinosaal, in dem es meist wöchentlich eine Vorführung geben würde, und wo die Verwaltung für den Papierkram, eventuelle Beschwerden und das Hinterlegen von Geld, das tunlichst nicht im Zimmer aufbewahrt werden solle. Auch die Hausordnung habe ich bekommen: Feste Uhrzeiten für Frühstück, Mittag- und Abendessen, die Stunden absoluter Stille am frühen Nachmittag, abends Licht aus um halb zehn, Besuche jederzeit tagsüber, aber immer sofort der Stationsschwester zu melden, Ausgang nur mit Erlaubnis und Freigänger-Schein.

Alles hat einen gepflegten, fast freundlichen Eindruck gemacht. Aber es war doch eben ein Krankenhaus mit dem für solche Anstalten typischen Geruch und mit der hohen Mauer rund um den Park, die das Abschirmen ansteckender Patienten von gesunder Außenwelt mehr anzeigte als ihr wirklich zu dienen.

Gebäude und Park und auch die Hausordnung waren nicht bedrückend. Bedrückend waren aber die auf den Gängen herumschlurfenden, auf den Sonnenterrassen apathisch liegenden, im Mensaraum gebeugt hockenden Patienten, denen fast allen wie ein zuchthäuslerisches Lebenslänglich ins Gesicht und in die gebeugte Haltung geschrieben stand.

Zu ihnen gehörte auch mein Onkel Toni, der Mann von Ricas Schwester Luise, die mit Mina, der dritten Schwester, in Bozen *Unter den Lauben* ein großes Süßwarengeschäft geerbt hatte. Er, der Toni, war Hauptkassierer bei der Sparkasse gewesen. Irgendwann hat er sich nicht wohl gefühlt und die Untersuchung hat einen kleinen Schatten auf der Lunge gezeigt. Man hat ihm nahe gelegt, es in Brixen auszukurieren, weil es sonst schlimmer werden und er dann leicht jemanden anstecken könne. Das war vor etwa sieben Jahren gewesen. Als ich in die Mottenburg kam, war er einer von denen, die aufgedunsen und antriebslos im Tagestrott über die Gänge und durch den Park schlurften.

So wollte ich nicht werden. *Hinaus aus diesem Haus!* – schrie es in mir, noch bevor ich in der Mottenburg überhaupt so richtig angekommen war.

Anfangstage.

Am ersten Vormittag war Generaluntersuchung mit röntgen, in einen Ballon pusten, Sputum und Blut abnehmen, wiegen und allem drum und dran. Das Gewicht hat den Ärzten gar nicht gefallen. Die Röntgenaufnahmen haben nur bestätigt, was sie schon wussten. Mit einem verschließbaren Spucknapf und der Auflage, jeden Morgen Sputum abzugeben, wurde ich aus dem Ambulatorium entlassen. Den ganzen Nachmittag und am nächsten Tag hat sich dann überhaupt nichts getan. Nur essen und liegen und warten. Ich aber war nicht hergekommen, um zu warten, sondern gesund zu werden – und also war nun schleunigst etwas zu tun, aus meinem Verständnis, für eine Therapie. Was es an aktuellen Maßnahmen gab, darüber hatte mich die Mücke aufgeklärt. Sie hatte die eigene Erfahrung und sich zudem auf dem Laufenden gehalten.

Auch am zweiten Tag habe ich nur gewartet, geduldig mit zusammengebissenen Ungeduldszähnen. Frühmorgens am dritten Tag aber habe ich nach einem der Ärzte verlangt. Nach längerem Warten hat es geklappt. Therapiegespräch, mit auch dazu gekommenem Chefarzt Agostoni. Ich solle mich gedulden, war die einhellige Meinung, denn Geduld, gutes Essen und viel Liegen seien die beste Therapie bei Tbc. Ich habe dagegen gehalten: Penizillin oder Streptomycin; und vielleicht auch Calcium zur abdichtenden Vernarbung der Kaverne... für den Anfang. Gefallen hat solch aufmüpfiges Gebaren gar nicht. Nach kurzer Beratung habe ich aber doch eine hoch dosierte Strepto-Therapie für ab sofort bekommen; und über Calcium oder andersartig Zusätzliches werde man bald noch reden.

Ich habe wütend gejubelt. Ein Anfang war gemacht.

Und es beginnt.

Die Mücke ist am ersten Samstag nachmittags gekommen. Sie durf-te zu mir ins Zimmer, das ich noch ganz für mich allein hatte. Sonne hat sie mitgebracht, Bücher von Thomas Wolfe und Kurt Tucholsky... und eine große Flasche vom Eiertrunk, den ihre Mutter nach altem Hausrezept für mich angesetzt hatte.

Der Eiertrunk war als unsere Geheimwaffe gedacht. Dazu wurde pro Flasche das Gelbe von sechs Eiern mit Zucker in Weinbrand gerührt und raumwarm gestellt. Die Eierschalen kamen in gerade so viel Weinessig wie nötig, um sich darin in wenigen Tagen völlig aufzulösen. Dann kam die dicke Kalkbrühe der Schalen in den Eigelb-Brandwein-Zucker-Mix und das Ganze kräftig durchgerührt und geschüttelt. Dann in die Flasche. Ein Schnapsglas davon dreimal täglich. Das Naturwunder der essiggelösten Eierschalen enthielt den Biokalk, der leicht assimiliert werden und die Kaverne abkapseln konnte. Es war ein uraltes Rezept aus der Heimat von Mückes Mutter, und unsere Zusatztherapie, auf die wir beide wie auf ein magisches Elixier vertraut haben.

Tucholsky und versprechender Eiertrunk... lange und intensiv haben wir uns geküsst und geschmust, als ob Motten bei mir und im Klinikzimmer gar kein Thema wären.

Immer schon habe ich eine Menge Bücher gebraucht. Das war in der Mottenburg aber kein Problem. Die Bibliothek war reichlich bestückt und von Ansteckungsgefahr durch den abgegriffenen Lesestoff war mir, selbst ansteckend, keine Rede. Auch Schreibzeug habe ich unbeschränkt von der Schwester Maria aus der Verwaltung bekommen. Aber ich wollte auch Musik und Nachrichten haben... und deshalb brauchte ich ein Radio.

Mit Schwester Maria habe ich darüber gesprochen und sie wohl irgendwie auch davon überzeugt, dazu mit der Rica zu telefonieren... oder was weiß ich, was sie gemacht hat. Jedenfalls stand eines Morgens nach dem Frühstück Großmutters altes Radio auf meinem Nachtkästchen und die Schwester Maria feixte verschwörerisch.

Vom ersten Tag an war geklärt, dass in das Zweier-Zimmer ein Mitbewohner kommen würde; aber man wollte zusehen, ihn zu mir passend zu finden. So wurde eines baldigen Tages Paolo Ferraris einquartiert. Er war ein blutjunger Arbeiter aus Triest; schwarzhaarig und dicklich, reichlich verschüchtert vom völlig ungewohnt deutschsprachigen Umfeld. Ohne das kleinste Murren hat er das Bett an der Tür genommen, weil ich schon das am großen Fenster zum Balkon belegt hatte. Er hat auch nichts dazu gesagt, dass das gemeinsame Nachtkästchen zwischen den Betten fast ganz mit meinem Radio belegt war und er seine paar Sachen auf einen Stuhl legen musste.

Paolo war ein stiller Mensch, der kaum je redend gestört hat, wenn ich lesen wollte. Er hat sich auch nur selten beklagt, wenn ich klassische Musik vom Radio hörte, der er so gar nichts abgewinnen konnte, oder Nachrichten des deutschen Senders, von denen er kein Wort verstand. Meist ist er mit offenen Augen still auf dem Bett gelegen, wenn er nicht auf der Sonnenterrasse war. Wenn dann am Samstag nachmittags die Mücke kam, hat er sich wortlos und rücksichtsvoll anderswohin zurückgezogen, solange sie da war.

Paolo war der ideale Zimmergenosse, wenn es schon einen geben musste. Anfangs war er mir voll in Ordnung und immer wieder habe ich mir vorgesagt, dass ich nichts Besseres hätte bekommen können. Aber von jeder Woche zur nächsten ist er mir mehr und mehr auf den Nerv gegangen... wie er stundenlang so daliegt, ohne sich zu regen... kein Strepto verlangt und auch nicht bekommt... stetig wiederholt, wie gut und schön er es hier in der Mottenburg findet mit dem guten Essen und den netten Menschen... wie er mir steigernd vermittelt, dass er wieder so einer von den Lebenslänglichen ist, der bald herumschlurfend resignieren wird. Mehr und mehr hat er mich irritiert.

Glauco Scotti von Nestlé ist unangemeldet eines Tages gekommen und hat beste Grüße von Dr. Prina gebracht, dem Vertriebsdirektor, und auch von Vittorio Fleischner, dem obersten Chef von Nestlé in Italien. Er mache jetzt eine schnelle Sommertour durch Südtirol, sagte Scotti, um das Potential nicht brachliegend der Konkurrenz zu überlassen. Nein, einen Nachfolger für mich habe er noch nicht gesucht... und deshalb sei er ja hier. Er und alle bei Nestlé würden hoffen, dass ich im Herbst wieder antreten könne, und deshalb wäre er jetzt dabei, zuzusehen, das Kundenfeld mit Übergangs- und Zwischenlösungen irgendwie zu beackern.

Dr. Prina habe dazu ausdrücklich auch gesagt, dass es bei meiner Rückkehr einen neuen Vertrag geben werde, auf mich ausgeschrieben, nicht weiter auf die Phantomfirma des alten Heinrich Calligari, und in dem die Verkaufsprovision – bisher 5% für die meisten Produkte – dann auf 6% erhöht würde, plus weiterhin die üblichen Prämien. Aber bald entscheiden müsse ich mich.

Ich habe mich sofort entschieden. *Nein!*

Ich wusste nicht, wie lange ich noch in der Mottenburg sein und ob ich überhaupt je wieder heraus kommen würde. Ich konnte Nestlé nicht einfach für ewig hinhalten als Dank für faires Auftreten. Und ich wusste genau, dass, wenn ich in das alte Hamsterlaufrad wieder einsteigen würde, ganz gleich ob mit vorhergehendem oder anderem Vertrag, ich unweigerlich wieder unter Ricas Druck wäre und von ihr abhängend und nach Kurzem wieder in der Mottenburg... diesmal aber dann wohl endgültig. Glauco Scotti hat mir lange und aufmerksam zugehört. Er tat so, als wollte er nicht verstehen; aber er hat mich gut verstanden.

Am nächsten Tag habe ich der Rica einen eingeschriebenen Brief geschickt, in dem ich formell meinen Job in ihrer nicht existenten Firma aufgekündet habe; mit der Einladung, doch irgendwen anderen als ihren Ersatzarbeiter bei Nestlé und Saiwa vorzustellen, wenn die zwei Unternehmen darauf eingehen wollten. Eine Reaktion von der Rica habe ich dazu nicht gehört.

In der Mottenburg hat es regelmäßiges Essen gegeben, an das ich mich schnell gewöhnt habe. Morgens um halb acht ein richtiges Frühstück im Mensaraum, wie ich es zuhause nie gekannt hatte: Milch oder Kaffee nach Wahl, auch mehrere Tassen; Brot, Butter und Marmelade oder Käse; ein Stück Obst. Mittags um zwölf immer ein komplettes Menu aus Suppe, Fleisch oder Fisch mit Beilagen, Nachtisch. Am Abend große Portionen von Pasta mit Soße oder Fleischauflauf oder Eintopf mit Würstchen und Speck, wovon man immer auch Nachschlag bekommen konnte. Auf jedem der Vierertische stand stets ein großer Krug Wasser und jedem Patienten war mittags ein Glas und abends ein Viertel Wein zugeteilt.

Der Wein ist zu meinem Tauschgut geworden. Gleich am ersten oder zweiten Tag hatte ich mit einem der Tischkollegen meine Abmachung dafür: Wein gegen Nachtisch. Die so gehamsterte Sonderration Obst oder Dessert habe ich mir ins Zimmer mitgenommen und zwischendurch verdrückt. Anfangs hatte ich immer noch aufgestauten Hunger und später hat es zum mir selbst verordneten Aufbauprogramm gehört, ausreichend viel und pünktlich zu essen; so wie dazu auch der kalkreiche Eiertrunk gehörte, von dem mir die Mücke immer wieder Nachschub mitbrachte, den ich im Schrank hinter Hemden versteckt hielt und von dem wohl nur Paolo wusste, der aber nie gepetzt hat.

Die Essensroutine hat den sonst oft ewig langen Tag gegliedert. Und froh habe ich beim wöchentlichen Wiegen immer wieder gesehen, dass die Kost anschlug. In drei Monaten habe ich gut 12 kg zugenommen, zu mir fast schon wieder normalem Leichtgewicht.

Aber ich war ungeduldig. Wie am ersten Tag. Von Tag zu Tag mehr noch. Der stetige Anblick der resigniert schlurfenden Langzeitpatienten hat mir mehr Angst gemacht als die paar Motten, die in meiner Lunge fraßen. Die Berichte der Mücke über ihre lange Zeit in ihrer Mottenburg haben rebellierende Reaktionen gestärkt. Mit der nahezu erkämpften Strepto-Therapie waren sie keineswegs befriedet.

Die Mücke hatte berichtet, dass es mit ihr erst dann endlich wieder aufwärts ging, als ihr ein Pneumothorax angelegt wurde. Dabei wird Luft hinter die Rippen zwischen Brustfell und Lunge gepumpt, die den befallenen Lungenflügel weitgehend lahm legt. Der somit stillgelegte Flügel kann sich ruhend besser regenerieren als atmend ständig in Bewegung. Die Mücke hat mir dazu auch noch ein paar Fachbücher mitgebracht, die ich gierig gefressen und beim Eiertrunk hinter den Hemden versteckt hielt.

Zusätzlich zum Pneumothorax brauchte es aber immer noch – nach der Mücke Therapieplan – ein Antibiotikum wie etwa Streptomycin, bis wirklich alle Motten abgetötet und ausgemerzt waren. Das hatte ich schon durchgesetzt. Aber dazu – so ihre und somit meine Überzeugung – gehörte auch medikamentöses Calcium, das die virulenten Kavernen und Schatten so abzukapseln sollte, dass sie sich nicht weiter ausdehnten. Ich hatte zwar den Eiertrunk, aber ansprechen mit den Ärzten wollte ich das Thema Calcium dennoch, ohne natürlich das Eier-Geheimnis zu verraten.

Mit meinem Laienwissen habe ich die Ärzte ernsthaft konfrontiert. Sie waren davon gar nicht angetan. Aber sie haben mich nicht abgekanzelt, sondern wenigstens darüber diskutiert.

Ihre Meinung, nochmals wiederholt: Nahrhaft essen, viel liegen und still aus- und einatmen sei das Beste, was überhaupt getan werden könne. Alles andere möge vielleicht zusätzlich helfen, sei aber doch auch problematisch mit seinen möglichen Nebenwirkungen und den technischen Risiken. Und ich möge zugute halten, dass ich ja trotz aller und gar nicht kleinen Bedenken schnell eine Strepto-Therapie bekommen habe, was sonst für die ersten Monate ganz unüblich. Geduld... Geduld, bitte... und viel liegen.

Zumal die Sache mit dem Pneumothorax wollten sie mir ganz entschieden ausreden. Das mache man nur in extremen Fällen, auch weil das eine nicht einfache Sache sei, die bei jedem neuen Füllen neue Risiken mit sich bringe. Das klang vernünftig. Aber ich habe nicht locker gelassen. Der Erfahrung der aktiv kämpferischen Mücke habe ich mehr vertraut als dem Zögern der Ärzte. Sicher habe ich genervt. Bestimmt hat mein angehörtes, angelesenes und grünschnäbelig vorgebrachtes Meinungspuzzle das Gremium irritiert. Aber es hat Bewegung in die Sache gebracht. Nach nur drei Wochen, kaum länger, hat sich Neues getan.

Der Chefarzt hat mich zur Audienz gerufen, gewichtig in Papieren geblättert und verkündet: Schon zum zweiten Mal sei mein Sputum negativ, also ohne Motten, womit ich zur Zeit und wenigstens vorerst nicht mehr ansteckend und die Streptomycin-Therapie doch wohl eine gute Idee gewesen sei; das mit dem Calcium sei allerdings doch zweischneidig und ich möge es mir gut überlegen, weil Calcium, wenn intravenös gespritzt, nicht selten zu einem Kreislaufkollaps führen könne, andererseits jedoch oral zugeführtes Calcium kaum zielgerichtet metabolisiert werde. Vom Eierschalentrunk mit dem Biokalk hatte Prof. Agostoni offensichtlich nie gehört. Jetzt aber zum Wichtigsten, fuhr er fort, dem Pneumothorax, wozu er alles nochmals ganz genau erklären wolle.

Er hat es getan – minuziös, deutlich, abschreckend mit dem, was mir monatelang und mit stetigem Risiko anfallen würde, wobei er die positiven Aspekte aber durchaus auch und detailliert erwähnt hat. Vor allem darauf hat er mich aufmerksam gemacht, dass ich regelmäßig zweimal in der Woche *gefüllt* werden müsse – also sozusagen neu aufgepumpt, wozu es jedesmal einen erfahrenen Arzt mit ruhig sicherer Hand und spezielles Gerät brauche; und dass ich jeweils vor- und nachher geröntgt werden müsse, was in der Abfolge eine hohe Strahlenbelastung bedeute.

Dann hat er mich zurück geschickt, auf dass ich es bedenke. Es hat mir nichts zu bedenken gegeben. Ich hatte fast alles schon von der Mücke gewusst, aus ihren persönlichen Erfahrungen, und jedes Detail war zwischen uns schon durchgesprochen und entschieden. So habe ich denn nach ein paar Stunden angemessen erscheinender Bedenkzeit entsprechenden Bescheid gegeben und darum gebeten, nicht mehr viel Zeit zu verlieren. Mir war als hätte Prof. Agostoni es so schon erwartet.

Jetzt aber kam, womit ich nicht einmal auch nur für einen Augenblick gerechnet hatte: Die Rica müsse einwilligend unterschreiben, weil ich ja noch nicht volljährig war, was man damals erst mit 21 wurde. Innerlich ist mir fast eine Welt zusammengebrochen. Recht genau konnte ich mir ausmalen, was da an Reaktionen am Horizont dräuten. Aber ich habe versucht, es in der Antwortreaktion trocken zu überspielen mit einem: *Dann müssen Sie jetzt eben auch der Signora alles erklären.* Und er hat es getan. Er hat sie zu sich in die Mottenburg gebeten und er hat mit ihr gesprochen, zusammen mit Dr. Dermold, den er vielleicht als Zeugen mit dabei haben wollte.

Dann wurde ich gerufen. Aufgelöst hat mich die Rica im Besucherzimmer erwartet und mir bebend mitgeteilt, was die Ärzte alles mit mir vorhätten und wie riskant das sei und dass das Ewigkeiten regelmäßig ärztlicher Betreuung bedeuten werde, die wohl nur in der Klinik gewährleistet sei... und dass es ihr doch lieber wäre, ich würde nur einfach zuwarten, gesund zu werden, wie der Schwager Onkel Toni... aber dass die Ärzte wohl schon wissen würden, was sie zu tun hätten... und so habe sie halt unterschrieben... oder hätte sie mich vorher etwa fragen sollen?

Ich weiß nicht, ob ich mir ein frohes Grinsen verkneifen konnte. Das mit der Langzeitbehandlung des Pneumothorax hatte sie jedenfalls nicht so ganz richtig verstanden. Aber es mag ja auch sein, dass das Arztduo ihr nicht ausführlich erklärt hatte, dass das sogenannte Füllen vielerorts ambulant gemacht werde, immer gerade nur eine Viertelstunde benötige und überall in Europa kostenlos sei. Wie auch immer, die Ärzte haben plötzlich an meinem Strang gezogen – und die Schwester Maria hat mir noch am gleichen Abend eine Tafel Schokolade gebracht, mit den besten Grüßen von Prof. Agostoni und der Nachricht, dass es nun echt schnell gehen würde: der Termin für den Eingriff bereits geplant... übermorgen.

Ferragosto.

Ferragosto, der 15. August, ist traditionell Italiens größter Ferienfeiertag – nicht nur für Katholiken, die Mariae Himmelfahrt feiern, sondern für alle. Es ist der ganz besondere Sommertag, an dem nicht einmal Tageszeitungen erscheinen. Und gerade den Tag hatte Prof. Agostoni ausgesucht, mir den Pneu zu setzen. Am Feiertagsnachmittag wollte die Mücke kommen. Sie sollte überrascht werden.

Kein Frühstück heute. Röntgen. Kurze Erklärung vom bevor-stehenden Ablauf. Auf den OP-Tisch, seitlich gedreht und den linken Arm über den Kopf. Wegschauen. Ein leicht krachendes Knirschen an den Rippen und dann kurz ein zischendes Geräusch. Das war's. Nochmals röntgen. Und dann die fast feierliche Übergabe des Terminbüchleins zum Eintragen der kommenden Füllungen: Datum, Ort, Arzt, Röntgenbefund vorher, Füllmenge in ml, Röntgenbefund danach.

Ob ich mir kurzatmig vorgekommen bin mit plötzlich einem fast stillgelegten Lungenflügel? Eigentlich nein. Es hat ein bisschen gedrückt und war irgendwie komisch. Aber die paar Treppen hinauf zu meinem Zimmer konnte ich unbeschwert schnell steigen. Etwas verspätet hat es dann doch noch Frühstück gegeben.

Am Nachmittag ist die Mücke gekommen und sie war von der Nachricht ganz geplättet. Zur Feier sind wir ins Städtchen gegangen, sind durch die alten Gassen flaniert, haben einen trotz Feiertag offenen Biergarten gefunden und so getan, als ob das Leben nur schön sei. Wir wussten, dass noch gar nichts gewonnen war. Aber wir hatten den Eindruck, dass jetzt wir es in der Hand hätten – und wir waren zuversichtlich, ausgelassen beinahe.

Und weiter.

Die Strepto-Therapie ist noch ein paar Wochen fortgesetzt worden, obzwar das Sputum weiterhin negativ und also beruhigend geblieben ist. Beginnend gleich nach Ferragosto sind dann die Calcium-Spritzen doch noch dazu gekommen, immer am Dienstag und Samstag. Nun wollten die Ärzte der Mottenburg doch offensichtlich volles Programm mit mir fahren. An das immer wieder nötige Füllen habe ich mich schnell gewöhnt, obzwar das Krachknirschen doch jedes Mal ein bisschen erschreckend war. Es könnte doch mal eine Nadel ausrutschen und in die Lunge stechen...

Ein paar Wochen sind vor sich hin geplätschert. Es war eine abwartende Zeit, in täglich gleichem Rhythmus und skandiert eigentlich nur von den stets angespannt erwarteten Ergebnissen des Sputumtests, den Calcium-Spritzen zweimal die Woche, dem Pneu-Füllen und der Gewichtskontrolle beim allwöchentlichen Wiegen. Ich fühlte mich fast von Tag zu Tag kräftiger und eigentlich wieder richtig gut. Der September war ins Land gekommen, das Laub begann, sich bunt zu färben.

Einmal kam die Tante Hilde, die Frau meines Brixner Tauf- und Firmpaten sowie Vaterbruders Friedl, zu kurzem Besuch. Einen selbstgebackenen Kuchen hatte sie dabei und 1.000 Lire, die ihr die Rica für mich gegeben habe, weil ich ja vielleicht etwas brauchen könne. Ihr erster Besuch war das. Auch vom Friedl-Onkel-Paten hatte ich in der Mottenburg nie etwas gesehen. Die Hilde hat im Wäscheschrank nachgeschaut, ob ich auch noch genügend Hemden hatte und Unterhosen, oder wozu auch immer. Bald danach ist sie wieder gegangen.

Später am Abend, beim Griff nach dem versteckten Eiertrunk, den mir die Mücke unbeirrt und aufbauend immer noch brachte, ist es mir aufgefallen: Meine Brieftasche war weg. Ich hatte sie unter den Hemden mehr deponiert als versteckt. Das unverhoffte Geldgeschenk von Hildes Besuch wollte ich verstauen. Weg war sie, die Brieftasche. Es war kaum Geld darin. Aber ein paar Fotos, die mir besonders viel bedeutet haben, die Kennkarte auch; und mein sorglich gehüteter Notnagel für eine eventuell einmal eisernste Reserve: die zinnoberrote 10-Kronen-Merkur aus der Briefmarkensammlung meines Großvaters, die ich vor Monaten mal an mich genommen hatte. Den Führerschein habe ich immer getrennt verwahrt. Er war in der Verwaltung hinterlegt, bei meinem minimalen Geldbestand.

Ein großes Gefrage hat es darum gegeben. Jeder hätte ja ins Zimmer kommen können, während ich und mein Bettnachbar Paolo beim Essen waren. Aber wer denn wirklich? Und was sollte er mit einer Brieftasche, in der fast gar kein Geld ist? Da hätte er sich doch eher die Flasche vom Eiertrunk geschnappt, deren Inhalt nach Likör ausgesehen hat und es ja auch war. Ein Rätsel. Die Brieftasche ist verschwunden geblieben. Und von der Hilde-Tante habe ich nie wieder etwas gehört oder gesehen. Dabei hat sie nur 300

Meter von der Mottenburg gewohnt, in der fußläufig nahen Trattengassen.

Übrigens: Der Friedl-Onkel ist auch nachher niemals gekommen, so wie er sich auch vorher nie gezeigt hatte.

Samstage.

Anfangs ist am frühen Samstagnachmittag immer die Mücke in die Mottenburg gekommen. Sie hatte ab mittags frei und hat dann den Bummelzug nach Brixen genommen. Es war jedesmal ein Fest, auf das hin wir die Stunden gezählt haben.

Solange ich anfangs noch Ausgangssperre hatte, haben wir auf meinem Bett geknutscht, die Gedanken an die Motten eisern verdrängend; oder wir sind stundenlang auf dem Balkon gesessen und haben geredet und den hinter dem Park vorbei fahrenden Zügen sehnsuchtsvoll nachgeschaut, Luftschlösser von weiten Reisen uns zaubernd. Besonders angetan hatte es uns der weiß-rote, pfeilförmige TEE Mediolanum, der mit warm beleuchtetem Speisewagen immer gegen sechs Uhr vorbei nach Süden fuhr.

Ab Mitte September etwa, nun mit Pneu und dauerhaft negativem Sputumtest, konnte ich seltenen Kurzurlaub bekommen. Da haben wir uns dann abgewechselt und ich bin zwischendurch nach Bozen gefahren. Hin mit Autostopp nach dem Mittagessen. Das war damals leicht. Nie musste ich mehr als ein paar Minuten warten. Zurück mit dem letzten Zug, der es erlaubte, um zehn Uhr gerade noch eingelassen zu werden. Außerhalb der Klinik zu übernachten war verboten.

Für mich war das wie ein Ausbrechen aus dem Gefängnis. Die verstaubte Stadtluft schien mir Balsam für die Lungen und befreiend, verglichen mit der schön sauberen aber mauerumfriedeten Parkluft in der Mottenburg. Wir sind zu unseren alten Plätzen zurück, so als wären Jahre vergangen und nicht erst ein paar Wochen. Gelegentlich haben wir Bekannte getroffen, uns mit ihnen aufgehalten, aber meist nur ganz kurz. Ich hatte nicht gedacht, dass mir Freiheit so viel bedeuten würde. Vielleicht habe ich es so intensiv gefühlt, weil es ja irgendwie gestohlene Freiheit war oder zumindest Freiheit auf Pump.

Die Sonntage sind mir dann immer so richtig lang geworden. Der Mücke weniger, weil sie trotz jetzt vollem Job im Bücherladen immer noch auch ihre Heimarbeit machen musste, die ewig stundenlange Plackerei an den Laufmaschen, deren Erlös weiterhin der von ihr geforderte Beitrag zur Haushaltskasse ihrer Familie war. Sie brauchte den Sonntag, um nicht die Woche über täglich bis spät in die Nacht an der augenmordenden Arbeit sitzen zu müssen.

Azurblaues Licht.

An einem Samstag dann, im späten September oder etwa auch schon Anfang Oktober, hat sich ein Erlebnis ergeben, das mir in seiner verwirrend eindrucksvollen Art besonders hängen geblieben ist. Zum üblich samstäglichen Morgentermin war meine intravenöse Calcium-Spritze fällig. Wohl wegen des latenten Risikos einer damit verbundenen Kreislaufschwäche wurde die Prozedur immer im Ambulatorium vorgenommen und wie jedesmal musste ich mich dazu auf einen Schragen legen. So ganz das Normale. Nadel in die Armbeuge, kurzer Druck und... mir wird wolkig wie nie jemals zuvor.

Eiskalt fühle ich mich plötzlich, aber dabei doch angenehm. Azurblau helles Licht spielt vor meinen Augen. Ich kann mich nicht bewegen und will das auch gar nicht. Wie durch Watte höre ich huschende Schritte und aufgeregt knarzende Stimmen in einem hektischem Hin und Her. Und dann... *Exitus*... scheint es mir zu hören, ganz deutlich, von einer mir vertraut klingenden Arztstimme. Das Azurblau wird mir noch heller, fast gläsern und alles um mir herum ist plötzlich unnatürlich still.

Viel Zeit kann nicht vergangen sein. Das Nächste was ich sah, war warme Mittagsonne vor dem Fenster. Ich merkte, dass ich noch immer auf dem Schragen lag. Zuerst vage und dann deutlicher fing ich an, mich zu erinnern: warum ich dort war, das Absacken in eisige Kälte, das Licht und die Stimmen. Zögerlich versuchte ich aufzustehen und war verwundert, wie problemlos gut das ging. Etwas schwach in den Knien bin ich aus dem Ambulatorium marschiert und verwundert eine der Nonnen, die im Weghuschen groß das Kreuz schlug.

War da etwas? Hatte ich nur Halluzinationen? Was...

Dann beim Mittagessen habe ich besonders kräftig zugelangt und am Nachmittag bin ich mit Autostopp nach Bozen gefahren... diesmal allerdings ohne Urlaubsschein, sondern ganz klammheimlich entwichen.

Herbst fällt ein.

Der Sommer war zähflüssig und doch verblüffend schnell vergan-gen. Oktober. Fast plötzlich sind vom Balkonblick im Park alle Blätter bunt und scharfer Bergwind pustet sie bald zu Laub. August und September hatten mir beinahe Euphorie gegeben: der Pneu und sein heilsames Versprechen; keine Motten mehr im Sputum; Kilo für Kilo mehr auf der Waage und parallel dazu mehr irgendwie gefühlte Kraft und Ausdauer; wieder Kontakte zur Außenwelt jenseits der Parkmauern, wenn auch nur sporadische. Zuversicht...

Mit den fallenden Blättern aber ist meine beklemmte Unruhe gewachsen – oder sollte man das etwa „innere Spannung" nennen. Das italienische *ansia* sagt es treffend, aber dafür gibt es keine exakte Übersetzung. Die über die Gänge und durch die Parkwege schlurfenden Lurche, die gekünstelt heiter oder aufopfernd lächelnden Nonnen mit ihren grauen Hauben, die kurz aufmunternden Zurufe aus professionellen Ärztemienen... es war mir ein Dauercocktail täglicher Berieselung, der mich mit dem fortschreitenden

Herbstgrau progressiv in auflehnende Depression gebracht hat.

Viel dazu beigetragen hat mein ruhiger und an sich so netter Bettnachbar, der Paolo. Immer noch lag er nach dem Frühstück still da bis zum Mittagessen und danach auch stundenlang wieder, meist mit offenen Augen und nur zwischendurch mal schnarchelnd eingeschlafen. Manchmal nur, solange das Wetter noch heiter war, setzte er sich für eine Stunde in den Park oder lag auf der Sonnenterrasse. Aber mit fortschreitendem Herbst wurde auch das immer seltener; und so lag er tagein tagaus auf seinem Bett... ohne ein Buch, ohne etwas oder irgendwem zu schreiben, auch nicht zu einem gemeinsamen Puzzle oder Kartenspiel zu bewegen. Er hatte einfach wörtlich genommen, was ihm bei der Einlieferung angesagt war: *Geduld. Gut essen, viel liegen und still aus- und einatmen.* Vielleicht hätte ich ihn einfach als ein Möbelstück nehmen sollen, das da war, so wie ein Schrank da ist oder eine Truhe. Ich konnte nicht. Er war mir Tag für Tag ein fast 24-stündiges Mahnmal des Abgleitens in lebenslänglich.

Ich wollte fort. Ich habe mich wieder wirklich fit gefühlt. Ich musste fort!

Mit Schwester Maria habe ich zuerst darüber gesprochen. Sie hat Verständnis gezeigt, dabei aber auch durchaus ablehnend reagiert. Es war sicher nicht das erste Mal, dass sie mit Gefängniskoller konfrontiert war. Mehrmals bin ich auf sie zugegangen. Dann auch auf die Ärzte. Und irgendwie, etwa doch nur eingebildet, hatte ich immer wieder den Eindruck, dass allen ihren so völlig überzeugt tönenden Ablehnungen doch etwas Zögerliches anhaftete, ganz so als wären es Ablehnungen, weil ein Zustimmen außerhalb jeder historischen Norm und Tradition der Klinik gewesen wäre.

Mag ja wirklich sein natürlich, dass ich mir das ja nur eingebildet habe, in meinem Wunschdenken. Aber etwas Verblüffendes hat mein Gefühl noch verstärkt, obgleich der offenbare Zweck doch genau das Gegenteil bewirken sollte. Eines Oktobertages hat mir Schwester Maria ein Einzelzimmer angeboten, um, wie sie sagte, mir *einen Abstand zu geben* von der mich deprimierenden Nähe des passiv auf sein Gesundwerden wartenden Paul. Das Angebot war etwas wohl Einmaliges in der Mottenburg. Mein Zweibettzimmer war eigentlich schon der maximale Luxus, wo doch fast alle anderen zu dritt und auch in Vierer-Räumen hausten. Genierlich betroffen vom Angebot, habe ich es fast nicht angenommen – und dann doch. Paolo wurde verlegt und ich hatte das große Balkonzimmer wieder für mich allein, wie schon in den allerersten Tagen. Mein Ansia-Gefühl ist trotzdem nur für ein paar Tage ein bisschen abgeklungen. Schon bald war es wieder voll da, sich auch steigernd, je mehr es draußen nebelgrau geworden ist.

Mit der Mücke habe ich darüber lange und intensiv gesprochen, an mehr als nur einem Samstag. Sie war echt hin- und hergerissen, mit tausend einander widersprechenden Gründen, die wir beide hatten und diskutierten und dabei kaum auf eine Gleichung bekommen konnten. Was mich *draußen* erwartete, wussten wir ja nicht einmal im Ansatz. Aber auch ihre Tendenz war im Grunde die, dass ich weg sollte, wenn ich mich danach fühlte und solange ich den Mumm dazu noch hatte.

Dann hat es eines Novembertages den nicht vorhergesehenen Besuch der Rica, meines Mütterleins, bei Dr. Agostoni gegeben. Ich habe erst nachher davon erfahren. Fast flehentlich hat sie die Ärzte wohl darum ersucht, dass ich weiterhin in der Mottenburg festgehalten verbleiben dürfe, möge und solle, wenigstens den Winter über und bis zum Frühling. Ihre inzwischen ja schon sprichwörtlichen Geldnöte hat sie dafür auch mit ins Spiel gebracht, wie ich aus dem mir Berichteten zu entnehmen hatte.

Das gerade hat meinen Befreiungsdrang noch bestärkt. Die Flucht nach vorne war damit entschieden.

Flucht nach vorne.

Spätherbst 1958. Seit Mitte Juli war ich in der Tbc-Klinik in Brixen, in der Mottenburg. Nun fühlte ich es mir an der Zeit, wiederum und neu zu leben. Zur Flucht nach vorne gab es mir nun keine Alternative. Ich musste weg – solange der Wille dazu reichte, nicht aufzugeben.

*

Der Winter hatte sich nasskalt angekündet in den ersten Novembertagen und die schon sommers mich bedrückende Atmosphäre in der Klinik, der Mottenburg, hatte sich im Nebelgrau des nun blattlosen Baumparks rundum zu depressiv stimmender Bedrohung verdichtet. Trotzdem, wenn es nach der Rica, meiner Mutter, gegangen wäre, hätte ich dort wenigstens bis zum Frühling bleiben sollen. So hatte sie es vom Chefarzt und den anderen Ärzten nicht nur erbeten, fast schon gefordert. Mich hat sie dazu nicht befragt. Selbst von ihrem Besuch habe ich erst anderntags erfahren – und vom ganzen Rest. Wütend hat mich der Bericht gemacht, fast bis zum Ausrasten.

Der Gedankengang war so einfach zu durchschauen, weil ganz typisch Rica. Sie rechnete sich aus: Die Mottenburg kostete nichts, weil dafür die staatliche Tbc-Fürsorge zahlte; Winterkleider mussten mir auch nicht angeschafft werden, obwohl ich für *kalt und nass* wirklich nichts Rechtes mehr anzuziehen hatte; und für regelmäßiges Essen zu sorgen, dreimal am Tag wie von den Ärzten verlangt, das hätte gutes Geld gekostet.

Blitzartig war ich bei Prof. Agostoni, dem Chefarzt. Nicht zum ersten Mal bedrängte ich ihn jetzt, entlassen zu werden. Und das nicht irgendwann. Jetzt gleich. Ich sprach ihm von meinem gefühlten und auch in den Karteikarten belegten *guten Zustand*. Meine Befürchtung teilte ich ihm mit, dass das täglich mehr bedrückende, deprimierende hier Herumhängen mich mehr der Gefahr eines Rückfalls aussetze, als eventuelle Widrigkeiten in normaler Freiheit. Von den hier vor sich hin vegetierenden Zombies sprach ich ihm, und von meiner Furcht, selbst so einer zu werden...

Er war dagegen, mich in den Winter hinaus zu lassen. Mein Hinweis, dass mein Sputum nun schon seit mehr als zwei Monaten negativ sei, mochte ihn nicht beeindrucken. Auch nicht die eindeutige Tatsache, dass ich seit der Einlieferung gut zugenommen hatte und damit bei nunmehr an die 62 kg auch durchaus dem Normalbereich nahe sei. Und ebenso wenig auch, dass ich mich an den im Sommer gelegten Pneumothorax gut gewöhnt habe, und dass ich den Pneu für den Fortschritt des definitiven Ausheilens natürlich auch weiterhin beibehalten und regelmäßig nachfüllen lassen würde.

Prof. Agostoni meinte dazu, dass ich das Risiko unterschätze, das mir jede auch nur kleine Erkältung bringe. Meinem Wunsch hielt er entgegen, dass ich ausreichendes und regelmäßiges Essen unbedingt brauche, genau so wie auch warmwinterliche Kleidung, und dass er beides bei mir gar nicht gesichert sehe. Schlussendlich ist er dann damit heraus gerückt, was ich von den Nonnen schon wusste, dass doch die Rica samt Schwester bei ihm gewesen, um ihn dringend, fast schon flehentlich zu bitten, mich wenigstens bis zum Frühling in der Klinik festzuhalten.

Eigentlich hätte ich die chefärztlichen Bedenken doch schon teilen sollen oder wenigstens irgendwie berücksichtigen. Stattdessen haben sie meinen Fluchtvorsatz nur noch bestärkt, ohne mir ein weiteres Nachdenken zu bewirken, ein solches sogar bewusst verdrängend. Ich *musste* heraus aus der Mottenburg. Alle die grauen Langzeitinsassen einer jahrelangen Aufbewahrung zu fruchtlos versandender Heilungshoffnung standen mir wieder und wiederum vor den Augen. *Lebenslänglich* hatten die meisten der durch die Gänge und den Park schlurfenden Gestalten in Körperhaltung und Gesicht geschrieben. Aufgeben... mich aufgeben...

das wollte ich nicht! Und die Mücke war voll damit einverstanden in wieder langem Gespräch, das wir dann am Samstag hatten.

So habe ich denn meine Flucht ins Ungewisse gestartet.

An einem Wochentag im späten November, nach genüsslich sattem Mittagessen mit Nachschlag, habe ich mich von den Stationsschwestern verabschiedet und auch von den beiden Assistenzärzten. Entlassungspapiere konnte ich nicht bekommen, weil dafür der ärztliche Segen fehlte. Als Anhalter bin ich mit meinem Köfferchen nach Bozen gefahren. Die Schlüssel zur Familienwohnung in der Bahnhofstraße hatte ich noch. Dort habe ich mein altes Zimmer belegt, als wäre ich nie fort gewesen. Aus dem Wäscheschrank habe ich mir Leintücher und Kissenbezug geholt. Die Decken lagen noch auf dem Bett.

Die Rica habe ich im Vorbeigehen kurz begrüßt und ihr gesagt, dass ich wieder da sei, was sowieso ersichtlich, und dass ich jetzt damit rechne, für eine hoffentlich nur kurze Übergangszeit hier vernünftiges Essen zu bekommen... so wie andererseits ich die Familie bis in den Sommer hinein mit sicherem Essen versorgt hatte und auch mit der Finanzierung aller anderen Annehmlichkeiten, an die sie sich ihr Leben lang gewöhnt hatte.

Auf die aus ihrer Sicht wohl berechtigt gestellte Frage, ob ich mich nun demnächst wohl wieder als Ernährer der Familie einsetzen würde, habe ich klar absagend reagiert. Auf meinen Brief habe ich hingewiesen, den ich ihr dazu schon im Sommer geschrieben hatte, und dazu noch klar gesagt, dass es jetzt endlich einmal an ihr sei, etwas für sich selber und ihren dreiköpfigen Nachwuchs zu tun, weil sie ja angeblich die große Geschäftsfrau sei, wie man das von ihr doch jederzeit und tausendfach zu hören bekommen hatte. Und damit war das dann auch geklärt.

Sie meinte nur, dass es ihr nicht leicht falle, den beiden Vertretungsfirmen absagen zu müssen, die nun doch mehr oder weniger auf mich gewartet hätten. Darüber, dass die sich längst schon anders organisiert hatten, ist sie voll weggegangen. Über ihren Besuch in der Mottenburg und ihr Gespräch mit den Ärzten habe ich geschwiegen. Sie auch.

Mein Zimmer hatte ich wieder und damit auch die alte Schreibmaschine, die *Everest*. Fürs Mittagessen dachte ich, mich einfach mit an den Tisch zu setzen, und für abends dann zu schauen, ob Brot und sonst etwas vorhanden. Mehr oder weniger gut hat das dann so auch geklappt.

Dass ich regelmäßig ausreichend essen und so wenigstens das in der Mottenburg angefressene Gewicht halten müsse, die 62 kg, das war mir sehr klar und darauf habe ich geachtet. In der Adler-Apotheke unter den Lauben gab es eine Waage, die man kostenlos benutzen durfte.

Aber das frühe Winterwetter hat angefangen, affenkalt zu wer-den. Die Mücke hatte begonnen, mir einen dickwollenen Pullover zu stricken. Und immer wieder hat sie auf mich eingeredet, dass ich mir unbedingt einen warmen Mantel kaufen müsse. Ich hatte ja noch den uralten, aber der war schon immer recht dünn gewesen und bereits im letzten Winter überall abgeschabt, auch schon etwas ausgefranst an den Ärmeln und so verbraucht, dass er fast gar nicht mehr wärmte. Es war klar, dass es nun wirklich nötig war, einen Mantel zu kaufen. Gar nicht klar war dabei aber, womit denn.

Die Rica, darauf angesprochen, hat sich einfach taub gestellt, wie bei ihr immer so üblich, wenn ihr etwas nicht in den Kram passte. Die Mücke aber hat, recht vernünftig, daran erinnert, wie viel ich der Familie an Geld verdient hatte in der Zeit, vor ich in die Mottenburg musste, und dass davon ein guter Mantel *fast schon aus der Portokasse* bezahlbar war.

So bin ich eines Morgens zu Oberrauch-Zitt in der Laubengasse gegangen, einem guten aber nicht allzu teuren Kleiderladen, und habe mir dort einen Mantel ausgesucht, der zwar ziemlich schwer war, doch bei vernünftigem Preis einen sehr warmen Eindruck machte. Ich habe ihn gleich mitgenommen und an der Kasse gesagt, man möge die

Rechnung doch an die Rica schicken. Bekannt genug war sie ja Unter den Lauben. Die Verblüffung im Laden war wohl zu groß, um mich aufzuhalten. Sicher ist die Rechnung dann gestellt und auch bezahlt worden. Nie mehr habe ich darüber etwas gehört. Noch nicht einmal eine spitze Bemerkung oder sonst was ist mir gekommen, wenn der Mantel in der Wohnung gesehen wurde, was ja unvermeidlich war, weil ich ihn von Anfang an ganz normal im Gang an die Garderobe hängte.

Positive Überraschungen hat es da aber auch gegeben.

Toni, Mückes Vater, der mich bis dahin immer mit viel Misstrauen bedacht hatte, hat mich in den ersten Tagen schon mit einem gewaltigen Geschenk überrascht. Er hatte seine guten behördlichen Beziehungen spielen lassen und erreicht, dass ich staatliche Tbc-Stütze bekam – 15.000 Lire monatlich, für vorab ein ganzes Jahr und vielleicht dann auch noch länger. Es ist mir wie ein Goldregen gewesen.

Und Hanni, Mückes Mutter, die mich in der Mottenburg mit ihrem Eiertrunk-Kalk-Hausrezept versorgt hatte, hat mir angeboten, dass ich jeden Tag zum Abendessen kommen könne, solange ich mich noch nicht *richtig eingerichtet* hatte, und das für einen wirklich sehr symbolischen Kostenbeitrag von monatlich nur 500 Lire. Der Abendbrottisch bei der Mücke zuhause war immer reich gedeckt und gar nicht gut vermerkt wurde es, wenn ich nicht voll in mich hineinschaufelte.

Die Sache mit dem Pneu-Nachfüllen, zweimal in der Woche, musste in den Griff bekommen werden. Sofort habe ich mich bei der Bozner Tbc-Stelle angemeldet und... die hatten schon Mitteilung von Prof. Agostoni bekommen, mit ausführlichem Bericht und der Bitte, mich in das kostenlose Programm aufzunehmen und mir die Termine möglichst so zu setzten, dass sie einigermaßen gut in die Zeitbedürfnisse meiner Arbeit passten, weil ich doch sicher bald schon irgendwo arbeiten müsse, so wie er die Familiensituation einschätze.

Einem jugendlich dynamisch aussehenden Oberarzt wurde ich zugeteilt, Dott. Marini, der eine kräftig sichere Hand für die Hohlnadel hatte und mich immer gleich dran nahm, wenn ich in die Station kam. Dienstag und Freitag kam ich *zum Füllen*, immer morgens um halb acht.

Weihnachten ist wieder heran gerückt. Ich hatte für die Mücke kein Geschenk. Dabei wusste ich doch, dass ich von ihr den irre schönen Pullover bekommen würde. Auch für ihre Eltern hatte ich nichts, wie schon im Jahr zuvor, doch dieses Mal war ich für Heiligabend zum Fest eingeladen. Gerade zurecht kam da die erste Zahlung der 15.000 Lire Tbc-Stütze. Nette Kleinigkeiten habe ich damit dann doch für jeden finden können.

Die Hanni hat mich gebeten, an Heilig Abend schon früher zu kommen, und ihr zu helfen, die Geschenke einzupacken. Sie wusste von der Mücke, dass ich Päckchen so schön mit Schleifen und ein bisschen Zierrat packen konnte, dass sie allein schon Freude brachten, auch bei bescheidenem Inhalt. Sie wurden dann auch recht weihnachtlich, ihre Päcklein für die Mücke und den Toni.

Und dann war es warm, nach Kerzen und Tanne und sächsischen Stollen duftend, mit den Wiener Sängerknaben vom Plattenspieler und fröhlich gedecktem Tisch. Nicht eine Spur von Hektik war im Raum. Und für mich allein wichtig: Die Mücke war da.

Das dumme Jahr war dabei, gut aufzuhören.

War sie eine Mutter?

Lange hat es gedauert, bis ich mich zum Versuch durchringen konnte, Erinnerungen auch an Rica, meine Mutter, aufzuschreiben. Ich werde dazu die Wörter laufen lassen, wie sie mir gerade kommen, ohne sie in ein Korsett von zeitlichen Abläufen oder vorgegebenen Themen zu pressen. Was dabei heraus kommen wird, kann ich kaum absehen, weiß ich doch vorab schon, dass es mir für ein wertfreies Erzählen an Abstand fehlt. Vielleicht ergibt sich aber ein Mosaik, das anderen, die unbefangen neugierig durch die Seiten gehen, ein klärendes Bild gibt.

*

Rica Calligari, meine Mutter, war sicher kein einfacher Mensch, wenn auch vieles darauf schließen lässt, dass sie recht einfältig war. Jahrgang 1901, war sie die zweite der fünf Töchter Heinrichs, der es von äußerst bescheiden ärmlicher Kindheit in einem weltverlorenen Dorf der Belluner Dolomiten mit eigener Kraft zu einem weitläufigen austroungarischen Handelshaus und beträchtlichem Ansehen in unserer Kleinstadt an der Talfer, Bozen, gebracht hatte. Dass er sein zweites Kind *Enrica* nannte und *Rica* rief, ihr also seinen Taufnamen weiter gab, zeigt wohl, dass er sich früh schon darauf eingerichtet hatte, den ersehnten Sohn und Stammhalter doch wohl nie zu bekommen. Drei weitere Mädchen wurden es in kurzer Folge. Der Junge ist ausgeblieben.

Ein paar Blitzlichter auf Heinrich noch, meinen Großvater. Es braucht sie wahrscheinlich, um so manches an Rica zu verstehen. Heinrich, eigentlich Enrico, kam also aus einem gottverlassenen, auf der italienischsprachigen Seite der Dolomiten an den Felsenhang geklebten Bergdorf, Vigo di Fassa, in dem zwei-drei Familien seit Jahrhunderten von karger Almwirtschaft und in Inzucht lebten. Gemeinsam mit seinem Bruder und ein paar Nachbarskindern wurde er vom Dorfpfarrer unterrichtet, der dann dem Zwölfjährigen eine Lehrstelle mit Schlafplatz und Gesindeanschluss bei einem alt eingesessenen Geschirrhändler in Bozen vermittelte. Damals konnte der Junge noch kein Wort Deutsch, also dessen Tiroler Mundart, die man in seiner neuen Umgebung fast ausschließlich sprach.

Heinrich, wie sich der ursprüngliche Enrico nun nannte, muss ein ziemlich aufgeweckter und entschlussfreudiger Junge gewesen sein. Gerade volljährig geworden, machte er sich als Obsthändler selbständig und schnell spezialisierte er sich auf hochfeines, glanzpoliert makelloses Tafelobst, wie es auf den Tischen des damaligen k&k Stamm- und Geldadels bevorzugt war. Als er etwa fünf Jahre später, 1898, heiratete, lieferte er schon bis Wien und war ein gemachter Mann.

1918 war das dann vorbei. Das Habsburger Kaisertum war nur noch Erinnerung. Die jetzt zu Italien geschlagene Talferstadt war nun abgeschnitten von den ehemaligen k&k Märkten. Und für erlesenes Tafelobst war die Konjunktur untergegangen.

Heinrich hat seinen Großhandel schnell umgestellt. Ästhetisch geprägter Luxus war nicht mehr gefragt. Süßigkeiten für jedermann würden aber immer und überall ihre Käufer finden. Schokolade, Bonbons, Kekse waren ab jetzt sein Handelsgut. Wenig später dann kamen Gewürze und Seifen dazu. Heinrichs Firma florierte weiter, mit ungebrochen wachsendem Gewinn. Und so bekam er auch Gewicht in der Stadt, wenn er auch niemals so ganz als ein Dazugehörender akzeptiert wurde, weil er eben ein vom Bergdorf Zugewanderter, ein Emporkömmling und zudem noch ein ursprünglich *Walscher*, also ein Italienischstämmiger war, wenn auch immerhin aus den Dolomiten. Bozen, die kleine, borniete Stadt am Zusammenfluss der drei Flüsse, von war schon immer ein Hort von kralbezogenem Dünkel gewesen.

Übrigens: Aus dem Heinrich wurde immer wieder Enrico und umgekehrt, ganz wie es gerade ihm, seinem jeweiligen Geschäftspartner und der politischen Lage zupass kam. So viel kurz zu Ricas Vater, ihrem *Tati*. Aber jetzt nun doch zu ihr.

Rica war eine stattliche Frau. Mit ihren gut über 1,70m war sie für damals groß gewachsen, immer schlank und sich aufrecht gerade haltend, mit dicht glattem, kastanienfarbenem Haar, das lebenslang nie eine Schere zu spüren bekam. Sie trug es in zwei Zöpfen geflochten, die sie in einer Art Gretchenfrisur sozusagen als Krone um den Kopf wickelte. In unserer Stadt war sie wohl die einzige Erwachsene mit so einer Frisur. Alle in ihrer Umgebung bestürmten sie oft, sich der Zeitmode anzupassen und die Haare schneiden zu lassen. Erfolg damit hatte keiner. Die Haartracht hatte dem Tati so gut gefallen.

Damit ist schon einmal eines angeschnitten: Ricas fast schon unnatürlich stark geprägte und lebenslang intensiv gelebte Vaterbindung. Der Tati war ihre Zentralikone, so wie etwa Jesus für katholisch schwärmerische Mystikerinnen. Er ist es auch geblieben, als er schon Jahrzehnte tot und ihre Umwelt völlig anders bestückt war. Vieles hat sich daraus ergeben.

Unter ihrem Zöpfekranz zeigte Rica ein eher schmales Gesicht, das nicht hässlich war, auch wenn von Schönheit keineswegs die Rede sein konnte. Dafür war schon mal ihre Stirn viel zu niedrig, die Ohren zu voluminös und der an sich großzügige Mund immer, seit ich ihn erinnern kann, ein bisschen zu verkniffen, mit etwas nach unten gezogenen Winkeln. Unnötig störend war da eine ausgeprägte, runde Warze links oben an der Stirn, die zu entfernen es nur einen kleinen Eingriff gebraucht hätte, den sie dann ja auch machen ließ, allerdings erst als sie schon über fünfzig war.

Sie hatte Sinn für gute Kleidung, wie das damals in den großbürgerlichen Kreisen dazu gehörte, hatte auch in einem Fachkurs kochen gelernt und keine keifende Stimme, womit sie eigentlich alles hatte, also alles, was man eine *gute Partie* nennen konnte. Außer...

Ein unvorstellbares Trauma.

Als die Rica acht Jahre alt war, in der dritten Grundschulklasse, verlor sie ihr rechtes Auge. Es war ein Schulunfall. Im Turnsaal gab es Oberlichtfenster, die man über einen Hebelzug aufkippen konnte. Sie betätigte den Hebel, wobei sie zugleich nach oben schaute. Aus einem später niemals festgestellten Grund brach die Fensterscheibe gerade in diesem Augenblick und ein Glassplitter fuhr ihr ins Auge. Es konnte nicht gerettet werden.

Traumatisch war sie von einem Moment zum andern dazu verdammt, ihr Leben mit einem Glasauge zu verbringen, beginnend von einem Zeitpunkt an, an dem der Kopf noch lange nicht ausgewachsen war. Im Laufe der Mädchenjahre mussten dann ihre Ästhetikprothesen immer wieder neu angepasst werden. Die Möglichkeiten der Schönheitschirurgie waren damals nicht so weit wie etwa heute. Jede neue Anpassung wurde schwieriger. Als Erwachsene lag dann das künstliche Auge in einer viel tieferen Höhle als das gesunde linke. Ricas Handicap war allen immer sofort sichtbar. Besser wäre es wahrscheinlich sogar gewesen, sie hätte stets eine Augenklappe getragen.

Für das Kind muss es ein unvorstellbares Trauma gewesen sein; und nicht minder dann für das heranwachsende Mädchen, für die junge Erwachsene. Wie sehr sie davon geprägt war, lässt sich kaum abschätzen. Wie anders sie sich ohne den Unfall vielleicht entwickelt, in ihrem Leben agiert oder auf ihre Umwelt reagiert hätte, bleibt reine Spekulation. Ein nutzloses Spekulieren, das aber immer wieder einmal aufgewacht ist.

Wäre sie anders geworden, anders gewesen... und wie denn? Hätte es gedauert bis sie 34 Jahre alt wurde, bevor sie die erste Heiratschance bekommen konnte? Wäre sie ihr Leben lang so auf ihren Tati fixiert geblieben, der seine Rica hegte und wohl so evident bevorzugte, dass Neid sich in ihren Schwestern so weit verhärtete, dass der auch im späten Erwachsenenalter immer wieder noch zu spüren war?

Wäre es ihr möglich geworden, auf Menschen zu- und einzugehen, die ihr entgegenkommen wollten. Hätte sie etwa doch Interessen entwickelt, wenn sie den Unfall nicht gehabt hätte?

Fragen... Fragen, die offen bleiben.

Wie sie, die Rica, im Übrigen ihre Kindheit und Jugend verbracht hat, darüber habe ich nur geringste Nachricht.

Diese, als eine der wenigen: Oftmals und immer wieder konnte sie davon reden, wie *wahnsinnig lustig* es die fünf Schwestern miteinander hatten, als sie noch *daheim* lebten. Über jedes *krumme Hölzchen* haben sie gelacht, hörte ich oft, und das so hellauf, dass die Leute unten auf der Straße stehen geblieben sind. Und *alle fünf untergehakt* sind sie laut kichernd *immer* durch die Lauben gezogen, so dass *die anderen* kaum vorbei kommen konnten. Und so harmonisch war bei ihnen *immer alles*, dass da unter den fünf Schwestern nie *auch nur ein Wässerchen* getrübt war.

Nur von der Rica haben wir zuhause ewig neu davon gehört, niemals jedoch von einer der vier Tanten. So recht vorstellen konnte ich mir die ausgelassene Heiterkeit und das lustig intime Zusammengluckern der fünf Calligari-Backfische auch nicht, zumal wann immer ich mit einer von ihnen ein bisschen Zeit verbrachte. Und lachen, gar ausgelassenes Lachen, passte so gar nicht zu Heinrichs Töchtern, wie ich sie erlebte.

Trotzdem: Vielleicht war es ja so, wie von der Rica oft gehört. Vielleicht auch war's nur selten mal so, gelegentlich etwa nur oder doch auch öfters. Wie dem auch immer...

Geprägt waren Ricas Jugendzeiten ohne Zweifel von dem, was man damals ein *gut großbürgerliches Haus* nannte, mit der besonderen Note einer ganz überwiegend von Frauen bevölkerten Umwelt. Da waren ihre vier Schwestern, die Mutter natürlich, die Köchin und stets wenigstens zwei Dienstmädchen und dazu auch noch die eine oder andere Verkäuferin, die in Großmutters Süßwarenladen arbeiteten und zum Teil auch im Hause der Familie wohnten. An Männlichem gab es in diesem Umfeld nur meinen Großvater, den Tati.

Bestimmend für die frühe Entwicklung der Rica und ihrer Schwestern war diese *Weiberwirtschaft* – mein Vater nannte es später immer so – sicher in so mancher Hinsicht. Gut möglich, dass eine wohl recht besondere Eigenart meiner Großmutter darin noch besonders maßgeblich war.

Meine Großmutter, die Mami, war eine resolute Frau, die ich noch kennengelernt und an die zwanzig Jahre lang miterlebt habe. Ihre Familie war in den frühen 1880er-Jahren aus Berlin nach Bozen gekommen, völlig verarmt, nachdem ihr Vater dort Pleite gegangen war, und sie war keineswegs das, was man so allgemein *eine Partie* nannte. Aber sie konnte sich ins Zeug legen, was den aufstrebenden Unternehmungen eines jungen Geschäftsmannes sicherlich durchaus hilfreich war. Sie hatte ihren Enrico, den Heinrich, sehr jung geheiratet und sich nicht begnügt, fünf Töchter in kurzen Abständen in die Welt zu setzen. In Heinrichs schnell wachsendem Obsthandel war ihr tätiger Einsatz wohl auch ertragreicher Dünger. Und als Heinrich dann 1918 das inzwischen respektable Handelshaus konjunkturbedingt auf Süßwaren umstellte, schuf sie sich ihr eigenes Feld und Reich: eine großzügig ausgestattete Konfiserie gegenüber der Pfarrkirche, die schon bald als Quelle Bozens bester Pralinen galt.

Diese Frau, Viktoria hieß sie übrigens, hatte also eine Eigenart, eine ziemlich lästige sogar, von der immer wieder erzählt wurde. Inzwischen gut betucht, liebte sie es anscheinend, in Modeläden zu shoppen und nicht selten mal etwas Neues mit nach Hause zu bringen. Eine sommerlich gerüschte Bluse etwa. Wenn die dann im Familienkreis bewundert wurde, brach die Mami – so will es die Sage – stets prompt in vehementes Schluchzen aus, mit echten Tränen, die ihr über die Wangen liefen, und begleitet von keuchend um Verzeihung heischendem: *Nichts... nichts für Ungut... es ist ja sowieso die letzte... meine letzte... die allerletzte Blus'...*

Ob sie diesen ritualisierten Zirkus aufführte, sich selber einen als solchen gefühlten Schuldstein vom Herzen zu wälzen, oder ob es nicht doch viel mehr aus unbewusst-bewussten Drang kam, die Ihren damit zu terrorisieren, dahinter bin ich nie gekommen. Das Ergebnis schein jedenfalls eindeutig gewesen zu sein: Die erst noch kleinen und später dann heranwachsenden Töchter waren davon echt betroffen; zunehmend wohl auch traumatisiert. Die Erzählungen meiner Tanten sprachen dafür. Angst, Verlustangst hat sich da festgesetzt.

Eine von den Tanten hat das so berichtet: Da gab es damals den Brauch, dass auf dem Pfarrturm eine spezielle Glocke immer dann bimmelte, wenn jemand gestorben war. Das Totenglöcklein. Auch in der nahen Schule konnte man es gut hören. Und jedesmal, wenn es wieder ertönte, fuhr in sie, meine Tante und ihre Schwestern, ein durchdringender Angstblitz, ihrer Mami würde es gelten. Sie hatte ja gerade neulich wieder mit Tränen und in Schluchzen erstickter Stimme gesagt, dass *diese* Bluse, *dieser* Hut das Letzte, das Allerletzte sei, das sie sich in *diesem Leben* noch gönnen konnte.

Ob der Rica, meiner Mutter, es auch so tiefgreifend war wie offenkundig meiner berichtenden Tante? Ob und wie sehr die immerhin *besondere Eigenart* meiner sonst so resoluten Großmutter da mit beeinflussend für ihre Entwicklung war? Ich weiß es nicht. Ich weiß noch nicht einmal, ob die Geschichte so oft und intensiv vorgekommen ist, wie es der Erzählung nach erscheinen mag. Eines nur ist mir sicher, weil häufig selbst so miterlebt: unglaublich leicht ist es meiner Großmutter immer wieder gefallen, spontan in Bäche die Wangen herunter kullernder Tränen auszubrechen, wenn etwas anstand, das sie mit einfachem Forderton und dem Aufstampfen ihres mit Silberknauf bestückten Gehstockes nicht erreichen konnte.

Trotzdem... wie ist sie so geworden, wie sie dann war?

Einfältig dürfte doch stimmen.

Im ersten Satz dieser Rückbesinnung habe ich das spontan so hingeschrieben: einfältig. Vermutlich war sie es wirklich, die Rica. Meinem Verständnis nach war sie es sicher.

Da war schon einmal die verblüffende Tatsache, dass sie keine Interessen, Vorlieben oder gar Hobbys hatte, die man ihr zuordnen konnte. Sie hat nie gelesen. Bücher aller Art und Richtung waren ihr fern. In unseren recht wohlgefüllten Bücherschränken gab es nicht mehr als zwei oder drei Bücher, von denen sie sagte, sie mal gelesen zu haben. Aber sie las auch keine Zeitschriften. Nur die Tageszeitung hatte ihr Interesse, die lokalen Seiten.

Dasselbe galt ihr auch für Musik. Musik jeder Art, nicht nur Klassik, die meinem Vater viel bedeutete, wollte ihr so gar nichts sagen. Glaubt man ihrem oft Wiederholten, dann war Musik für die Rica nur lästiger Lärm. Das ging so weit, dass wir zuhause bis weit in meine frühen Jahre hinein weder Radio hatten, noch gar Plattenspieler oder irgend ein Instrument. Wie Hans, mein Vater, das ausgehalten hat, ist mir immer ein Rätsel geblieben – wie noch so manch anderes an ihm.

Ich habe angefangen, Musik zu hören und zu lieben, weil ich das Glück hatte, ganz früh, als 3½-Jähriger schon, monatelang bei einer musikbegeisterten Tante wohnen zu dürfen; und später dann, weil wir immer ein paarmal im Jahr eine Störschneiderin zwei-drei Wochen lang bei uns zuhause hatten, die sich ihr eigenes Radio mitbrachte, sich weigerte, es ausgeschaltet zu lassen, und mir, der ich gern aufmerksam zuhörte, vieles genau erklärte, was es da zu hören gab – Orchestrales, Oper, Volksmusik... und auch politische Reden und Kommentare.

Rica hatte eine sogenannte Höhere Töchterschule besucht und dabei, wie gelegentlich mit Stolz von ihr erzählt, klöppeln und stricken gelernt, wohl auch sticken. Von ihrer Klöppelarbeit lagen einige Zierdeckchen bei uns auf Beistelltischchen und Kommoden. Auch Klöppel und Überreste von Garn lagen jahrzehntelang noch in einer Schublade. Sie zu benutzen, habe ich die Rica aber nie gesehen. Und sie hat auch nie gestrickt oder etwas gestickt.

Hans, mein Vater, war ein begeisterter Kinogänger, der keinen Film ausließ, und gern anschließend darüber diskutierte, wenn er einen Gesprächspartner dafür fand. Die Rica hat ihn fast nie begleitet. Und bei den wenigen Malen, an denen sie mitging, war ihr der Film dann zu hektisch, zu fad, zu kitschig, zu leise gesprochen oder zu laut in den Geräuschen. Von einem gewissen Zeitpunkt an informierte sie der Hans nur noch, dass er ins Kino gehe – einfach so, ohne sie einzuladen, doch mitzukommen. Und nicht anders war es meist, wenn es gelegentlich Theateraufführungen in unserer Kleinstadt gab, in die immer mal wieder gute Tourneebühnen kamen. Rica nahm da höchstens eine von zehn der gebotenen Gelegenheiten wahr; der Hans aber fast alle.

Manche Menschen lieben es, Karten zu spielen, oder zu wandern, oder im Sommer zu schwimmen und im Winter Ski fahren, oder mit Freundinnen im Café zu tratschen, oder Blumen zu pflegen, oder Möbel zu rücken und die Wohnung umzudekorieren, oder groß zu kochen und zu backen, oder vielleicht zu zeichnen und malen, oder Kreuzworträtsel zu lösen, oder in die Kirche zu gehen, oder Briefe zu schreiben, oder... was es eben so alles gibt. Für die Rica kam nie etwas davon in Frage. Auch nicht etwa Fußball gucken, Restaurants testen, in einem Chor mitsingen, an der Volkshochschule einen Kurs belegen, Hamster oder Goldfische züchten... irgendwas.

Italienisch hat sie nie gelernt, die Rica, wobei doch ihre väterlichen Großeltern und die Onkel, die alle in den bleichen Bergen des Fassatals kleben geblieben sind, lebenslang auch nicht einmal ein Wort Deutsch sprachen.

Dabei war die Rica keineswegs ein Heimchen am Herd, ein manisches Putzteufelchen, ein passioniertes Wäschermädel. Was es im Haus zu tun gab, dafür hatten wir Mädchen und Köchin und Kinderfräulein, solange das Geld noch sehr reichlich sprudelte. Später, als unser Familieneinkommen bombenbeschädigt war und Bedienstete zudem mehr und mehr zu teuer wurden, wurde bei uns dann eben nur das Nötigste und das recht einfach gekocht, die Fenster geputzt, wenn sie schon fast blind waren, und die Wäsche zum Waschen in die Maschine gesteckt.

Was aber ist sie denn dann gewesen? War sie etwa eine engagierte Geschäftsfrau, der die Berufsarbeit über alles ging? Wohl kaum. Aber das ist ein recht vielschichtiges Thema, das noch zu facettenreichen Erinnerungen herausfordern wird.

Ursprung einer Ehe, dann einer Familie.

Rica war 34 als sie heiratete und somit, für damalige Gepflogenheiten, schon ziemlich überfällig. Heinrich, der Tati, war im Vorjahr an Weihnachten gestorben. Der Rica hatte er das Hauptgeschäft, die Großhandlung, vererbt, nachdem er seiner Frau und den anderen Töchtern jeweils Süßwarengeschäfte in den besten Stadtlagen gekauft und sie damit gut versorgt hatte. Rica war nun also Chefin eines beneidenswerten Unternehmens, in dem sie zwar seit ihrem Abgang von der Höheren Töchterschule mitgearbeitet, aber nie auch nur kleine Zügel in der Hand gehalten hatte. Der Tati war ein Despot gewesen, wenigstens im Betrieb und während der dortigen Geschäftsstunden.

Hans, mein Vater, war seit kurzem dort Angestellter. Er war ein Typ wie etwa Luis Trenker, aber beträchtlich größer und mit feiner gezeichnetem Gesicht. Ursprünglich war er für kurze Zeit, zwei knappe Jahre lang, Lehrer an einer Dorfschule in den Bergen gewesen. Dem waren zehn-zwölf turbulente Jahre gefolgt, in denen er zwischen Verona und Berlin hier und dort dies und jenes tat, wovon er später eher nichts und schon gar nichts Ausführliches erzählte. Nun, 34-jährig und gut aussehend, war er zurück in der kleingeistigen Talferstadt und hatte in Heinrich Calligaris *Casa del Cioccolato*, einen Job im Kundenservice angenommen.

Die Erbin, Rica, nicht besonders beliebt bei ihrer Mutter und den vier Schwestern, war in tiefster, niederschmetternd verzweifelter Trauer über den kürzlichen Tod ihres über alles geliebten Tati; und zudem war sie wohl auch stark überfordert von den Ansprüchen, die so ein Betrieb an den stellte, der auf dem Chefsessel sitzt.

Hans verdiente nicht schlecht, aber es war eben wieder mal nur ein Job, und für seine Ansprüche, zumal was Leibwäsche und Schneider betraf, war auch das wohl an sich recht gute Schokoladensalär keineswegs üppig. Sein ehemals rabenschwarzes Haar hatte auch schon angefangen, die ersten Silberspuren zu zeigen. Und so kam wohl eines zum andern. Im Oktober 1935 heirateten sie, die Rica und der Hans.

Hans hat eindeutig Sicherheit geheiratet, und er konnte bei bestem Willen und Orakel nicht voraussehen, wie sehr er sich diesbezüglich verrechnet haben sollte. Keine zehn Jahre später war der Weltenbrand vorbei und Heinrichs Unternehmen lag in Bombenschutt und Asche. Aber das ist eine andere Geschichte.

Rica hatte sich den Schwarm vieler feuchter Mädchenträume des Talferstädtchens geangelt und dazu noch eine Stütze im Geschäft, die sie umso mehr brauchte, je weniger sie das je einem Außenstehenden oder gar sich selber zugegeben hätte. Akzeptieren musste sie dafür, dass Hans Kinder wollte – sehr schnell und wenigstens drei.

Hans durfte die erste gemeinsame Wohnung aussuchen und sie großzügig nach Geschmack und Laune einrichten. Und er hatte Geschmack.

Die von ihm zur Miete gefundene Beletage von Schönblick mit ihren Fenstertüren wie in Sans Soucis und der riesigen Terrasse mit freiem Südwestblick über die Weinberge war kaum zu toppen. Die Teppiche, nur kaukasische mit Naturfarben, zeigten den Kenner. Höhensonne, Ruderbank und Punchingball kamen ins dafür ausreichend geräumige Bad. In der Küche durfte ein Frigidaire von General

Electric nicht fehlen, eine absolute Rarität zu damaliger Zeit. Und alle Möbel – Nuss und Palisander natürlich – waren nach seinen Zeichnungen und Vorgaben meisterlich geschreinert. Porzellan und Silber wurde für Zwölfertafel angeschafft und auch ein paar Bilder dazu. Einmal in seinem Leben hat er sich austoben dürfen. Ein Klavier allerdings, das er zu spielen gelernt hatte, ein Radio oder Grammophon durften nicht ins Haus. Da hat sich die Rica durchgesetzt. Lärm konnte sie nun wirklich nicht vertragen.

Im August 1936, prompt und pünktlich zehn Monate nach der Hochzeit, kam dann der geplante Erstling. Hans wollte: Johannes sollte er heißen, wie das bei den Erstgeborenen im Hauptstamm der Zagler uralte Tradition war. Damit konnte er nicht durchkommen. *Heinrich!* So hatte es zu sein. Genau so wie der Tati geheißen hatte. *Der Heinzl.*

Knapp zwei Jahre später bin dann ich gekommen. Und da ist es jetzt vielleicht richtig, dass ich mir Bilder der Erinnerung an die Rica zurückhole, ungeordnet, so wie sie mir gerade in den Sinn kommen wollen, und die sich dann etwa, Stück für Stück, wie ein Puzzle zusammenfügen können...

Wie war das in Schönblick?

Die Zeit von Schönblick, die andauerte bis ich 3¼ Jahre alt wurde, war sicher die schönste meiner Kindheit. Viele Erinnerungsblitze und Sequenzen füllen mein Gedankenalbum von damals. Erin-erungen an und mit Anna, unserem Kinderfräulein, in Dutzenden von Situationen aller Tages- und Jahreszeiten; Spiele, Spaziergänge und Streitereien mit dem Heinzl; mit Hans, dem Vater, die Stunden der Höhensonne im weiten weißen Bad, oder mit ihm bei Sternenhimmel und Teleskop auf der Terrasse, oder sein Erklären der ge-liebten Kakteen und mit ihm das einmalige Blühen der Königen der Nacht erleben, und seltene Ausfahrten im silbergrauen Auto und was sonst noch alles. Erinnerungen auch an Küche und Köchin mit wundervollen Düften und aromatischen Verführungen; die Wunder der Weinkellerei unten im Palais, und, im ersten Obergeschoß, die geheimnisvolle Behausung der uralten Adelsschwestern, denen Schönblick gehörte; und solche auch an heiße Schokolade, Spielzeug in der Gehschule, meine gelb-rot-blauen Bauklötzchen und Heinzls Märklinbauten. An die Höhlen der Eule und des Buntspechts im alten Baum an der Wassermauer, die großen Schneemänner, die wir auf der Terrasse gebaut haben, das erste Blühen der Glyzinien – an tausend Sachen kann ich mich erinnern... Aber Rica?

Meine Mutter ist nicht richtig als Mensch lebendig in diesen Erinnerungen, sosehr ich sie auch durchblättere.

Höchstens wie ein gefühltes Schemen scheint mir die Rica in Schönblick vorhanden, aufrecht, achtunggebietend, irgendwo im Hintergrund lauernd. Oder gelegentlich aber wie ein schriller Blitz dazwischen: Ihre Scharfstimme fordert Ruhe, wo doch von der Promenade her und über die Terrasse her nur höchstens ein fröhliches Kinderkreischen gesprungen kam; ihr Hoheitsorgan bügelt die Köchin ab wegen versalzener Suppe oder etwa eines verschmorten Bratens; ihr bedrängender Spitzton fordert zur Eile, weil der Hans oder wir oder sonst wer sicher wieder einmal zu spät dran waren...

Dräuende Stimme und wachendes Schemen – war das denn alles? Ich kann mich an die Rica nicht anders erinnern, von damals in Schönblick. Es läuft einfach nicht. Meine Erinnerungsbilder an die Rica färben sich nicht. Sie bleiben dumpf verschattet, in dämmeriges Lila und erdenrostiges Sepia getönt, in ein undefiniert schimmerndes Blaugrau getaucht. Es gibt keine konkreten Szenen, kein Echo von gemeinsam Erlebtem, keine ereignisgeprägten Nachhallbilder, die sich wie etwa ein Puzzlemosaik lebensbunt zusammenfügen könnten. Nur ein ganz allgemeines Gefühl ist da, dass sie eben doch vorhanden und dass das überwiegend lästig war.

Von Schönblick in die Bahnhofstraße.

Meine Schwester Ortrud, das Trutschele, wurde im August 1941 geboren. Gut möglich ist es, dass Ricas Schwangerschaft auslösend war für das, was nun kommen sollte; vielleicht war es auch eine Spontanentscheidung kurz nach der Entbindung. Belanglos. Was da nun zählt ist: Im Frühherbst sind wir umgezogen, drastisch, von Schönblick in die Bahnhofstraße. Das war ein Umzug von einem Leben in ein so ganz anderes.

Was damals in Bozen Rang und Namen hatte, hat *oben im Dorf* gewohnt. Die sogenannten Laubenkönige natürlich alle. Auch drei von Ricas Schwestern. Und Schönblick lag in diesem Umfeld, nur wenige Schritte abseits vom großbürgerlichen Villenviertel.

Schönblick hieß nicht nur so, es war es auch. Das Palais aus dem 19. Jahrhundert schmiegt sich an die Wehrmauer der Talfer mit seiner Promenade und lässt den Blick frei über Weinberge bis hinunter zum Schloss Maretsch im Süden und an die dahinter liegende Stadt schweifen. Unsere Wohnung umfasste die gesamte Beletage, um deren Süd- und Ostseite sich L-förmig eine fast 300 m² weite Terrasse breitete, mit einer schattigen Weinlaubpergola im hinteren Teil. Küche, Kinderzimmer und der Wohnschlafraum von Anna, unserem Kinderfräulein, schauten nach Norden, auf das Ende einer schmalen Sackgasse und, dahinter, auf das kleine Tiergehege der Promenadengärtnerei. Die weiteren vier Zimmer und das überwältigend große Bad hatten fast deckenhohe Fenstertüren, die sich zur Terrasse öffneten. An der Schmalseite des Terrassen-L war hinter der Pergola noch ein kleiner, in sich abgeschlossener Anbau mit zwei Zimmern, Zwergenküche und Bad, den unsere Köchin und die Stubenmädchen bewohnten. Hans züchtete Kakteen auf der breiten Südseite der Terrasse und freute sich auch an ein paar Orangenbäumchen, die er dort in Terracotta-Kübeln hatte. Der Heinzl und ich hatten Sandkasten, Schaukel und Wippe auf der Terrasse.

Allerdings: Von unserem Großhandel in den Gewölben der Dompropstei bis hin nach Schönblick war es schon eine gan-ze Strecke – quer durch die Gassen der Innenstadt und dann noch ein Stückchen weiter, zu Sankt Anton hin. Im Auto, das wir ja hatten, brauchte man so an die zehn Minuten, um hin zu kommen, und zügig zu Fuß eine knappe halbe Stunde.

Doch waren wir also in die Bahnhofstraße gezogen, gerade einen Steinwurf der Großhandlung nahe, weil – wie das immer so schön gesagt wurde – die Rica ihren Kindern näher sein wollte. Zumal dem Trutschele, das gestillt werden musste. Wurden der Heinzl und ich eigentlich von der Rica gestillt? Wenn ja, dann doch in Schönblick? Und war das damals nicht zu weit entfernt? Keine Ahnung! Jetzt neu waren wir jedenfalls in der Bahnhofstraße – Nr. 5, dritter Stock, Wohnung links.

Die Bahnhofstraße war damals und ist immer noch eine recht hübsche, baumbestandene Durchfahrtsstraße gleich an der Ecke des Domgeländes in dem damals unsere Geschäftsgewölben lagen. Früher einmal war das Wohnhaus ein Hotel gewesen und dem entsprechend war es mit seinen Räumen angelegt.

Wir bezogen die linke Hälfte des dritten Stocks. Das war ein gut zehn Meter langer, schmaler, fensterloser Flurgang, von dem nach links und rechts je drei gleichformatige Zimmer abgingen – jedes etwa 6x3,50 m, mit großem Fenster an der einen und weißen Doppeltüren an der gegenüberliegenden Schmalseite. Die drei südseitigen Zimmer hatten Blick auf den alten Pfarreifriedhof und, dahinter sichtbar, die Schienentrasse der Brennerbahn; die nach Norden gerichteten Räume schauten auf die weitflächigen Parkplätze und den Taxistand am Waltherplatz, der erst viel später das heutige Monument des Minnesängers bekommen und zur verkehrsberuhigten Fußgängerzone werden sollte. Eines der drei Südzimmern hatte einen klitzekleinen Balkon, der knapp für ein Tischchen und zwei enge Stühle reichte.

Der Flurgang war an seinem hinteren Ende mit einer Holz-Glas-Wand begrenzt, hinter der das Bad lag – ein putziges Minibad, dessen 2x2,50 Meter gerade die Wanne und ein Waschbecken mit Spiegelschränkchen aufnahmen; ein Boiler und dann bald dazu die Waschmaschine mussten auch noch hinein. Fenster hatte es keines. Dafür wäre auch kein Platz gewesen.

Eines der Zimmer, sinniger Weise gleich rechts beim Eingang das erste, das dem Bad am entferntesten lag, wurde zur Küche bestimmt. Es hatte keinen Wasseranschluss. Das Wasser galt es aus dem Bad zu holen – fürs Kochen, den Abwasch, alles. Und das ist so geblieben, alle die folgenden Jahre lang.

Der Küche gegenüber, auf der linken Gangseite und also auch gute zehn Meter vom Bad entfernt, gab es eine Toilette: vom Flur abgehend ein schmaler Gang mit kleinem Waschbecken, dessen Hahn sich nicht zum Füllen eines Wassereimers eignete, und, hinter einer abschließbaren Tür, der Kloraum mit WC und Pissoir, wie man das in alten Hotels so hatte.

Im Stock darüber hatten wir noch zwei angemietete Mansardenzimmer mit versperrbarem Klo und einer offenen Waschgelegenheit im Treppenhaus. Dort wurden unsere Bediensteten einquartiert. Garage gab es keine.

Das war nun unser Heim für die folgenden Jahrzehnte. Es mag für die Rica ja wichtig und richtig gewesen sein, Arbeitsplatz und Wohnung nahe beisammen zu haben, auch wenn wir ein Auto hatten und es in ihrem Betrieb keineswegs an Leuten mangelte, die Chefin auf Wunsch nach Hause zu bringen oder abzuholen, wann immer sie es wollte. Sie brauchte wohl auch kein Grün um sich oder das Gefühl der Weite. Für sie mag die Bahnhofstraße völlig in Ordnung gewesen sein. Für sie.

Wir Buben mussten uns nun aber daran gewöhnen, auf Spiele im Freien, auf den gewohnten Auslauf zu verzichten. Der Mini-Balkon war uns nutzlos. Auf die stark befahrene Straße hinunter durften wir natürlich nicht. Da hätte die immer nervenflatternde Rica *keine ruhige Sekunde* gehabt. Und so lebten wir, die wir helles Licht und Freiheit und jederzeit Kontakt zu Kindern auf der Promenade gewohnt waren, jetzt in unseren Zimmern, die mit all den Möbeln voll gestellt waren, die, teils überzählig aus Schönblick mitgebracht, in der neuen Wohnung irgendwie unterzubringen waren.

Fünf mittelgroße Zimmer und Küche sind nicht viel, wenn darin Eltern, drei Kinder und ein Kinderfräulein hausen und tagsüber auch Köchin und Stubenmädchen arbeiten sollen. Dass Wohn- und Esszimmer standesgemäß getrennt zu sein hatten, war der gesamten Wohnlichkeit auch nicht eben förderlich.

Hat die Rica dabei je an ihre Kinder, an ihren Mann gedacht? Auch an ihn. Er hat mit Schönblick sein Solarium und die Sportgeräte verloren, die Kakteen, das Sternenteleskop und den freien Landschaftsblick, die ihm so wichtig waren. Bequem für die Rica war die Bahnhofstraße. Und die Chefin war sie.

Dann ein Blitzschlag.

Im Herbst 1941 waren wir in die Bahnhofstraße gezogen. Am 20. Februar dann starb Heinzl. Es ist ganz schnell gegangen. Nachmittags hatte er Fieber bekommen, das bald sehr hoch wurde. Hämatomflecken zeigten sich, die sich vom Kopf ausgehend erst im Gesicht und dann rasch über den ganzen Körper hin unregelmäßig verteilten. Der Kinderarzt, als er recht spät am Abend gerufen wurde, konnte oder wollte nicht mehr kommen. Dann am Morgen war der Junge tot. *Purpura fulminans*, eine äußerst seltene, irgendwie wohl auf einem Mangel von Protein C basierende Pathologie, die nur in ganz kurzen Stunden nach ihrem Auftreten medikamentös mit einigem Erfolg behandelt werden kann.

Heinzls Tod, Ricas zweites Lebenstrauma, hat sie wohl weitgehend aus der Bahn geworfen, falls sie jemals eine solche hatte. Stumm versteinert, schwarz bedeckt, eisig unnahbar, von *Tosca* intensiv umweht, dem Kölnischwasser von 4711: so hat sie sich meiner Erinnerung an diese Zeit vage und ganz allgemein eingeprägt. Nur wenige scharf gestellte Bilder sind dazwischen, in denen sie mir lebhaft präsent ist.

Etwa: Ich war in Annas, unserer Nurse, guter Obhut. Die Rica sah ich eigentlich nur, wenn wir am Mittagtisch saßen und – da erinnere ich etliche Szenen – beim sonntäglichen Kirchgang, zu dem die Anna mit mir und dem Trutschele die Rica zu begleiten hatte. Wir kamen meistens ziemlich spät, wenn die Kirchgänger fast alle schon da waren, und zogen dann als kleine, von hoch aufgerichteter Pythia in durchgehend schwarzem Habit geführte Prozession bis ganz nach vorne zu für uns mit Messingschildchen reservierten Plätzen. Ich hatte immer das Gefühl, von allen schon in den Bänken Sitzenden streng, ja fast gar feindselig angestarrt zu werden. Der Hans nahm nicht an unserem Kirchgang teil.

Und an die Rica, die das Trutschele stillt, erinnere ich mich aus jener Zeit; auch an schrillstimmiges Drängen, endlich aufzuessen, was ich auf dem Teller hatte; und an eisig gezischte Anweisungen an die Köchin oder die Anna.

Zu Ostern, es war im April nach Heinzls Tod, holte mich Carla Kepp, die *Tante Carla*, eine von Ricas wenigen Freundinnen, zu sich. Sie, eine allein erziehende Mutter, wohnte mit ihren zwei kleinen Töchtern und einem kupferroten Irish Setter inmitten von Weinbergen jenseits der Talferbrücke. Dort bin ich dann geblieben, fast ein halbes Jahr lang. Es wurde eine meiner schönsten Kindheitszeiten. Die Rica sah ich da fast nie.

Ein Satz, wie in Stein gemeißelt.

Das erste Mal habe ich den Satz erinnerungsbewusst gehört, als die Rica ihn mitten in einem Lebensmittelgeschäft zu einer alten Bekannten sagte, die dort an der Theke auch auf Bedienung wartete. Warum ich mit der Rica dort in dem Laden war? Keine Ahnung. Die Anna war damals nicht mehr bei uns und vielleicht waren wir gerade kurz ohne Kindermädchen. Wie auch immer, ich stand mit ihr an der Theke und da hörte ich sie tönen:

SO IST ES IM LEBEN, DIE GUTEN WERDEN EINEM GENOMMEN UND DIE ANDEREN BLEIBEN.

Damals war ich so an die viereinhalb oder fünf Jahre alt. Später dann hat sie den Satz öfters mal wieder von sich gegeben, wenn ich in Hörweite war.

Einmal und nie wieder.

Im Herbst 1944 kam ich in die Grundschule. Lesen konnte ich da schon. Das hatten mir Kindermädchen beigebracht, die damals bei uns waren, nachdem Anna entlassen war, angeblich weil sie sich nicht ausreichend liebevoll um das Trutschele gekümmert hatte. Schreiben aber konnte ich da noch nicht. Das Alphabet zu kritzeln musste also gelernt werden. Unsere junge Lehrerin wollte, dass wir es auch zuhause übten.

Nun war Schönschrift für Rica ein Dogma, weil ja ihr Tati so viel Wert darauf gelegt hatte. Eine *gestochene Schrift* war ihr das Höchste. Absolut. Da hat sie mein bemühtes Anfängergekritzel doch interessiert. Und darüber ist es immer wieder zu Spannungen, ja zu wutgeladenen Szenen gekommen.

Einmal war es besonders schlimm. Das kleine *e* war gerade dran. Immer wieder schrieb ich es in langen Zeilen auf die Schiefertafel und, wie ich meinte, genau so, wie es die Lehrerin vorgemacht und befohlen hatte – *eeeee*.

So aber nicht! – tönte Ricas vernichtendes Urteil. Anders war das *e* zu schreiben, als von mir hingemalt: mit einem kleinen Schwänzchen hinter seinem Buckel. *Nein, ohne!* –

kam meine feste Reaktion – *die Lehrerin hat es ohne Schwanz geschrieben!*

Zu urweltlichem Drama hat sich die Szene entwickelt. *Mit Schwänzchen hinter dem Buckel... ohne Schwanz... mit...* Es hat keine Einigung gegeben, auch keinen Kompromiss. Die Maria, damals unser Kindermädchen, hat zu schlichten versucht, bis auch ihr fast die Tränen kamen. *Mit* Schwanz fürs *e*! – *kein* Schwanz!, weil es die Lehrerin *ohne* auf die Tafel gemalt hat. Endlos und unerträglich!

Es war das letzte, das allerletzte Mal, dass sich die Rica darum gekümmert hat, was ich so lernte und wie ich dabei vorankam. Meine Schule, die eventuellen Schwierigkeiten und die Leistungen – so ihr Verdikt –, das war von da an und für immer etwas, um das sich allein der Hans zu kümmern habe, falls es je überhaupt jemanden interessiere, ob aus mir noch *etwas werden* könne.

Das *e* habe ich seither geschrieben, wie es im Duktus gerade angefallen ist. Meine Schreibe hat sich genau zum Gegenteil von Kalligraphie entwickelt. Trotzdem habe ich mir *mit Schreiben* viel später dann einen guten Teil des Lebensunterhaltes verdient. Aber auch die Rica kam ein paar Jahre danach doch noch zu ihrem Erfolgserlebnis: dem Trutschele konnte sie erfolgreich beibringen, *gestochen schön* zu schreiben, das *e* fast sicher mit possierlichem Schwänzchen und insgesamt bestimmt so, wie sie es an ihrem Tati so sehr bewundert hatte.

Danach war manches anders.

Am 26. Dezember 1944 bombardierten die Alliierten die kleine Stadt an der Talfer, die seit dem Herbst 1943 vom Tausendjährigen Reich beschlagnahmt war und seither auch ein ansehnliches KZ zur Sammlung abzuschiebender italienischer Juden hatte. Von den Bomben getroffen wurde nicht der dazu ausersehene Bahnstrang, sondern die ihm nahe Domprostei und damit auch die Büro- und Magazingewölbe unserer Großhandlung, die gründlich zerstört wurden. Zugleich wurde auch das nahe Wohnhaus meiner Großmutter dem Boden gleich gemacht, samt dem Ladengeschäft darin, das der Tati mit seiner Frau auch aufgebaut und ihr hinterlassen hatte. Drei Tage später, am 29. Dezember, ist mein neuer Bruder, der Klaus, zur Welt gekommen.

Das war jetzt wieder der Anfang einer ganz neuen Zeit.
Die Rica war nun den ganzen Tag über zuhause, was völlig neu war und auch den gewohnten Rhythmus unseres Personals nach-haltig störte. Sie mischte sich wohl plötzlich in jedes Detail von Küche und Wäsche und Kinderpflege ein, was, wie ich mich erinnere, häufig und lautstark vor sich ging. Ein Reigen immer wieder neuer Gesichter begann nun, unser Tagesleben zu begleiten.

Irgendwie geht es schon weiter...

Aus den zerstörten Lagerräumen konnte immerhin noch so etliches an Waren in nicht kleinen Mengen gerettet werden, das in damaliger Endkriegszeit und dann nachher hohen Wert hatte: Schokolade, Kakao, Honig, Pfeffer, Paprika und Seife zumal. Und jeder würde nun denken, dass Hans und Rica alles daran gesetzt hätten, möglichst sofort irgendwo neue Lokale anzumieten, gerade ausreichend geeignete, um den Betrieb wieder aufzunehmen, eventuell vorerst auch nur notdürftig aufrecht zu erhalten und bald einmal gut überlegt neu aufzubauen.
Der Hans hat es so gesehen. Blitzartig hat er Räume in der Freiheitsstraße, jenseits der Talferbrücke, gefunden, die sich als gesichertes Lager vernünftig eigneten und auch einen LKW-Zugang mit Rampe hatten. Allerdings: Um die Ecke von der Wohnung gelegen war diese Anschrift nicht. Fußläufig hin musste man schon mit einer halben Stunde rechnen. Die Rica fand das unerträglich. Und nun begann das große Suchen, das sich zur Farce auswachsen sollte.

Wichtig dazu ist ein technisches Detail. Jedes Handelsunternehmen brauchte – und braucht auch heute noch in Italien – eine Handelslizenz. Die nach dem Kriegsende neu ausgestellten Lizen-zen hatten und haben nur beschränkte Gültigkeit: für Groß- oder Einzelhandel getrennt; mehr oder weniger eingeschränkt auf nur bestimmte Branchen; bei Einzelhandel eventuell auch mit der Bindung an vorgegebene Stadtviertel. Die vom Tati gegründete und von der Rica geerbte Firma hatte eine der nun kostbar gewordenen, weil nicht mehr neu zu bekommenden *uneingeschränkten* Handelslizenzen. Sie galt umfassend für Groß- und Einzelhandel; auch für alle Branchen, ausgenommen nur Waffen und Medikamente; für jedweden frei wählbaren Standort und mit unbegrenzter Laufzeit. Unternehmens-gebunden war sie allerdings, aber zusammen mit dem Unternehmen frei verkäuflich und übertragbar.

Diese Lizenz hatte demnach bereits damals, in den letzten Kriegsmonaten, einen beachtlichen, monetär kaum abschätzbaren Wert, der in der Folge wuchs und wuchs. Allerdings, auch unsere Lizenz hatte einen Haken. Sollte sie über einen Zeitraum von fünf Jahren nicht aktiv genutzt werden, würde sie ersatzlos verfallen. Dessen war auch die Rica sich sehr wohl bewusst und häufiger als nötig sprach sie auch davon.

Also aber... da war erst einmal die neue Geschäftsadresse in der Freiheitsstraße, zwar etwas abgelegen, aber mit gut geeigneten Räumen. Mitarbeiter waren natürlich auch noch da und sogar der alte Plattner, der stundenweise für grobe Arbeiten gerufen wurde. Die Rica aber weigerte sich, den Standort zu akzeptieren. Stattdessen setzte sie monatelang den Hans unter Druck, *wirklich Geeignetes* zu finden. Ganz klar gesagt, sollte das in möglichst unmittelbarer Nähe der Wohnung liegen, wobei sie jedoch gleich von Anfang an klar machte, dass es sich auch dabei nur um ein Provisorium handeln könne, nur für so lange, bis die Gewölbe in der Dompropstei wieder aufgebaut und in alter Weise beziehbar würden.

Hans suchte. Und er wurde auch fündig – mit einem möglichen Standort, mit zweien, fünf... zehn...

Keiner passte der Chefin. Ganz ungeeignete Umgebung – lautete ihr Urteil –, unbequeme Laderampe, Konkurrenzunternehmen viel zu nahe, als ob das bei einem Großhandel etwas ausmachen würde, oder einfach nur: zu klein, zu teuer, zu dunkel oder zu hell.

Inzwischen war der Krieg vorbei. Neue Waren wurden lieferbar, ein alter Mitarbeiter, der als Reisender gearbeitet hatte, war aus dem Feld zurückgekommen und bereit, wieder anzufangen. Wir waren mit einem *blauen Auge* davon gekommen. Wir wären, wenn nicht...

Um es kurz zu machen: Rica war die Chefin und als solche nahm *sie ihre Rechte* war. Sie kündete den gerade neuen Mietvertrag in der Freiheitsstraße und, weil *noch* kein alternativer Standort gefunden, kündete sie *bis auf weiteres* auch den verbliebenen Mitarbeitern. Was noch an Waren gestapelt war, wurde in der Bahnhofstraße eingelagert, in einem Kellerraum, der unter unserer Wohnung leer stand. Und so ist es dann weiter gegangen.

Mit zwei bedeutenden Herstellerfirmen hatte die jetzt nur auf dem Papier stehende Großhandlung noch Verträge, die sie dazu berechtigten, Südtirol exklusiv zu bearbeiten und beliefern. Diese Verträge ließ die Rica nun auf reine Agenturbasis umstellen, also nur für Verkaufsvermittlung ohne Warenlager und Rechnungsstellung. Nicht weiterhin frei selbständiger Handel also, sondern Handelsvertretungen. Hans wurde *dienstverpflichtet,* als Reisender das Gebiet zu beackern. Sie blieb zuhause, fest davon überzeugt, weiterhin die Chefin und zudem auch operativ wichtig zu sein, weil doch etwa mal auch telefonische Bestellungen herein kommen konnten, die kompetent aufzunehmen waren.

Die Vertretungsverträge waren natürlich – *wie anders denn?* – auf Enrico Calligari ausgestellt, weil so die Firma hieß.

Eine Übergangslösung? Aller Anschein war daraufhin ausgerichtet. Anderes wäre kein Gesprächsthema gewesen, das die Rica akzeptiert hätte. Der Hans hatte weiter nach Immobilienmöglichkeiten im Umfeld zu suchen, wobei es aber auch ihm immer mehr bewusst wurde, dass es für Rica eben doch stets nur eines gegeben hatte und auch künftig geben würde: abzuwarten, bis die Dompropstei wieder aufgebaut und die alten Gewölbe neu verfügbar waren. Das und nur das sollte es ihr sein.

Nur: Die Propstei wurde erst in den späten 50er-Jahren neu erstellt; und auch dann ohne profane Räumlichkeiten, die sich einer Großhandlung angeboten hätten. Und so ist es denn bei der *Übergangslösung* geblieben. Aber nicht einfach still und schmerzlos. Oh nein. Die Lizenz war immer wieder zentrales Thema, weil ihr Fortbestand ja einen echt funktionierenden Handel voraussetzte. Und zu nahezu manischem Tagesthema wurde sie immer mehr, je näher der Stichtag rückte: Ende April 1950 – fünf Jahre, nachdem die Räume in der Freiheitsstraße aufgelassen waren und damit jede echte Tätigkeit eines kundenoffenen Handelshauses für die Behörden eindeutig endete.

Eines Tages waren die fünf Jahre dann um. Die Lizenz wurde amtlich eingezogen und Tatis Firma aus dem Handelsregister getilgt. Das Thema war damit Vergangenheit, wenn auch noch lange, lange nicht ausgestanden.

Die Rica sah das Ganze natürlich aus ihrer Sicht, wovon sie lautstark und repetierend jedem erzählte, der hinhören wollte oder auch nicht. Der Hans war jetzt natürlich schuld an der Malaise, weil er sich ihr nicht widersetzt hatte, die Freiheitsstraße aufzugeben; und weil er überhaupt keinen akzeptablen Standort gefunden hatte, obwohl ihm doch reichlich Zeit dafür gegeben war; und weil er, der *studierte Mensch*, nicht in der Lage gewesen, den Behörden klar zu machen, dass auch rein persönliche Vertretertätigkeit im Grunde firmenbezogene Großhandelsleistung ist oder doch wenigstens fast und solche Bewertung verdient; und weil er sich beim Domkapitel nicht genügend stark dafür gemacht, den Beschluss für einen zügigen Neubau durchzusetzen; und weil er ganz offensichtlich Tatis und ihren Großhandel eindeutig bewusst und zielstrebig boykottiert hatte, um frei durch die Täler zu trampen, wann und wie es ihm gefiel.

Uns allen wurde das zur Tageslitanei; penetranter und repetitiver noch, falls irgend möglich, als alle ihre nostalgischen Tati-Geschichten und ihre wirklichkeitsresistenten Propstei-Gewölbe-Hoffnungen vorher. Eines war und blieb dabei aus Ricas Sicht absolut logisch und unantastbar: Die beiden Vertretungsverträge hatten weiterhin auf Enrico Calligari ausgefertigt zu bleiben, obwohl es die Firma nun definitiv nicht mehr gab. Daran hielt die Rica fest. Davon war sie nicht abzubringen. Das war sie *dem Tati schuldig*.

Hans auf Schusters Rappen.

Unser Auto hatte Hans über den ganzen Krieg hin retten können. Zuletzt, als praktisch jegliches Vehikel von der Wehrmacht beschlagnahmt wurde, konnte es, bei unseren alten Hauswirtinnen in Schönblicks Weinkellern gut versteckt, den Krieg überdauern. Aber als der Krieg vorbei war, unser neuer Geschäftsstandort in der Freiheitsstraße aufgelassen war und es sich abzuzeichnen begann, dass unsere Finanzen auf Sicht nur noch von den Einkünften aus der Arbeit des Handelsreisenden aufgefüllt würden, verkaufte die Rica das Auto. Was sie sich dabei gedacht hat, wusste wohl nur sie, wenn überhaupt. Gerade jetzt waren doch Beweglichkeit und Zeitgewinn angesagt. Das hat ihn nicht gezählt. Und so hat sie es eben verkauft. Es hatte ja Enrico Calligari, der Firma, und also ihr gehört.

Der Hans aber musste mit Bahn und Bus und dann weiter zu Fuß zu den Kunden in Stadt und Land, auch hoch oben in den Bergen. Die Musterkoffer natürlich stets dabei. Zwei mittelgroße, jeder so an die fünfzehn Kilo schwer, waren der Standard; daraus wurden zwei besonders riesige und noch viel schwerere, wenn die Oster- und Weihnachtskollektionen anzubieten waren. Für einen Schirm war da keine Hand frei, und um zügig auszuschreiten, war das

Gepäck viel zu schwer. Die Rica saß indessen zuhause und fand das *völlig normal*. Das Leben war nun mal *kein Zuckerschlecken*, wie sie gern verkündete, auch nicht im Schokoladenhaus, das es ja nun nicht mehr gab.

Sobald sich absehen ließ, dass das nun wenigstens auf Jahre hinaus sein Job wurde, und es sich auch zeigte, dass die Wanderarbeit gutes Geld abwarf – Köchin und Dienstmädchen hatten wir natürlich immer noch –, wollte Hans wieder ein Auto kaufen. Rica hat es verboten. Zeitgewinn für täglich mehr Kundenbesuche, zusätzliche Kundenpflege in auch entlegenen Dörfern, die schweren Musterkoffer, Eisregen, Schnee und oft peitschender Gebirgswind, die Angst, den letzten Zug oder Bus am Abend zu verpassen, weil ein Kundengespräch einfach nicht abgebrochen werden kann: für die Rica hat das alles nicht gezählt. Ihr Argument, gebetsmühlenhaft wiederholt in konstant gleich fließendem Strom: *Autos sind gefährlich und ich habe keine Lust, immer nur zu bangen... denn Autos sind gefährlich und ich habe keine Lust...* Sie war die Chefin. Auf ihrem Bankkonto landeten die von ihm verdienten Provisionen.

Sechs Jahre lang ging das so, bis 1951. Dann eines Tages kaufte Hans das Auto doch. Einen *Fiat 500 Giardinetta*, der mit kastenförmigem Aufbau wie ein viersitziges Lieferwägelchen aussah. Heimlich. Wie er es geschafft hat, den Kauf an Rica vorbei zu finanzieren, konnte ich nie erfahren. Rica aber war absolut sauer, als sie von dem neuen Stück erfuhr, was ja nicht lange geheim gehalten werden konnte. Tagelang hat sie mit dem Hans kein Wort gesprochen und monatelang sich geweigert, mal in sein Auto einzusteigen.

Geschenktermine am laufenden Band.

Die Rica legte großen Wert darauf, dass wir Kinder uns an alle die *Familienfesttage* pünktlich *zum Feiern* erinnerten. Das waren dann: ihr Geburts- und Namenstag, der Geburts- und Namenstag vom Hans, beider Hochzeitstag, Muttertag,

Ostern und Weihnachten natürlich auch, Nikolaus am 6. Dezember und sonderbarerweise auch Neujahr – zehn angesagte Termine im Jahr, wobei die Abfolge zwischen dem 27. November, ihrem Geburtstag, und Neujahr besonders dicht gedrängt war.

Nun waren bei uns die sozusagen *weltlichen* Feiern – die Geburts-, Namens-, Hochzeits- und Muttertage – nicht etwa groß aufgemachte Festlichkeiten. Die in den Wochenlauf fallenden Daten wurden prinzipiell auf den nachfolgenden Sonntag gelegt. Da gab es dann zusätzlich zum normalen Mittagessen noch eine Torte, auf dem Tisch hatten ein paar Blumen zu stehen und die Geschenke waren auf der breiten Anrichte im Esszimmer so aufzubauen, dass sie während des Essens verstohlen beäugt und zum Nachtisch dann ausgepackt, beurteilt und eventuell gelobt werden konnten.

Die Rica war da äußerst penibel. Akribisch vermerkte sie, was für ein Geschenk an sie oder/und den Hans jeweils von mir kam, welches vom Trutschele und später auch vom kleinen Klaus. Und sie hat darüber gesprochen – sofort, laut und abwägend, das jeweils als das beste eingeschätzte Geschenk hoch lobend im wertenden Vergleich zu den anderen Geschwistergaben.

Wohl ganz bewusst und jedenfalls sehr nachhaltig hat die Rica uns dabei gegeneinander ausgespielt. Die von meiner Schwester kommenden Geschenke haben dabei praktisch immer den lobenden Vorzug gefunden. Bald schien mir das ganz natürlich, so wie Hagelschlag auf Blumenwiesen. Aber wir Kinder haben mitgespielt. Wir haben alles daran gesetzt, bei nächster Gelegenheit *Geschenksbester* zu sein – wieder einmal wie üblich, oder endlich auch einmal. Zehnmal im Jahr. Viermal in den fünf Wochen vor dem Jahresende.

Am Rande dazu zu vermerken ist unbedingt, um den ganzen Geschenkszauber sein rundes Bild zu geben: Keines von uns Kindern bekam Taschengeld. Womit wir die Geschenke beschafften, das mussten wir schon selbst erfinden. Das Trutschele schmeichelkatzte sich dazu schnurrend ein, was ihr immer ein paar von der Rica zugesteckte Scheine einbrachte. Diese mir dann vor die Nase zu wedeln, war meinem Schwesterlein immer wieder eine der besonderen Freuden. Und ich, der ich mit Schnorren nie zu Rande kam, konterte mit Phantasie und Geschenksideen, deren Beschaffung mich selbst oft überraschte.

Sie war eine wirkliche Meisterin darin, die Rica, ihre drei heranwachsenden Kinder gegeneinander aufzustellen und auszuspielen. Zu Anfang natürlich nur das Trutschele und mich; später aber dann nicht weniger auch den Klaus. Das Trutschele war dabei jederzeit und immer im Vorteil. Sie, die Ortrund, war der *Heinzl-Ersatz*, nicht etwa der nachgeborene Klaus.

Dass ich mit meinen Geschwistern schon seit ewig keinen Kontakt mehr habe, das hat zu gutem Teil die Rica angelegt und geschafft. Die Manie mit den Geschenken war ein Teil davon. Ich aber wundere mich darüber, so ganz nebenbei gedacht, dass ich mein Leben lang und auch heute noch so gern schenke – spontan manchmal, aber auch bei oft gerade dazu erfundenen Anlässen.

Ricas Obstwiese, das „Güetl".

Ihre Kinder gegeneinander aufbringen... da laufen mir die Gedanken zum *Güetl*, Ricas Obstwiese im Anbaugebiet südlich der Stadt, die sie vom Tati zu ihrer Volljährigkeit bekommen hatte. Es war ihr einziger Grundbesitz, wurde von einem Pächter bewirtschaftet und war ihr ein beliebtes Gesprächsthema bei jeder passenden und vielen unpassenden Gelegenheiten, bei denen sie sich gern auch als gute Obstzüchterin aufspielte.

Uns Kindern erschien das *Güetl* als Inbegriff des Reichtums, sosehr hörten wir immer wieder davon schwärmen, und die Idee vom *Traumgefilde* ist uns auch dann noch erhalten geblieben, als wir uns längst schon klare Vorstellungen von dessen bescheidenen Ausmaßen – wenig mehr als ein Hektar – und dem damit vorgegebenen Realwert machen konnten.

Das Güetl bekommt einmal das Trutschele – war die stetige Rede der Rica, die sie uns von Kindergartenzeiten an wiederholte, ob wir es nun nochmals hören wollten oder nicht. Und Trutscheles Reaktion lief dann immer wie eine gut geölte Spieluhr ab: schadenfrohes Feixen und ein gezischtes *Ätsche-Pätsche*, das die Rica vergnügt zustimmend zu quittieren pflegte.

Noch einmal: Sie hat es schon sehr gut verstanden, uns, ihre Kinder, gegeneinander zu hetzen.

Als die Rica in den späten 70er-Jahren ohne Testament gestorben und der Nachlass unter uns drei Geschwistern zu verteilen war, kam das Trutschele prompt auf den Klaus und mich zu und bat fordernd, das *Güetl* – immerhin, es war als das einzig Vererbbare übrig geblieben –, allein ihr zu überlassen, wie das von der Rica ja so gewollt gewesen. Spontan haben wir das akzeptiert, mein Bruder und ich, obwohl Klaus wie die Ortrud Kinder hatte, und das *Güetl* an Bozens Südrand inzwischen zu gutem, entsprechend preisgesteigertem Bauland in schnell wachsendem Vorort ausgewiesen war. Keiner von uns beiden hatte Lust, Grundbesitz an gemeinschaftlichem Nachbarszaun mit dem Trutschele zu haben.

Tabuthemen, aber mit Ausnahmen.

Ganz allgemein gab sich Rica äußerst prüde, wie das wohl überwiegend die meisten ihrer mental noch tief in Biedermeierzeit verwurzelten Generation war. Auch da war ihr der Tati leuchtendes Vorbild und sie konnte kaum je genug davon bekommen, immer wieder zu erzählen, dass er sich niemals in Hemdsärmeln zuhause gezeigt hätte, wo er mit seinen *sechs Damen* und dazu noch ein paar weiblichen Bediensteten zusammen wohnte; oder dass er *nie ein loses Wort* vor weiblicher Präsenz in den Mund genommen hätte;

auch, dass es ihm absolut ungebührlich erschienen wäre, außerhalb des Kontors über Geld zu reden... und was sonst noch so dazu kam, jedwedes Sexuelle natürlich auch. Heute ist es völlig unverständlich, was alles damals in Ricas *Kreisen* mit Tabu behaftet war.

Alle Tabubarrieren brachen der Rica aber, wenn sie Gelegenheit fand, mit Freundinnen und Bekannten über meine Zeugung und Geburt zu sprechen, ganz ungeachtet, ob ich zufällig in Hörweite war. Speziell meine Geburt war ihr da ein liebend häufiges Thema. Da konnte sie so richtig darin schwelgen, wie schmerzhaft langwierig diese Entbindung doch war, ganz im Gegenteil zu der vom Heinzl oder später der vom Trutschele, die, wollte man ihrem Bericht glauben, *wie geschmiert* aus dem Uterus geschlüpft seien, fast ohne sich überhaupt bemerkbar zu machen. Ich aber: Stundenlang sei sie bei mir vor unglaublichen Schmerzen fast gestorben; sogar einen Dammriss habe ich ihr verursacht, der vielfach genäht werden musste, und sich doch immer wieder entzündete, so dass dessen Folgen sie jahrelang beeinträchtigt hätten.

Zu meiner Zeugung hatte sie auch so ihre Theorie, die zu berichten sie nicht müde wurde. An *alles* könne sie sich in ihrem Leben erinnern und ihr Gedächtnis sei ja *erwiesenermaßen hervorragend*. Aber der Vorgang meiner Zeugung, der sei ihr ganz und gar nicht erinnerlich. Da gäbe es ihr nur die Erklärung, dass *er über sie gekommen*, während sie ganz tief geschlafen habe. Na ja. Sie war schon immer recht gut darin, sich ihre Sachen schön zu reden. Oder hat da mit dem Sexualleben der beiden etwas nicht gestimmt?

Rica, die Küchenfee.

Bis ich so 13-14 Jahre alt war, hatten wir immer eine Köchin, in deren Reich, die Küche, Rica kaum je einen Fuß setzte. Doch in den ersten 50er-Jahren wurde die letzte, wohl nach üblichem Vorwurfsstreit entlassene, Köchin nicht ersetzt.

Konnten wir keine neue finden oder wurde das Geld doch knapper? Ich habe mich nie darum gekümmert. Es war eben keine Köchin mehr da und die Rica, die seit dem Krieg sowieso nur in der Wohnung herumtigerte, machte sich nun selbst ans Kochen. Das Einkaufen hatte sie ja schon seit langem weitgehend übernommen, weil *dem Personal ja doch nicht zu trauen* war. Von damals an gab es kaum noch Obst bei uns, ausgenommen im Herbst, wenn der Pächter Äpfel und Birnen von Ricas *Güetl* brachte.

In ihren Mädchenjahren hatte die Rica kochen gelernt, und zwar nicht nur das, was als obligate Grundausbildung an der Höheren Töchterschule beigebracht wurde, sondern ganz richtig, in einem Sommerkurs im Grandhotel Gröbner in Gossensaß. Das hinderte ihre Schwestern allerdings nicht, immer wieder mal zu witzeln, dass unsere Familie wohl an Hunger sterben würde, wenn die Rica selber kochen müsste.

Ricas Speisezettel beschränkte sich dann auch auf eine sehr überschaubare Anzahl von Gerichten, die sie allerdings überwiegend gut zuzubereiten wusste. Ihr Gulasch konnte ein Gedicht sein. Besseren Strudel habe ich selten gegessen. Auch mit Fischen im Kräutersud oder gespicktem Rehrücken wusste sie gut umzugehen – solange sie noch Lust dazu hatte, weil die Rolle, Köchin spielen zu dürfen, neu war. Lange angedauert hat es nicht. Bald sind die Rezepte einfacher und die einfachsten, schnellstens zu bereitenden Gerichte zum Tagesstandard geworden. Gekochtes Rindfleisch mit Salzkartoffeln und Salat als unverrückbar gleich bleibendes Sonntagsessen, zum Beispiel. Im Übrigen gab es oft Pellkartoffeln mit Butter und Speck, gegrilltes Pferdefilet, Nudelsuppe mit Würstchen, gebratene Hähnchen oder im Ofen mit Käse überbackene Griesnocken. Noch wurde aber das stets gemeinsame Mittagessen beibehalten, mit Hans auch, wenn er nicht außerhalb auf Kundentour war.

Richtiges, gar gemeinsames Frühstück allerdings war unter Ricas Küchenherrschaft gestrichen. Jeder konnte, vor oder nach seinem Turnus im Bad, sich beliebig aus der Brottrommel und dem Kühlschrank bedienen und das dann allein vor sich hin mampfen oder auch nicht. Die Rica stand auf, wenn wir Kinder auf dem Schulweg waren.

Auch das Abendessen verschlampte. Der Hans kam dazu nie mehr nach Hause, seit er als Handelsreisender arbeitete. Auch nicht am Samstagabend und am Sonntag. Er hat es vorgezogen, wenn er spät abends oder nachts nach Hause kam, eventuell irgend etwas Kaltes zu essen, das ihm beiseite gestellt war. Und wir übrigen aßen gegen acht Uhr Kleinigkeiten, von denen ich mir heute nicht vorstellen kann, dass sie satt gemacht haben. Übergewicht war damals bei uns nun wirklich kein Problem.

Zurückdenkend, erinnere ich mich jetzt daran, dass ich mir zwischendurch ständig etwas zu essen besorgte: ein mit Zucker geschlagenes Eigelb, ein Stück Wurst oder Speck, Brot mit geraspeltem Knoblauch, eine Handvoll Rosinen oder gedörrte Pflaumen... was eben so zu finden war.

Der Hans ist ja dann auch an einem Magengeschwür gestorben, 1957, nachdem er im Laufe der Zeit und fast unmerklich gut fünfzehn Kilo abgenommen hatte. Und als ich ein Jahr später Tbc bekam, wog ich bei knapp 180 cm Größe gerade mal 50 kg. Die Rica aber blieb bis in ihre späten Tage felsenfest davon überzeugt, eine begnadete Profiköchin sei an ihr verloren gegangen.

Ein Rätsel könnte es da schon sein, wie ich in solchem Umfeld zum Liebhaber guter Küche werden konnte. Aber die Rica habe ich ja nur wenige Jahre lang als Küchenfee erlebt. Die früheren Köchinnen meiner Kindheit haben mich wohl geprägt. Woher ich allerdings meine Liebe zu geruhsamem Frühstück habe, die mir soweit geht, dass ich lieber eine Stunde früher aufstehe, wenn irgendein Termin frühzeitig angesetzt ist, als darauf zu verzichten, weiß ich nicht.

Nur ein kleiner Gummiball.

Da erinnere ich mich an ein Erlebtes, das an sich so klein war, dass es sich eigentlich schnell irgendwo im Gedächtnisnebel hätte verlieren und verschwinden sollen. Es hat doch so viel Wichtigeres gegeben!

Der Juli-Anfang näherte sich und damit mein Geburtstag. Ich muss zehn gewesen sein, höchstens elf. Die bei uns damals sehr langen Sommerferien hatten schon begonnen und ich wusste wenig mit mir anzufangen. Bei *Upim*, dem nahen Kaufhaus, sah ich im Schaufenster einen Ball: einen sehr kleinen, hellgrauen Gummiball. Den wollte ich haben. Immer wieder schaute ich ihn mir an und malte mir dabei aus, wie toll ich auch alleine mit ihm spielen konnte. Und dann hatte ich mich durchgerungen, die Rica zu bitt-fragen, ob ich den Ball zum Geburtstag bekommen könne, und dazu auch noch nachgesetzt – sehr zöger-zögerlich –, ob denn vielleicht und möglicherweise schon vorab, also vor dem Geburtstag und möglichst bald, etwa jetzt schon, obwohl doch noch um ein paar Tage verfrüht.

Das *Nein!* ist prompt und heftig gekommen. Und: *Schon vorab* sei sowieso lächerlich, widerspreche jeder Gepflogenheit und Tradition. *Schluss!* Und was ich zum Geburtstag bekäme, wenn überhaupt etwas, das möge denn schon eine Überraschung sein, wie immer und wie sich das auch gehöre. Dieses eine Mal habe ich nicht sofort aufgegeben, wie sonst so oft. Alles Nachbohren hat nichts genützt. Dann kam der Geburtstag. Den kleinen grauen Ball habe ich nicht bekommen. Ob sonst etwas und eventuell was denn, daran kann ich mich nicht erinnern.

Damals etwa, muss es gewesen sein, wenn ich mich recht erinnere, als ich die Rica zu einer Freundin wiedermal einen ihrer Sätze sagen hörte, der mir klettig hängen geblieben ist, wie schon ein paar davor: *Der Bub kann nicht bitten. Da wird er's nicht leicht haben im Leben.*

Dialog – wohl ein Fremdwort!

Eine Szene fällt mir ein, die mir oft wieder in den Sinn kam, wenn ich eines von Kafkas skurrilen Erzählbildern las.

Ich war da so etwa dreizehn, vielleicht vierzehn, und es war ein strahlender Sommertag. Im Keller unserer Wohnung hatten wir damals ein kleines Warenlager einer der Vertretungsfirmen, um eventuell dringende Bedarfslücken guter Kunden schnell zu bedienen. Pakete mussten da gelegentlich zugestellt werden. Wenn das Ziel fußläufig erreichbar war, hatte ich es zu machen. Eigentlich sollte ich mir damit ein Taschengeld verdienen. Bekommen dafür habe ich aber selten etwas, fast nie – und schon gar nicht von der Rica.

Aber zurück zu dem Nachmittag. Wieder einmal war ein Paket auszutragen. Der Kunde *Ploner* in der Innenstadt sollte es bekommen. Das Paket stand da. Ich war bereit.

Die Rica wollte aber doch sicher gehen, und deshalb: *Weißt du auch, wo der Ploner ist?* Natürlich kannte ich den Laden. Ich hatte ihn so vor meinen Augen, dass ich in topfschwarzer Nacht hin gefunden hätte. *Und, wo ist er?* Dumme Frage, dachte ich mir, und ganz selbstverständlich: *In der Bindergasse natürlich, ganz oben.* Ungläubiges Starren von der Rica. *Wo??* Und ich: *Bindergasse, ganz oben, links.* Und wieder: *Wooo? – Binder....*

Das Spielchen lief weiter wie eine in ihrer Rille hängen gebliebene Schellackplatte. Nur: Das auf mich starrende Gesicht wurde immer verkrampfter – meines wahrscheinlich auch! – und die Stimmen wurden schrill und aggressiv bei ihr, die meine aber immer unsicherer, zittriger, fast schon flennend, wenn ich es so recht erinnere. Wechselgetöne in crescendo: *Wo der Ploner?* und *Bindergasse!*

Irgendwann reichte es der Rica. Ich solle mir überlegen, wo der Ploner-Laden nun wirklich sei – und wehe, wenn ich mich wegrühre, bevor es mir eingefallen. Türenknallen. Ich saß allein im Zimmer, mit dem Paket vor mir auf dem Tisch. Dass da irgendwas mit der Bindergasse nicht stimmte, war mir inzwischen klar. Aber da war doch einer der Kunden in der Bindergasse. Hieß der vielleicht gar nicht Ploner? Möglich, etwa... Aber wie hieß denn der dann? Und wo konnte der Ploner sein, wenn der in der Bindergasse vielleicht ein anderer war? Einen Blick aufs Etikett zu werfen, brachte nichts. Da stand nur in Ricas Schönschrift: *Fa. Ploner - Stadt.* Also, auf den Lieferschein schauen. Gleiche Pleite: *Fa. Ploner - Stadt.* Und ich saß da, stand auf, setzte mich wieder hin, hatte salzigen Geschmack in den Mundwinkeln...

Nach gefühlten zwei Stunden kam die Rica wieder ins Zimmer. Und wieder der irritierte Wechselgesang in unverändertem Text: *Wooo Plooner?* und *Biiindergasse...* Nur, dass mein *Bindergasse* inzwischen ganz klein war und nur noch fragend. Wie lange denn noch...

Die Rica rauscht aus dem Zimmer. Tür: Knall. Stürmt wieder herein. Haut mir das Telefonbuch hin: *Da, such! Und lern endlich!* Weg war sie. Und ich blättere zum *P... Plo...* da: *Ploner, Lebensmittel & Delikatessen - Mustergasse 12.*

Natürlich, *der Ploner!* Blitzschnell hatte ich den Laden vor den Augen. Wie nur konnte ich so blöd sein, den zu verwechseln?! Aber dann, wer war denn der andere, der in der Bindergasse? Klar doch: *Fratelli Segna!* Ploner – Segna: keine Klanganalogie. Die Lage der beiden Läden grundverschieden. Und ebenso auch der Ladentyp, die jeweiligen Inhaber, sogar das ausgelegte Angebot. Was ich in meinem Hirn da falsch verknüpft hatte, ist mir nie klar geworden, so oft ich später auch darüber nachgedacht habe. Es ist einfach so gewesen.

Aber, brauchte es dafür so eine stundenlange, nervtötende Kafka-Szene? Normal, wenn auch viel banaler und sicher nie erinnert, wäre doch ein ganz simples Dialogfragment gewesen von etwa: *Weißt du auch, wo der Ploner ist? – In der Bindergasse, ganz oben. – Nein, ist er nicht. Mustergasse. Der in der Binder-gasse ist der Segna. – Oh Mist, danke Mutti.* Und dann nichts wie los mit dem Paket. Dialog war eben nicht Ricas Stärke. Eher schon Sentenzen.

Eine ganz besondere, unvergängliche Sentenz.

Das ist jetzt ein Zeitsprung über etliche Jahre weg. Wieder einmal war 4. Juli und ich hatte Geburtstag. Da wurde ich neunzehn und gerade an dem Tag fingen meine Abiturprüfungen an. Am Morgen habe ich den Hans noch gesehen. Es war ein Montag. Er hat mit Glück gewünscht zur Italienisch-Arbeit, die jetzt anstand. *Geburtstag gefeiert wird am Sonntag* – sagte er noch –, *wie wir das ja immer machen.* Aber für ihn hat es dann keinen Sonntag mehr gegeben. Am Dienstag hatte er einen Magendurchbruch, irgendwo auf seiner Kundentour im Grödental. Ärztliche Hilfe kam zu langsam, zu missverständlich. Erst am Mittwoch wurde er nachmittags operiert und das war dann zu spät.

Nun stehen wir also in der Klinik vor seinem Bett: die Rica, Ortrud, Klaus und ich. Fassungslos. Der Klaus war gerade 12½ Jahre alt. Wir schauen in das vertraute, plötzlich so kalte, eingefallene Gesicht. Und wir hören Ricas ätzend schrille Stimme, ihr erstes Spontanwort: *Und Geld hom' mir a koans!*

Nicht gebrochen, etwa resigniert hat das geklungen, sondern aufgebracht und ganz eindeutig anklagend.

Unseres Vaters Erbe.

Direkt an diese Episode knüpfen sich die Gedanken an Ricas Glanzstück nach unseres Vaters Tod.

Viel zu vererben hatte der Hans nicht hinterlassen. Das Bankkonto lief ja immer noch auf den ehemaligen Firmennamen, auf Heinrich Calligari, und hatte mit dem Hans offiziell gar nichts zu tun. Das war also schon mal außen vor. Außer seinen Büchern und den paar persönlichen Sachen wie der Uhr, Manschettenknöpfen, ein paar Krawattennadeln, seinen Orden aus dem ersten Weltkrieg und so hatte Hans keine eigenen Besitztümer, ausgenommen... ja ausgenommen nur das Auto. Dem Gesetz entsprechend sollte diese armselige Hinterlassenschaft nun zwischen ihr, der Witwe, und uns drei Kindern aufgeteilt werden: seine paar kleinen Erinnerungsstücke also, die einzeln aufgelistet wurden, und vor allem das jetzt bereits sechs Jahre alte

Auto, mit dem er auf seinen Touren durch die Täler gefahren war.

Mit so einer Aufteilung wollte, konnte die Rica sich nicht abfinden. Und so beauftragte sie Dr. Ritz, einen der führenden Anwälte unserer borniertem Kleinstadt an der Talfer, *ihr Recht* zu vertreten – gegen uns Geschwister und, wenn nötig, über alle Instanzen. Ihr Argument: Hans war schon vor der Hochzeit und dann ehelang ihr Angestellter, ohne eigene Habe und schon gar nicht im vererbbaren Besitz des Firmenautos. Und sie ging vor Gericht damit. Nach der ersten Instanz, die nicht so gut für sie ausgegangen war, auch noch in die zweite. Sie *musste* ja recht haben, also *ihr gutes Recht!*

Schnell waren die Anwalts- und Prozesskosten um ein Mehrfaches höher als der Verkaufswert des Kleinwagens, den der Hans – ich bin nie dahinter gekommen, wie – sich kaufen und auf seinen Namen eintragen lassen konnte.

Die Rica war sauer und hat ihrem Unmut freizügigen Lauf gelassen. Schlussendlich hat sie den Prozess in zweiter Instanz dann gewonnen. Nicht einen Prozess gegen irgendwen, etwa zum Beispiel gegen einen habgierigen Feind, wie es eventuell die Steuerbehörde sein hätte können. Gegen ihre drei Kinder hat sie prozessiert. Wegen eines Gebrauchtwägelchens mit zu einer Ladefläche umklappbarer Rücksitzlehne, das deren Vatererbe sein konnte, oder, wie etwa der richterlich interpretierte Gesetzgeber meinte, auch sollte.

Es war ein Pyrrhussieg, den die Rica sich da errungen hat. Im andern Streitfall, bei dem es echt um mehr ging, hatte sie dagegen kein Glück.

Rente, oder...

Als Handelsvertreter war Hans einzahlungspflichtig bei *Enasarco,* der gesetzlichen Versicherungskasse des Berufsstandes, und zwar mit einem festen Prozentsatz der Provisionen, der je zur Hälfte von den Mandatsfirmen und vom

Vertreter selbst zu tragen war. Die Firmen waren verpflichtet, auch den Arbeitnehmeranteil einzubehalten und ihn monatlich der Kasse zu überweisen. Die Einzahlungen sind regelmäßig erfolgt, über all die Jahre hin. Zu vollem Recht konnte die Rica mit einer ansehnlichen Witwenrente rechnen, zumal die Kasse der Handelsvertreter diesbezüglich besonders großzügige Regeln hatte. Aber...

Aber die Verträge mit den Mandatsfirmen waren doch ursprünglich auf das Schokoladenhaus Calligari ausgestellt und, weil die Kassenleistungen ja personenbezogen waren, wurden sie wie selbstverständlich unter *Enrico Calligari* geführt. Die Rica hatte es so gewollt und war davon nie abzubringen gewesen. Die Vertretungen waren *Firmenbesitz*, aus ihrer Sicht, und damit waren sie *ihr Besitz*. Der Hans war ihr Maultier.

Als er dann so plötzlich gestorben war, teilte die Rica es der Versicherungskasse mit und beantragte ihre Rente. Eine Routinesache, dachte sie wohl und sollte man meinen. Die Antwort war lakonisch: Man bat um die Übermittlung der Heiratsurkunde und des Todesscheins des Versicherungsnehmers und Kassenmitglieds Enrico Calligari.

Dieser gute Mann war doch aber schon an Weihnachten 1934 gestorben. Dass für ihn, auf seinen Namen, von 1945 bis Juli 1957 Beiträge einbezahlt wurden, dafür konnte doch die Kasse nichts. Für sie galt, dass sie bis dahin ein aktives Mitglied hatte, besagten *Enrico Calligari*, das nun anscheinend verstorben war. Ohne weiteres würde der Witwe die Witwenrente ausbezahlt, stand noch in dem Schreiben, und auch ein guter Teil der Klinikkosten würden übernommen werden und auch die die Kosten der Beerdigung. Es brauchte eben nur die Vorlage der Heiratsurkunde des Versicherten und seines Todesscheins von 1957.

Aber ein *Hans Zagler* war eben niemals registriert und versichert gewesen. Es gab keine Beiträge von ihm und für ihn. Und so gab es dann auch keine Kostenvergütung und keine Rente, auch nicht nach langen Prozessjahren und nicht zu knappen Anwaltskosten. Die Rica war eben nicht nur fast krankhaft auf ihren Tati hin fixiert und zudem ichbezogen gierig, sondern in ihrer Gier auch dumm. Und der Hans... der hatte sich seit Jahren schon darauf zurückgezogen, ihm Lästiges, das sich nur schwer vermeiden ließ, einfach zu ignorieren.

Noch eine Erfahrung.

Als mein Vater gestorben war, ist es nicht bei Ricas lapidaren Satz *Und Geld haben wir auch keines!* geblieben. Jetzt machte sie Druck auf mich, der ich gerade mitten in den Abiturprüfungen stand: Die Restfamilie stehe jetzt ohne jegliches Einkommen da und müsse wohl verhungern, wenn nicht... Das *so wenige* Polster an Erspartem würde keine paar Monate reichen, wenn nicht... Alles, was Hans bis dahin gemacht habe – da war er ihr plötzlich der große Maxe – sei nun nutzlos verloren, wenn nicht...
Wenn nicht... was?
Das Ziel war ganz einfach: Ich sollte meines Vaters Job aus dem Stand heraus übernehmen und alles sollte so weitergehen, als wäre einkommensmäßig gar nichts vorgefallen. Und es ist ihr gelungen, der Rica. Wenigstens für ein Jahr lang – und viel länger hätte sie sich damit sicher das ruhige Polster gewonnen, das sie sich mit der ihr so blöde gelaufenen Rentengeschichte verspielt hatte. Aber dazu war sie zu engstirnig und zu gierig auch. Sklaven sollte man nun mal nicht aushungern, weil sonst fallen sie um und aus.
Mir ist das Geschick des Ausfallens zugefallen. Tbc, und das recht heftig auch. Lebenslänglich hätte es sein können. Kurzfristig ist es geworden. Und dann war ich frei... hatte mich selbst befreit.

*

Dräuender Geldmangel war immer schon ein Leitmotiv von Ricas Tagesreden gewesen, seit Kriegsende schon. Der Tod vom Hans, ihr Debakel dann mit der Rente und dazu noch mein Ausfallen für den Kassenzufluss haben dieses Lamento natürlich noch beflügelt. Die Ungerechtigkeit der Welt! Ihrer Umwelt, zumal auch ihren Schwestern, klang das wieder und immer wieder im Ohr.

Trotzdem: Von den ihr fehlenden Mitteln hat die Rica es dann der Ortrud noch ermöglicht, zwei Jahre später zum Abschluss der Handelsoberschule zu kommen, statt sie sofort zu irgendwas auf Arbeit schicken zu müssen, und es dem Klaus erlaubt, nicht verhungert und nicht erfroren erwachsen zu werden, und dazu auch, selber noch an die zwanzig Jahre zu leben, dummerweise ohne Rente und ohne Zuverdienst.

*

Was war das für ein Mensch, Rica, die meine Mutter war?

Kann ein Trauma aus der Kindheit, das vom Auge, so stark wirken, dass sich solches daraus entwickelt? So viel Borniertheit; so viel Desinteresse an allem, was nach allgemeiner Ansicht zu einem gelebtem Leben gehören sollte; so maßlose Dummheit, wenn es um anscheinend ganz klare Dinge vernünftigen Alltags ging; so egozentrisch in sich verkapselt, dass jeder ihrer Blicke aufs Umfeld verzerrt erscheint, wenn überhaupt einer gegeben.

Und kann ein zweites, vielleicht nicht minder starkes Trauma, Heinzls Tod, die da bereits 40-Jährige und also an sich schon voll Ausgeprägte noch zusätzlich intensiv verhärtet haben?

Andererseits aber: Irgendwas muss sie an Positivem ja doch an sich gehabt haben. Nur wegen des Geldes und damit einer scheinbar unerschöpflich gebotenen Sicherheit im Materiellen kann der Hans sie doch nicht geheiratet haben. Ihre Schönheit war es definitiv nicht; auch nicht eine wie immer geartete Gemeinsamkeit in dem, was man kulturelle Interessen nennt; und beruflich konnte sie, ungeschult wie sie war, dem fachlich ebenso unausgebildeten, dabei aber verblüffend wendigen Improvisator wohl auch nichts austauschend Anregendes gegeben haben. Da muss doch etwas gewesen sein. Was war denn das Positive an ihr, für ihn?

Was war es denn an ihr, das einen Mann, einen allgemein als sehr attraktiv empfundenen Mann, dazu bewogen hat, mit dieser Frau – und gerade nur mit dieser – Kinder haben zu wollen, wenigstens drei? War das wirklich nur das Geld? Da plant man doch keine Kinder dazu, sondern höchstens einen Giftmord.

Und warum hat sich bei ihr, der Rica, so eine morbide Vaterbindung aufgebaut? Wie ist es dazu gekommen, dass *der Tati* ihr einzigartig und unvergänglich zentral war, ganz so als wäre er ihr Gottvater, Gottsohn und Heiliger Geist in einem gewesen? Bei ihren vier Schwestern waren ähnlich gelagerte Gefühlsbindungen nicht vorhanden, oder wenigstens nicht festzustellen. Hatte das nur einfach damit zu tun, dass er ihr, der Zweitgeborenen, seinen Taufnamen vermacht hatte? Oder hat er sich vielleicht doch um sie, der durch den Unfall körperlich Benachteiligten, besonders intensiv, aufmerksamer, liebevoller gekümmert als um die anderen vier, die unversehrt ins und durchs Leben gingen?

Ungeklärt. Nur etwa ganz am Rande interessant, wenn überhaupt. Wir hatten ja nicht mit den Wurzeln zu leben, sondern mit deren Auswirkungen. Mit ihr, der Rica.

*

Eines fällt mir da aber noch ein.

Auch wenn ich mit den Gedanken ganz weit in früheste Kindheit zurück gehe und wenn ich auch versuche, zutiefst in die verschiedensten erlebten Zeiten und Gegebenheiten noch einmal einzutauchen: Ich kann ich mich an kein einziges Mal erinnern, mit meiner Mutter zusammen gelacht zu haben, oder dass sie mich je berührt hätte.

Es ist weiter gegangen.

Nachdem ich mich im Spätherbst 1958 selbst aus der Tbc-Klinik entlassen hatte, habe ich den zum endgültigen Ausheilen nötigen Pneumothorax noch an die zwei Jahre lang gehabt und zweimal wöchentlich nachfüllen lassen – wo immer ich gerade eben war. Neue Lungenschatten hat es nie mehr gegeben.

*

Schnell konnte ich nach meiner Flucht aus der Mottenburg, kurz vor Weihnachten 1958, einen Job finden. Es war nichts auf Dauer Rechtes, nichts Zukunftsweisendes, aber doch ein nicht schlechter Start in die Freiheit. Wenig später dann habe ich das Angebot einer Züricher Firma bekommen und damit begann die erste Phase meines Bummels durch Europa.

Mehr als ein halbes Dutzend Job-Schritte hat es gegeben, in denen ich ungelernter Alpenländler zum *International Coordinator* von Young & Rubicam, Y&R, einer der weltweit größten Werbeagenturen geworden bin. Etliches an guten Konstellationen hat sich auf dieser mäandernden Strecke ergeben und vielschichtig war's, was es zu lernen gab.

Ich hatte das Glück, fast eineinhalb Jahre an der Seite von Professor Ernesto Norbedo, dem italienischen Pionier der Massenpsychologie und Meinungsforschung, als dessen Assistent zu arbeiten. Hermann Maria Lorz, in den 30er-Jahren in Berlin der Mitbegründer der Deutschen-Reichs-Werbeakademie und Texter von zu jener Zeit so allgegenwärtigen Propagandaworten wie etwa *Achtung: Kohlenklau!* und *Psst... Feind hört mit!*, hat mich in seiner Münchner Agentur auf das kreative Schreiben von Slogans, Titelzeilen und subtilen Werbetexten getrimmt, wobei er mir von viel mehr Nutzen war als ich etwa seinem Laden.

Und mit noch vielen anderen habe ich in diesen Wanderjahren den Weg streckenweise gemeinsam gehen, mit ihnen arbeiten dürfen, von denen ich eine Menge speziellen Könnens und Wissens abstauben konnte, während sie wohl glaubten, dass ich für sie arbeitete. Weit mehr ist das gewesen und in einem viel größeren Spektrum, als ich je auf einer Uni hätte lernen können.

An Ostern 1962 haben wir geheiratet, Katja und ich. Wir hatten praktisch gar nichts, damals, außer viel Optimismus und unbegrenztes Vertrauen zueinander.

Vierzig Jahre und neun Monate waren wir dann noch zusammen, durch etliches an Tiefen und jede Menge Höhen, bis hin zum Januar 2003.

Erst blieben wir in Bozen. München wurde dann für knapp zwei Jahre unsere Zwischenstation. Das war meine Zeit in der Agentur von Hermann M. Lorz. Katja arbeitete in Beratung und Verkauf bei einem gehobenen Raumausstatter am Ottoplatz.

Im Herbst 1965 kam mir dann die Chance, in Italien die Filiale von GGK Basel, der damals im deutschen Sprachraum als die kreativste geltenden Werbeagentur, aufzubauen und zu leiten. Wir sind nach Mailand gezogen und dort auch geblieben, als ich nicht viel später mein europaweites Feuerwehr-Biennium von Y&R anfing, das mich fast jede Woche in auch zwei-drei der Business-Städte beinahe des ganzen Kontinents entführte.

Im Herbst 1969 haben wir, Katja und ich, dann unsere Agentur gegründet, Interservice, in Mailand. Kreative Werbung zu entwickeln und die Beratung dazu zu geben, war der Firmenzweck. Aber es sollte nicht eine von den Agenturen sein, die sich *nur* auf Reklame beschränkten und von denen es damals schon zu viele gab. Wir wollten mehr. So haben wir Interservice von Anfang an darauf ausgerichtet, ein bisschen breiter zu denken, weiträumiger zu schauen, umfassender zu arbeiten: unbesetzte Marktnischen für die Kunden aufstöbern; neue Produkte anzudenken, vorzuschlagen und an deren Entwicklung zu arbeiten; Packungen mit den Werbeauftritten koordinieren und umgekehrt; für

Produkte und gelegentlich auch die Firmen neue, markttaugliche Namen zu erfinden... einfach das ganze Rundum-Paket.

Wir haben es geschafft. Interservice wurde zu einer der zeitlich ersten Marketing-Communications-Agenturen des 360°-Konzepts in Italien und entsprechend auch anerkannt.

Nahezu bei Null waren wir gestartet. Unser Anfangskapital war gerade mal ausreichend für drei-vier Monate. Nur ein einziger Startkunde war da und der mit eher kleinem Etat. 36 Jahre lang hat unsere Interservice dann mit guten Leuten gute Arbeit gemacht. Wir haben neue Produkte zum Start gebracht, die Renner wurden; Firmen von klein zu groß begleitet, sie auch dahin geführt; Werbung gemacht, die Awards gewann; Texte geschaffen, von denen ein paar zu Ohrwürmern wurden...

Reich sind wir dabei nicht geworden, noch nicht einmal begütert. Dafür haben wir immer wieder zuviel in viele Mitarbeiter investiert, die, so ziemlich gleich wie ich in meinen frühen Jahren, ihre Zukunft oft mehr bei und in sich gesehen haben, als in einer Einbahnstraße bei unserem Laden.

Als irgendwie doch pikant habe ich es oft im Laufe der Zeit empfunden, dass ich, aufgewachsen in kommunikationsferner Familie, jahrzehntelangen Erfolg als Gestalter von Massenkommunikation hatte und im Dialog mit mehrheitlich hochkompetenten Kunden ein andauernd geschätzter Beratungspartner war.

Katja ist im Januar 2003 gestorben. Krebs. Ohne sie wollte, konnte ich Interservice nicht weiterlaufen lassen. Versucht habe ich es. Ich fand nicht die Geduld dazu.

So habe ich Ende 2005 unseren Lebensladen aufgelöst, unser kleines Haus mit Garten im Grünen nahe der Pferderennbahn verkauft, Mailand den Rücken gekehrt und mich auf nur noch locker freie Unternehmensberatung zurückgezogen.

Und nun? Neugier zwickt mich.

Hanns G. Zagler

...aber wohin denn?

Erinnerungsbilder
an einen Weg, der sein Ziel
noch sucht, nicht kennt

1959 – 1969

Aufbruchjahre, vom Abitur zu eigenständigem Tun.
Copyright © 2012 – Hanns G. Zagler.
Herstellung und Verlag:
BoD – Books on Demand, Norderstedt.
ISBN 978-3-7357-9334-8 – 428 Seiten.

„Gewunden wie der Lauf des Mäanders hat sich mir die Zeit ergeben, die andere an Universitäten verbrachten, oder in der sie sonst wie einen vernünftigen Beruf erlernten.

Manchmal hab ich mich gefragt, ob ich es lieber anders, begradigter erlebt hätte. Wenn schon... vielleicht... in ganz früher Zeit! Aber wenn ich dann so bedacht habe, wie viel und was alles die Wasser meines Mäanders aufnehmen konnten, während sie sich wie ziellos ihrem Ziel entgegen schlängelten, ist mir jede der Schleifen, ja jeder Teil von ihnen gern erlebt, wert und unverzichtbar geblieben."

> Hanns G. Zagler
>
> **Sternschnuppen**
>
> Und so vieles andere
> ist längst schon vergessen
>
> Erinnerungssplitter
> aus meiner dritten Zeit

Facetten aus den Jahrzehnten in und mit der Agentur.
Copyright © 2014 – Hanns G. Zagler.
Herstellung und Verlag:
BoD – Books on Demand, Norderstedt.
ISBN 978-3-7357-9337-9 – 408 Seiten.

„Zwei Zeitspannen waren vorausgegangen: die eine von Kindheit und früher Jugend, dann die meines mäandernden Wanderns und Suchens. Davon erzählen die Seiten der beiden vorab gesammelten Erinnerungstropfen.

    Nun war ich angekommen, wo ich wohl hin gewollt hatte. Ein ruhiger Hafen ist das auch nicht geworden. Vieles hat sich getan in dortiger Zeit. Ein paar Erinnerungssplitter sind mir davon geblieben, haben darauf gedrängt, nicht auch vergessen zu werden. Hier, im dritten Teil meines Zurückdenkens, sind sie erzählt. Von der Werbewelt erzählen sie und auch ein bisschen von ganz privat Erlebtem."